GROSSES HANDBUCH FRANZÖSISCH GRAMMATIK

Compact Verlag

Text: Gertraud Klein, Margit Kilian, Annette Casaus
Chefredaktion: Evelyn Boos
Redaktion: Sabine Framing
Produktion: Wolfram Friedrich
Umschlaggestaltung: Inga Koch

ISBN 3-8174-7552-7
7175522

Besuchen Sie uns im Internet: www.compactverlag.de

Vorwort

Dieses umfangreiche Nachschlagewerk enthält zuverlässige Antworten auf alle Fragen zur französischen Grammatik. Dabei zeichnet es sich durch Ausführlichkeit und seine übersichtliche Gliederung aus.

Anschauliche Beispiele helfen, die Regeln und bestimmte Sonderfälle zu erläutern. Eine Überprüfung des Kenntnisstandes wird jeweils in den auf jedes Kapitel folgenden Übungsteilen ermöglicht.

Die Gliederung des Buches richtet sich nach zwei Hauptthemen. Der erste Teil behandelt alle wichtigen Fragen zu den verschiedenen Wortarten. Wichtige Fragen zum Satzbau im Französischen werden im zweiten Teil beantwortet.

Sämtliche Zusatzinformationen zu Aussprache, Silbentrennung, Zeichensetzung und Groß- und Kleinschreibung im Französischen befinden sich im Anhang.

Für jeden, der sich mit der französischen Sprache beschäftigt, sei es in der Schule oder aus beruflichen Gründen, ist dieses Nachschlagewerk eine praktische und verlässliche Hilfe.

Inhalt

	Benutzerhinweise	9
I.	**Wortarten und -formen**	11
1.	Substantive	11
1.1.	Hauptklassen des Substantivs	11
1.2.	Geschlecht	12
	Substantive, die ein natürliches Geschlecht haben	13
	Das grammatikalische Geschlecht	17
1.3.	Pluralbildung	20
	Pluralbildung mit *-s*	20
	Pluralbildung mit *-x*	21
	Substantive, die nur im Singular vorkommen	21
	Substantive, die nur im Plural vorkommen	22
	Pluralbildung bei Eigennamen	23
	Pluralbildung bei zusammengesetzten Substantiven	23
	Pluralbildung bei Lehnwörtern	25
1.4.	Deklination	26
2.	Artikel	28
2.1.	Der bestimmte Artikel: Gebrauch	28
	Der bestimmte Artikel in Verbindung mit Abstrakta, Gattungsnamen und Stoffnamen	31
2.2.	Der bestimmte Artikel: Besonderheiten	31
	Der bestimmte Artikel in Verbindung mit Eigennamen	32
	Der Gebrauch von *à*, *en* und *de* bei Ländernamen	33
	Der bestimmte Artikel bei Redewendungen	36
	Die Wiederholung des bestimmten Artikels	37
2.3.	Der unbestimmte Artikel	37
	Der unbestimmte Artikel: Gebrauch	38
2.4.	Der unbestimmte Artikel: Besonderheiten	38
	Der unbestimmte Artikel bei substantivischen Attributen	39
2.5.	Der Teilungsartikel	39
	Der Teilungsartikel: Gebrauch	39
	Der Teilungsartikel nach Mengenangaben	40
2.6.	Der Teilungsartikel: Besonderheiten	42
2.7.	Die Auslassung des Artikels	43
3.	Pronomina	48
3.1.	Das Personalpronomen	49
	Das unbetonte Personalpronomen – *le pronom conjoint*	49
	Das betonte Personalpronomen – *le pronom disjoint*	61
3.2.	Das Possessivpronomen	66
	Das adjektivische Possessivpronomen – *l'adjectif possessif*	66
	Das substantivische Possessivpronomen – *le pronom possessif*	70

3.3. Das Demonstrativpronomen . . . 72
Formen . . . 73
Gebrauch . . . 74
3.4. Das Relativpronomen . . . 78
Formen . . . 78
Gebrauch . . . 79
3.5. Das Fragepronomen . . . 84
3.6. Indefinite Pronomina . . . 86

4. Adjektive . . . 94
4.1. Maskulinum und Femininum . . . 94
Adjektive mit zwei Formen im Maskulin Singular . . . 97
4.2. Singular und Plural . . . 98
Regelmäßige Pluralbildung . . . 98
Sonderfälle der Pluralbildung . . . 99
4.3. Die verschiedenen Funktionen des Adjektivs . . . 102
Das prädikative Adjektiv . . . 103
Das attributive Adjektiv . . . 103
4.4. Die Stellung des attributiven Adjektivs . . . 104
Die Voranstellung des Adjektivs . . . 104
Die Nachstellung des Adjektivs . . . 105
4.5. Die Steigerung des Adjektivs . . . 111
Der Komparativ und Superlativ bei regelmäßiger Steigerung . . . 112
4.6. Das Adjektiv im Vergleichssatz . . . 113
Der Komparativ der Gleichheit . . . 113
4.7. Die allmähliche Steigerung . . . 115
4.8. Die Verstärkung des Adjektivs . . . 116
Positive Verstärkung . . . 116
Negative Verstärkung . . . 117

5. Adverbien . . . 121
5.1. Formen des Adverbs . . . 121
Die ursprünglichen Adverbien . . . 122
Die abgeleiteten Adverbien . . . 122
5.2. Die Stellung des Adverbs . . . 126
5.3. Die Steigerung des Adverbs . . . 128
Regelmäßig gesteigerte Adverbien . . . 129
Unregelmäßig gesteigerte Adverbien . . . 129
5.4. Das Adverb im einfachen Vergleichssatz . . . 130
Der relative Superlativ . . . 131
Der absolute Superlativ . . . 131
5.5. Die allmähliche Steigerung des Adverbs . . . 132
5.6. Die Verstärkung des Adverbs . . . 132
5.7. Verknüpfende Adverbien im komplexen Satzgefüge . . . 133
5.8. Adjektiv und Adverb . . . 135

	Adjektive mit adverbialer Bedeutung	136
	Adjektivisch gebrauchte Adverbien	137
5.9.	Umschreibungsmöglichkeiten für Adverbien	137
6.	Verben	141
6.1.	Einführung (Zeitformen)	141
6.2.	Das Vollverb	143
	Verben auf *-er*	144
	Verben auf *-ir*	149
	Verben auf *-re*	153
	Verben auf *-oir*	156
	Regelmäßige und unregelmäßige Verben	160
6.3.	Die Hilfsverben *avoir* und *être*	191
6.4.	Andere Hilfsverben	200
	Modale Hilfsverben	201
6.5.	Die Zeiten und ihr Gebrauch	202
6.6.	Die Modi	225
	Der Indikativ	226
	Der Konjunktiv – *le subjonctif*	227
	Das Konditional – *le conditionnel*	262
6.7.	Transitive und intransitive Verben	269
6.8.	Das Verb und seine Ergänzungen	271
	Verb und Objekt	271
	Verb und prädikative Ergänzung	280
6.9.	Der Infinitiv	284
6.10.	Wichtige Infinitivkonstruktionen	286
6.11.	Die Partizipien	307
6.12.	Das Gerundium	315
6.13.	Das Passiv	318
7.	Präpositionen	323
7.1.	Präpositionen, die örtliche Beziehungen ausdrücken	325
7.2.	Präpositionen, die zeitliche Beziehungen ausdrücken	331
	Zeitpunkt und Zeitdauer	331
	Anfang und Ende	332
7.3.	Weitere Bedeutungsfelder von Präpositionen	334
	Art und Weise	334
	Mittel und Werkzeug	335
	Grund	335
	Zweck und Bestimmung	336
7.4.	Besonderheiten	337
8.	Konjunktionen	339
8.1.	Koordinierende Konjunktionen	339
8.2.	Subordinierende Konjunktionen	342

	Komparative Konjunktionen (Vergleich)	348
	Die Konjunktion *que*	349
9.	Interjektionen	352
	Höflichkeits- und Begrüßungsformeln	356
10.	Zahlwörter	357
	Grundzahlen	357
	Die Ordnungszahlen	359
II.	**Satzbau**	365
11.	Der einfache Satz	365
11.1.	Subjekt	365
	Das unpersönliche Subjekt *il*	366
	Das unpersönliche Subjekt *ce*	367
11.2.	Subjektergänzung	368
11.3.	Das direkte Objekt	368
11.4.	Das indirekte Objekt	369
11.5.	Stellung des direkten und indirekten Objekts	370
11.6.	Objektergänzung	371
12.	Nebensätze	374
12.1.	Subjektsatz	374
12.2.	Objektsatz	374
12.3.	Prädikativsatz	374
12.4.	Attributsatz	375
12.5.	Die Zeiten bei Subjekt-, Objekt-, Prädikativ- und Attributsätzen	375
	Die Anwendung des *Indicatif*	375
	Die Anwendung des *Subjonctif*	376
12.6.	Adverbialsätze	377
12.7.	Bedingungssätze mit *si*	382
12.8.	Relativsatz	383
	Die Stellung des Relativsatzes	384
	Die Zeiten im Relativsatz	384
12.9.	Partizipialsatz	385
	Die absolute Partizipialkonstruktion	386
	Die verkürzte Partizipialkonstruktion	387
12.10.	Infinitivsatz	387
13.	Fragesatz	390
13.1.	Die Inversionsfrage	390
	Die Inversionsfrage mit Fragewort	392
13.2.	Die *est-ce que*-Frage	392
	Die Wortstellung der *est-ce que*-Frage	394

13.3. Die Frage in Verbindung mit Hilfsverben ... 395
13.4. Die verneinte Frage ... 396
13.5. Die Intonationsfrage ... 397
13.6. Die Kurzfrage und das Frageanhängsel ... 397

14. Indirekte Rede ... 401
14.1. Die indirekte Rede ohne Zeitverschiebung ... 401
14.2. Die indirekte Rede mit Zeitverschiebung ... 403
14.3. Umstellung anderer Satzteile in der indirekten Rede ... 403
Das Personalpronomen in der indirekten Rede ... 404
Orts- und Zeitangaben in der indirekten Rede ... 404
Appositionen in der indirekten Rede ... 405
14.4. Die Infinitivkonstruktion in der indirekten Rede ... 406
14.5. Befehle und Ausrufe in der indirekten Rede ... 406
14.6. Fragen in der indirekten Rede ... 407
Die indirekte Frage bei Ergänzungsfragen ... 407
Die indirekte Frage bei Entscheidungsfragen ... 410

15. Besonderheiten der Wortstellung ... 414
15.1. Die neutrale Wortstellung ... 414
15.2. Die harmonische Wortstellung ... 415
15.3. Die expressive Wortstellung ... 415
Betonung durch Verlagerung des Schwerpunktes ... 415
Die Betonung von Modaladverbien ... 416
Die Betonung von Umstandsadverbien ... 417
15.4. Betonung durch Satzsegmentierung ... 417
15.5. Hervorhebung durch *c'est ... qui (que)* ... 419
Die Betonung des Subjekts ... 419
Die Betonung des direkten Objekts ... 419
Die Betonung des indirekten Objekts ... 419
15.6. Hervorhebung durch eine Passiv-Konstruktion ... 421
15.7. Besonderheiten der Inversion ... 421
15.8. Die Wortstellung bei der Verneinung ... 422

Anhang ... 426
16. Groß- und Kleinschreibung ... 426
17. Silbentrennung ... 431
18. Zeichensetzung ... 435
Das Komma innerhalb eines Satzes ... 435
Das Komma im größeren Satzgefüge ... 437
19. Aussprache ... 443
Vokale ... 443
Konsonanten ... 445
Akzente ... 446

Benutzerhinweise

Die Unterteilung des Buches in zwei Hauptteile ermöglicht ein gezieltes Nachschlagen. Auf alle Fragen zu den Wortarten und -formen wird im ersten Teil, auf die Fragen zum Satzbau im zweiten Teil ausführlich eingegangen.

Da es bei vielen Fragestellungen zu Überschneidungen zwischen den unterschiedlichen Themenbereichen kommen kann, wurde ein praktisches Verweissystem integriert. Dieses erleichtert das zuverlässige und schnelle Auffinden bestimmter Einzelregeln. Dazu sind die einzelnen Kapitel und Unterkapitel durchnummeriert sowie die jeweiligen Beispiele mit Nummern versehen. Die entsprechenden Verweise (→) im Buch beziehen sich immer auf die Nummerierung, nie auf die Seitenzahlen. Die Nummern der Beispiele werden zusätzlich angegeben.

Französische Begriffe werden stets erklärt bzw. übersetzt. Dabei sind die Abkürzungen *qn (quelqu'un)* und *qc (quelque chose)* zu beachten, die der Übersichtlichkeit halber in diesem Buch häufig Anwendung finden.

Dieses Grammatikbuch ist nicht nur ein Nachschlagewerk, in dem der Benutzer Antworten auf konkrete Fragen und Erklärungen zu bestimmten Zweifelsfällen im Französischen nachlesen kann. Es bietet mit seinen praktischen Übungen, die sich an das Ende jedes Kapitels anschließen, auch die Möglichkeit, den eigenen Wissensstand zu testen. So können noch bestehende Unsicherheiten in bestimmten Themenbereichen erkannt und die jeweiligen Kapitel gezielt wiederholt werden.

1. Wortarten und -formen

1. Substantive

Grundwissen: Das Substantiv bezeichnet Personen (1), Tiere (2), Gegenstände (3) sowie abstrakte Begriffe (4).

(1)	*le garçon*	*der Junge*
(2)	*le poisson*	*der Fisch*
(3)	*la fourchette*	*die Gabel*
(4)	*la raison*	*die Vernunft*

Das Substantiv kann mit einem (bestimmten oder unbestimmten) Artikel (→ 2.) verbunden werden. Durch den Zusatz des bestimmten Artikels kann auch aus anderen Wortarten wie etwa dem Verb (5) oder der Präposition (6) ein Substantiv werden:

(5)	*le rire*	*das Lachen*
(6)	*le pour et le contre*	*das Für und wider*

Ein Substantiv kann sich auch aus mehreren Wörtern zusammensetzen (7):

(7)	*l'arc-en-ciel*	*der Regenbogen (arc = Bogen, ciel = Himmel)*
	le bateau à vapeur	*das Dampfschiff (bateau = Schiff, vapeur = Dampf)*

1.1. Hauptklassen des Substantivs

Das Substantiv umfasst fünf Hauptklassen:

Unter **Eigennamen** versteht man Personennamen, Organisationen, historische Ereignisse, Tage, Länder, Nationalitäten, Ortsnamen und Titel (8):

(8)	*Claude*	*Claude*
	la France	*Frankreich*
	le Français	*der Franzose*
	Paris	*Paris*
	le Code civil	*das bürgerliche Gesetzbuch*

Regel: Eigennamen werden groß geschrieben.

Unter **Gattungsnamen** versteht man eine Begriffsgruppe, die einen oder mehrere Vertreter einer Gattung oder eine Gattung selbst bezeichnet. Dazu gehören Personen, Tiere, Pflanzen und Dinge (9):

(9)	*la femme*	*Frau*
	l'animal	*Tier*
	le pommier	*Apfelbaum*
	la chaise	*Stuhl*
	la maison	*Haus*

Unter **Sammelnamen** versteht man eine Gruppe von Personen oder Dingen (10):

(10)	*l'armée*	*Armee*
	la foule	*Menschenmenge*
	la famille	*Familie*
	le troupeau	*Herde*
	le groupe	*Gruppe*

Unter **Stoffnamen** versteht man Substanzen (11):

(11)	*le thé*	*Tee*
	la neige	*Schnee*
	le cuir	*Leder*
	la farine	*Mehl*
	lair	*Luft*

Unter **Abstrakta** versteht man allgemeine, nicht gegenständliche Begriffe (12):

(12)	*la sagesse*	*Weisheit*
	la popularité	*Beliebtheit*
	la décadence	*Verfall*
	l'amour	*Liebe*
	la folie	*Wahnsinn*

1.2. Geschlecht

Regel: Im Französischen gibt es nur zwei Geschlechter: das Maskulinum und das Femininum. Die männliche Form wird durch *le* (bestimmter Artikel)

(→ 2.1.) oder *un* (unbestimmter Artikel) (→ 2.3.), das Femininum durch la (bestimmter Artikel) oder *une* (unbestimmter Artikel) ausgedrückt (1):

(1)	*le garçon*	*der Junge*
	la fille	*das Mädchen*
	un père	*ein Vater*
	une mère	*eine Mutter*

Im Gegensatz zum Deutschen gibt es im Französischen kein Neutrum.

Hinweis: Im Französischen unterscheidet man zwischen dem natürlichen Geschlecht bei Lebewesen (→ 1.2.1.) und dem grammatikalischen Geschlecht bei Dingen und Begriffen (→ 1.2.2.). Es gibt zwar einige Faustregeln, um das Geschlecht eines Substantivs zu bestimmen, doch ist es ratsam, sich jedes Wort gleich mit dem entsprechenden Geschlecht einzuprägen.

1.2.1. Substantive, die ein natürliches Geschlecht haben

Regel: Durch Anhängen verschiedener Endungen kann aus einem männlichen Substantiv ein weibliches werden.

1.2.1.1. Substantive, bei denen der Stamm unverändert bleibt

In vielen Fällen bildet man die weibliche Form, indem man die Endung *e* an die männliche Form hängt (2):

(2)	*un Allemand*	*une Allemande*	*Deutsche(r)*
	un ami	*une amie*	*Freund(in)*
	un étudiant	*une étudiante*	*Student(in)*
	le commerçant	*la commerçante*	*Händler(in)*

Die Mehrzahl der Substantive, die im Maskulinum auf *e* enden, bleibt im Femininum unverändert (3):

(3)	*le secrétaire*	*la secrétaire*	*Sekretär(in)*
	un artiste	*une artiste*	*Künstler(in)*
	un élève	*une élève*	*Schüler(in)*
	le pianiste	*la pianiste*	*Pianist(in)*

Sonderfälle: Einige der im Maskulinum auf *-e* endenden Substantive bilden das Femininum auf *-esse* (4):

(4)	*le comte*	*la comtesse*	*Graf/Gräfin*
	l'hôte	*l'hôtesse*	*Gastgeber(in)*
	le maître	*la maîtresse*	*Meister(in)*
	le prince	*la princesse*	*Prinz(essin)*
	le Suisse	*la Suissesse*	*Schweizer(in)*
	le traître	*la traîtresse*	*Verräter(in)*
	le poète	*la poétesse*	*Dichter(in)*

Substantive, die im Maskulinum auf *-an, -en, -ien* oder *-on* enden, bilden das Femininum auf *-anne* bzw. *-enne, -ienne* oder *-onne* (5):

(5)	*le paysan*	*la paysanne*	*Bauer/Bäuerin*
	un lycéen	*une lycéenne*	*Gymnasiast(in)*
	le gardien	*la gardienne*	*Wärter(in)*
	le pharmacien	*la pharmacienne*	*Apotheker(in)*
	le patron	*la patronne*	*Chef(in)*
	le lion	*la lionne*	*Löwe/Löwin*

Einige auf *-an, -in* und *-ain* endende Substantive bilden das Femininum jedoch durch Anhängen eines *-e* (6):

(6)	*le gitan*	*la gitane*	*Zigeuner(in)*
	un orphelin	*une orpheline*	*Waise*
	le voisin	*la voisine*	*Nachbar(in)*
	le châtelain	*la châtelaine*	*Schlossherr(in)*

Substantive, die im Maskulinum auf *-er* enden, bilden das Femininum *-ère* (7):

(7)	*le berger*	*la bergère*	*Hirte/Hirtin*
	le boulanger	*la boulangère*	*Bäcker(in)*
	un infirmier	*une infirmière*	*Krankenpfleger(in)*
	le caissier	*la caissière*	*Kassierer(in)*

Substantive, die im Maskulinum auf *-eur* enden, bilden das Femininum auf *-euse* (8):

(8)	*le coiffeur*	*la coiffeuse*	*Friseur(in)*
	le chanteur	*la chanteuse*	*Sänger(in)*
	le danseur	*la danseuse*	*Tänzer(in)*
	le vendeur	*la vendeuse*	*Verkäufer(in)*

Sonderfälle: Einige der auf *-eur* endenden Substantive bilden das Femininum jedoch auf *-eresse* (9):

(9)	*le vengeur*	*la vengeresse*	*Rächer(in)*
	le pécheur	*la pécheresse*	*Sünder(in)*

Substantive, die im Maskulinum auf *-teur* enden, bilden das Femininum auf *-trice* (10):

(10)	*un animateur*	*une animatrice*	*Animateur(in)*
	le lecteur	*la lectrice*	*Lektor(in)*
	le créateur	*la créatrice*	*Schöpfer(in)*
	le directeur	*la directrice*	*Direktor(in)*

Substantive, die im Maskulinum auf *-eux* oder *-oux* enden, bilden das Femininum auf *-euse* bzw. *-ouse* (11):

(11)	*un ambitieux*	*une ambitieuse*	*Streber(in)*
	le prétentieux	*la prétentieuse*	*Angeber(in)*
	un époux	*une épouse*	*Ehemann/-frau*
	le jaloux	*la jalouse*	*Neidhammel*

Sonderfälle:

le roux	*la rousse*	*Rothaarige(r)*
le vieux	*la vieille*	*Alte(r)*

Substantive, die im Maskulinum auf *-at, -et* oder *-ot* enden, bilden das Femininum durch Anhängen eines *-te* (12):

(12)	*le chat*	*la chatte*	*Kater/Katze*
	le cadet	*la cadette*	*Jüngste(r)*

Sonderfälle:

un avocat	*une avocate*	*Rechtsanwalt/ -anwältin*
un idiot	*une idiote*	*Idiot(in)*

Substantive, die im Maskulinum auf *-s* enden, bilden das Femininum durch Anhängen eines *-se* (13):

(13)	*le métis*	*la métisse*	*Mischling*
	le gros	*la grosse*	*Dickwanst*

Substantive, die im Maskulinum auf *-c* enden, bilden das Femininum, indem man *-c* durch *-que* ersetzt (14):

(14)	*le turc*	*la turque*	*Türke/Türkin*
	le laïc	*la laïque*	*Laie*

Sonderfälle: Weitere Unregelmäßigkeiten unter den Substantiven mit gleichem Stamm (15):

(15)	*le veuf*	*la veuve*	*Witwe(r)*
	le fils	*la fille*	*Sohn/Tochter*
	le favori	*la favorite*	*Favorit(in)*
	le fou	*la folle*	*Verrückte(r)*
	le dindon	*la dinde*	*Pute(r)*
	un abbé	*une abbesse*	*Abt/Äbtissin*
	le dieu	*la déesse*	*Gott/Göttin*
	le duc	*la duchesse*	*Herzog(in)*

1.2.1.2. Substantive, bei denen sich der Stamm verändert

(16)	*le taureau*	*la vache*	*Stier/Kuh*
	le cerf	*la biche*	*Hirsch/Reh*
	le coq	*la poule*	*Hahn/Henne*
	le frère	*la soeur*	*Bruder/Schwester*
	le père	*la mère*	*Vater/Mutter*
	le garçon	*la fille*	*Junge/Mädchen*
	l'oncle	*la tante*	*Onkel/Tante*

1.2.1.3. Substantive, bei denen die männliche Form beide Geschlechter ausdrückt

Nicht selten bezeichnet das französische Maskulinum sowohl das männliche als auch das weibliche Geschlecht (17):

(17)	*le chef*	*Chef(in)*
	le maire	*Bürgermeister(in)*
	le juge	*Richter(in)*
	le témoin	*Zeuge/Zeugin*
	le médecin	*Arzt/Ärztin*
	le professeur	*Lehrer(in)*

Diese Substantive können durch eine Beifügung ihr Geschlecht verändern (18):

(18)	*Madame le professeur*	*Frau Lehrerin*
	Madame le juge	*Frau Richterin*
	une femme médecin	*eine Ärztin*

1.2.1.3. Substantive, bei denen die weibliche Form beide Geschlechter ausdrückt

Einige Substantive haben im Französischen weibliches Geschlecht, obwohl sie nicht unbedingt ein weibliches Wesen bezeichnen (19):

(19)	*la personne*	*die Person*
	la star	*der Star*
	la victime	*das Opfer*
	la vigie	*die Wache*
	la recrue	*der Rekrut*

1.2.2. Das grammatikalische Geschlecht

1.2.2.1. Bestimmung des Geschlechts anhand von Endsilben

Regel: Die Substantive mit folgenden Endsilben sind bis auf einige Ausnahmen männlich (20):

(20):

-age:	*le courage*	*Mut*
	le village	*Dorf*
-ail:	*le portail*	*Portal*
	le détail	*Detail*
-al	*le cheval*	*Pferd*
	le capital	*Kapital*
-eau:	*le tableau*	*Bild*
	le manteau	*Mantel*
-ent:	*le talent*	*Talent*
	un agent	*Agent*

-et:	*le filet*	*Netz*
	le cadet	*Jüngster*
-ier:	*le cahier*	*Heft*
	le pilier	*Säule*
-isme:	*le communisme*	*Kommunismus*
	le tourisme	*Tourismus*
-ment:	*le logement*	*Wohnung*
	le mouvement	*Bewegung*
-on:	*le pardon*	*Verzeihung*
	le charbon	*Kohle*
-oir:	*le mouchoir*	*Taschentuch*
	le soir	*Abend*

Regel: Die Substantive mit folgenden Endsilben sind bis auf einige Ausnahmen weiblich (21):

(21):

-ade:	*la citronnade*	*Zitronenlimonade*
	l'embrassade	*Umarmung*
-aille:	*la trouvaille*	*Fund*
	la bataille	*Schlacht*
-aine:	*la douzaine*	*Dutzend*
	la quarantaine	*Quarantäne*
-ance:	*la connaissance*	*Bekanntschaft*
	la malveillance	*Böswilligkeit*
-çon:	*la leçon*	*Lektion*
	la rançon	*Lösegeld*
-ence:	*la cohérence*	*Zusammenhang*
	la pénitence	*Strafe*
-aison:	*la livraison*	*Lieferung*
	la comparaison	*Vergleich*

-elle:	*la passerelle*	*Steg*
	la tourelle	*Türmchen*
-esse:	*la sagesse*	*Weisheit*
	la politesse	*Höflichkeit*
-ette:	*la fourchette*	*Gabel*
	la boulette	*Kügelchen*
-eur:	*la couleur*	*Farbe*
	la chaleur	*Hitze*
-ise:	*la gourmandise*	*Schlemmerei*
	la bêtise	*Dummheit*
-son:	*la chanson*	*Lied*
	la maison	*Haus*
-ion:	*la religion*	*Religion*
	la nation	*Nation*
-té:	*la fierté*	*Stolz*
	la gaîté	*Frohsinn*
-tié:	*la pitié*	*Mitleid*
	la moitié	*Hälfte*

1.2.2.2. Bestimmung des Geschlechts anhand des Sinns

Regel: Himmelsrichtungen, Jahreszeiten, Monate, Wochentage, Baumarten, Metalle und chemische Elemente sind immer männlich (22):

(22)	*le nord*	*Norden*
	le printemps	*Frühling*
	janvier	*Januar*
	le lundi	*Montag*
	le cerisier	*Kirschbaum*
	le cuivre	*Kupfer*
	le gaz	*Gas*

Erdteile und Länder, Flussnamen und Städtenamen können sowohl männlich als auch weiblich sein (23):

(23)	*la France*	*Frankreich*
	le Japon	*Japan*
	la Seine	*die Seine*
	le Rhin	*der Rhein*
	Marseille	*männlich*
	Amsterdam	*männlich*

1.2.2.3. Substantive mit doppeltem Geschlecht

Einige Substantive können sowohl weiblich als auch männlich sein. Je nach Geschlecht ändert sich dann deren Bedeutung (24):

(24)	*le page*	*Page*
	la page	*Seite*
	le livre	*Buch*
	la livre	*Pfund*
	le mémoire	*Abhandlung*
	la mémoire	*Gedächtnis*
	le voile	*Schleier*
	la voile	*Segel*
	le mode	*Art*
	la mode	*Mode*

1.3. Pluralbildung

Grundwissen: Die Pluralform eines Substantivs bezeichnet mehrere Wesen oder Sachen.

Regel: Gewöhnlich wird der Plural eines Substantivs gebildet, indem man *-s* an den Singular hängt. Da dieses *-s* jedoch phonetisch nicht wahrnehmbar ist, geben nur der Artikel oder das Pronomen graphisch Aufschluss über Singular- oder Pluralform des Substantivs.

Bei einigen wenigen Wörtern ist die Pluralform jedoch auch phonetisch wahrnehmbar. In diesen Fällen wird der Plural durch *-x* gebildet.

1.3.1. Pluralbildung mit -s

Die Mehrheit der Substantive bilden den Plural durch Anhängen eines *-s* (1):

	Singular	Plural	
(1)	*la table*	*les tables*	*Tisch*
	la maison	*les maisons*	*Haus*
	le plat	*les plats*	*Gericht*

Substantive, die auf *-s, -x* oder *-z* enden, bleiben im Plural unverändert (2):

(2)	*le bas*	*les bas*	*Strumpf*
	la noix	*les noix*	*Nuss*
	le nez	*les nez*	*Nase*

1.3.2. Pluralbildung mit -x

Substantive, die auf *-al, -au, -eau, -eu, -oeu* oder *-ou* enden, bilden den Plural durch das Anhängen eines *-x* (3):

(3)	*l'animal*	*les animaux*	*Tier*
	le tuyau	*les tuyaux*	*Schlauch*
	le tableau	*les tableaux*	*Bild*
	le cheveu	*les cheveux*	*Haar*
	le voeu	*les voeux*	*Gelübde*
	le bijou	*les bijoux*	*Schmuck*
	le genou	*les genoux*	*Knie*

Sonderfälle:

le carnaval	*les carnavals*	*Fasching*
le choral	*les chorals*	*Choral*
le ciel	*les cieux*	*Himmel*
l'oeil	*les yeux*	*Auge*
l'aïeul	*les aïeux*	*Ahn*
le travail	*les travaux*	*Arbeit*
le corail	*les coraux*	*Koralle*

1.3.3. Substantive, die nur im Singular vorkommen

Substantive, die eine Wissenschaft ausdrücken (4):

(4)	*la botanique*	*Botanik*
	la géométrie	*Geometrie*

Substantive, die eine Eigenschaft ausdrücken (5):

(5)	*la fragilité*	*Zerbrechlichkeit*
	la méchanceté	*Bosheit*

Substantive, die eine mit den Sinnen wahrnehmbare Empfindung ausdrücken (6):

(6)	*l'odorat*	*Geruchssinn*
	le toucher	*Tastsinn*
	le froid	*Kälte*
	la chaleur	*Hitze*

Infinitive und Adjektive, die als Substantiv verwendet werden (7):

(7)	*le rire*	*das Gelächter*
	le meilleur	*das Beste*

1.3.4. Substantive, die nur im Plural vorkommen

Gebirgsketten und Regionen (8):

(8)	*les Alpes*	*Alpen*
	les Antilles	*Antillen*
	les Indes	*Indien*
	les Flandres	*Flandern*

Weitere Substantive, die nur im Plural vorkommen (9):

(9)	*les environs*	*Umgebung*
	les moeurs	*Sitten*
	les annales	*Annalen*
	les armoiries	*Wappen*
	les archives	*Archiv*
	les frais	*Unkosten*
	les vivres	*Lebensmittel*

1.3.5. Pluralbildung bei Eigennamen

1.3.5.1. Eigennamen, die nur im Singular vorkommen

Eigennamen, die eine Familie als Ganzes bezeichnen (10):

(10)	*les Bonaparte*	*Familie Bonaparte*
	les Dupont	*Familie Dupont*

Eigennamen, die eine nicht-französische Dynastie bezeichnen (11):

(11)	*les Hohenzollern*	*Hohenzollern*
	les Habsbourg	*Habsburger*

1.3.5.2. Eigennamen, die im Plural vorkommen

Eigennamen können in den Plural gesetzt werden, wenn sie die Bewohner einer Stadt, eines Landes oder eine historische Dynastie bezeichnen (12):

(12)	*les Parisiens*	*Pariser*
	les Russes	*Russen*
	les Capétiens	*Kapetinger*

1.3.6. Pluralbildung bei zusammengesetzten Substantiven

1.3.6.1. Zusammengesetzte Substantive ohne Bindestrich

Zusammengesetzte Substantive bilden im Normalfall den Plural durch Anhängen eines *-s* (13):

(13)	*le pourboire*	*les pourboires*	*Trinkgeld*
	le bonbon	*les bonbons*	*Bonbon*
	le passeport	*les passeports*	*Reisepass*

In einigen Fällen wird das Pluralzeichen an beide Substantivteile gesetzt (14):

(14)	*le bonhomme*	*les bonshommes*	*(braver) Mann*
	madame	*mesdames*	*Frau*
	mademoiselle	*mesdemoiselles*	*Fräulein*
	monsieur	*messieurs*	*Herr*

1.3.6.2. Zusammengesetzte Substantive mit Bindestrich

Besteht das zusammengesetzte Substantiv aus zwei Substantiven, dann werden beide Wortteile in den Plural gesetzt (15):

(15)	*le chef-lieu*	*les chefs-lieux*	*Hauptstadt*
	le chou-fleur	*les choux-fleurs*	*Blumenkohl*

Besteht das zusammengesetzte Substantiv aus einem Substantiv einer präpositionalen Ergänzung, dann bleibt der zweite Wortteil unverändert (16):

(16)	*l'arc-en-ciel*	*les arcs-en-ciel*	*Regenbogen*
	le pot-de-vin	*les pots-de-vin*	*Schmiergeld*

Besteht das zusammengesetzte Substantiv aus einem Substantiv und einem Adjektiv, dann werden beide Wortteile in den Plural gesetzt (17):

(17)	*le coffre-fort*	*les coffres-forts*	*Tresor*
	le grand-père	*les grands-pères*	*Großvater*

Sonderfall: Besteht das zusammengesetzte Substantiv aus dem Adjektiv *grand* und einem weiblichen Wortelement, dann wird oft nur das Substantiv mit einem Pluralzeichen versehen (18):

(18)	*la grand-mère*	les *grand-mères*	*Großmutter*

Besteht das zusammengesetzte Substantiv aus zwei Adjektiven, dann werden beide Wortelemente mit einem Pluralzeichen versehen (19):

(19)	*le sourd-muet*	*les sourds-muets*	*Taubstummer*
	le dernier-né	*les derniers-nés*	*Letztgeborener*

Besteht das zusammengesetzte Substantiv aus einem Verb und einem Objekt, dann bleibt das Verb immer unverändert. Beim Objekt richtet sich die Pluralbildung nach dessen Sinn bzw. danach, ob das Objekt in Plural gesetzt werden kann oder nicht.
Die Substantive *monnaie* (Geld) und *boue* (Schlamm) z. B. können von sich aus nur im Singular gebraucht werden. Dies gilt dann auch für davon abgeleitete Zusammensetzungen (20):

(20)	*le porte-monnaie*	*les porte-monnaie*	*Geldbörse*
	le garde-boue	*les garde-boue*	*Schutzblech*

Ganz anders ist es z. B. bei der Pluralbildung von *dent* (Zahn) und *lit* (Bett) sowie bei den davon abgeleiteten Zusammensetzungen (21):

(21)	*le cure-dent*	*les cure-dents*	*Zahnstocher*
	le couvre-lit	*les couvre-lits*	*Tagesdecke*

Besteht das Substantiv aus zwei Verben (22), einem Verb + Pronomen (23) oder einem Verb + Adverb (24), dann werden weder Verb noch Pronomen noch Adverb in den Plural gesetzt.

(22)	*le laisser-aller*	*les laisser-aller*	*Nachlässigkeit*
(23)	*l'on-dit*	*les on-dit*	*Gerücht*
(24)	*le passe-partout*	*/es passe-partout*	*Passepartout*

Besteht das zusammengesetzte Substantiv aus einem Substantiv + Adverb (29) oder einem Substantiv + Präposition (30), dann wird das Substantiv mit einer Pluralendung versehen.

(29)	*le haut-parleur*	*les haut-parleurs*	*Lautsprecher*
(30)	*une arrière-boutique*	*les arrière-boutiques*	*Ladenstube*

1.3.7. Pluralbildung bei Lehnwörtern

Grundwissen: Lehnwörter sind aus einer fremden Sprache übernommene Wörter, die in der aufnehmenden Sprache phonetisch und orthographisch angepasst werden.

Lehnwörter, die vollständig in den französischen Wortschatz übergegangen sind, werden mit einer französischen Pluralendung versehen (31):

(31)	*un agenda*	*les agendas*	*Notizbuch*
	un toast	*les toasts*	*Toast*

In einigen Fällen werden die Pluralformen aus der Fremdsprache übernommen (32):

(32)	*le minimum*	*les minima*	*Minimum*
	le soprano	*les soprani*	*Sopran*
	le sandwich	*les sandwiches*	*Sandwich*
	le leitmotiv	*les leitmotive*	*Leitmotiv*

1.4. Deklination

Im Gegensatz zum Deutschen gibt es im Französischen keine Deklinationen der Substantive. Einzig die Präpositionen geben Aufschluss darüber, in welcher Beziehung die Substantive zueinander stehen.

Dativ (1):

(1)	*Je donne ce livre à mon frère.*	*Ich gebe dieses Buch meinem Bruder.*

Akkusativ (2):

(2)	*Mon frère me donne son livre.*	*Mein Bruder gibt mir sein Buch.*

Genitiv (3):

(3)	*Je reçois le livre de mon frère.*	*Ich erhalte das Buch meines Bruders.*

Übungen

1. Bestimmen Sie bei folgenden Substantiven, ob es sich um einen Eigennamen, einen Gattungsnamen, einen Sammelnamen, einen Stoffnamen oder ein Abstraktum handelt:

a. le chien
b. le tas (Haufen)
c. Amsterdam
d. le sapin (Tanne)
e. la haine (Hass)
f. le café

2. Setzen Sie folgende maskuline Substantive ins Femininum:

a. le directeur
b. le botaniste (Botaniker)
c. le fils
d. le mathématicien
e. le cousin
f. le pâtissier
g. l'époux
h. le danseur
i. le comte
j. l'Anglais

3. Finden Sie das weibliche Gegenstück zu:

a. le garçon
b. l'oncle
c. le cerf
d. le père
e. le taureau
f. le dindon

4. Bestimmen Sie das Geschlecht folgender Substantive:

a. marxisme
b. négociation
c. cargaison
d. carton
e. bananier
f. baignade
g. arrondissement
h. douleur
i. pillage
j. marteau

5. Bilden Sie den Plural folgender Substantive:

a. la chanson
b. le manteau
c. la porte
d. le genou
e. le rail
f. la croix
g. le neveu
h. l'oeil

Lösungen

1. a. Gattungsname
b. Sammelname
c. Eigenname
d. Gattungsname
e. Abstraktum
f. Stoffname

2. a. la directrice
b. la botaniste
c. la fille
d. la mathématicienne
e. la cousine
f. la pâtissière
g. l'épouse
h. la danseuse
i. la comtesse
j. l'Anglaise

3. a. la fille
b. la tante
c. la biche
d. la mère
e. la vache
f. la dinde

4. a. m.
b. f.
c. f.
d. m.
e. m .
f. f.
g. m.
h. f.
i. m.
j. m.

5. a. les chansons
b. les manteaux
c. les portes
d. les genoux
e. les rails
f. les croix
g. les neveux
h. les yeux

2. Artikel

Grundwissen: Man unterscheidet im Französischen zwischen dem bestimmten Artikel *(le, la, les),* dem unbestimmten Artikel *(un, une)* und dem Teilungsartikel (*du, de la, des)*.

2.1. Der bestimmte Artikel. Gebrauch

Im Gegensatz zum Deutschen hat der bestimmte Artikel im Französischen nur zwei Formen, die männliche Form *le* (1) und die weibliche Form *la* (2):

Maskulinum (1):

le cendrier	*der Aschenbecher*
le tableau	*das Bild*

Femininum *(2):*

la table	*der Tisch*
la femme	*die Frau*

Die bestimmten Artikel *le* und *la* bezeichnen die Gesamtheit einer Menge, die unzählbar ist (3), die Gesamtheit einer Menge, die einzigartig ist, oder die Gesamtheit einer zählbaren Menge (5).

Hinweis: Im Französischen wird der Artikel in Fällen angegeben, in denen er im Deutschen ausfällt (3):

(3)	*le pain*	*Brot*
	le vin	*Wein*
	La bière fait grossir.	*Bier macht dick.*
	Le café réveille.	*Kaffee macht munter.*
(4)	*le soleil*	*Sonne*
	le chien de mon frère	*der Hund meines Bruders*
(5)	*La rose est une jolie fleur.*	*Die Rose ist eine hübsche Blume.*
	L'ordinateur est une merveille de la technologie.	*Der Computer ist ein Meisterwerk der Technik.*

Pluralformen des bestimmten Artikels

Die Pluralform des bestimmten Artikels ist sowohl im Maskulinum (6) als auch im Femininum (7) *les:*

Maskulinum (6):

les cendriers	*die Aschenbecher*
les tableaux	*die Bilder*

Femininum (7):

les tables	*die Tische*
les femmes	*die Frauen*

Der bestimmte Artikel *les* bezeichnet die Gesamtheit einer gegebenen Menge (8):

(8)	*les fleurs*	*(die Gesamtheit alter) Blumen*
	les animaux	*(die Gesamtheit alter) Tiere*

Der Umfang dieser Menge kann durch Ergänzungen jeder Art eingeschränkt werden (9):

(9)	*les fleurs du jardin botanique*	*die Blumen aus dem botanischen Garten*
	les animaux sauvages	*die wilden Tiere*

Der bestimmte Artikel verweist auf etwas Bekanntes oder vorher Erwähntes (10):

(10)	*Je bois l'eau du robinet.*	*Ich trinke Leitungswasser.*
	Il me salue avec le sourire.	*Er grüßt mich mit seinem allseits bekannten Lächeln.*

In der Anrede dient der bestimmte Artikel zur Einleitung der Berufsbezeichnung (11):

(11)	*J'ai rendez-vous avec Monsieur le Maire.*	*Ich habe einen Termin beim Herrn Bürgermeister.*
	Bonjour, Madame la Directrice!	*Guten Tag, Frau Direktorin!*

Der bestimmte Artikel in Verbindung mit den Präpositionen *de* (Genitiv) und *à* (Dativ)

de + *le* wird zu *du*:

Je sors du bureau.	*Ich verlasse das Büro.*

de + *la* wird zu *de la*:

Je viens de la pharmacie.	*Ich komme aus der Apotheke.*

de + *les* wird zu *des*:

Il profite des autres.	*Er nützt die anderen aus.*

à + *le* wird zu *au*:

Je vais au travail.	*Ich gehe zur Arbeit.*

à + *la* wird zu *à la*:

Il a parlé à la mère.	*Er sprach mit der Mutter.*

à + *les* wird zu *aux*:

Je pense aux enfants.	*Ich denke an die Kinder.*

Singular- und Pluralformen vor Vokalen und dem stummen h

Regel: Bei Substantiven, die mit einem Vokal oder einem stummen h beginnen, werden *le* und *la* zu *l'*. Der Plural behält seine normale Form.

(12)	*l'Africain (maskulin)*	*les Africains*	*der/die Afrikaner*
	l'étudiant (maskulin)	*les étudiants*	*der/die Student(en)*
	l'icône (feminin)	*les icônes*	*die Ikone(n)*
	l'urne (feminin)	*les urnes*	*die Urne(n)*
	l'horaire (maskulin)	*les horaires*	*die Zeit(en)*
	l'hôtel (maskulin)	*les hôtels*	*das/die Hotel(s)*

Sonderfall: Bei einigen mit h beginnenden Substantiven wird der bestimmte Artikel ausgeschrieben (13):

(13)	*le hangar*	*les hangars*	*der/die Schuppen*
	le héros	*les héros*	*der/die Helden*

2.2. Der bestimmte Artikel: Besonderheiten

Der bestimmte Artikel wird verwendet, um eine Person, eine Sache oder einen Begriff hervorzuheben oder näher zu bestimmen (1):

(1)	*Il a pris le train de nuit.*	*Er nahm den Nachtzug.*
	les habitants de la France	*die Einwohner Frankreichs*
	Etes-vous l'ami de Sandra?	*Sind Sie Sandras Freund?*

Körperteile werden stets mit dem bestimmten Artikel gebraucht (2):

(2)	*Je me suis cassé la jambe.*	*Ich habe mir das Bein gebrochen.*
	Il a mal au ventre.	*Er hat Bauchweh.*

Ausrufe, die einem Demonstrativpronomen (→ 3.3.) gleichkommen, erfordern den bestimmten Artikel (3):

(3)	*Le guignol!*	*Was für ein Kasper!*
	Le fou!	*Was für ein Spinner!*

2.2.1. Der bestimmte Artikel in Verbindung mit Abstrakta, Gattungsnamen und Stoffnamen

Abstrakta werden stets mit dem bestimmten Artikel gebraucht (4):

(4)	*La vie nous prépare plein de surprises.*	*Das Leben steckt voller Überraschungen.*
	Il a perdu la raison.	*Er hat den Verstand verloren.*

Gattungsnamen werden sowohl im Singular als auch im Plural mit dem bestimmten Artikel gebraucht (5):

(5)	*jeter l'argent par les fenêtres*	*das Geld zum Fenster hinauswerfen*
	Les enfants aiment jouer.	*Kinder spielen gern.*

Stoffnamen werden stets mit dem bestimmten Artikel gebraucht (6):

(6)	*L'argent mène le monde.* *J'aime le vin.*	*Geld regiert die Welt.* *Ich trinke gerne Wein.*

2.2.2. Der bestimmte Artikel in Verbindung mit Eigennamen

Personennamen stehen ohne Artikel, wenn sie nur eine einzelne Person bezeichnen (7):

(7)	*Einstein fut un génie.* *Pierre est un fils unique.*	*Einstein war ein Genie.* *Pierre ist ein Einzelkind.*

Personennamen stehen mit Artikel, wenn sie eine ganze Familie bezeichnen (8):

(8)	*Les Dupont habitent à Munich.* *Les Huguenots durent quitter la France.*	*Die Familie Dupont lebt in München.* *Die Hugenotten mussten Frankreich verlassen.*

Personennamen stehen ebenfalls mit Artikel, wenn der Name näher bestimmt ist (9):

(9)	*le docteur Dumas* *le roi Louis XIV*	*Doktor Dumas* *König Ludwig XIV*

2.2.3. Der bestimmte Artikel in Verbindung mit Orts-, Länder-, Fluss- und Gebirgsnamen sowie Himmelsrichtungen

Ortsnamen stehen gewöhnlich ohne Artikel (10):

(10)	*Paris est une belle ville.* *Berlin est la nouvelle capitale de l'Allemagne.*	*Paris ist eine schöne Stadt.* *Berlin ist die neue Hauptstadt Deutschlands.*

Sonderfall: Den Artikel erhalten Ortsnamen nur, wenn sie näher bestimmt werden (11) oder wenn der Artikel bereits zum Namen gehört (12):

(11)	*le Paris de nos jours*	*Paris heute*
(12)	*Le Caire est la capitale de l'Egypte.*	*Kairo ist die Hauptstadt Ägyptens.*

Länder- und Provinznamen stehen im Allgemeinen mit Artikel (13):

(13)	*la Chine*	*China*
	le Japon	*Japan*
	les Etats-Unis	*die USA*
	la Corse	*Korsika*
	la Provence	*die Provence*

Sonderfall: Vor einer Reihe von Ländernamen (insbesondere Inseln) entfällt jedoch der Artikel, z. B. bei *Bornéo, Sumatra, Madagascar, Monaco, Chypre (Zypern), Haïti.*

Fluss-, Meeres- und Gebirgsbezeichnungen stehen mit Artikel (14):

(14)	*le Rhin*	*der Rhein*
	la Seine	*die Seine*
	la Mer Morte	*das Tote Meer*
	la Méditerranée	*das Mittelmeer*
	les Alpes	*die Alpen*
	les Pyrénées	*die Pyrenäen*

Himmelsrichtungen stehen immer mit Artikel (15):

(15)	*J'habite au nord de la France.*	*Ich lebe im Norden Frankreichs.*
	Nous avons passé les vacances dans le Midi.	*Wir haben die Ferien im Süden Frankreichs verbracht.*

Sonderfall:

le vent d'est	*Wind aus östlicher Richtung*
le vent d'ouest	*Wind aus westlicher Richtung*

2.2.4. Der Gebrauch von à, en und de bei Ländernamen

Männliche Ländernamen, die mit einem Konsonanten beginnen oder immer im Plural stehen, erfordern nach *à* den Artikel (16):

(16)	*J'habite au Japon.*	*Ich wohne in Japan.*
	Je vis aux Etats-Unis.	*Ich lebe in den USA.*

Ländernamen, die ohne Artikel stehen, brauchen nach *à* keinen Artikel (17):

(17)	*Je vais à Bornéo.*	*Ich gehe nach Bornéo.*
	J'enverrai cette lettre à Madagascar.	*Ich werde diesen Brief nach Madagaskar schicken.*

Alle weiblichen Ländernamen (18) sowie männliche Ländernamen, die mit einem Vokal beginnen (19), stehen mit *en* und ohne Artikel:

(18)	*J'habite en France.*	*Ich wohne in Frankreich.*
(19)	*Je vis en Irak.*	*Ich lebe im Irak.*

Nach der Präposition *de* steht der bestimmte Artikel bei Ländernamen, die mit einem Konsonanten beginnen oder die immer im Plural stehen (20):

(20)	*Je rentre de la Turquie.*	*Ich komme aus der Türkei zurück.*
	Je reviens du Canada.	*Ich komme aus Kanada zurück.*
	Je viens des Etats-Unis.	*Ich komme aus den USA.*
	Je viens des Bermudes.	*Ich komme aus den Bermudas.*

Nach der Präposition *de* entfällt der bestimmte Artikel, wenn der Ländername die Herkunft bezeichnet oder zu einem Titel gehört:

(21)	*J'aime le costume national de Cuba.*	*Ich liebe die Nationaltracht Kubas.*
	Je ne bois que du vin d'Italie.	*Ich trinke nur italienischen Wein.*
	la reine d'Angleterre	*die englische Königin*

Nach der Präposition *de* steht der Artikel, wenn ein Besitzverhältnis oder eine Zugehörigkeit ausgedrückt wird (22):

(22)	*la politique extérieure de l'Allemagne*	*die deutsche Aussenpolitik*
	les châteaux de la Loire	*die Loire-Schlösser*
	la capitale de l'Allemagne	*die Hauptstadt Deutschlands*

Der Artikel nach der Präposition *de* entfällt, wenn ein Erzeugnis (23), die Herkunft (24) oder ein Titel (25) bezeichnet werden:

(23)	*les vins d'Italie*	*italienische Weinsorten*
(24)	*les émigrants d'Algérie*	*die Emigranten aus Algerien*
(25)	*le roi de France*	*der französische König*

2.2.5. Der bestimmte Artikel in Verbindung mit Jahreszeiten, Monats- und Tagesangaben, Tageszeiten sowie Feiertagen

Jahreszeiten stehen gewöhnlich mit Artikel (26):

(26)	*Le printemps est ma saison préférée.*	*Der Frühling ist meine bevorzugte Jahreszeit.*
	Je n'aime pas trop l'hiver.	*Den Winter mag ich nicht besonders.*

Sonderfall: Wenn die Jahreszeit durch die Präposition *en* eingeleitet wird, entfällt jedoch der Artikel.

En automne, je vais faire de la randonnée.	*Im Herbst werde ich wandern gehen.*

Tagesangaben stehen mit dem Artikel, wenn sie eine gewisse Regelmäßigkeit bezeichnen (27) oder wenn sie näher bestimmt sind (28):

(27)	*Je me couche toujours tard le samedi.*	*Samstags gehe ich immer spät zu Bett.*
	Il ne sort jamais le lundi.	*Montags geht er nie aus.*
(28)	*Nous allons nous marier le samedi 10 juin.*	*Wir heiraten am Samstag, den 10. Juni.*
	le premier lundi du mois	*am ersten Montag des Monats*

Sonderfall: Tagesangaben, die mit *prochain(e)* (nächste(r,s)) oder *dernier/dernière* (letzte(r,s)) näher bestimmt werden, stehen ohne Artikel (29):

(29)	*Il est rentré mardi dernier.*	*Er ist letzten Dienstag heimgekommen.*
	Je t'appellerai dimanche prochain.	*Ich werde dich nächsten Sonntag anrufen.*

Tageszeiten erfordern den bestimmten Artikel (30):

(30)	*avant le coucher du soleil*	*vor Sonnenuntergang*
	Je me réveille tard le matin.	*Ich wache morgens spät auf*
	à sept heures du soir	*sieben Uhr abends*

Sonderfall: *midi* (Mittag), *minuit* (Mitternacht), *matin* (Vormittag), *après-midi* (Nachmittag) und *soir* (Abend, Nachmittag) stehen ohne Artikel, wenn sie eine andere Zeitangabe ergänzen (31):

(31)	*midi passé*	*kurz nach Mittag*
	la messe de minuit	*Mitternachtsmesse*

Monatsangaben stehen ohne Artikel (32):

(32)	*Août est le mois le plus chaud.*	*August ist der heißeste Monat.*
	J'arriverai début juin.	*Ich komme Anfang Juni.*

Kirchenfeste stehen immer mit dem weiblichen Artikel (33):

(33)	*La Pentecôte est un jour férié.*	*Pfingsten ist ein Feiertag.*
	L'Ascension n'est plus férié.	*Christi Himmelfahrt ist kein Feiertag mehr.*

Vor *Pâques* (Ostern) und *Noël* (Weihnachten) entfällt der Artikel (34):

(34)	*Pâques est une fête religieuse.*	*Ostern ist ein religiöses Fest.*
	Les enfants attendent Noël avec impatience.	*Die Kinder erwarten Weihnachten voller Ungeduld.*

2.2.6. Der Artikel bei Redewendungen

Einige Redewendungen erfordern den bestimmten Artikel (35):

(35)	*avoir les cheveux blonds*	*blonde Haare haben*
	avoir les yeux noirs	*schwarze Augen haben*
	avoir le temps	*Zeit haben*
	avoir le sang chaud	*heißes Blut haben*
	courir le cent mètres	*hundert Meter laufen*
	perdre la vue	*blind werden*

faire la paix	*Frieden schliessen*
faire la cuisine	*kochen*
faire la tête	*schmollen*
rentrer à la maison	*nach Hause gehen*
arriver le premier	*als Erster ankommen*
apprendre le français	*Französisch lernen*

2.2.6. Die Wiederholung des bestimmten Artikels

Werden Substantive aneinander gereiht, so steht der Artikel vor jedem dieser Substantive (36):

(36)	*les ministres et les députés du gouvernement français*	*die Minister und Abgeordneten der französischen Regierung*
	les chanteurs et les pianistes de l'Opéra de Paris	*die Sänger und Pianisten der Pariser Oper*

Bilden die aneinander gereihten Substantive eine Einheit, so wird der Artikel nicht wiederholt (37):

(37)	*les cousins et cousines de ma mère*	*die Cousins und Cousinen meiner Mutter*
	les collègues et bons amis de mon mari	*Die Kollegen und guten Freunde meines Mannes*

2.3. Der unbestimmte Artikel

Grundwissen: Der unbestimmte Artikel wird in Verbindung mit Substantiven gebraucht, die noch nicht genannt oder nicht näher bestimmt wurden.

Die männliche Form des unbestimmten Artikels lautet *un* (1):

(1)	*un homme*	*ein Mann*
	un cendrier	*ein Aschenbecher*
	un idéal	*ein Ideal*

Die weibliche Form lautet *une* (2):

(2)	*une femme*	*eine Frau*
	une table	*ein Tisch*

Der Plural wird in beiden Fällen durch den Teilungsartikel (→ 2.5.) *des* ausgedrückt (3):

(3)	*des hommes*	*Männer*
	des tables	*Tische*
	des élèves	*Schüler*

2.3.1. Der unbestimmte Artikel: Gebrauch

Im Allgemeinen wird der unbestimmte Artikel wie im Deutschen gebraucht. Man verwendet ihn in der Singularform eines zählbaren Begriffes und vor Substantiven, die eine Person oder Sache (bzw. Personen oder Sachen) bezeichnen, von der bislang noch nicht die Rede war (4):

(4)	*Une femme demande à vous parler.*	*Eine Frau möchte Sie sprechen.*
	Hier j'ai vu un film très intéressant.	*Gestern habe ich einen sehr interessanten Film gesehen.*

Die Verneinung des unbestimmten Artikels wird durch *pas de, plus de, guère de*, usw. ausgedrückt (5):

(5)	*Je n'ai plus de voiture.*	*Ich habe kein Auto mehr.*
	Je n'ai pas d'enfants.	*Ich habe keine Kinder*

2.4. Der unbestimmte Artikel: Besonderheiten

2.4.1. Der unbestimmte Artikel bei Berufs- und Nationalitätsbezeichnungen

Berufs- und Nationalitätsbezeichnungen stehen im Französischen ohne Artikel (1), es sei denn, das Subjekt wird durch *ce* ausgedrückt (2):

(1)	*Alain est dentiste.*	*Alain ist Zahnarzt.*
	Paul travaille comme serveur.	*Paul arbeitet als Kellner.*
	Yoko est Japonaise.	*Yoko ist Japanerin.*
(2)	*C'est un dentiste.*	*Er ist Zahnarzt.*
	C'est un serveur.	*Er ist Kellner.*
	C'est une Japonaise.	*Sie ist Japanerin.*

2.4.2. Der unbestimmte Artikel bei substantivischen Attributen

Im Gegensatz zum Deutschen steht der unbestimmte Artikel bei substantivischen Attributen, die von einem Adjektiv begleitet werden (3):

(3)	*Il est d'une méchanceté incroyable.*	*Er ist von unglaublicher Bosheit.*
	Cette femme est d'une grande beauté.	*Diese Frau ist von großer Schönheit.*

2.5. Der Teilungsartikel

Grundwissen: Der Teilungsartikel (auch Partitiv genannt) dient zur Bezeichnung eines unbestimmten Teils einer Menge.

Das Fehlen des Artikels im Deutschen erfüllt meist die gleiche Funktion wie der französische Teilungsartikel (1):

(1)	*J'aime boire du vin.*	*Ich trinke gerne Wein.*
	J'ai des enfants.	*Ich habe Kinder.*

Das Fehlen des Artikels im Deutschen bezeichnet aber auch bisweilen die Gesamtheit einer Menge. Dann muss im Französischen der bestimmte Artikel stehen (2):

(2)	*Le vin est cher.*	*Wein ist teuer.*
	J'aime les enfants.	*Ich mag Kinder.*

Der folgende Satz hat beide Funktionen (3):

(3)	*Les médecins ne sont que des hommes.*	*Ärzte sind auch nur Menschen.*

(Die Gesamtheit aller Ärzte ist ein Teil der Menschen.)

2.5.1. Der Teilungsartikel. Gebrauch

Bezeichnet der Teilungsartikel einen unbestimmten Teil einer nicht zählbaren Menge, dann verwendet man *de la* oder *du* (1):

(1)	*Il mange de la glace.*	*Er isst Eis.*
	Il boit du café.	*Er trinkt Kaffee.*
	Il cherche de l'or.	*Er sucht Gold.*

Bezeichnet der Teilungsartikel einen unbestimmten Teil einer zählbaren Menge, dann verwendet man die Pluralform *des* (2):

(2)	*J'ai acheté des livres.*	*Ich habe Bücher gekauft.*
	J'ai des enfants.	*Ich habe Kinder.*
	J'achète des tomates.	*Ich kaufe Tomaten.*

2.5.2. Der Teilungsartikel nach Abstrakta und Präposition

Einige abstrakte Begriffe erfordern den Teilungsartikel (3):

(3)	*Nous avons eu de la chance.*	*Wir hatten Glück.*
	J'ai éprouvé de la joie.	*Ich empfand Freude.*
	Tu me fais de la peine.	*Du tust mir leid.*

Der Teilungsartikel steht nach den Präpositionen *sur, avec* und *chez* (4):

(4)	*J'écris sur du papyrus.*	*Ich schreibe auf Papyrus.*
	On chauffe avec du bois.	*Wir heizen mit Holz.*
	Il a dormi chez des amis.	*Er hat bei Freunden geschlafen.*

Sonderfall: Er steht jedoch nicht nach den Präpositionen *de, en* und *sans* (5):

(5)	*Il remplit mon verre de vin.*	*Er füllt mein Glas mit Wein.*
	Ma mère est en bonne santé.	*Meine Mutter ist gesund.*
	Je ne sors jamais sans cigarettes.	*Ich gehe nie ohne Zigaretten aus dem Haus.*

2.5.3. Der Teilungsartikel nach Mengenangaben

Nach Maß- und Mengenangaben steht *de* ohne Artikel. Mengenangaben können eingeleitet werden durch ...

...Substantive wie *un tas* (eine Menge), *une multitude* (eine Menge), *une paire* (ein Paar), *un kilo* (ein Kilo), *un mètre* (ein Meter), *un verre* (ein Glas) usw. (6):

(6)	*un tas de problémes* *un kilo de pommes* *un verre de vin*	*eine Menge Probleme* *ein Kilo Äpfel* *ein Glas Wein*

Sonderfall: Wird das Substantiv näher bestimmt, so steht *de* jedoch mit Artikel (7):

(7)	*Je voudrais trois kilos des pommes en promotion.* *Donne?→un verre du vin que tu viens d'acheter.*	*Ich hätte gern drei Kilo Äpfel aus dem Angebot.* *Gib mir ein Glas von dem Wein, den du eben gekauft hast!*

Adverbien wie *peu* (wenig), *beaucoup* (viel), *trop* (zu viel), *assez* (genug), *combien* (wie viel), *tant* (so viel) usw. (8) sowie Relativpronomina (→ 3.4.) wie *quelque chose* und *quoi* (9) können ebenfalls Mengenangaben einleiten.

(8)	*J'ai peu d'amis.* *Nous avons dépensé beaucoup d'argent.* *Combien de langues parles-tu ?*	*Ich habe wenig Freunde.* *Wir haben viel Geld ausgegeben.* *Wie viele Sprachen sprichst du?*
(9)	*Raconte-moi quelque chose de beau.* *Quoi de neuf?*	*Erzähl mir etwas Schönes.* *Was gibt es Neues?*

Sonderfall: Nach *la plupart* und *bien* steht *de* mit dem Artikel (10):

(10)	*La plupart des Libanais vivent à l'étranger.* *Tu sembles avoir bien des admirateurs.*	*Die meisten Libanesen leben im Ausland.* *Du scheinst sehr viele Verehrer zu haben.*

2.5.4. Der Teilungsartikel in Negativsätzen

Nach Verneinungen wie *pas, plus* oder *guère* steht *de* ohne Artikel (11):

(11)	*Je n'ai pas de famille.*	*Ich habe keine Familie.*
	Il n'a plus d'argent.	*Er hat kein Geld mehr.*

Sans (ohne) + Verb und *jamais* (nie) + Verb stehen immer ohne Artikel (12):

(12)	*Je ne veux pas partir sans donner de raison.*	*Ich möchte nicht abreisen, ohne einen Grund anzugeben.*
	Il n'a jamais eu de chance.	*Er hatte nie Glück.*

Auf *ne sont pas* („sind nicht") folgt stets der Teilungsartikel (13):

(13)	*Les professeurs ne sont pas des monstres.*	*Lehrer sind keine Unmenschen.*
	Mes amis ne sont pas des lâches.	*Meine Freunde sind keine Feiglinge.*

2.6. Der Teilungsartikel: Besonderheiten

2.6.1. Der Teilungsartikel bei Substantiven, die mit einem Adjektiv verbunden sind

Substantive mit vorgestelltem Adjektiv im Singular erfordern den Teilungsartikel (1):

(1)	*Nous avons bu du bon vin.*	*Wir tranken guten Wein.*
	Vous avez fait du bon travail.	*Sie haben gute Arbeit geleistet.*

Substantive mit vorgestelltem Adjektiv im Plural stehen aber ohne Artikel (2):

(2)	*Je me suis acheté de jolis vêtements.*	*Ich habe mir schöne Kleider gekauft.*
	J'ai pris de bonnes photos.	*Ich habe schöne Fotos gemacht.*

Bilden das Substantiv und das vorangestellte Adjektiv einen feststehenden Begriff, so steht sowohl im Singular (3) als auch im Plural (4, 5) der Teilungsartikel.

(3)	*avoir de la bonne volonté*	*gutwillig sein*
(4)	*des jeunes filles*	*Mädchen*
(5)	*des jeunes gens*	*junge Leute*

Substantive mit nachgestelltem Adjektiv erfordern Teilungsartikel (4):

(4)	*J'ai pris des photos très intéressantes.*	*Ich habe sehr interessante Fotos gemacht.*
	Il boit du lait frais.	*Er trinkt frische Milch.*

2.7. Die Auslassung des Artikels

Der Artikel wird in den folgenden Fällen ausgelassen:

Bei Appositionen, vor allem, wenn die Apposition einen Titel oder eine Eigenschaft ausdrückt (1):

(1)	*Louis XIV roi de France*	*Ludwig XIV, König von Frankreich*
	Monseigneur Vernier archevêque de Paris	*Monseigneur Vernier Erzbischof von Paris*

Sonderfall: Der bestimmte Artikel muss jedoch stehen, wenn die Apposition eine Art Beiname ist (2):

(2)	*Louis XIV le Roi-Soleil*	*Ludwig XIV, der Sonnenkönig*
	Paris, la ville de l'amour	*Paris, die Stadt der Liebe*

Bei *saint, Maître, Monsieur* und *Madame* (3):

(3)	*saint Nicolas*	*der heilige Nikolaus*

Bei Anreden (4):

(4)	*Père, aide-moi, s'il te plaît.*	*Vater hilf mir bitte.*

Bei einigen Sprichwörtern oder Ausdrücken (5):

(5)	*Noblesse oblige.*	*Adel verpflichtet.*

In Aufzählungen beim lebhaften Erzählen (6):

(6)	*Hommes, femmes, enfants, tous durent quitter la ville. Anglais, Français ou Allemands, je les aime tous.*	*Männer, Frauen, Kinder, alle mussten die Stadt verlassen. Engländer, Franzosen oder Deutsche, ich liebe sie alle.*

Bei Substantiven, die als prädikative Ergänzung (→ 11.2.) stehen (7):

(7)	*Mon père est juge.* *Ils sont tous deux médecins.*	*Mein Vater ist Richter.* *Sie sind beide Ärzte.*

Sonderfall: Wird das Substantiv durch ein Adjektiv ergänzt, muss der unbestimmte Artikel stehen. Das Subjekt muss dann *ce* (→ 11.1.2.) sein (8):

(8)	*C'est un très bon juge.*	*Er ist ein sehr guter Richter.*

In den folgenden Fällen wird der Artikel ebenfalls ausgelassen:

Nach einigen Präpositionen (→ 7.) wie z. B. *sans, par* und *pour* (9):

(9)	*Je suis parti sans argent.*	*Ich bin ohne Geld abgefahren.*
	Je suis parti sans prendre d'argent.	*Ich bin abgefahren, ohne Geld mitzunehmen.*
	Cela fait deux euro par personne.	*Das macht zwei Euro pro Person.*
	Ils ont été condamnés pour corruption.	*Sie wurden wegen Korruption verurteilt.*

Bei adverbialen Ausdrücken wie *à, avec, de* und *par* (10):

(10)	*à voix haute*	*laut*
	à juste titre	*mit Recht*
	avec plaisir	*mit Vergnügen*
	avec fierté	*voller Stolz*
	de préférence	*vorzugsweise*
	de force	*mit Gewalt*
	par hasard	*zufällig*
	par bonheur	*zum Glück*

Bei einigen Adjektiven (→ 4.) wie z. B. *quelque(s)* (einige), *certains* (gewisse), *différents* (verschiedene), *plusieurs* (mehrere) und *tout* (jede(r,s)) (11):

(11)	*J'ai quelques nouvelles à te raconter.*	*Ich muss Dir einige Neuigkeiten berichten.*
	Il faut qu'on prenne certaines mesures de sécurité.	*Man muss gewisse Sicherheitsmaßnahmen treffen.*
	On abordera différents aspects du problème.	*Wir werden verschiedene Aspekte des Problems besprechen.*
	J'ai l'intention de vendre plusieurs appartements.	*Ich möchte mehrere Wohnungen verkaufen.*
	Tout abus d'alcool est dangereux pour la santé.	*Jeder Missbrauch von Alkohol schädigt die Gesundheit.*

Bei Substantiven, die durch die Präpositionen *de* oder *à* zu einer Einheit, Nominalgruppe genannt, verschmolzen sind:

un moteur d'avion	*Flugzeugmotor*
une robe de chambre	*Schlafrock*
le goût d'ail	*Knoblauchgeschmack*
la chasse à courre	*Hetzjagd*
un sac à dos	*Rucksack*
une tasse à café	*Kaffeetasse*

Hinweis: Stellt die Nominalgruppe hingegen eine zufällige Verbindung dar, dann steht die Präposition immer mit dem Artikel (13):

(13)	*le moteur de l'avion*	*der Motor des Flugzeugs*
	le prix de la chambre	*der Preis des Zimmers*
	le goût du café	*der Geschmack des Kaffees*
	la chasse au renard	*Fuchsjagd*
	le marché aux puces	*Flohmarkt*
	le café au lait	*Kaffee mit Milch*

Bei einigen Substantiven, die durch *et* (und) miteinander verbunden sind (14):

(14)	*Il travaille jour et nuit.*	*Er arbeitet Tag und Nacht.*
	J'ai remué ciel et terre.	*Ich habe alle Hebel in Bewegung gesetzt.*

Bei einigen verbalen Ausdrücken, in denen Verb und Objekt fest miteinander verbunden sind. Dies ist besonders der Fall nach den Verben *avoir, faire, porter, prendre, rendre, donner, demander, perdre* (15):

(15)	*avoir faim*	*Hunger haben*
	avoir sommeil	*müde sein*
	avoir raison	*Recht haben*
	faire partie	*zu etwas gehören*
	faire peur	*Angst machen*
	faire confiance	*jemandem trauen*
	porter chance	*Glück bringen*
	porter plainte	*Klage führen*
	porter bonheur	*Glück bringen*
	perdre patience	*die Geduld verlieren*
	perdre connaissance	*in Ohnmacht fallen*
	perdre courage	*den Mut verlieren*
	prendre possession	*Besitz ergreifen*
	prendre place	*Platz nehmen*
	prendre fin	*zu Ende gehen*
	rendre hommage	*huldigen*
	rendre justice	*Gerechtigkeit walten lassen*
	rendre compte	*Rechenschaft ablegen*
	donner raison	*Recht geben*
	donner ordre	*anordnen*
	donner soif	*durstig machen*
	demander conseil	*um Rat bitten*
	demander pardon	*um Verzeihung bitten*
	demander audience	*um Gehör bitten*

Bei feststehenden Ausdrücken, die durch eine Präposition miteinander verbunden sind (16):

(16)	*se mettre à table*	*sich zu Tisch begeben*
	changer d'avis	*die Meinung ändern*
	attendre avec impatience	*voller Ungeduld erwarten*
	envoyer sous pli recommandé	*per Einschreiben senden*

Übungen

1. Setzen Sie den passenden Artikel ein:

a. Martine a ... yeux bleus.
b. Mon grand-père est de ... grande sagesse.
c. Il a pris ... train de nuit.
d. En roulant trop vite, tu risques de provoquer ... accident.
e. Je me suis cassé ... petit doigt.
f. J'aime ... biére.

2. Bestimmen Sie, ob ein Artikel erforderlich ist oder nicht:

a. Arrête de jeter ... argent par les fenêtres.
b. Sami est ... médecin.
c. Mon cher ami, je t'écris de ... Paris.
d. ... France est un beau pays.
e. Je ne rentrerai pas avant ... vendredi prochain.
f. Je passerai ... été à Madagascar.

3. Setzen Sie den Teilungsartikel ein, wo er erforderlich ist:

a. Ton oncle me fait ... peine.
b. Je ne sors jamais sans ... cigarettes.
c. Il a rempli son verre ... vin.
d. Je bois trois tasses ... café par jour.
e. Il est midi, je commence à avoir ... faim.
f. Pour son anniversaire, il avait apporté ... roses à sa femme.
g. Nous avons acheté ... bon matériel pour la construction de notre nouvelle maison.
h. Je voudrais deux kilos ... prunes en promotion.

Lösungen

1.	a. les	b. d'une	c. le
	d. un	e. le	f. la
2.	a. l'	b. -	c. -
	d. La	e. -	f. l'
3.	a. de la	b. -	c. de
	d. de	e. -	f. des
	g. du	h. de	

3. Pronomina

Grundwissen: Pronomina sind Fürwörter, d.h. sie stehen stellvertretend für ein Substantiv (→ 1.). Während bei den Substantiven anhand der Wortform nicht zwischen Subjekt und Objekt unterschieden werden kann (das Französische hat keine Deklination des Substantivs mehr!), haben sich bei den Pronomina jeweils besondere Formen für das Subjekt, das direkte und das indirekte Objekt erhalten (1):

(1)	*Je cherche le livre.*	*Ich suche das Buch.*
	Pierre me donne le livre.	*Peter gibt mir das Buch.*
	Monique vient me voir.	*Monika besucht mich.*

Innerhalb der Pronomina werden zwei Gruppen unterschieden: die adjektivischen Pronomina *(adjectif pronominal),* die nur in Verbindung mit dem Substantiv stehen und wie Adjektive (→ 4.) behandelt werden, sowie die substantivischen Pronomina, die anstelle des Substantivs stehen (2):

(2)	*C'est mon livre.*	*Das ist mein Buch.*
	Ce livre est le mien.	*Dieses Buch ist das meine.*

Ihrem Sinn nach unterscheidet man zwischen:

Personalpronomina	*le pronom personnel* *je, il, nous ...*
Possessivpronomina	*le pronom possessif* *le mien, le tien ...*
	l'adjectif possessif *mon, ton, son ...*
Demonstrativpronomina	*le pronom démonstratif* *celui, celle ...*
	l'adjectiv démonstratif *ce, cette ...*
Relativpronomina	*le pronom relatif* *qui, que, dont ...*

Fragepronomina	*le pronom interrogatif* *qui? lequel?*
	l'adjectif interrogatif *quel?*
Indefinite Pronomina	*le pronom indéfini* *on, personne ...*
	l'adjectif indéfini *maint, certain ...*

3.1. Das Personalpronomen - *le pronom personnel*

Grundwissen: Das Personalpronomen steht stellvertretend für das Substantiv. Es bezeichnet die grammatische Person (1., 2. und 3. Person Singular und Plural). Nur das Pronomen in der 3. Person bezeichnet daneben auch das Geschlecht.

Man unterscheidet:

das unbetonte (= verbundene) Personalpronomen	*je, tu, il/elle*
das betonte (= unverbundene) Personalpronomen	*moi, toi, lui*

3.1.1. Das unbetonte Personalpronomen - le pronom conjoint

3.1.1.1. Formen

Die Formen des unbetonten, d.h. verbundenen Personalpronomens sind im folgenden Schema verwendet:

Je *cherche le livre.*	*Ich suche das Buch.*
Pierre ***me*** *cherche.*	*Peter sucht mich.*
Pierre ***me*** *donne le livre.*	*Peter gibt mir das Buch.*
On *cherche le livre.*	*Man sucht das Buch.*
Pierre et Paul ***se*** *cherchent.*	*Peter und Paul suchen sich.*

*Pierre et Paul **se** donnent les livres.*	*Peter und Paul geben sich die Bücher.*

Das unbetonte Personalpronomen in Aussage- und Fragesatz

Die Formen des unbetonten Personalpronomens sind im Aussage- und Fragesatz gleich. Unterschiede ergeben sich lediglich in der Stellung (→ 3.1.1.2.):

		Singular	Plural
1. Person	Subjekt	**je** cherche le livre	**nous** cherchons le livre
	direktes Objekt	Pierre **me** cherche	Pierre **nous** cherche
	indirektes Objekt	Pierre **me** donne le livre	Pierre **nous** donne le livre
2. Person	Subjekt	**tu** cherches le livre	**vous** cherchez le livre
	direktes Objekt	Pierre **te** cherche	Pierre **vous** cherche
	indirektes Objekt	Pierre **te** donne le livre	Pierre **vous** donne le livre
3. Person maskulin	Subjekt	**il** cherche le livre	**ils** cherchent le livre
	direktes Objekt	Pierre **le** cherche	Pierre **les** cherche
	indirektes Objekt	Pierre **lui** donne le livre	Pierre **leur** donne le livre
3. Person feminin	Subjekt	**elle** cherche le livre	**elles** cherchent le livre
	direktes Objekt	Pierre **la** cherche	Pierre les cherche
	indirektes Objekt	Pierre **lui** donne le livre	Pierre **leur** donne le livre
„on“	Subjekt	**on** cherche le livre	
	direktes Objekt	Pierre et Paul **se** cher chent	
	indirektes Objekt	Pierre et Paul **se** donnent les livres	

Hinweis: Vor Vokal werden *e* und *a* in den Formen *je, me, te, le, la, se* elidiert *(j', m', t', l', l', s')!*

Hinweis: Das Personalpronomen *leur* (= ihnen) hat nie ein *s*!

Das unbetonte Personalpronomen beim Imperativ

Die Formen sind im folgenden Schema verwendet:

donne-moi le livre *gib mir das Buch*

dépêche-toi beeil dich

donne-lui le livre *gib ihm/ihr das Buch*

bejaht

	1. Person	2. Person	3. Person
Singular	donne-moi le livre	dépêche-toi	donne-lui le livre
Plural	donnez-nous le livre	dépêchez-vous	donnez-leur le livre

verneint

Singular	ne me donne pas le livre	ne te dépêche pas	ne lui donne pas le livre
Plural	ne nous donnez pas le livre	ne vous dépêchez pas	ne leur donnez pas le livre

Hinweis: Die tonschwachen Pronomina *me* und *te* werden hier durch die betonten Formen *moi* und *toi* ersetzt.

3.1.1.2. Stellung

Als Subjekt steht das Personalpronomen in der Aussage vor dem konjugierten Verb. In der Frage tritt es hinter das Verb (Inversion des Pronomens) und wird mit Bindestrich angeschlossen (3):

(3) *Il écrit une lettre.* *Er schreibt einen Brief.*

Ecrit-il une lettre ? *Schreibt er einen Brief?*

Wenn nur eine Objektform (direktes oder indirektes Objekt) oder nur das Reflexivpronomen *se* (→ 3.1.1.4.) auftritt, so steht diese bzw. dieses immer unmittelbar vor dem Verb oder Infinitiv (4), außer es handelt sich um einen bejahten Imperativ.

(4)	*Je t'ai entendu sans te voir.*	*Ich habe dich gehört, ohne dich zu sehen.*
	M'as-tu entendu?	*Hast du mich gehört?*
	Je vous conseille de ne pas lui répondre.	*Ich rate euch, ihm nicht zu antworten.*
	Elle s'est regardée dans la glace.	*Sie hat sich im Spiegel betrachtet.*

Auch die Pronominaladverbien *y* und *en* (→ 3.1.1.6.) stehen unmittelbar vor dem Verb (5):

(5)	*J'en parle souvent.*	*Ich spreche oft davon.*
	J'y vais tous les jours.	*Ich gehe jeden Tag dorthin.*

Für das gleichzeitige Auftreten von direktem und indirektem Objekt in einem Aussage- oder Fragesatz sowie beim verneinten Imperativ gibt es die folgenden Kombinationsmöglichkeiten:

indirektes Objekt (A)		direktes Objekt (B)		indirektes Objekt (C)			
me te se nous vous	vor	le la les	vor	lui leur	vor	y vor en	vor Verb oder Infinitiv

Treten ein indirektes und ein direktes Objekt zugleich vor das Verb, steht das direkte Objekt dem Verb am nächsten (6):

(6)	*J'ai de belles photos.* *Je vous les montrerai.*	*Ich habe schöne Photos.* *Ich werde sie euch zeigen.*
	Pourquoi ne nous les as-tu pas montrées?	*Warum hast du sie uns nicht gezeigt?*
	Ne me les montre pas.	*Zeig sie mir nicht.*

Sonderfall: Wenn das indirekte Objekt *lui/leur* mit dem direkten Objekt *le/la/les* verbunden ist, steht das indirekte Objekt direkt beim Verb (7):

(7) *J'ai de belles photos. Je les lui montrerai.* — *Ich habe schöne Photos. Ich werde sie ihm/ihr zeigen.*

Les leur as-tu montrées ? — *Hast du sie ihnen gezeigt?*

Ne les lui montre pas. — *Zeig sie ihm/ihr nicht.*

Regel: Ein indirektes Objekt kann nicht mit dem direkten Objekt *me/te/se/nous/vous* verbunden werden, sondern es muss hinter dem Verb als *à* + betontes Pronomen (→ 3.1.2.) erscheinen (8).

Es bestehen also nur die oben genannten Kombinationsmöglichkeiten A+B und B+C!

(8) *Il s'est adressé à moi.* — *Er hat sich an mich gewendet.*

Je vous présenterai à elle. — *Ich werde euch ihr vorstellen.*

Bei einem Verb mit nachfolgendem Infinitiv stehen die Pronomina in den üblichen Verbindungsmöglichkeiten und der üblichen Reihenfolge vor bzw. nach dem Infinitiv (9):

(9) *Ton frère aurait dû me le dire.* — *Dein Bruder hätte es mir sagen müssen.*

Vous pouvez me présenter à elle. — *Ihr könnt mich ihr vorstellen.*

Sonderfall: Nur bei den Verben der Wahrnehmung wie *voir* (sehen), *entendre* (hören), *écouter* (zuhören), *sentir* (fühlen), *regarder* (ansehen) und des Veranlassens wie *laisser* (lassen), *envoyer* (schicken), *faire* (veranlassen) und *mener* (führen) stehen die Pronomina vor dem Hauptverb (10):

(10) *Je le vois venir.* — *Ich sehe ihn kommen.*

Cet homme s'écoute parler. — *Dieser Mann hört sich gern reden.*

La porte était fermée à clef; on la fit ouvrir. — *Die Tür war zugesperrt, man hat sie öffnen lassen.*

Beim bejahten Imperativ steht das Pronomen hinter dem Imperativ und wird durch Bindestrich an ihn angeschlossen. Dabei stehen in der 1. und 2. Person statt der tonlosen Formen *me* und *te* die betonten Formen *moi* und *toi* (11):

(11)	*Raconte-moi l'histoire.*	*Erzähl mir die Geschichte!*
	Donnez-lui le livre.	*Gebt ihm das Buch!*

Hat der Imperativ zwei Objektpronomina, so stehen sie ebenfalls hinter dem Imperativ und werden durch Bindestrich angeschlossen. Dabei steht das direkte Objekt dem Verb am nächsten (12). *En* und *y* stehen immer zuletzt (13).

(12)	*Tu as de si belles photos; montre-les-leur.*	*Du hast so schöne Photos; zeig sie ihnen.*
	As-tu compris ce problème ?	*Hast du diese Aufgabe verstanden?*
	Alors, explique-le-moi.	*Nun, dann erkläre sie mir!*
(13)	*Allez-vous-en.*	*Geht weg!*
	Allez-y tout de suite.	*Geht sofort dorthin!*

3.1.1.3. Wiederaufnahme des unbetonten Personalpronomens

Im Unterschied zum Deutschen muss im Französischen in beigeordneten Sätzen das unbetonte Personalpronomen in manchen Fällen wiederholt werden.

Als Subjekt bei verschiedenen Zeiten muss das Pronomen wieder aufgenommen werden (14). Bei gleichen Zeiten dagegen wird es gewöhnlich (vor allem in der 3. Person) nicht wiederholt (15).

(14)	*Je l'ai dit et je le répète.*	*Ich habe es gesagt und wiederhole es.*
(15)	*Il lit et écrit.*	*Er liest und schreibt.*

Steht das Pronomen als Objekt bei einfachen Zeiten, muss es wiederholt werden. Ebenso muss das Reflexivpronomen bei einfachen Zeiten nochmals gesetzt werden (16). Dagegen ist bei zusammengesetzten Zeiten eine Wiederholung von Pronomen und Hilfsverb nicht nötig (17).

(16)	*Nous lui écrirons et lui pardonnerons.*	*Wir werden ihm schreiben und verzeihen.*

	Elle se couche et s'endort aussitôt.	*Sie geht zu Bett und schläft sofort ein.*
(17)	*Je l'ai dit et (l'ai) répété.*	*Ich habe es gesagt und wiederholt.*

Sonderfall: Werden in einem Satz Verben, die Pronomina in unterschiedlichen Fällen bei sich haben, verwendet, so muss das Pronomen auf jeden Fall wiederholt werden, denn ein Pronomen kann nicht gleichzeitig direktes und indirektes Objekt sein (18):

(18)	*Il m'a écrit et m'a remercié.*	*Er hat mir geschrieben und mir gedankt.*
	Ils nous ont parlé et nous ont félicités.	*Sie haben mit uns gesprochen und uns beglückwünscht.*

3.1.1.4. Das Reflexivpronomen

Das Französische hat nur für die 3. Person ein besonderes Reflexivpronomen, das aber für Maskulinum und Femininum, für direktes und indirektes Objekt, für Singular und Plural nur eine Form hat: *se.*

In den anderen Personen wird jeweils die entsprechende Form des unbetonten Personalpronomens verwendet (19).

Das Reflexivpronomen steht - außer beim bejahten Imperativ! - immer unmittelbar vor dem konjugierten Verb.

(19)	*Je me dépêche.*	*Ich beeile mich.*
	Il se lave les mains.	*Er wäscht sich die Hände.*
	Nous nous levons tôt.	*Wir stehen früh auf.*
	Elles se présentent.	*Sie stellen sich vor.*

3.1.1.5. Das neutrale Pronomen le

Das neutrale Pronomen *le* entspricht dem deutschen „es“. Als Objektpronomen kann es sich entweder auf ein bestimmtes (männliches) Subjekt beziehen oder als Neutrum auf ein unbestimmtes Subjekt bzw. einen ganzen Satz (20):

(20)	*C'est Pierre, je le reconnais à sa démarche.*	*Das ist Peter, ich erkenne ihn an seinem Gang.*
	C'est une phrase stupide, je le sais.	*Das ist ein blöder Satz, ich weiß es.*

Das neutrale *le* (es) bezieht sich auf einen Gesamtgedanken, ausgedrückt im vorausgehenden Satz, und nicht auf ein einzelnes Substantiv (21):

(21)	*Si j'ai réussi, c'est à toi que je le dois.*	*Wenn ich erfolgreich war, so verdanke ich es dir.*
	Croyez-vous qu'il est coupable? Oui, je le crois.	*Glauben Sie, dass er schuldig ist? Ja, ich glaube es.*

Le fehlt jedoch meist in negativen Antworten und in angehängten oder eingeschobenen Sätzen sowie nach *comme* und *quand* (22):

(22)	*Croyez-vous qu'il est coupable? Je ne crois pas.*	*Glauben sie, dass er schuldig ist? Ich glaube es nicht.*
	Il viendra demain, je suppose.	*Er kommt morgen, nehme ich an.*
	Vous ne prétendez pas, je pense, aller jusque là!	*Ihr werdet doch nicht die Absicht haben, denke ich, bis dorthin zu gehen!*
	L'affaire est sérieuse, comme vous savez.	*Die Angelegenheit ist ernst, wie Sie wissen.*

In Vergleichssätzen kann das neutrale *le* stehen. Man vermeidet aber möglichst (außer bei *être)* das Nebeneinander von *le* und *ne explétif* (23):

(23)	*Il n'est pas si pauvre qu'on le pense.*	*Er ist nicht so arm, wie man meint.*
oder:	*Il n'est pas si pauvre qu'on ne pense.*	
	Il s'est montré plus aimable qu'il ne l'est d'habitude.	*Er hat sich liebenswürdiger gezeigt, als er gewöhnlich ist.*

Das neutrale *le* kann auf ein Prädikatsnomen bezogen werden, wenn dieses nicht ein Substantiv mit bestimmtem Artikel, Demonstrativ- oder Possessivpronomen ist (24):

(24)	*Es-tu heureux? - Je le suis.*	*Bist du glücklich? - Ich bin es.*
	Nous sommes devenus amis et nous le resterons.	*Wir sind Freunde geworden und werden es auch bleiben.*
aber:	*Etes-vous les parents de cet enfant? - Oui, c'est nous.*	*Sind Sie die Eltern dieses Kindes? - Ja, das sind wir.*

Anders als im Deutschen wird das deutsche „es" als (oft entbehrlicher!) Vorläufer des direkten Objekts im Französischen nicht ausgedrückt, wenn dieses direkte Objekt ein (satzwertiger) Infinitiv (25) oder ein Konjunktionalsatz ist (26):

(25)	*Nous croyons inutile de lui écrire.*	*Wir halten es für nutzlos, ihm zu schreiben.*
	Je n'ose pas lui en parler.	*Ich wage (es) nicht, mit ihm darüber zu sprechen.*
(26)	*Je n'aime pas qu'on me fasse attendre.*	*Ich habe (es) nicht gern, dass man mich warten lässt.*

In einigen Gallizismen wird *le* verwendet, ohne dass es in der deutschen Übersetzung auftaucht:

le céder en qc à qn (Vous ne le lui cédez en rien)	*jemandem in etwas nachstehen*
l'échapper belle	*gerade noch davonkommen*
l'emporter sur	*die Oberhand gewinnen über, stärker sein als, den Sieg davontragen über*

3.1.1.6. Die Pronominaladverbien *y* und *en*

Y vertritt eine Ergänzung mit *à, en, dans, sur, sous* etc., und zwar im örtlichen Sinne (dort, dorthin usw.) (27) wie auch im übertragenen Sinne (auf Sachen bezogen) (28).

(27)	*Je vais à Paris: j'y vais.*	*Ich fahre nach Paris: ich fahre hin/ich fahre dorthin.*
	Il est dans sa chambre: il y travaille.	*Er ist in seinem Zimmer, er arbeitet dort.*
(28)	*As-tu répondu à sa lettre? J'y ai répondu.*	*Hast du seinen Brief beantwortet? Ich habe ihn beantwortet.*
	Ne comptez pas sur ma visite.	*Rechnet nicht mit meinem Besuch!*
	N'y comptez pas.	*Rechnet nicht damit!*

Hinweis: *Y* entfällt vor anlautendem *i: J'irai à Paris: j'irai.*

Regel: *Y* vertritt niemals eine Ergänzung mit *de!*

Y tritt auch als fester Bestandteil einiger Gallizismen auf:

Vas-y! Allons-y! Allez-y!	*Los! Vorwärts!*
Vous y êtes?	*a) Sind Sie so weit? Sind Sie fertig?* *b) Haben Sie verstanden? Können Sie folgen?*
Ça y est! (familiär)	*a) Jetzt haben wir's (geschafft)!* *b) Da haben wir die Bescherung!*
s'y prendre (mal)	*es (falsch) anfangen*
y regarder à deux fois	*genau hinsehen (fig.), es sich genau überlegen*
ne pas y regarder de si près	*es nicht so genau nehmen*

	Je n'y suis pour rien.	*Ich kann nichts dafür*
	il y va de	*es geht um*

En vertritt eine Ergänzung mit *de,* und zwar im örtlichen Sinne (von dort, daher usw.) (29) wie auch im übertragenen Sinne (auf Sachen bezogen) (30).

(29)	*Vous venez de Paris? Oui, j'en viens.*	*Sie kommen aus Paris? Ja, ich komme daher.*
	Un homme descendit de la voiture: il en descendit.	*Ein Mann stieg aus dem Wagen: er stieg aus.*
(30)	*Ne doutez pas de sa loyauté: n'en doutez pas.*	*Zweifelt nicht an seiner Loyalität: zweifelt nicht daran.*
	Est-ce que tu te souviens encore de ce soir? Je m'en souviens.	*Erinnerst du dich noch an diesen Abend? Ich erinnere mich.*

En wird auch im Sinne eines possessiven Verhältnisses verwendet (31). Diese Konstruktion ist eleganter als die Verwendung des Possessivpronomens und außerdem korrekter, wenn es sich nicht um ein wirkliches Besitzverhältnis handelt.

(31)	*Je connais Paris et j'en admire les monuments.*	*Ich kenne Paris und bewundere seine Bauwerke.*
	Je connais bien ce mot; l'emploi en est très étendu.	*Ich kenne dieses Wort sehr wohl, seine Verwendung ist sehr verbreitet.*

En wird auch eingesetzt zum Ausdruck eines partitiven Verhältnisses (32) (besonders bei Mengen- und Zahlenangaben) sowie eines attributiven Verhältnisses (33).

(32)	*Est-ce qu'il y a encore des biscuits? Non, il n'y en a plus.*	*Sind noch Kekse da? Nein, es sind keine mehr da.*

Combien de fautes as-tu faites ? J'en ai fait trois.	*Wieviele Fehler hast du gemacht ? Ich habe drei gemacht.*
(33) *Abandonnez ce projet, le succès en est douteux.*	*Gebt diesen Plan auf, sein Erfolg ist zweifelhaft.*

En tritt auch als fester Bestandteil einiger Gallizismen auf:

Où en êtes-vous (de votre travail)?	*Wie weit sind Sie (mit Ihrer Arbeit)?*
en rester là	*es dabei (bewenden) lassen*
Où en étions-nous restés?	*Wo waren wir stehen geblieben?*
Je n'en croyais pas mes yeux.	*Ich traute meinen Augen nicht,*
Je n'en peux plus.	*Ich kann nicht mehr.*
en venir aux mains	*handgreiflich werden*

Übungen

Übersetzen Sie:

a. Ich bitte dich, mir die Universität zu zeigen. Ich werde sie dir zeigen. Ich habe sie ihr gezeigt. Er hat mir dafür gedankt, dass ich sie ihm gezeigt habe. *(Infinitivsatz).*
b. Werdet ihr mir das Buch leihen? - Wir werden es dir leihen. Behalte es nicht zu lange. Wann wirst du es mir wiedergeben?
c. Die Photos; er hat sie ihnen gezeigt/er hat sie Ihnen gezeigt.
d. Widersprechen Sie ihm nicht. Er hat es nicht gern, wenn man ihm widerspricht.
e. Wir sind Nachbarn geworden, und ich hoffe, dass wir es noch lange bleiben werden.
f. Leider ist sie seinem Rat nicht gefolgt. Sie wird es bereuen, dass sie ihm nicht gefolgt ist *(Infinitivsatz).*
g. Beantworte diesen Brief nicht: beantworte ihn nicht.
h. Wie weit sind Sie mit dieser Übersetzung? Ich habe sie gerade *(à l'instant)* abgeschlossen.
i. Ist noch Milch da? Es ist keine mehr da. Wir müssen welche kaufen.

j. Sie hat ihm geschrieben: Ich bewundere und beglückwünsche Sie. Er hat ihr geantwortet und gedankt.
k. Wir haben ihn aufgesucht und um seine Hilfe gebeten. Aber er hat es abgelehnt, uns zu helfen.
l. Wieviele Gäste hast du eingeladen? Ich habe zehn eingeladen.
m. Monika hat ihr Examen bestanden (*être reçu à*) und sie ist sehr stolz darauf.

Lösungen

a. Je te prie de me montrer l'université. Je te la montrerai. Je la lui ai montrée. Il m'a remercié de la lui avoir montrée.
b. Me prêterez-vous oder Est-ce que vous me prêterez le livre? Nous te le prêterons. Ne le garde pas trop longtemps. Quand me le rendras-tu? oder Quand est-ce que tu me le rendras?
c. Les photos; il les leur a montrées/il vous les a montrées.
d. Ne le contredisez (!) pas. Il n'aime pas qu'on le contredise.
e. Nous sommes devenus voisins et j'espère que nous le resterons longtemps.
f. Malheureusement, elle n'a pas suivi son conseil. Elle regrettera oder elle se repentira de ne pas l'avoir suivi.
g. Ne réponds pas à cette lettre: n'y réponds pas.
h. Où en êtes-vous avec cette traduction? Je l'ai terminée à l'instant.
i. Y a-t-il oder est-ce qu'il y a encore du lait? Il n'y en a plus. Nous devons en acheter.
j. Elle lui a écrit: je vous admire et (je) vous félicite. Il lui a répondu et l'a remerciée.
k. Nous sommes allés le voir et lui avons demandé son secours oder son aide. Mais il a refusé de nous aider.
l. Combien d'amis as-tu invités? J'en ai invité dix.
m. Monique a été reçue à son examen et elle en est très fière.

3.1.2. Das betonte Personalpronomen - le pronom disjoint

3.1.2.1. Formen

Beim betonten, d.h. unverbundenen Personalpronomen können alle Formen Subjekt (außer *soi*) oder Objekt sein. Die jeweilige Funktion wird durch Stellung oder Präpositionen ausgedrückt.

Singular	Plural	
1. Person	***moi***	***nous***
2. Person	***toi***	***vous***
3. Person maskulin	***lui***	***eux***
3. Person feminin	***elle***	***elles***
3. Person reflexiv	***soi***	***soi***

3.1.2.2. Gebrauch

Das betonte Personalpronomen wird allein stehend, d.h. ohne Verbindung mit einem Verb (34), sowie in starker Betonung zur Hervorhebung des verbundenen Pronomens gebraucht (35). Dabei ist zu beachten, dassss das betonte Personalpronomen als Subjekt in der 3. Person meist nicht durch die verbundene Form wieder aufgenommen wird (36).

(34)	*Qui a sonné? Toi ou lui?*	*Wer hat geläutet? Du oder er?*
	Vous n'avez pas d'argent? Moi non plus.	*Ihr habt kein Geld? Ich auch nicht.*
(35)	*Moi, je resterai à la maison.*	*Ich werde zu Hause bleiben.*
	C'est ainsi que tu me traites, moi, ton meilleur ami?	*So behandelst du mich? Mich, deinen besten Freund?*
(36)	*Lui restera à la maison.*	*Er wird zu Hause bleiben.*

Das betonte Personalpronomen wird nach allen Präpositionen (37), nach beigeordneten Konjunktionen (38) und nach *c'est, c'était, ce sont* usw. verwendet (39). Es kann zudem vor *même* (beachte Bindestrich und Veränderlichkeit!) (40) und *seul* treten (41).

(37)	*Je viens de chez moi.*	*Ich komme von zu Hause.*
	C'est à toi que je parle.	*Ich spreche mit dir.*

(38)	*Mon fils et moi étions restés chez nous.*	*Mein Sohn und ich waren zu Hause geblieben.*
(39)	*C'est toi qui l'as dit.* *C'est bien eux que nous avons vus.*	*Du hast das gesagt.* *Das waren schon sie, die wir gesehen haben.*
(40)	*Il faut que tu le fasses toi-même.*	*Du musst das schon selbst machen.*
(41)	*Lui seul pourrait te le dire.*	*Nur er könnte dir das sagen.*

Das betonte Personalpronomen wird des Weiteren zum gewöhnlichen oder verstärkten Ausdruck eines Besitzverhältnisses (42) verwendet und als indirektes Objekt (mit *à*) hinter dem Verb gebraucht, wenn dieses bereits das direkte Objekt *me, te, nous, vous* oder *se* bei sich hat (43)

(42)	*C'est une amie à moi.*	*Sie ist eine Freundin von mir.*
	Est-ce que ces gants sont à toi?	*Gehören diese Handschuhe dir?*
	Il a un style à lui.	*Er hat einen eigenen, persönlichen Stil.*
(43)	*Je te présenterai à elle.*	*Ich werde dich ihr vorstellen.*

Das Reflexivpronomen *soi* wird meist bei Rückbezug auf Indefinitpronomina wie *on, chacun, personne, tout le monde* usw. gebraucht (44), sowie in Beziehung auf ein neutrales Subjekt (45).

(44)	*Chacun pour soi et Dieu pour tous.*	*Jeder für sich und Gott für uns alle.*
	Personne ne peut vivre uniquement pour soi.	*Niemand kann nur für sich leben.*
(45)	*Il ne faut pas toujours parler de soi.*	*Man soll nicht immer nur von sich reden.*
	Cela va de soi.	*Das versteht sich von selbst.*

Auf ein bestimmtes Subjekt bezogen, stehen gewöhnlich *lui, elle, eux, elles,* die wie auch *soi* durch *-même* verstärkt werden können (46).
Wenn aber die Pronomina *lui, elle* usw. doppeldeutig zu verstehen sind, dann wird an ihrer Stelle *soi* verwendet (47).

(46)	*Le vent chasse la poussière devant lui.*	*Der Wind treibt Staub vor sich her.*
	Ces gens ne pensent qu'à eux(-mêmes).	*Diese Leute denken nur an sich selbst.*
(47)	*Il ne parle que de lui.*	*Er spricht nur von sich.* oder *Er spricht nur von ihm.*

Übungen

1. Übersetzen Sie:

a. Glauben Sie es mir, ich habe es nicht gesagt. Ich habe es vorgezogen zu schweigen.
b. Ich hatte Peter und Monika eingeladen. Er ist gekommen, sie hat sich entschuldigen lassen.
c. Dies ist mein Zimmer. Ihr Zimmer hast du nicht gesehen? (Objekt a) am Satzanfang, b) am Satzende)
d. Du kannst dich auf ihn verlassen, er wird dich ihr empfehlen.
e. Madeleine hat sich bei mir beklagt. Bei dir hat sie sich beklagt?
f. Hat er mit euch über seinen Bruder gesprochen? Nein, er hat nur von sich gesprochen.
g. Sie hat diese Idee gehabt, nicht er.
h. Jeder für sich, Gott für [uns] alle.

2. Ersetzen Sie die kursiv gedruckten Ausdrücke durch Personalpronomina, durch *y* (wenn möglich) oder *en*:

a. Il connaît tous les grands monuments *de cette ville*.
b. Pense *à tes devoirs!* Ne pense pas encore *aux vacances!*
c. Faites comprendre *à ces messieurs* que c'est impossible.
d. Méfiez-vous *de ses flatteries*.
e. Donne *ces pêches à tes camarades*. Donne une *de ces pêches* à ta soeur.
f. Offre-moi *de tes cigarettes*, s'il te plaît.
g. Parle *de ce projet* à tes parents.

Lösungen

a. Croyez-moi, ce n'est pas moi qui l'ai dit. Moi, j'ai préféré me taire.
b. J'avais invité Pierre et Monique. Lui est venu, elle s'est fait excuser.
c. Voici ma chambre à moi. a) Sa chambre à elle, vous ne l'avez pas vue?
b. Vous n'avez pas vu sa chambre à elle?
d. Tu peux compter sur lui, il te recommandera à elle.
e. Madeleine s'est plainte à moi. C'est à toi qu'elle s'est plainte?
f. Est-ce qu'il vous a parlé oder Vous a-t-il parlé de son frère? Non, il n'a parlé que de lui-même *(nicht: lui, das sich auch auf den Bruder beziehen kann!)*
g. C'était elle qui a eu cette idée, pas lui.
h. Chacun pour soi et Dieu pour tous.

a. Il en connaît tous les grands monuments.
b. Penses-y. N'y pense pas encore.
c. Faites-le leur comprendre.
d. Méfiez-vous-en.
e. Donne-les-leur. Donnes-en une à ta soeur.
f. Offres-en moi, s'il te plaît.
g. Parles-en à tes parents.

3.2. Das Possessivpronomen

Grundwissen: Das Possessivpronomen ist ein besitzanzeigendes Fürwort. Es wird unterschieden zwischen dem adjektivischen und dem substantivischen Possessivpronomen.

3.2.1. Das adjektivische Possessivpronomen - l'adjectif possessif

3.2.1.1. Formen

	le *père*	***la*** *mère*	***une*** *amie*	***les*** *ami(e)s*
j'aime	***mon*** *père*	***ma*** *mère*	***mon*** *amie*	***mes*** *ami(e)s*
tu aimes	***ton*** *père*	***ta*** *mère*	***ton*** *amie*	***tes*** *ami(e)s*
il aime *elle aime*	***son*** *père*	***sa*** *mère*	***son*** *amie*	***ses*** *ami(e)s*
nous aimons	***notre*** *père*	***notre*** *mère*	***notre*** *amie*	***nos*** *ami(e)s*
vous aimez	***votre*** *père*	***votre*** *mère*	***votre*** *amie*	***vos*** *ami(e)s*
ils aiment *elles aiment*	***leur*** *père*	***leur*** *mère*	***leur*** *amie*	***leurs*** *ami(e)s*

Wie jedes Adjektiv richtet sich das adjektivische Possessivpronomen in Geschlecht und Zahl nach dem Substantiv, das es näher bestimmt. Es richtet sich also - abweichend vom Deutschen - nach Geschlecht und Zahl des Besitzobjekts (48):

(48)	*Claire montre son cahier.*	*Klara zeigt ihr Heft.*
	sa règle.	*ihr Lineal.*
	ses livres.	*ihre Bücher.*
	Paul montre son cahier.	*Paul zeigt sein Heft.*
	sa règle.	*sein Lineal.*
	ses livres.	*seine Bücher.*
	Ils montrent ses cahiers.	*Sie zeigen ihre Hefte.*
	ses règles.	*ihre Lineale.*
	leurs livres.	*ihre Bücher.*

Vor femininen Substantiven und Adjektiven, die mit einem Vokal oder mit stummem h anlauten, wird *mon, ton, son* anstelle von *ma, ta, sa* gebraucht (49):

(49)	*une adresse* *une habitude*	*mon/ton/son adresse* *mon/ton/son habitude*

Das Possessivpronomen zu den Indefinitpronomina *on, chacun, tout, personne* etc. lautet: *son, sa, ses* (50):

(50)	*Chacun a ses problèmes.*	*Jeder hat seine Probleme.*
	On ne refuse pas son aide aux amis.	*Man versagt den Freunden seine Hilfe nicht.*

Um Unklarheiten zu vermeiden, ergänzt man in der 3. Person Singular, sofern dies nötig erscheint, *son* und *sa* noch durch *à lui* bzw. *à elle* (51):

(51)	*Elle lui montre sa chambre à elle.*	*Sie zeigt ihm ihr Zimmer.*
	Elle a déjà vu sa chambre à lui.	*Sein Zimmer hat sie schon gesehen.*

3.2.1.2. Gebrauch

Grundwissen: Im Allgemeinen wird das Possessivpronomen wie im Deutschen gebraucht, also nicht nur zu Bezeichnung eines direkten Besitzverhältnisses, sondern auch zum Ausdruck einer engen Beziehung.

Das Possessivpronomen wird gebraucht bei Kleidungsstücken (52). Im Deutschen steht hier oft der bestimmte Artikel!

(52)	*Il ôta son chapeau.*	*Er nahm den Hut ab.*
	Tu as encore déchiré ton pantalon.	*Du hast dir schon wieder die Hose zerrissen.*

Bei Körperteilen dagegen steht im Deutschen das Possessivpronomen, im Französischen aber der bestimmte Artikel (53).

Sonderfall: Das Possessivpronomen kann stehen, wenn, z. B. bei Krankheiten, auf etwas Bekanntes angespielt wird oder wenn das Körperteil näher bestimmt ist (54):

(53)	*Donne-moi la main.*	*Gib mir deine Hand.*
	J'ai mal à la tête.	*Ich habe Kopfschmerzen.*
(54)	*Ma tête me fait de nouveau mal.*	*Ich habe wieder Kopfschmerzen.*
	Je vais te bander ton bras blessé.	*Ich werde dir deinen verletzten Arm verbinden.*

Bei Verwandtschaftsnamen (außer *papa* und *maman* in der Anrede) steht oft das Possessivpronomen (55).

Untergebene setzen bei der Anrede *mon* vor Offiziersdienstgrade (56).

(55)	*Votre père est en retard, mes enfants, commençons donc sans lui.*	*Euer Vater verspätet sich, Kinder, fangen wir also ohne ihn an.*
	Oui, mon oncle, j'ai reçu ta lettre.	*Ja, Onkel, ich habe deinen Brief erhalten.*
	Maman, pourrais-tu me raccommoder mon pantalon, s'il te plaît?	*Mama, könntest du mir bitte die Hose flicken?*
(56)	*Oui, mon général, on partira ce soir.*	*Jawohl, Herr General, Abmarsch heute Abend.*

Das Possessivpronomen muss im Gegensatz zum Deutschen bei jedem Substantiv einer Reihe (57) wiederholt werden, sowie vor Adjektiven, wenn sie verschiedene oder gegensätzliche Dinge bezeichnen, die durch ein einziges Substantiv ausgedrückt werden (58).

(57)	*Pour son anniversaire, il invitera ses parents, ses amis et ses collègues.*	*Zu seinem Geburtstag wird er seine Eltern, seine Freunde und Kollegen einladen.*
	Toute méthode a ses avantages et ses désavantages.	*Jede Methode hat ihre Vor- und Nachteile.*

(58)	*Je connais ses grands et ses petits défauts.*	*Ich kenne seine großen und kleinen Fehler.*
	Toute chose a ses bons et ses mauvais côtés.	*Jedes Ding hat gute und schlechte Seiten.*

Das Possessivpronomen wird dagegen nicht wiederholt bei einer Reihung von Substantiven, die zusammen eine Sinneinheit bilden (59) oder gleiche bzw. ähnliche Bedeutung haben (60), sowie bei sinnverwandten Adjektiven (61).

(59)	*Il invitera aussi ses frères et sœurs.*	*Er wird auch seine Geschwister einladen.*
(60)	*Il fera part de la nouvelle à ses amis et connaissances.*	*Er wird seinen Freunden und Bekannten diese Neuigkeit mitteilen.*
(61)	*Je vous remercie de vos bons et loyaux services.*	*Ich danke Ihnen für Ihre guten und treuen Dienste.*

Übungen

Übersetzen Sie:

a. Monika wartet auf ihren Mann, ihre Eltern, ihre Geschwister, ihre Freundinnen und ihre Kolleginnen.
b. Behalten Sie den Mantel an, der Saal ist nicht geheizt.
c. Jeder hat seine guten und schlechten Tage.
d. Er läuft so schnell er kann, um rechtzeitig am Bahnhof zu sein.
e. Wenn du deiner Tante schreibst, grüße sie [bitte] von mir.
f. Beeilt euch nicht. Lasst euch Zeit.
g. Ihr Chef hat ihr zu Ehren ein Abendessen gegeben und ihr für ihre guten und treuen Dienste gedankt.
h. Seine Schwester ist zwei Jahre älter als er. Ihr Bruder ist also zwei Jahre jünger als sie.
i. Wir kennen seine großen und kleinen Fehler.
j. Wir werden unser Möglichstes tun, um Ihnen einen Dienst zu erweisen.
k. Wer eine Diät macht, kann sich nicht immer satt essen.

Lösungen

a. Monique attend son mari, ses parents, ses frères et sœurs, ses amies et ses collègues.
b. Gardez votre manteau, la salle n'est pas chauffée.
c. Chacun a ses bons et ses mauvais jours.
d. Il court de toutes ses jambes pour arriver à temps à la gare.
e. Si tu écris à ta tante, salue-la de ma part.
f. Ne vous dépêchez pas. Prenez votre temps.
g. Son patron a donné un dîner d'adieu en son honneur et l'a remerciée de ses bons et loyaux services.
h. Sa sœur à lui est son aînée de deux ans oder a deux ans de plus que lui. Son frère à elle est donc son cadet de deux ans *oder* a donc deux ans de moins qu'elle.
i. Nous connaissons ses grands et ses petits défauts.
j. Nous ferons tout notre possible pour vous rendre service.
k. Une personne qui suit un régime ne peut pas toujours manger à sa faim.

3.2.2. Das substantivische Possessivpronomen - le pronom possessif

3.2.2.1. Formen

Die verschiedenen Formen des substantivischen Possessivpronomen sind in folgenden Sätzen gebraucht:

A qui est ce livre/cette photo?	*Wem gehört dieses Buch/dies Photo?*
C'est le mien/la mienne.	*Das ist meines.*
A qui sont ces livres/ ces photos?	*Wem gehören diese Bücher/die Photos?*
Ce sont les miens/les miennes.	*Das sind meine.*

Übersicht

À qui est		*À qui sont*	
ce livre?	*cette photo ?*	*ces livres*	*ces photos ?*
C'est ...		*Ce sont ...*	

Singular

1.Person	*le* ***mien***	*la* ***mienne***	*les* ***miens***	*les* ***miennes***
2.Person	*le* ***tien***	*la* ***tienne***	*les* ***tiens***	*les* ***tiennes***
3.Person	*le* ***sien***	*la* ***sienne***	*les* ***siens***	*les* ***siennes***

Plural

1. Person	*le* ***nôtre***	*la* ***nôtre***	*les* ***nôtres***	*les* ***vôtres***
2.Person	*le* ***vôtre***	*la* ***vôtre***	*les* ***vôtres***	*les* ***vôtres***
3.Person	*le* ***leur***	*la* ***leur***	*les* ***leurs***	*les* ***leurs***

Das substantivische Possessivpronomen richtet sich in Geschlecht und Zahl nach dem Substantiv, das es vertritt.

3.2.2.2. Gebrauch

Beziehen sich mehrere Possessivpronomina auf ein einziges Substantiv, so kann immer nur eines in adjektivischer Form vor dem Substantiv stehen. Alle anderen Possessivpronomina müssen in der substantivischen Form dem Substantiv nachgestellt werden (62):

(62)	*Ce sont les livres de mon frère et les miens.*	*Das sind meine und meines Bruders Bücher.*

Wird ein substantivisches Possessivpronomen prädikativ gebraucht, so steht es ohne Artikel (63):

(63)	*Cette idée m'a plu, et je l'a faite mienne.*	*Dieser Gedanke hat mir gefallen, und ich habe ihn mir zu Eigen gemacht.*

Alle Formen des substantivischen Possessivpronomens können durch ein nachfolgendes *propre(s)* verstärkt werden (64):

(64)	*Elle garde mieux le fils de son amie que le sien propre.*	*Sie passt auf den Sohn der Freundin besser auf als auf ihren eigenen.*
	Il défend mieux les intérêts des autres que les siens propres.	*Er vertritt die Interessen anderer besser als seine eigenen.*

Übungen

Übersetzen Sie:

a. Deine und meine Eltern sind Nachbarn.
b. Ich muss feststellen, dassss eure Kinder artiger sind als meines.
c. Ist das dein Buch oder seines?
d. Wir hoffen, dassss es Ihnen und den Ihrigen gut geht.
e. Glaub es mir: der Chef ist schon zurückgekehrt; ich habe ihn mit eigenen Augen gesehen.
f. Wem gehört diese Puppe? Es ist ihre.
g. Kümmert euch um (s'occuper de) eure Arbeit und lasst die anderen sich um ihre kümmern.
h. Er hat seine Bücher mitgenommen, aber unsere nicht zurück gebracht.

Lösungen

a. Tes parents et les miens sont voisins.
b. Je dois constater que vos enfants sont plus sages que le mien ne l'est.
c. Est-ce ton livre ou le sien?
d. Nous espérons que vous allez bien ainsi que tous les vôtres.
e. Crois-moi: le patron est déjà rentré; je l'ai vu de mes propres yeux.
f. A qui appartient cette poupée? C'est la sienne.
g. Occupez-vous de votre travail et laissez les autres s'occuper du leur.
h. Il a emporté ses livres à lui, mais il n'a pas rapporté les nôtres.

3.3. Das Demonstrativpronomen

Grundwissen: Demonstrativpronomina sind Fürwörter, die auf etwas Bestimmtes hinweisen und es auch hervorheben (65). Demonstrativpronomina treten in adjektivischen und substantivischen Formen auf.

(65)	*Les rues de cette ville sont très étroites.*	*Die Straßen dieser Stadt sind sehr eng.*
	Ce tableau me plait.	*Dieses Bild gefällt mir.*

Co soir, je vais aller au cinéma.	*Heute Abend will ich ins Kino gehen.*

3.3.1. Formen

3.3.1.1. Die adjektivischen Formen

	Maskulinum		Femininum	
vor Konsonant	**ce** livre	dieses Buch	**cette** femme	diese Frau
Singular				
vor h aspiré	**ce** héros	dieser Held	**cette** hauteur	diese Höhe
vor Vokal	**cet** arbre	dieser Baum	**cette** année	dieses Jahr
vor h muet	**cet** homme	dieser Mann	**cette** histoire	diese Geschichte
Plural			**ces**	

Das adjektivische Demonstrativpronomen richtet sich in Geschlecht und Zahl nach seinem Bezugswort, auf das es hinweist.

Zur Verstärkung dieser schwachtonigen Formen sowie zur Unterscheidung von näher und ferner liegendem bzw. zur deutlichen Gegenüberstellung wird dem Substantiv ein *-ci* oder *-là* angefügt (66).

(66)	*Ces jours-ci, nous nous couchons de bonne heure, mais à cette époque-1à, nous dansions toutes les nuits.*	*Dieser Tage gehen wir zeitig zu Bett, aber damals durchtanzten wir die Nächte.*

3.3.1.2. Die substantivischen Formen

Maskulinum		Femininum		Neutrum	
Singular					
celui	der(-jenige)	**celle**	die(-jenige)	**ce**	das, es
celui-ci	dieser (hier)	**celle-ci**	diese (hier)	**ceci**	dies (hier)
celui-là	jener, der (da)	**celle-là**	jene, die (da)	**cela (ça)**	das (da)
Plural					
ceux	die(-jenigen)	**celles**	die(-jenigen)		
ceux-ci	diese (hier)	**celles-ci**	diese (hier)		
ceux-là	jene, die (da)	**celles-là**	jene, die (da)		

3.3.2. Gebrauch

3.3.2.1. *celui, celle(s), ceux*

Celui, celle(s) und *ceux* werden nie allein stehend gebraucht. Sie stehen immer unmittelbar vor einer Ergänzung. Diese Ergänzung kann ein Attribut mit *de* (67) oder ein Partizip mit Ergänzung sein (68).

(67)	*Le climat de Paris est plus humide que celui de Berlin.*	*Das Klima von Paris ist feuchter als das von Berlin.*
(68)	*Je joins à ma lettre celle écrite par mon fils.*	*Ich lege meinem Brief den bei, den mein Sohn geschrieben hat,*

Celui etc. wird außerdem gebraucht unmittelbar vor *qui, que* oder *dont,* also vor einem Relativsatz (69). Tritt aber zwischen *celui, celle(s), ceux* und das Relativpronomen (→ 3.4.) ein Verb, *même* oder *seul*, so wird immer *celui-là* etc. gebraucht (70).

(69)	*Celui qui donne vite donne deux fois.*	*Wer schnell gibt, gibt zweimal.*
	C'est elle dont je vous ai parlé.	*Sie ist es, von der ich euch erzählt habe.*
(70)	*Celui-là donne deux fois, qui donne vite.*	*Der gibt zwei mal, der schnell gibt.*
	Ceux-là même qu'il avait sauvés l'ont trahi.	*Selbst diejenigen, die er gerettet hatte, haben ihn verraten.*

3.3.2.2. *celui-ci, celui-là*

Celui-ci (dieser) etc. weist - oft von einer Geste begleitet - auf Näheres *celui-là* (jener) etc. dagegen auf Ferneres hin (71).
Dasselbe gilt von Dingen oder Personen, von denen man spricht und die man einander gegenüberstellen will. Dabei weist *celui-là etc.* auf das ferner liegende oder Erstgemeinte hin, *Celui-ci* etc. dagegen auf das näher liegende oder Zuletztgemeinte (72).

(71)	*Voici deux tableaux, préférez-vous celui-ci ou celui-là?*	*Hier sind zwei Bilder. Gefällt euch dieses besser oder jenes?*

(72)	*Ces deux filles sont de nature bien différente: celle-ci est toujours triste, celle-là est toujours gaie.*	*Diese zwei Mädchen sind völlig verschiedener Natur: Die eine ist immer traurig, die andere immer heiter.*

3.3.2.3. Die neutralen Formen *ceci* und *cela*

Ceci (dies hier) und *cela* (das da) (familiär: *ça)* werden zur Unterscheidung von Gegenständen und Merkmalen gebraucht, wobei aber die unterschiedliche Konstruktion von *cela* beim Adjektiv und beim Substantiv zu beachten ist (73): *cela* kann nur dann unmittelbar vor *être* stehen, wenn ein Adjektiv folgt.

(73)	*Ceci est rouge, cela est orange.*	*Dies hier ist rot, das da orange.*
	Ceci est une mandarine, cela, c'est une orange.	*Dies hier ist eine Mandarine, das da eine Orange.*

Ceci weist auf näher liegendes oder Kommendes (dann Bedeutung: folgendes) hin, *cela* dagegen auf ferner liegendes oder Vorangehendes (74):

(74)	*Ceci est tout près, cela est trop loin.*	*Dies hier ist ganz nah, das da ist zu weit entfernt.*
	Que votre ami se tienne tranquille: dites-lui cela de ma part.	*Euer Freund soll sich stillhalten: Sagt ihm das von mir!*
	Dites ceci de ma part à votre ami: qu'il se tienne tranquille.	*Richtet eurem Freund von mir aus: Er soll sich stillhalten!*

3.3.2.4. *Ce, cela* und *il* als neutrales Subjekt

Cela/ça wird als eigentliches neutrales Subjekt bei allen transitiven und intransitiven Verben gebraucht (75).

Ce kann nur Subjekt von *être* sowie von *devoir* und *pouvoir* mit nachfolgendem *être* sein (76).

Hinweis: Als Subjekt von *être* mit vorangehendem Personalpronomen wird heute nur noch *cela/ça* verwendet. Bei zusammengesetzten Zeiten ist zu beachten: *ce* wird elidiert, *ça* jedoch nicht (77).

(75)	*Cela (ça) m'étonne.*	*Das erstaunt mich.*
(76)	*C'est une catastrophe.*	*Das ist eine Katastrophe.*
	Ce doit être un malentendu.	*Das muss ein Missverständnis sein.*
(77)	*C'est ((?)) une catastrophe.*	**aber:** *Ça a été une catastrophe*

Als grammatisches (uneigentliches) Subjekt von *être* mit adjektivischem Prädikat steht *il*, wenn auf etwas Folgendes, und *ce*, wenn auf etwa schon Gesagtes, Vorhergehendes hingewiesen wird (78).

Das grammatische Subjekt von ê*tre* mit substantivischem oder adverbialem Prädikat ist *ce* (79).

(78)	*Il est vrai que je me suis trompé.* *Je me suis trompé, c'est vrai.*	*Es ist wahr, ich habe mich getäuscht.*
(79)	*C'est une honte de mentir.*	*Es ist eine Schande zu lügen.*
	C'est beaucoup de travailler douze heures par jour.	*Zwölf Stunden am Tag zu arbeiten ist viel.*

Das grammatische Subjekt bei transitiven Verben ist *cela/ça* (80). Bei allen sonstigen (unpersönlich gebrauchten) Verben ist es *il* (81).

(80)	*Cela l'amuse de jouer aux cartes.*	*Er hat Freude daran, Karten zu spielen.*
(81)	*Il me manque deux euros.*	*Mir fehlen zwei Euro.*

3.3.2.5. Wiederaufnahme des Subjekts durch *ce*

In Gleichungssätzen mit *être* wird das Subjekt durch *ce* wieder-aufgenommen, wenn als Prädikatsergänzung ein Personalpronomen (82), ein Substantiv im Plural (83) (bei singularischem Subjekt), ein *que*-Satz oder ein Infinitiv mit *de* (84) folgt. Sind Subjekt und Prädikatsergänzung Infinitive, wird das Subjekt ebenfalls mit *c'est* wieder aufgenommen (85).

(82)	*L'Etat, c'est moi.*	*Der Staat bin ich.*
(83)	*Notre plus grand bonheur, ce sont nos enfants.*	*Unser größtes Glück sind unsere Kinder.*
(84)	*Son principal défaut, c'est qu'il n'aime pas la vérité/ ... c'est de mentir.*	*Sein Hauptfehler ist, dass er nicht wahrheitsliebend ist/ dass er lügt.*
(85)	*Vouloir, c'est pouvoir.*	*Wollen heißt auch können.*

Übungen

1. Setzen Sie *celui, celle* etc. oder *celui-ci* etc. oder *celui-là* etc. ein:

a. Je vous présente mes excuses et ... de ma femme.
b. C'est ... de toutes ses amies qu'elle aime le mieux.
c. Il y a deux places libres: prenez .... je prendrai ... .
d. Cette écharpe n'est pas la mienne, c'est ... de mon frère.
e. Cette solution, je la préfère de beaucoup à ... proposée par Pierre; c'est même ... que j'attendais.

2. Setzen Sie *ceci* oder *cela* ein:

a. ... est vert pâle, ... est vert olive.
b. Qu'est-ce que c'est que ... ? ... est une noix et ... est une olive.
c. Faites comme vous voudrez, ... m'est égal.
d. Qu'il ne nous prenne pas pour des imbéciles, dites-lui ... de ma part.

3. Setzen Sie *ce, cela* oder *il* ein:

a. Elle a eu tort d'agir ainsi, ... est sûr, ... ne fait pas l'ombre d'un doute.
b. Vous n'avez toujours pas répondu à sa lettre? Maintenant ... est trop tard, ... me semble.
c. ... ne peut pas être lui qui a fait .... doit être sa femme. ...est même sûr et certain que ... est elle.
d. Est-ce qu'il a vraiment dit ... ? ... doit être un malentendu.

Lösungen

1. a. celles — b. celle
   c. celle-ci ... celle-là — d. celle
   e. celle ... celle-là

2. a. Ceci ... cela — b. cela? Ceci ... cela, c'est
   c. cela — d. cela

3. a. c'est ... cela — b. c'est ... il
   c. Ce ... cela, ce ...C'est ... c'est — d. cela? Ce

3.4. Das Relativpronomen - *le pronom relatif*

Grundwissen: Das Relativpronomen dient dazu, ein Substantiv oder Pronomen durch einen Satz (= Relativsatz) genauer zu bestimmen (86).

(86)	*Il me donne la lettre qui est arrivée aujourd'hui.*	*Er gibt mir den Brief, der heute gekommen ist.*

3.4.1. Formen

Die gebräuchlichsten Relativpronomina sind *qui* und *que* (der, die das usw.). Sie stehen für Personen und Sachen. Sie sind in Geschlecht und Zahl unveränderlich (87):

(87)	*Un homme que je ne connais pas m'a donné les pommes qui sont sur la table.*	*Ein Mann, den ich nicht kenne, hat mir die Äpfel gegeben, die auf dem Tisch liegen.*

Das Relativ *dont* ist ein Adverb. Es bezieht sich ursprünglich auf einen Satzteil mit *de* (88), kann aber auch unabhängige Sätze in ein relatives Verhältnis bringen (89):

(88)	*Il est mort de la grippe.*	*La maladie dont il est mort était une grippe.*
	Er ist an Grippe gestorben.	*Die Krankheit, an der er gestorben ist, war eine Grippe.*
(89)	*C'est Mme Dupont. Son mari est mort.*	*C'est Mme Dupont, dont le mari est mort.*

	Das ist Frau Dupont. Ihr Mann ist gestorben.	*Das ist Frau Dupont, deren Mann gestorben ist.*

Das Relativpronomen *lequel, laquelle* (welcher, welche, welches) folgt in seinen Formen der Deklination des Artikels (→ 2.). Es verändert sich in Genus (Geschlecht) und Numerus (Zahl) und kann für jedes *qui, que, dont* eintreten (90), ist aber nur in bestimmten Fällen obligatorisch. Da es oftmals schwerfällig wirkt, sollte es nur dort eingesetzt werden, wo es unbedingt nötig ist.

(90)	*La fille du voisin laquelle entra dans la chambre ...*	*Die Tochter des Nachbarn, die ins Zimmer trat ...*

3.4.2. Gebrauch

3.4.2.1. *qui, que, lequel*

Als Subjekt steht *qui*, als direktes Objekt steht *que*, und zwar jeweils auf Personen wie auf Sachen bezogen (91):

(91)	*L'homme qui vient d'arriver et que tu vois là-bas, a apporté une valise qui contient les livres que nous avons commandés.*	*Der Mann, der gerade angekommen ist und den du dort siehst, hat einen Koffer gebracht, der die Bücher enthält, die wir bestellt haben.*

Qui steht auch ohne bestimmten Bezug als Subjekt oder Objekt eines Relativsatzes, der das Subjekt oder Objekt des übergeordneten Satzes bildet (besonders in Sprichwörtern) (92, 93):

(92)	*Qui a bu boira.*	*Wer einmal getrunken hat, der wird wieder trinken.*
(93)	*Invite qui tu voudras.*	*Lade ein, wen du willst.*

Nach Präpositionen steht, auf Personen oder personifizierte Dinge bezogen, *qui* (oder auch *lequel*). Bei Bezug auf Sachen muss dagegen obligatorisch *lequel* verwendet werden (94). Nach *parmi* und *entre* gebraucht man, auf Personen wie Sachen bezogen, ebenfalls *lequel* (95).

(94)	*L'homme avec qui tu m'as vu est le propriétaire de la maison dans laquelle j'habite.*	*Der Mann, mit dem du mich gesehen hast, ist der Eigentümer des Hauses, in dem ich wohne.*

(95)	*Les enfants parmi lesquels se trouve mon fils jouent au ballon.*	*Die Kinder, unter denen sich mein Sohn befindet, spielen Ball.*

Bezieht sich der Genitiv des Relativs auf ein Sachsubstantiv mit Präposition, so muss *duquel, de laquelle* etc. stehen (96).

Bei Personen ist in diesem Fall auch *de qui* möglich (97).

(96)	*C'est une Europe unie à l'édification de laquelle nous travaillons.*	*Es ist ein vereintes Europa, an dessen Aufbau wir arbeiten.*
(97)	*Pierre est l'homme sur l'aide duquel oder de qui il comptait.*	*Peter ist der Mann, auf dessen Hilfe er rechnete.*

Nach zwei Substantiven unterschiedlichen Geschlechts ist es üblich, *lequel, laquelle* zu verwenden, wenn dadurch die Beziehung auf eines der beiden Substantive verdeutlicht wird (98):

(98)	*J'écris à la fille de mon frère, laquelle viendra nous voir.*	*Ich schreibe an die Tochter meines Bruders, die uns besuchen wird.*

3.4.2.2. *dont*

Dont wird attributiv zum Subjekt, direkten Objekt und Prädikatsnomen eines Relativsatzes (dt.: dessen, deren) verwendet (99).
Hinweis: Auf *dont* folgt immer das Subjekt des Relativsatzes, d.h. die Satzstellung des normalen Aussagesatzes bleibt erhalten!

(99)	*Je ne connais pas le jeune homme dont la mère m'a écrit.*	*Ich kenne den jungen Mann, dessen Mutter mir geschrieben hat, nicht.*
	C'est la société dont il est le président.	*Das ist der Verein, dessen Präsident er ist.*

Dont steht für eine Ergänzung (Person oder Sache) mit *de* (100), wird aber auch als partitives *dont* bei Mengen- und Zahlenangaben gebraucht (101).

(100)	*Je n'ai pas encore vu ce nouveau film dont parle tout le monde.*	*Ich habe den neuen Film, von dem alle reden, noch nicht gesehen.*
(101)	*Cette famille a huit enfants, dont six filles.*	*Diese Familie hat acht Kinder, sechs davon sind Mädchen.*

3.4.2.3. *où, que*

Das Ortsadverb *où* und die Konjunktion *que* werden oft relativ gebraucht. *Où* kann örtliche und zeitliche Bedeutung haben, wobei es in örtlicher Bedeutung von Präpositionen begleitet sein kann (102).

Que kann zeitlich verwendet werden (103), in der modernen Sprache wird es aber überwiegend nur noch in festen Wendungen gebraucht:

chaque fois que	*jedesmal wenn*
la premiére fois que	*das erste Mal, dass*
maintenant que	*jetzt, da ...*
un jour que	*eines Tages, als ...*
du temps que	*in der Zeit, als ...*

(102)	*Le jour où je le rencontrai devant notre maison, je ne connaissais pas le pays d'où il venait et le chemin par où il était passé.*	*An dem Tag, an dem ich ihn vor unserem Haus traf, wußte ich nicht, aus welchem Land er kam und welchen Weg er genommen hatte.*
(103)	*La première fois que je l'ai vu, je ne savais rien de lui.*	*Als ich ihn das erste Mal sah, wusste ich nichts über ihn.*

Où und *que* können nach Präpositionen das auf Sachen bezogene *lequel* ersetzen (→ 3.4.2.1.) (104).

(104)	*C'est la maison où j'habite.*	*Das ist das Haus, in dem/wo ich wohne.*

3.4.3. Die neutralen Relative quoi, ce qui, ce que, ce dont

Quoi als Relativpronomen ist die neutrale betonte Form zu *que.* Es bezieht sich nur auf Sachen und steht nur nach Präpositionen. Es wird verwendet mit Bezug auf unbestimmte Wörter (z. B. *ce, rien, chose, quelque chose)* (105), mit Bezug auf einen ganzen Satz (106) oder ohne bestimmten Bezug (107).

(105)	*Ce à quoi je réfléchis, c'est à la proposition que tu viens de me faire.*	*Worüber ich nachdenke, das ist der Vorschlag, den du mir eben gemacht hast.*
(106)	*Fais ce que je t'ai dit, sans quoi tu échoueras.*	*Tu, was ich dir gesagt habe, sonst wirst du keinen Erfolg haben.*
(107)	*Donne-moi de quoi écrire.*	*Gib mir etwas zum Schreiben!*

Sonderfall: Auf *ce* oder *rien* bezogen, kann *quoi* nicht nach *de* stehen. Es muss dann heißen *ce dont, rien dont (108):*

(108)	*Il n'y a rien dont j'aie à me plaindre.*	*Es gibt nichts, worüber ich mich zu beklagen hätte.*

Zum Ausdruck eines neutralen Relativs, das ja kein persönliches oder sachliches Beziehungswort hat, werden die Relative *ce qui, ce que* verwendet. Ihr Gebrauch entspricht dem von *qui, que* (109):

(109)	*Je vous raconterai ce qui s'est passé et vous me direz ce que vous avez vu.*	*Ich werde euch erzählen, was geschehen ist, und ihr werdet mir sagen, was ihr gesehen habt.*

Ce qui, ce que verwendet man auch bezogen auf den Inhalt eines ganzen Satzes sowie auf das neutrale *tout* (110).

Vor unpersönlichen Verben (mit *il*) wird in der (geläufigeren) persönlichen Konstruktion *ce qui* gebraucht, in der unpersönlichen dagegen *ce que* (111).

(110)	*La chambre donne sur le jardin, ce qui m'est agréable.*	*Das Zimmer geht zum Garten hinaus, was mir angenehm ist.*
	Tout ce qui s'est passé, tout ce que j'ai vu, je l'ai oublié.	*Alles, was geschehen ist, alles, was ich gesehen habe, habe ich vergessen.*

(111) *Il raconte ce qui lui est arrivé.* *Er erzählt, was ihm passiert ist.*
Il raconte ce qu'il lui est arrivé.

Ce dont vertritt eine Ergänzung mit *de*. Sein Gebrauch entspricht dem von *dont*, analog zu *ce qui, ce que* (112):

(112) *Vous n'imaginez pas ce dont il est capable.* *Ihr macht euch keine Vorstellung, wozu er fähig ist.*

Übungen

Ergänzen Sie *qui, que, dont; lequel, laquelle; ce-qui, ce que, ce dont* oder *quoi.*

a. Je vous félicite des résultats ... vous avez obtenus et ... vous pouvez être fier.
b. La concierge monta le courrier sur ... elle jeta un regard curieux.
c. Je te présente l'ami avec l'aide ... j'ai pu me tirer d'affaire.
d. Nous avons invité à dîner la fille de mon collègue, ... *(a)* Subjekt : *la fille*; *b)* Subjekt : *le collègue*).
e. Des vrais amis sont ceux entre ... il n'y a pas de mensonges.
f. En politique, la liberté est le but ... ne doit jamais être sacrifié, et ... tout doit être subordonné.
g. Racontez-moi ... vous est arrivé (... il vous est arrivé).
h. Ce ... je ne m'attendais pas du tout, c'est d'être invité chez lui.
i. Achète ... il te faut; ... tu a besoin; ... te semble nécessaire; ce ... tu as fait allusion; quelque chose avec ... tu puisses faire plaisir à ta mère.

Lösungen

a. que ... dont
b. lequel
c. duquel oder de qui
d. a) laquelle
b) lequel (qui *wäre missverständlich!)*
e. lesquels
f. qui ... auquel
g. ce qui (ce qu'il)
h. à quoi
i. ce qu'il ... ce dont ... ce qui ... à quoi ... quoi

3.5. Das Fragepronomen - *le pronom interrogatif*

Grundwissen: Man unterscheidet die substantivischen Fragepronomina *qui? que? quoi?* und das adjektivische Fragepronomen *quel?*, aus dem sich wiederum das substantivische Fragepronomen *lequel?* entwickelt hat.

3.5.1. Das substantivische Fragepronomen

Bei der direkten Frage nach Personen heißt das Fragepronomen für die Frage nach dem Subjekt *qui?* oder *qui est-ce qui?*.

Für die Frage nach allen anderen Satzteilen heißt es *qui?*. Bei der Frage nach dem direkten Objekt oder einem Präpositionalobjekt gibt es zusätzlich noch die Form *qui est-ce que?*.

Das Verb folgt dem *qui?* entweder in einfacher Frageform (Inversion; gehobene Sprache) (→ 13.1.) oder in der durch *est-ce que* umschriebenen Frageform (Umgangssprache) (→ 13.2.) (113):

(113)	*Qui vous appelle?* *Qui est-ce qui vous appelle?*	*Wer ruft euch?*
	Qui regardez-vous? *Qui est-ce que vous regardez?*	*Wen schaut ihr an?*
	A qui pensez-vous? *A qui est-ce que vous pensez?*	*An wen denkt ihr?*

Bei der indirekten Frage werden nur die einfachen Fragepronomina gebraucht. Das Verb steht immer in der Aussageform (114):

(114)	*Dites-moi qui vous appelle.*	*Sagt mir, wer euch ruft.*
	Dites-moi qui vous regardez.	*Sagt mir, wen ihr anschaut.*
	Dites-moi à qui vous pensez.	*Sagt mir, an wen ihr denkt.*

Bei der direkten Frage nach Sachen heißt das Fragepronomen für die Frage nach dem Subjekt *qu'est-ce qui?* Für die Frage nach dem Sinnsubjekt bei unpersönlichen Verben gibt es daneben noch das Fragepronomen *que?*, dem das Verb in absoluter Fragestellung folgt.

Für die Frage nach direktem Objekt und prädikativer Ergänzung heißt das Fragepronomen *que?* oder *qu'est-ce que?*.

Nach dem Präpositionalobjekt wird mit der Wendung Präposition + *quoi?* oder Präposition + *quoi est-ce que?* gefragt (115):

(115)	*Qu'est-ce qui vous plaît?*	*Was gefällt euch?*
	Que se passe-t-il?	*Was ereignet sich?*
	Que regardez-vous? *Qu'est-ce que vous regardez?*	*Was schaut ihr an?*
	Que font tes parents ? *Qu'est-ce que font tes parents?*	*Was machen deine Eltern?*
	A quoi pensez-vous? *A quoi est-ce que vous pensez?*	*Woran denkt ihr?*

3.5.2. Das adjektivische quel und das substantivische lequel

Grundwissen: Im Gegensatz zu *qui?,* das ganz allgemein fragt, fragt *quel?* und *lequel?* nach etwas Bestimmtem aus einer „Gruppe".

Das adjektivische *quel?* richtet sich in Geschlecht und Zahl nach seinem zugehörigen Substantiv (116):

(116)	*Quel âge a-t-il?*	*Wie alt ist er?*
	Quelle heure est-il?	*Wie spät ist es?*
	Quels sont tes projets?	*Was sind deine Pläne?*

Das substantivische *lequel? laquelle?* fragt nach einer bestimmten Person oder Sache innerhalb einer „Gruppe" (117).

Die Objektformen mit Präposition werden bei *lequel?* analog zur Artikeldeklination (→ 2.) gebildet *(duquel, de laquelle; etc.).*

(117)	*Dans laquelle de ces deux maisons habite-t-il?*	*In welchem der beiden Häuser wohnt er?*

Il y a deux écrivains qui s'appellent Dumas. Auquel pensez-vous?	*Es gibt zwei Schriftsteller namens Dumas. An welchen von beiden denken Sie?*

Übungen

Ergänzen Sie die fehlenden Pronomina:

a. ... passe (Person)? ... se passe?
b. Tiens! ... surprise! . .. bon vent vous amène? ... de neuf à Paris?
c. Je me demande à ... (Sache) tu penses et ... sont tes intentions?
d. Il y a dans cette histoire quelque chose ... m'inquiète, mais je ne sais pas... .
e. Quand je pense que j'ai su cette ballade par coeur. ... m'en reste-t-il?
f. ... de ces cinq candidats est le meilleur interprète?

Lösungen

a. Qui oder Qui est-ce qui; qu'est-ce qui
b. Quelle; Quel; Quoi
c. quoi; quelles
d. qui; quoi
e. Que
f. Lequel

3.6. Indefinite Pronomina

3.6.1. on (l'on)

On (man) kann eine oder mehrere bestimmte Personen bezeichnen und auch für *je, tu, il(s), elle(s), nous, vous* stehen (118):

(118)	*Après le cinéma, on a (= nous avons) été boire un verre.*	*Nach dem Kino haben wir noch ein Glas zusammen getrunken.*

Steht *on* für ein Femininum oder einen Plural, ist bei Adjektiven und Partizipien der „accord" üblich. Das Prädikat nach *on* steht aber stets im Singular! (119):

(119)	*Alors, ma petite, on est toujours contente?*	*Nun, meine Kleine, immer noch zufrieden?*
	On ne se serait peut-être jamais rencontrés.	*Wir wären uns vielleicht nie begegnet.*

On kann nur Subjekt sein. In der Umgangssprache verdrängt es immer häufiger *nous* als Subjekt.

Fehlende Objektformen werden meist durch *vous* (einem, einen) oder durch *nous* ersetzt (120):

(120)	*Si on allait au cinéma ?*	*Wollen wir ins Kino gehen?*
	Quand on l'interroge, il ne vous répond pas.	*Wenn man ihn fragt, gibt er einem keine Antwort.*

In gewählter Sprache wird nach *et, où, ou, que, si* und zwischen *que* und einem mit *com-, con-* beginnenden Verb *l'on* verwendet, nie aber nach *dont* oder vor einem *l* (121):

(121)	*On but et l'on dansa.*	*Man trank und tanzte.*
	Il faut que l'on continue.	*Man muss weitermachen.*
	le film dont on parle	*der Film, von dem man spricht*

3.6.2. tout, toute, tous, toutes – chaque – chacun, chacune

Tous [*tus*], *toutes* ist das substantivische Pronomen zum Ausdruck der Gesamtheit. Die neutrale Form lautet *tout*.

Vor einem Relativsatz muss dem *tout* ein *ce*, dem *tous, toutes* ein *ceux, celles* folgen (122):

(122)	*Venez tous ici.*	*Kommt alle hierher!*
	Toutes celles qui étaient venues, avaient envie de danser.	*Alle, die gekommen waren, hatten Lust zu tanzen.*
	Il oublie tout ce que je lui dis.	*Er vergisst alles, was ich ihm sage.*

Tout, toute, tous [*tu*], *toutes* (all, ganz) mit Artikel, Possessiv- oder Demonstrativpronomen ist das adjektivische Pronomen zum Ausdruck einer Gesamtheit (123):

(123)	*Tous les élèves attendent les vacances.*	*Alte Schüler warten auf die Ferien.*
Merke:	*tout le monde*	*jedermann, alle*
	le monde entier	*die ganze Welt*

Tout + Substantiv im Singular oder Plural drückt eine Gesamtheit, eine hohe Zahl oder einen hohen Grad aus. Besonders in Redewendungen fehlt dabei meist der Artikel (124).

Tout + Substantiv, im Singular und ohne Artikel, hat verallgemeinernde Bedeutung (oder, jeder beliebige) (125).

Einem adjektivischen *tout* nach *pour* entspricht im Deutschen oft einzig alleinig (126).

(124)	*Ils accoururent de tous côtés.*	*Von allen Seiten kamen sie gelaufen.*
	Le train arriva à toute vapeur.	*Der Zug fuhr mit Volldampf ein.*
(125)	*Il parle de ses voyages en toute occasion.*	*Bei jeder Gelegenheit spricht er von seinen Reisen.*
(126)	*Pour tout renseignement il nous a dit que ...*	*Als einzige Auskunft hat er uns gesagt, dass ...*

Zur Angabe eines hohen Grades wird *tout* (ganz, ganz und gar, völlig) auch adverbial verwendet. Verändert wird es dabei nur vor weiblichen Adjektiven, die mit einem Konsonanten oder *h aspiré* beginnen (127).

In festen Wendungen ist es stets unveränderlich (128).

(127)	*Elle fut toute surprise et tout heureuse.*	*Sie war völlig überrascht und ganz und gar glücklich.*
(128)	*Elle est tout feu tout flamme.*	*Sie ist Feuer und Flamme.*
	Elle était tout yeux, tout oreilles.	*Sie war ganz Auge und Ohr.*

Tout (jeder) bezeichnet die Gesamtheit, während *chaque; chacun, chacune* (jeder) jeden einzelnen im Besonderen bezeichnet (129).

Chaque ist Adjektiv, *chacun, chacune* ist Substantiv.

(129)	*Il vient nous voir tous les dimanches.*	*Er besucht uns jeden Sonntag.*
	Chaque dimanche quand il fait beau, je me promène dans le parc.	*Jeden Sonntag, an dem schönes Wetter ist, gehe ich im Park spazieren.*
	Ils ont tous dix-huit ans.	*Sie sind alle achtzehn Jahre alt.*
	Vous aurez chacun un gâteau.	*Ihr werdet jeder einen Kuchen bekommen.*

3.6.3. quelqu'un - personne; quelque chose - rien; quelque - aucun

Quelqu'un (jemand) steht in positiven Sätzen oder in verneinten und fragenden Sätzen mit positivem Sinn.

Der Plural von *quelqu'un* heißt *quelques-uns, quelques-unes* (einige (auch Sachen), gewisse Leute) (130).

Personne (niemand) steht in negativen Sätzen. Fehlt das Verb, so behält *personne* trotzdem seine negative Bedeutung bei (131).

Personne kann vor allem in fragenden und zweifelnden Sätzen sowie nach *sans, sans que, avant que* auch positiv verwendet werden und entspricht dann dem deutschen „jemand" (132).

(130)	*Quelqu'un est venu.* *Quelques-unes de ces lettres sont illisibles.*	*Es ist jemand gekommen.* *Einige dieser Briefe sind unleserlich.*
(131)	*Je n'ai vu personne.* *Qui l'a vu? - Personne.*	*Ich habe niemanden gesehen.* *Wer hat ihn gesehen? Niemand.*
(132)	*Il est parti avant que personne na l'ait vu.*	*Er ist abgereist, bevor ihn jemand gesehen hat.*

Quelque chose (etwas) steht in positiven Sätzen oder in verneinten Sätzen mit positivem Sinn. Adjektive werden mit *de* angeschlossen und bleiben unverändert (133).

Rien (nichts) steht in negativen Sätzen. Fehlt das Verb, bleibt der negative Sinn doch erhalten. Adjektive werden mit *de* angeschlossen. Zum Teil kann *rien* auch positiv verwendet werden und entspricht dann dem deutschen „etwas" (134).

(133)	*Tu ne peux pas partir sans manger quelque chose.*	*Du kannst nicht weggehen, ohne etwas zu essen.*
	As-tu vu quelque chose de nouveau?	*Hast du etwas Neues gesehen?*
(134)	*Je n'ai rien vu, c'est-à-dire rien de spécial.*	*Ich habe nichts gesehen, d.h. nichts Besonderes.*
	Il est parti sans rien dire.	*Er ist abgereist, ohne etwas zu sagen.*

Quelque (irgendein, etwas) ist ein adjektivisches Indefinitpronomen und steht in Sätzen mit positivem Sinn. Der Plural *quelques* bedeutet *einige* (135). *Aucun* (kein einziger) ist ein adjektivisches Indefinitpronomen und steht in verneinten Sätzen. Auch ohne Verbindung mit einem Verb behält es die negative Bedeutung bei (136). *Aucun* kann auch positiv verwendet werden und bedeutet dann „irgendein" (137).

(135)	*Il me reste quelque argent. Je le verrai dans quelques jours.*	*Mir bleibt noch etwas Geld. Ich werde ihn in einigen Tagen sehen.*
(136)	*Tu n'as fait aucune faute ? Non, aucune.*	*Du hast keinen Fehler gemacht? Nein, keinen (einzigen).*
(137)	*Crois-tu qu'aucun d'eux puisse en témoigner?*	*Glaubst du, dass einer von ihnen das bezeugen kann?*

3.6.4. Weitere Indefinitpronomina

Autre (andere/r) wird adjektivisch gebraucht und bleibt in manchen Wendungen unübersetzt (138). Zu merken sind auch die Wendungen:

l'un et l'autre	*beide*
l'un l'autre	*einander, gegenseitig*

	l'un à l'autre	*einer dem anderen*
(138)	*Donnez-moi d'autres livres!*	*Gebt mir andere Bücher!*
	Il faut s'aider l'un l'autre.	*Man muss einander helfen.*
	Nous autres Français ...	*Wir Franzosen ...*

Certain (ein gewisser) wird im *Singular* adjektivisch, im *Plural (certains:* manche Leute) substantivisch gebraucht (139):

(139)	*Un certain Monsieur Lenoir m'a dit cela.*	*Ein gewisser Herr Lenoir hat mir das gesagt.*
	Certains prétendent que la planète Mars est habitée.	*Manche Leute behaupten, der Planet Mars sei bewohnt.*

Même als Adverb heißt „sogar". Als Adjektiv hat es je nach Stellung eine unterschiedliche Bedeutung: Vorangestellt bedeutet es „derselbe, der gleiche", nachgestellt bedeutet es „selbst" (140):

(140)	*Ce n'est pas la même chose.*	*Das ist nicht dasselbe.*
	Elle est la vertu même.	*Sie ist die Tugend selbst.*
	Même le médecin a été malade.	*Sogar der Arzt war krank.*

Tel, telle ist ein adjektivisches Indefinitpronomen und heißt, attributiv gebraucht, „solch, irgendeiner, mancher". Prädikativ verwendet heißt es „so, wie".

Tel quel, telle quelle (so wie es ist/war) wird ohne Verb gebraucht (141).

(141)	*Il ne faut pas manquer une telle occasion.*	*Eine solche Gelegenheit darf man nicht verpassen.*
	Les faits sont tels que je les ai exposés.	*Die Fakten sind so, wie ich sie dargelegt habe.*
	J'accepte vos conditions telles quelles.	*Ich akzeptiere eure Bedingungen so wie sie sind.*

Quiconque (jeder, der; wer auch immer) ist ein substantivisches Indefinitpronomen (142).

Quelconque(s) (irgendein (beliebiger), irgendwelche) wird adjektivisch verwendet. Prädikativ gebraucht ist es synonym zu *banal, insignifiant* (unbedeutend) (143).

Qui que (wer auch immer), *quoi que* (was auch) und *quel(s) que, quelle(s) que* (welche(r)(s) auch) sind etwas pathetisch und nicht unbedingt alltägliche Umgangssprache. Zum Textverständnis sollten sie aber bekannt sein (144).

(142)	*Quiconque a vu ce tableau en admire les couleurs.*	*Jeder, der dieses Bild gesehen hat, bewundert seine Farben.*
(143)	*Dis-moi le nom d'un auteur quelconque.*	*Sag mir den Namen irgendeines Schriftstellers!*
	C'était quelconque.	*Das war nichts Besonderes.*
(144)	*Qui que ce soit qui l'ait dit, il a raison.*	*Wer auch immer das gesagt hat, er hat recht.*
	Quoi qu'ils disent, ne les crois pas.	*Was sie auch sagen, glaub ihnen nicht!*
	Quels que soient les dangers, nous les surmonterons.	*Welche Gefahren es auch sein mögen, wir werden sie überwinden.*

Übungen

1. Ergänzen Sie *tout, toute, tous, toutes, chaque; chacun(e):*

a. Je suis sûr que ... fera de son mieux.
b. Les danseuses ont ... reçu de belles fleurs. On a offert des fleurs à ... d'entre elles.
c. Remettez ... objet à sa place. Il faut remettre ces livres ... à sa place.
d. Après la séance, ... rentra ... de suite chez soi.

2. Übersetzen Sie:

a. Il est trop honnête pour mentir à personne.
b. Je n'ai rien dit pour ne vexer personne.
c. Savez-vous l'âge qu'il a? Il doit avoir quelques années de plus que moi.
d. Tout le monde aime voyager à travers le monde entier.
e. Ils se sont nui l'un à l'autre.
f. Ce n'est pas la même chose.
g. Il a accepté notre plan tel quel.
h. C'est quelque chose de beau.

Lösungen

1. a. chacun
   b. toutes; chacune
   c. chaque; chacun
   d. chacun; tout

2. a. Er ist zu ehrlich, um jemanden zu belügen.
   b. Ich habe nichts gesagt, um niemanden zu beleidigen.
   c. Wissen Sie, wie alt er ist? Er soll ein paar Jahre älter als ich sein.
   d. Jedermann reist gern durch die ganze Welt.
   e. Sie haben sich gegenseitig geschadet.
   f. Das ist nicht dasselbe.
   g. Er hat unseren Plan akzeptiert, so wie er war.
   h. Das ist etwas Schönes.

4. Adjektive

Grundwissen: Das Adjektiv ist ein veränderlicher Begleiter eines Substantivs/Nomens (oder einer Person oder eines Eigennamens) und richtet sich deshalb auch in Genus (Geschlecht) und Numerus (Anzahl) nach seinem Bezugswort. Es drückt in den meisten Fällen eine Eigenschaft seines Bezugswortes aus.

Es wird unterschieden zwischen dem attributiven und dem prädikativ Adjektiv.

Das **attributive** Adjektiv (1) ist veränderlich und steht unmittelbar vor oder hinter dem Substantiv, das es näher bestimmt (→ 4.4.).

(1)	*la belle fille*	*das schöne Mädchen*
	la pomme verte	*der grüne Apfel*

Das **prädikative** Adjektiv (2) ist ebenfalls veränderlich, steht aber bei einem Verb, mit dem es zusammen das Bezugswort, in diesem Fall das Subjekt, näher bestimmt.

(2)	*La fille est belle.*	*Das Mädchen ist schön.*
	La pomme est verte.	*Der Apfel ist grün.*

4.1. Maskulinum und Femininum

4.1.1. Bildung der femininen Form mit -e

Die meisten Adjektive besitzen eine maskuline und eine feminine Form.

Regel: Das Femininum wird normalerweise durch Anhängen eines *-e* an die maskuline Form gebildet.

(3)	*un grand chien*	*une grande surprise*
	un livre intéressant	*une histoire intéressante*
	un petit garçon	*une petite voiture*
	un arbre vert	*une robe verte*
	un mauvais exemple	*une mauvaise note*
	un film français	*une ville française*

Im Gegensatz zu den oben aufgeführten Beispielen, bei denen die feminine Form sich nicht nur im Schriftbild, sondern auch im Lautbild unterscheidet, gibt es eine Reihe von Adjektiven, bei denen der Unterschied zwischen maskuliner und femininer Form **nicht** hörbar ist.

(4)	*un joli visage*	*une jolie rose*
	un vrai roman	*une vraie aventure*
	un anorak bleu	*une fleur bleue*
	un palais royal	*une fête royale*
	un devoir correct	*une traduction correcte*
	un résultat égal	*une somme égale*

Sonderfall: Adjektive, die bereits in der maskulinen Form auf *-e* enden, behalten diese Endung in der femininen Form bei. Diese Adjektive haben für maskulin und feminin Singular identische Formen.

(5)	*un livre utile*	*une règle utile*
	un immeuble moderne	*une machine moderne*
	un enfant malade	*une personne malade*
	un coureur rapide	*une voiture rapide*
	un plan admirable	*une beauté admirable*
	un argument possible	*une mission possible*

ebenso: *facile, difficile, jeune, large, tranquille, triste*

Hinweis: In diese Gruppe gehören Adjektive, die auf *-able, -aire, -âtre, -esque, -ible, -ide, -ique, -iste* enden, wie z. B.: *remarquable, solidaire, noirâtre* (schwärzlich), *romanesque, lisible, avide* (gierig), *juridique, communiste* etc.

4.1.2. Veränderung des Endvokals in der femininen Form

(Unter Endvokal ist hier der letzte gesprochene Vokal der maskulinen Form zu verstehen).

(6)	*Bildung*	*Beispiel*	*ebenso*
	-er wird zu ère	*étranger - étrangère*	*léger,* *auch: cher*
	-ier wird zu ière	*premier - premiere*	*dernier, entier,* *auch: fier*
	-in wird zu ine	*voisin - voisine*	*fin, divin*

-ain wird zu aine	*prochain - prochaine*	
aber:	*copain - copine*	
-et wird zu ette	*cadet - cadette*	
aber:	*complet - complète*	
-en wird zu enne	*ancien - ancienne*	*italien, européen*
-on wird zu onne	*mignon - mignonne*	*bon, breton, piéton*
-ot wird zu ote	*idiot - idiote*	*dévot*
aber:	*sot - sotte,*	
	vieillot - vieillotte	
	pâlot - pâlotte	
-eux wird zu euse	*heureux - heureuse*	*dangereux, nerveux*

4.1.3. Veränderungen des Endkonsonanten in der femininen Form

(7)	<u>*Bildung*</u>	<u>*Beispiel*</u>	<u>*ebenso*</u>
	-c wird zu *ch*	*blanc - blanche*	*franc, sec - sèche*
	-c wird zu *que*	*public - publique*	*turc, laïc*
	aber:	*grec - grecque*	
	-el wird zu *eile*	*cruel - cruelle*	*tel, éternel*
	-eil wird zu *eille*	*pareil - pareille*	*vermeil (rot)*
	-f wird zu *ve*	*neuf - neuve*	*vif, passif, relatif*
	-eur wird zu eure	*meilleur - meilleure*	*supérieur, intérieur*
	-eur wird zu euse	*voleur - voleuse*	*trompeur, moqueur*
	-teur wird zu trice	*moniteur - monitrice*	*conservateur*

Hinweis: Einige Adjektive, die auf *-s* enden, bilden die feminine Form durch Verdoppelung des *-s*: *-s* wird zu *-sse*. Es handelt sich hierbei um:

bas - basse (tief)	*gras - grasse (*fett*)*
las - lasse (müde)	*épais- épaisse* (dick)
gros - grosse (dick)	*exprès - expresse* (ausdrücklich)

Sonderfall: *frais - fraîche* (frisch)

Alle übrigen Adjektive auf *-s* bilden sonst die feminine Form auf *-se: gris - grise, mauvais - mauvaise, précis - précise,* etc.

Sonderfälle: Adjektive mit unregelmäßiger Bildung des Feminins:

doux - douce
long - longue
gentil - gentille
faux - fausse
malin - maligne
favori - favorite

4.1.4. Adjektive mit zwei Formen im Maskulin Singular

(8) Es handelt sich hierbei um fünf Adjektive : *beau* (schön), *nouveau* (neu), *vieux* (alt), *fou* (verrückt) und *mou* (weich).

(8)	*un beau livre*	*un bel homme*	*une belle image*
	un nouveau film	*un nouvel hôtel*	*une nouvelle histoire*
	un vieux monsieur	*un vieil arbre*	*une vieille maison*

Regel: Beginnt ein maskulines Substantiv mit Vokal oder stummem h, so werden die Formen *bel, nouvel* und *vieil* gebraucht. Außerdem müssen die Adjektive vor dem Substantiv stehen. Sind sie nachgeordnet, so finden die normalen Formen *beau, nouveau* und *vieux* Verwendung. Das gilt auch bei prädikativem Gebrauch des Adjektivs, bei dem nur die normale Form Maskulin Singular gebraucht wird.

C'est un acteur qui est vraiment beau, c'est un bel homme.	*Das ist ein wirklich gut aussehender Schauspieler, ein schöner Mann.*
Cet homme devient vieux, c'est un vieil homme.	*Dieser Mann wird alt, er ist ein alter Mann.*
J'ai acheté un nouvel appartement, il est tout à fait nouveau.	*Ich habe ein neues Appartement gekauft, es ist etwas ganz Neues.*

Hinweis: Die Sonderformen *bel, nouvel* und *vieil* haben eine mit den femininen Adjektiven identische Aussprache, da in jedem Fall vor Vokal oder stummem h die Konsonanten gebunden werden. Die Rechtschreibung kann also nur am Artikel gehört werden.

(9)	*un prix fou*	*un fol amour*	*une idée folle*
	un fromage mou	*un mol oreiller*	*une pâte molle*

Die zweite Singularform von *fou* und *mou, fol* und *mol* (9) kommt allerdings in der normalen Sprachpraxis nur sehr selten vor, da *fou* und *mou*, die normalerweise dem Substantiv nachgeordnet stehen, ihm in diesem Falle vorausgehen müssen.

Hinweis: *Fol amour* (leidenschaftliche Liebe) und *fol espoir* (törichte Hoffnung) sind jedoch feststehende Begriffe geworden, die man sich aus diesem Grunde einprägen sollte.

4.2. Singular und Plural

Da die Adjektive in Genus und Numerus sich nach den Substantiven richten, auf die sie sich beziehen, bilden sie auch den Plural im Allgemeinen wie diese. (1)

Regel: In den meisten Fällen wird der Plural durch das Anhängen eines *-s* gebildet. Die hiervon abweichende Pluralbildung folgt denselben Regeln wie die Pluralbildung der Substantive (→ 1.3.).

Die Unterscheidung zwischen attributivem und prädikativem Adjektiv (→ 4.; → 4.3.) besteht hier fort, das Adjektiv wird jedoch immer seinem Bezugswort angepasst.

4.2.1. Regelmäßige Pluralbildungen

(1)	*un petit chien*	*des petits chiens*
	une petite voiture	*des petites voitures*
	un arbre vert	*des arbres verts*
	une pomme verte	*des pommes vertes*
	un prince anglais	*des princes anglais*
	une reine anglaise	*des reines anglaises*
	un garçon poli	*des garçons polis*
	une fille polie	*des filles polies*
	un projet réalisable	*des projets réalisables*
	une idée réalisable	*des idées réalisables*
	un pays étranger	*des pays étrangers*
	une langue étrangère	*des langues étrangères*

(2) **Regel:** Die meisten Adjektive mit der Endung *-al* bilden den Plural auf *-aux*. Die feminine Form bleibt davon unberührt und bildet den Plural mit *-s*.

(2)	*un ami loyal*	*des amis loyaux*
	une amie loyale	*des amies loyales*
	un palais royal	*des palais royaux*
	une maison royale	*des maisons royales*

Sonderfall: *Banal, fatal, naval* und *final* bilden den Plural auf *-s*. *Des faits banals, des accidents fatals, des chantiers navals, des concours finals.*

(3) **Regel:** Die Adjektive auf *-eau* bilden den Plural auf *-x*.

un beau matin	*de beaux matins*
un bel anorak	*de beaux anoraks*
un nouveau quartier	*de nouveaux quartiers*
un nouvel appareil	*de nouveaux appareils*
un enfant jumeau	*des frêres jumeaux*

Hinweis: Die Pluralformen von *beau* und *bel*, *nouveau* und *nouvel*, sind identisch, d.h. auf *-x*. (*Fol* und *mol* bilden denselben Plural wie *fou* und *mou*, aber auf *-s*: *des hommes fous*, *mous*)

(4) **Regel:** Die Adjektive, die bereits auf *-s* oder *-x* enden, behalten dies im Plural bei. Es gibt also keine orthographische Unterscheidung von Maskulin Singular und Plural.

(4)	*un journal sérieux*	*des journaux sérieux*
	un travail dangereux	*des travaux dangereux*
	un chat gris	*des chats gris*
	un rapport précis	*des rapports précis*

4.2.2. Sonderfälle der Pluralbildung

Farbadjektive, die von Substantiven abgeleitet sind oder aus mehreren Teilen bestehen, sind unveränderlich.

des fleurs orange
des yeux bleu ciel
des chaussures marron
des prés vert foncé

des pulls aubergine
des rubans jaune citron

Sonderfall: *des visages **roses***

Zusammengesetzte Adjektive folgen in der Pluralbildung den Regeln der Pluralbildung zusammengesetzter Substantive (→ 1.3.6.).

Merksatz: Die adjektivischen Teile des zusammengesetzten Adjektivs sind **veränderlich**.

Adjektiv + Adjektiv → beide Teile werden verändert

une sauce aigre-douce	*des sauces aigres-douces*	*süsssauer*
un ministre social-démocrate	*des ministres sociaux-démocrates*	*sozialdemokratisch*

Adverb + Adjektiv → Adverb unverändert + Adjektiv verändert

un enfant nouveau-né	*des enfants nouveau-nés*	*neugeboren*
un fils bien-aimé	*des fils bien-aimés*	*vielgeliebt*

Präposition + Adjektiv → Präposition unverändert + Adjektiv verändert

un travail sous-payé	*des travaux sous-payés*	*unterbezahlt*
l'avant-dernière page	*les avant-dernières pages*	*vorletzte*

Hinweis: Adjektive auf *-o* oder *-i* bleiben in diesem Fall unverändert; ebenso Neologismen wie *ultra-, hyper-, extra-, archi-, super-*, etc., die vor allem in der Umgangssprache der Steigerung dienen.

un livre franco-allemand	*des livres franco-allemands*	*deutsch-französisch*
une scène tragi-comique	*des scènes tragi-comiques*	*tragikomisch*

Sonderfälle: In zusammengesetzten Worten, die mit *grand* beginnen, bleibt *grand* in der femininen Form unverändert:

la grand-mère, la grand-tante, la grand-rue, la grand-messe, grand-chose, grand-peine

Im Plural wird jedoch in den meisten Fällen ein *-s* angehängt:

En général nous avons deux grands-mères.
Souvent, les grands-rues sont des voies piétonnes.
Mes grands-tantes sont généreuses.

Sympa und *chic* sind normalerweise unveränderlich; *chic* kann jedoch im Plural manchmal ein *-s* haben.

Mi- (halb-) in zusammengesetzten Wörtern ist immer unveränderlich.

4.2.3. Übereinstimmung des Adjektivs mit seinem Bezugswort

Regel: Adjektive richten sich in Numerus und Genus nach ihren Bezugswörtern.

4.2.3.1. Adjektive mit mehreren Substantiven

Bezieht sich ein Adjektiv auf zwei Maskulina, so steht es im Maskulin Plural.

un père et un fils sportifs

Bezieht es sich auf ein Femininum und ein Maskulinum, so steht es im Maskulin Plural.

un film et une musique très intéressants

Bezieht sich das Adjektiv auf zwei Feminina, so steht es im Feminin Plural.

Elle aime la littérature et la musique italiennes.

Das Adjektiv kann sich auch nur auf das unmittelbar vor ihm stehende Wort beziehen. Man sollte sich dann allerdings um Eindeutigkeit des Sinnes bemühen.

un film et une musique intéressante
(d.h. der Film war nicht interessant)

Il a acheté une maison et une voiture rapide.
(dieser Bezug ist eindeutig)

In gehobener Sprache kann ein Substantiv im Plural von mehreren Adjektiven im Singular begleitet werden; diese machen dann verschiedene Bestandteile des Substantivs aus und rechtfertigen den Plural.

les présidents français et allemand
(der französische und der deutsche Präsident)

4.2.3.2. Unterschiede zwischen logischem und grammatischem Subjekt

Bei Verwendung von *on* als alleiniges Subjekt kommt es auf den Sinn an, d.h. wer damit gemeint ist.

on est actif	*(man, generell)*
on est actifs	*(wir Männer + Frauen)*
on est actives	*(wir, nur Frauen)*

Ist das Subjekt ein Kollektivausdruck wie *un grand nombre, une grande partie, une foule, une moitié, une majorité, etc.*, stehen Verb und Adjektive im Singular, wenn die Gesamtheit, und im Plural, wenn Einzelwesen stärker betont werden sollen.

La majorité des manifestants étaient pacifistes (était pacifiste).	*Die meisten Demonstranten waren Pazifisten.*

Hinweis: *La plupart de* (die meisten) und *toute sorte de* (alle möglichen) stehen immer im Plural.

La plupart des policiers étaient armés.	*Die meisten Polizisten waren bewaffnet.*

4.3. Die verschiedenen Funktionen des Adjektivs

Grundwissen: Das Adjektiv kann prädikativ, attributiv und anstelle eines Adverbs benutzt werden.

4.3. 1. Das prädikative Adjektiv

Das prädikative Adjektiv kann nur zusammen mit bestimmtem Verben prädikativ gebraucht werden.

Es kann sich auf das Subjekt (→ 11.1.) beziehen und passt sich diesem in Genus und Numerus an.

Elle est mignonne.	*Sie ist niedlich.*
Elles semblent fatiguées.	*Sie scheinen müde zu sein.*
Ils deviennent vieux.	*Sie werden alt.*

Das gilt auch bei den Verben *paraître*/scheinen, *rester*/bleiben, *demeurer*/bleiben, *passer pour*/gelten als, *être considéré comme*/gehalten werden für, *être traité de*/behandelt werden als, etc.

Es handelt sich in allen Fällen um Zustandsbeschreibungen (daher fallen alle passivischen Ausdrücke in diese Gruppe), und das Adjektiv kann im Gegensatz zum attributiven Adjektiv niemals weggelassen werden, da sonst ein notwendiger Bestandteil des Satzes fehlt.

Das prädikative Adjektiv kann sich auch auf das direkte Objekt beziehen und passt sich in Genus und Numerus diesem an.

Je trouve la fille mignonne.	*Ich finde das Mädchen niedlich.*
Il la croit fatiguée.	*Er glaubt, sie sei müde.*
On les dit malades.	*Man sagt, sie seien krank.*

Ebenso nach den Verben *estimer*/einschätzen, *juger*/beurteilen, *connaître*/kennen, *choisir*/auswählen. Das direkte Objekt kann in diesen Fällen als verbundenes Personalpronomen vorausgehen.

4.3.2. Das attributive Adjektiv

Das attributive Adjektiv ist Teil einer Nominalgruppe und drückt die Eigenschaft eines Substantivs aus. Es folgt im Genus und Numerus seinem Bezugswort.

4.3.3. Das Adjektiv als Adverb

In besonderen Fällen kann das Adjektiv die Funktion eines Adverbs übernehmen und ein Verb, Partizip oder anderes Adjektiv näher bestimmen (→ 5.1.2.).

4.4. Die Stellung des attributiven Adjektivs

Grundwissen: Im Unterschied zum Deutschen stehen im Französischen die Adjektive **vor** und **nach** ihrem Bezugswort, in den meisten Fällen stehen sie nach dem Substantiv.

Beim prädikativen Gebrauch (→ 4.3.1.) steht das Adjektiv nach dem Verb, mit dem es untrennbar verbunden ist.

4.4. 1. Die Voranstellung des Adjektivs

Regel: Eine kleine Gruppe von meist kurzen und häufig gebrauchten Adjektiven steht fast immer vor dem Substantiv.

(1)	*bon* *mauvais*	*un bon repas* *une mauvaise surprise*
(2)	*petit* *grand*	*un petit jardin* *un grand parc*
(3)	*jeune* *vieux*	*une jeune femme* *un vieux vélo*
(4)	*beau* *joli*	*une belle église,* *une jolie robe*
(5)	*cher (lieb)* *cher (teuer) steht nach*	*chère amie (liebe Freundin)* *un voyage cher (eine teure Reise)*
(6)	*court* *bref* *long* *(bei temporärem Gebrauch)*	*un court voyage* *une brève réponse* *un long séjour*
(7)	*gros* *vilain (böse, hässlich)*	*une grosse voiture* *un vilain garçon*

Hinweis: Häufig sind diese vorangestellten Adjektive mit dem folgenden Substantiv zu einem eigenen Ausdruck verschmolzen; *petit* wird außerdem häufig zur Bildung des Diminutivs benötigt und in diesen Fällen nicht ins Deutsche übersetzt.

(8)	*des petits pois*	*Erbsen*
(9)	*des petits fours*	*Gebäck*
(10)	*un petit bonhomme*	*Knirps*
(11)	*le petit-fils* *la petite-fille*	*Enkel* *Enkelin*
(12)	*le beau-père*	*Schwiegervater + Stiefvater*
(13)	*des petits pains*	*Brötchen*
(14)	*un petit-suisse*	*Nachtisch aus Quark*
(15)	*le vilain petit canard*	*das hässliche Entlein*

4.4.2. Die Nachstellung des Adjektivs

Regel: Die große Mehrheit der Adjektive steht nach dem Substantiv.

Zu dieser Gruppe gehören die Farbadjektive (1), Adjektive, die Nationalitäten, religiöse, kulturelle, politische, ethnische oder andere Zugehörigkeiten definieren (2), Adjektive, die körperliche und seelische Eigenschaften beschreiben (3), die Partizipien und Verbaladjektive (4) und alle mehrsilbigen, langen Adjektive (5) sowie Adjektive, die Ergänzungen (nominale, adverbiale, verbale, präpositionale, etc.) bei sich haben (6).

(1)	*un arbre vert* *trois voitures bleu foncé* *une chemise jaune citron* *des serviettes blanches*	*ein grüner Baum* *drei dunkelblaue Autos* *ein zitronengelbes Hemd* *weiße Handtücher*

Sonderfälle:

	un rouge-gorge *un rouge-queue* *Blanche-Neige*	*Rotkehlchen* *Rotschwanz* *Schneewittchen*
(2)	*la langue française/italienne/ allemande*	*die französische/italienische/ deutsche Sprache*

	la religion catholique/ protestante/musulmane/ islamique/juive	*die katholische/protestantische/ moslemische/islamische/ jüdische Religion*
	des ruines romaines/ grecques/indiennes/ antiques/préhistoriques	*römische/griechische/ indianische/antike/ prähistorische Ruinen*
	une analyse géographique/ importante/nouvelle/ économique/annuelle	*eine geographische/wichtige/ neue/wirtschaftliche/jährliche Untersuchung*
(3)	*un homme malade/sourd/ intelligent/croyant/triste/ gai/mort/adroit*	*ein kranker/tauber/intelligenter/ gläubiger/trauriger/fröhlicher/ toter/geschickter Mann*
	une famille pauvre/riche/ polie/honnête/aimable/ noble/paysanne	*eine arme/reiche/höfliche/ ehrliche/liebenswerte/adlige/ bäuerliche Familie*
(4)	*un film amusant*	*ein amüsanter Film*
	des expressions courantes	*geläufige Ausdrücke*
	une chaise roulante	*ein Rollstuhl*
	un pneu crevé	*ein geplatzer Reifen*
	un bras cassé	*ein gebrochener Arm*
	des gens aisés	*wohlhabende Leute*
(5)	*une aventure extraordinaire*	*ein außergewöhnliches Abenteuer*
	une histoire invraisemblable	*eine unglaubliche Geschichte*
	un parti anti-démocratique	*eine undemokratische Partei*
	une vie romanesque	*ein romanhaftes Leben*
(6)	*une peau blanche comme la neige*	*eine Haut weiß wie Schnee*
	un roman long de 800 pages	*ein 800 Seiten langer Roman*
	un enfant beau comme un ange	*ein Kind so hübsch wie ein Engel*
	un chien remarquablement dressé	*ein bemerkenswert dressierter Hund*

4.4.3. Adjektive, die sowohl voran- als auch nachgestellt werden können

Hinweis: An dieser Stelle sei in Erinnerung gerufen, dassss im Französischen zwei wichtige Regeln für den Satzbau Gültigkeit haben:

1. die **Harmonie,** d.h. der Rhythmus und Wohlklang eines Satzes (bei Aufzählungen oder Aneinanderreihungen wird man sich immer bemühen, von den einsilbigen zu den mehrsilbigen Wörtern zu konstruieren; deshalb wird z. B. vermieden, ein kurzes Adjektiv allein an das Satzende zu stellen) und

2. die **Betonung des Satzendes,** d.h. das Wort oder die Wortgruppe am Satzausgang sind allein durch ihre Stellung automatisch **immer** besonders betont.

Diese Gründe beeinflussen häufig die Stellung von Adjektiven. Des Weiteren sollte man wissen, dassss ein vorangestelltes Adjektiv dazu tendiert, eine Einheit mit seinem Bezugwort zu bilden (manchmal verschmilzt es sogar zu einem Wort mit ihm (→ 4.4.1. Bsp. 8-15) oder wird fast schon als Präfix empfunden), während das nachgestellte Adjektiv stärker seinen eigenen, oft differenzierenden Charakter beibehält.

4.4.3.1. Adjektive mit verschiedener Bedeutung bei Voran- oder Nachstellung

Bei einigen Adjektiven ändert sich der Sinn, je nachdem, ob sie vor oder nach ihrem Bezugswort stehen.

(1)	*une **ancienne** école*	*eine ehemalige Schule*
	*une école **ancienne***	*eine alte Schule (existiert schon lange)*
(2)	*un **brave** type*	*ein feiner Kerl*
	*un type **brave***	*ein mutiger Kerl*
(3)	***certains** arguments*	*gewisse/manche Argumente*
	des arguments certains	*sichere/gesicherte Argumente*
(4)	*mon **cher** père*	*mein lieber Vater*
	*une voiture **chère***	*ein teures Auto*
(5)	*un **curieux** enfant*	*ein seltsames Kind*
	*un enfant **curieux***	*ein neugieriges Kind*

(6)	*le dernier lundi du mois*	*der letzte Montag im Monat*
	lundi ***dernier***	*letzter/voriger Montag*
(7)	***différentes*** *personnes*	*verschiedene Personen*
	des personnes ***différentes***	*unterschiedliche Personen (d. h., sie sind voneinander unterschiedlich)*
(8)	*un* ***drôle*** *de livre*	*ein seltsames Buch*
	un livre ***drôle***	*ein lustiges Buch*
(9)	*un* ***fier*** *imbécile*	*ein ausgesprochener Dummkopf*
	un imbécile ***fier***	*ein stolzer Dummkopf*
(10)	*un* ***grand*** *homme*	*ein großer/bedeutender Mann*
	un homme ***grand***	*ein großer (Körpergröße) Mann*
(11)	*le* ***pauvre*** *homme*	*der arme/bedauernswerte Mann*
	un homme ***pauvre***	*ein armer Mann*
(12)	*sa* ***propre*** *fille*	*seine/ihre eigene Tochter*
	une fille ***propre***	*ein sauberes Mädchen*
(13)	*une* ***sacrée*** *montagne*	*ein verdammtes/verfluchtes Gebirge*
	une montagne sacrée	*ein heiliges Gebirge*
(14)	*une* ***sale*** *affaire*	*eine üble/schlimme Geschichte*
	une maison ***sale***	*ein dreckiges Haus*
(15)	*un* ***seul*** *individu*	*ein einziger Mensch*
	un individu ***seul***	*ein einsamer Mensch*
(16)	*un* ***simple*** *geste*	*nur/bloß eine Geste*
	un geste ***simple***	*eine einfache Geste*
(17)	*dans un* ***triste*** *état*	*in einem traurigen/elenden Zustand*
	un enfant ***triste***	*ein trauriges Kind*
(18)	*une* ***vraie*** *aventure*	*ein echtes/wirkliches Abenteuer*
	une aventure ***vraie***	*ein wahres/nicht erfundenes Abenteuer*

Hinweis: Adjektive, die in übertragener oder symbolischer Bedeutung benutzt werden können, stehen in solchen Fällen dann vor, auch wenn sie sonst nach dem Substantiv stehen. Häufig wird mit der Voranstellung die Intensität oder der gravierende Charakter einer Sache zum Ausdruck gebracht.

(19)	*une **faible** somme*	*eine geringe Summe*
(20)	*un **maigre** résultat*	*ein dürftiges Ergebnis*
(21)	*une **légère** hausse des prix*	*ein geringer Preisanstieg*
(22)	*une **importante** décision*	*eine wichtige Entscheidung*
(23)	*une **lourde** responsabilité*	*eine große Verantwortung*
(24)	*une **forte** influence*	*ein großer Einfluß*

Sonderfälle: Bei einigen Adjektiven ist es von der Stellung - vor oder nach dem Bezugswort - abhängig, ob bzw. wie sie veränderlich sind. Stehen *demi*/halb, *nu*/nackt vor dem Substantiv, so sind sie unveränderlich, stehen sie danach, so werden sie verändert.

(1)	*une demi-heure*	*une heure et demie*
(2)	*marcher nu-pieds (barfuss)*	*marcher avec les pieds nus*

Excepté/ausgenommen, *passé*/vorbei, *y compris*/inbegriffen, *ci-joint*/beiliegend werden, sind sie vorangestellt, als Präpositionen betrachtet und sind daher unveränderlich. Stehen sie nach ihrem Bezugswort, so werden sie verändert.

(3)	*Tout le monde étlait invité, **excepté** sa famille.* *Ils étaient tous malades, ma mère **exceptée**.*	*Alle ausser seiner Familie waren eingeladen.* *Alle waren krank, meine Mutter ausgenommen.*
(4)	***Passé** cinq heures, je partirai.* *L'heure **passée**, il exécuta son ordre.*	*Nach fünf Uhr werde ich gehen.* *Als die Stunde um war, führte er seinen Befehl aus.*
(5)	*toute la premiere partie, y **compris** la préface*	*der ganze erste Teil, das Vorwort inbegriffen*

	toute la classe, sa propre fille ***comprise***	*die ganze Klasse, seine eigene Tochter inbegriffen*
(6)	*ci-joint nos tarifs* *Vous trouverez les factures* ***ci-jointes.***	*beiliegend unsere Preislisten* *Beiliegend finden Sie die Rechnungen.*

Bei *feu* (verstorben, verblichen) hängt die Veränderlichkeit davon ab, *ob feu* vor oder nach dem **Artikel** bzw. **Possessivum** steht.

(7)	***feu*** *sa mère/sa* ***feue*** *mère*	*seine/ihre verstorbene Mutter*

Soi-disant (so genannt, angeblich) ist **immer unveränderlich** und *prétendu* (angeblich) (9) ist **veränderlich**. Beide stehen **vor** ihrem Bezugswort

(8)	*sa* ***soi-disant*** *richesse*	*sein/ihr angeblicher Reichtum*
(9)	*sa* ***prétendue*** *richesse*	

(10) Bei *gens* wechselt der Genus des Substantivs, wenn *vieux* und *bons* vorangehen; *gens* wird dann - aber nur in diesen zwei Fällen und nur in Bezug auf die vorangestellten Adjektive - **feminin**.

des gens ***vieux****; de* ***vieilles*** *gens*
des gens ***bons****; de* ***bonnes*** *gens*

4.4.3.2. Voranstellung sonst nachgestellter Adjektive

(1) Oft dient die ungewöhnliche Stellung der Betonung des Adjektivs. Man findet sie in der Literatur, aus stilistischen Gründen und immer häufiger in der Umgangssprache und in den Medien. Besonders mehrsilbige Adjektive werden durch die Voranstellung leicht betont.

Un extraordinaire succès und *une étonnante performance* sind z. B. stärker betont als wenn sie den Substantiven nachgeordnet wären.

(2) Hat das Substantiv eine längere Ergänzung bei sich stehen, so ist die Voranstellung des Adjektivs aus Gründen der Harmonie und des Rhythmus (→ 4.4.3.) oft notwendig.

un magnifique coucher de soleil en montagne
une passionnante ascension de huit mille mètres

4.4.4. Die Stellung bei Verwendung mehrerer Adjektive

Regel: Stehen zwei (oder mehr) Adjektive bei einem Bezugswort, so können sie beide vor (1) oder nach (2) dem Substantiv oder auch getrennt, d.h. eins davor und eins dahinter (3), stehen. Abhängig ist diese Anordnung in erster Linie von der **normalen** Stellung der benutzten Adjektive. Nachstellung zweier Adjektive ist **immer** möglich.

(1) Stehen **beide** Adjektive jedes für sich **allein vor** dem Substantiv, so können sie auch **gemeinsam vor** das Bezugswort gestellt werden. Sie könnten ebenso nach dem Substantiv stehen. Oft werden sie durch *et* oder manchmal auch durch *ou* verbunden.

un joli petit jardin
une bonne et vieille tradition
un jeune et grand auteur

(2) Stehen beide Adjektive **einzeln nach** dem Substantiv, so stehen sie **gemeinsam** auch **danach**.

une histoire magnifique et invraisemblable
une robe élégante et chère
un commerçant riche et généreux
un garçon séduisant et intelligent

(3) Stehen die Adjektive einzeln sowohl vor als auch nach dem Substantiv, so kann diese Stellung beibehalten werden, oder sie können zusammen auch nach dem Substantiv stehen.

une petite fille polie	*une fille petite et polie*
un bon gâteau léger	*un gâteau bon et léger*
un bli hôtel ancien	*un hôtel beau et ancien*
une vieille maison splendide	*une maison vieille et splendide*

4.5. Die Steigerung des Adjektivs

Grundwissen: Die Steigerung eines Adjektives wird gebraucht, um Vergleiche bilden zu können: *Pierre* ist größer als *Jean*. Das Adjektiv hat drei Formen: Die Grundform oder **Positiv** (*groß*), die Vergleichsform oder **Komparativ** (*größer*) und die höchste Steigerungsform, den **Superlativ** (*am größten*).

4.5.1. Der Komparativ und Superlativ bei regelmäßiger Steigerung

Regel: Im Französischen werden Adjektive im Normalfall mit *plus* (Komparativ) und *le plus* (Superlativ) gesteigert.

(1)	*grand*	*petit*	*beau*
	plus grand	*plus petit*	*plus beau*
	le plus grand	*le plus petit*	*le plus beau*
	belle	*vertes*	*nouveaux*
	plus belle	*plus vertes*	*plus nouveaux*
	la plus belle	*les plus vertes*	*les plus nouveaux*

Adjektive werden auch in ihrer gesteigerten Form in Genus und Numerus dem dazugehörigen Bezugswort angepasst. Gesteigert werden können auch alle Partizipien und Verbaladjektive, die adjektivisch benutzt werden.

4.5.2. Adjektive mit unregelmäßigen Steigerungsformen

Einige Adjektive werden nicht mit *plus* und *le plus* gesteigert, sondern haben ihre eigenen Steigerungsformen, nämlich *bon*/gut, *petit* in der Bedeutung von gering und *mauvais* in der Bedeutung schlimm.

Positiv	Komparativ	Superlativ
bon, bonne	*meilleur, eure*	*le (la) meilleur(eure)*
gut	*besser*	*der, die beste*
petit,e	*moindre*	*le (la) moindre*
gering	*geringer*	*der, die geringste*
mauvais,e	*pire*	*le (la) pire*
schlimm	*schlimmer*	*der, die schlimmste*

Hinweis: Haben *petit* und *mauvais* allerdings die Bedeutung *klein* bzw. *schlecht, so* werden sie normal mit *plus* und *le plus* gesteigert.

(1)	*le plus petit élève*	*der kleinste Schüler*
(2)	*il est plus petit que moi*	*er ist kleiner als ich*
(3)	*le moindre mal*	*das geringste Übel*

(4)	*la plus mauvaise note*	*die schlechteste Note*
(5)	*en maths, il est plus mauvais que moi*	*in Mathe ist er schlechter als ich*
(6)	*la pire nouvelle*	*die schlimmste Nachricht*

4.6. Das Adjektiv im Vergleichssatz

Grundwissen: Werden Adjektive in Vergleichssätzen benutzt, so sind drei verschiedene Formen des Komparativs zu unterscheiden: (1) Der Vergleich von zwei Dingen auf gleicher Stufe *(le comparatif d'égalité),* (2) die Vergleichsform der Überlegenheit *(le comparatif de supériorité)* und der - allerdings weniger oft gebrauchte - Vergleich der Unterlegenheit *(le comparatif d'infériorité)* (3).

4.6.1. Der Komparativ der Gleichheit

Zwei gleiche Dinge werden mit Hilfe des Ausdrucks *aussi ... que* (genauso ... wie) verglichen.

(1) *Pierre est* ***aussi*** *grand* ***que*** *son frère.*

(2) *Jean est* ***aussi*** *content* ***que*** *Paul.*

(3) *Les filles sont* ***aussi*** *intelligentes* ***que*** *les garçons.*

4.6.2. Der Komparativ der Überlegenheit

Die Überlegenheit wird durch die Wendung *plus ... que* (mehr ... als) ausgedrückt.

(1) *La France est* ***plus*** *grande* ***que*** *l'Allemagne.*

(2) *Mes disques sont* ***plus*** *récents* ***que*** *les tiens.*

(3) *Les grands-parents sont* ***plus*** *âgés* ***que*** *les parents.*

4.6.3. Der Komparativ der Unterlegenheit

Die Unterlegenheit wird mit dem Ausdruck *moins ... que* (weniger + Adjektiv ... als) gebildet.

(1) *Le ciel en Europe est **moins** bleu **qu**'en Afrique.*

(2) *Ma voiture était **moins** chère **que** la tienne.*

(3) *Pauline est **moins** grande **que** Michelle.*

Hinweis: Vergleichssätze werden **immer** mit ***que*** angeschlossen.

deutsch: ***wie/als*** im Vergleichssatz → franz: ***que***

4.6.4. Der relative Superlativ

Regel: Der Superlativ wird normalerweise mit *le/la/les plus* gebildet: **le/1a/les + Komparativ = Superlativ** (relativer)

Dieser Superlativ wird als relativ bezeichnet, weil er immer im Vergleich zu einer bestimmten Menge oder Gruppe gesehen wird. Auch hier unterscheidet man - wie beim Komparativ - zwischen Superlativ der Überlegenheit *(le plus)* und der Unterlegenheit *(le moins).*

(1) *la ville **la plus grande** de France*

(2) *la montagne **la plus haute***

(3) *les voitures **les plus rapides***

(4) *les amis **les meilleurs***

(5) *vos prix **les moins élevés***

(6) *l'élève **le moins paresseux***

Der **Superlativ** kann auch **vor** dem Substantiv stehen, wenn es sich um **Adjektive** handelt, die **vor** dem Bezugswort stehen.

(7) ***le meilleur** coureur du monde*

(8) ***la moindre** chance aurait suffi*

(9) ***la pire** maladie, c'est la peste*

(10) ***mon plus cher** ami*

(11) ***la plus grande** ville de France*

(12) ***les moins belles** photos*

Hinweis: Wird statt des bestimmten Artikels ein Possessivpronomen gebraucht, so muss es immer **vor** dem Substantiv stehen. Steht der Superlativ **vor** dem Substantiv, so ersetzt das Possessivpronomen den bestimmten Artikel, steht der Superlativ **nach**, so **muss** er mit bestimmtem Artikel angeschlossen werden.

(13) ***mon plus** cher ami,- mon ami **le plus** cher*

(14) ***mes plus** mauvais élèves,- mes élèves **les plus** mauvais*

Der relative Superlativ kann bei Bedarf durch Voranstellen von *de loin* oder *de beaucoup* noch verstärkt werden. *Il est de loin le meilleur de sa classe. (Er ist mit Abstand der Beste in seiner Klasse.)*

4.6.5. Der absolute Superlativ

Der absolute Superlativ steht allein, ohne Beziehung zu einem anderen Wort. Er gibt einen sehr hohen Grad einer Eigenschaft an und wird durch Voranstellung eines Adverbs gebildet.

très fort
Il est extrêmement courageux.
tout à fait
absolument
énormément

4.7. Die allmähliche Steigerung

Die allmähliche Steigerung (immer mehr oder immer weniger) wird im Französischen mit ***de plus en plus + Adjektiv*** und ***de moins en moins + Adjektiv*** gebildet.

(1)	*Il est de plus en plus malade.*	*Er wird immer kränker.*
(2)	*Elle est de plus en plus belle.*	*Sie wird immer schöner.*
(3)	*Les ordinateurs sont de moins en moins chers.*	*Die Computer werden immer billiger.*

Sonderfall: Die unregelmäßigen Steigerungsformen von *bon, petit* und *mauvais* kennen hier gleichfalls einige Sonderformen, die sich vom Deutschen unterscheiden. Soweit es möglich ist, weicht man auf verbale Konstruktionen aus, die sprachlich eleganter sind.

(5)	*Les résultats s'améliorent de plus en plus.*	*Die Ergebnisse werden immer besser.*
(6)	*La maladie s'aggrave/ empire de plus en plus.*	*Die Krankheit wird immer schlimmer.*
(7)	*Ses doutes s'amoindrissaient de plus en plus.*	*Seine Zweifel wurden immer geringer.*

Das Französische hat in solchen Fällen noch eine andere, wesentlich bessere sprachliche Möglichkeit, die im Deutschen nicht nachvollziehbar ist: Ein immer weiter fortschreitender Zustand kann mit der Konstruktion *aller + gérondif* ausgedrückt werden.

(8) *Les résultats vont en s'améliorant.*

La maladie va en empirant.

Ses doutes allaient en s'amoindrissant.

4.8. Die Verstärkung des Adjektivs

Grundwissen: Adjektive können durch Adverbien oder adverbiale Ergänzungen sowohl positiv als auch negativ verstärkt werden.

4.8. 1. Positive Verstärkung

Eine positive Verstärkung bildet man häufig mit sehr, besonders, ganz etc.

(1)	*très*	*une très belle fille*	*(sehr)*

(2)	*fort*	*une fort belle fille*	*(sehr)*
3)	*bien*	*une bien belle fille*	*(recht)*
(4)	*tout*	*une fille toute belle*	*(ganz)*
(5)	*tout à fait*	*une fille tout à fait présentable*	*(ganz und gar)*
(6)	*particulièrement*	*une fille particulièrement belle*	*(besonders)*

Auch positiv einschränkende Verstärkungen sind möglich, etwa:

(7)	*un peu*	*elle est **un peu** belle*	*(ein bisschen)*
(8)	*assez*	*elle est **assez** belle*	*(ziemlich)*
(9)	*trop*	*elle est **trop** belle*	*(zu sehr)*
(10)	*juste (assez)*	*elle est **juste assez** belle*	*(gerade genug)*

Auch Komparativ und Superlativ (→ 4.6.4.) können verstärkt werden. Die Stellung der verstärkenden Ausdrücke ist unverändert **direkt vor** dem Komparativ oder Superlativ.

(11)	*même*	*Il est **même** plus bête que son frère.*	*(Er ist sogar dümmer als sein Bruder.)*
(12)	*encore*	*Il est **encore** plus bête que je ne pensais.*	*(Er ist noch dümmer als ich dachte.)*
(13)	*toujours*	*Il est **toujours** aussi bête.*	*(Er ist immer noch genau so dumm.)*
(14)	*de loin*	*Il est **de loin** le plus bête.*	*(Er ist bei weitem der Dümmste.)*
(15)	*de beaucoup*	*Il est **de beaucoup** le plus bête.*	*(Er ist mit Abstand der Dümmste.)*

4.8.2. Negative Verstärkung

Zur negativen Verstärkung werden die Adverbien der Verneinung benutzt. In den meisten Fällen bedeutet dies, dass vor einige der in → 4.8.1. genannten Adverbien ein ***pas*** als verneinendes Glied gesetzt wird.

(1)	*peu*	*elle est* ***peu*** *active*	*(wenig)*
(2)	*pas très*	*elle* ***n'****est* ***pas très*** *belle*	*(nicht sehr)*
(3)	*pas bien*	*elle* ***n'****est* ***pas bien*** *belle*	*(nicht so recht)*
(4)	*pas tout à fait*	*elle* ***n'****est* ***pas tout à fait*** *belle*	*(nicht so ganz)*
(5)	*pas particulièrement*	*elle* ***n'****est pas* ***particulièrement*** *belle*	*(nicht besonders schön)*
(6)	*pas trop*	*elle* ***n'****est* ***pas trop*** *belle*	*(nicht allzu schön)*

Es können aber auch andere Adverbien der Verneinung wie z. B. *guère* (kaum) und *pas du tout* (überhaupt nicht) benutzt werden.

(7)	*ne guère*	*elle* ***n'****est* ***guère*** *belle*	*(kaum)*
(8)	*pas du tout*	*elle* ***n'****est* ***pas du tout*** *belle*	*(überhaupt nicht)*
(9)	*point*	*elle* ***n'****est* ***point*** *belle*	*(ganz und gar nicht)*
(10)	*absolument pas*	*elle* ***n'****est* ***absolument*** *pas belle*	*(absolut nicht)*

Auch Komparativ und Superlativ können durch die Elemente der Verneinung negativ verstärkt werden. (Manchmal ergibt das allerdings einen positiven Sinn.)

(11)	*Il n'est pas beaucoup plus mauvais qu'un autre.*	*Er ist nicht viel schlechter als andere.*
(12)	*Ce n'est pas du tout la pire des maladies.*	*Es ist keineswegs die schlimmste aller Krankheiten.*
(13)	*Il est de toute évidence le moins bon de tous.*	*Er ist ganz offensichtlich der schlechteste von allen.*

Übungen

1. Bilden Sie zu folgenden Sätzen die feminine Form:

a.	il est grand	elle est ...
b.	il semble petit	elle semble ...
c.	il me parait heureux	elle me paraît ...
d.	il est le premier arrivé	elle est ...
e.	il est beau et discret	elle est ...
f.	il est faux, mais malin	elle est ...
g.	ce repas aigre-doux est délicieux	cette sauce est ...
h.	il a l'air inquiet	elle a l'air ...
i.	c'est un chrétien-démocrate bien-aimé	c'est une ...
i.	je le trouve fatigué et malsain	je la trouve ...
k.	il est vert, vert foncé merveilleux	elle est ...

2. Setzen Sie die folgenden Beispiele in den Plural soweit möglich, und setzen Sie die Adjektive an die richtige Stelle.

a. Ma (italien) correspondante est une (joli) fille aux (bleu) yeux.
b. J'ai fait un (cher) voyage dans un (beau) (africain) pays.
e. La grand-mère gâte son petit-fils avec un (nouveau) anorak et des (magnifique) skis.
d. Même sa (propre) fille n'a pas été (exclus) de la (draconien) punition.
e. Cette (ancien)(privé) clinique est transformée en une (moderne) (public) institution.
f. Ma (cher) amie, as-tu reçu la (magnifique) (postal) carte de la (plus haut) montagne d'Europe?
g. Cette (vieux) (malade) personne a la (grand) chance de trouver les (médical) (nécessaire) soins chez lui. (Plural mit gens)
h. Il prend une (confortable) place dans un (grand) (recouvert) fauteuil de (clair) (épais) tissu.

3. Übersetzen Sie:

a. Meine Hunde sind schöner als die meines Nachbarn.
b. Diese Katze ist die schönste der Ausstellung und hat mehr Preise erhalten als alle anderen.
c. Mein Bruder war in Mathe immer besser als ich.
d. Das Schlimmste ist die Überschwemmung der Felder.
e. Das Wetter in Südfrankreich ist viel angenehmer als im Norden Europas.

f. Die Ferien meiner Eltern waren weniger lang und weniger teuer als meine.
g. In Frankreich und der Schweiz gibt es den besten Käse Europas.
h. Der beste Käse schmeckt noch besser mit Brot und Wein.
i. Dieses Kind ist ziemlich intelligent, aber nicht sehr fleißig.

Lösungen

1. a. grande; b. petite;
c. heureuse; d. la première arrivée;
e. belle et discrète; f. fausse, maligne;
g. aigre-douce, délicieuse; h. inquiet (inquiète);
i. chrétienne-démocrate j. fatiguée et malsaine; bien-aimée;
k. verte, vert foncé merveilleux.

2. a. correspondantes italiennes, de jolies filles aux yeux bleus;
b. des voyages chers, de beaux pays africains;
c. les grands-mères gâtent leurs petits-fils avec de nouveaux anoraks et des skis magnifiques;
d. ses propres filles n'ont pas été exclues des punitions draconienne
e. ces anciennes cliniques privées, transformées en institutions modernes et publiques;
f. mes chéres amies, avez-vous reçu les magnifiques cartes postales des plus hautes montagnes;
g. ces vieilles gens malades (gens vieux et malades), la grande chance, des soins médicaux nécessaires;
h. des places confortables dans de grands fauteuils recouverts de tissu(s) clair et épais (d'un épais tissu clair).

3. a. Mes chiens sont plus beaux que ceux de mon voisin.
b. Ce chat est le plus beau de l'exposition et a eu plus de prix que tous les autres.
c. Mon frère était toujours meilleur en maths que moi.
d. Le pire, c'est l'inondation des champs.
e. Le temps dans le sud de la France est beaucoup plus agréable que dans le nord de l'Europe.
f. Les vacances de mes parents étaient moins longues et moins chères que les miennes.
g. En France et en Suisse, on trouve les meilleurs fromages de l'Europe.
h. Le meilleur des fromages est encore meilleur avec du pain et du vin.
i. Cet enfant est assez intelligent, mais pas très studieux.

5. Adverbien

Grundwissen: Adverbien sind immer unveränderlich. Sie ergänzen Verben (1), Adjektive (2), andere Adverbien (3) und Sätze (4).

(1)	*il mange* ***lentement***	*(Ergänzung zu manger)*
(2)	*un très beau soleil*	*(Ergänzung zu beau)*
(3)	*il travaille* ***remarquablement*** *bien*	*(Ergänzung zum Adverb bien)*
(4)	***heureusement,*** *c'était une belle journée d'automne*	*(Ergänzung zu dem gesamten Satz)*

Adverbien sind die einzigen Worte, die den Sinn von Verben modifizieren können. Sie verhalten sich zum Verb wie das attributive Adjektiv zum Substantiv, allerdings ohne sich ihm anzupassen. Adverbien können einzelne Wörter sein, aber auch Ausdrücke und adverbiale Bestimmungen. Sie sind vielfältig in ihrer Erscheinungsform: So unterscheidet man

(5)	ursprüngliche Adverbien	*(très, peu, mal, souvent, puis, etc.)*
(6)	abgeleitete Adverbien	*(heureusement, grandement, rarement, etc.)*
(7)	adverbiale Ausdrücke	(à *la française, par coeur, en général, au moins, tout à coup, etc.)*

Ihrem Sinn nach unterscheidet man verschiedene Arten von Adverbien:

(8) Zeitadverbien: *parfois, demain, hier, tard, bientôt, déjà, etc.*
(9) Ortsadverbien: *ici, là, ailleurs, partout, derrière, etc.*
(10) Adverbien der Art und Weise: *bien, mieux, mal, lentement,* etc.
(11) Adverbien der Menge und des Grades: *beaucoup, peu, assez, etc.*
(12) Adverbien der Meinung (Bejahung, Verneinung, Zweifel): *si, non, volontiers, vraiment, peut-être, sans doute, etc.*

5.1. Formen des Adverbs

Grundwissen: Von der Form her werden zwei Gruppen von Adverbien unterschieden, die ursprünglichen und die abgeleiteten.

5. 1. 1. Die ursprünglichen Adverbien

Unter ursprünglichen oder auch einfachen Adverbien *(adverbes primitifs)* versteht man folgende Adverbien, z. B. *ainsi, assez, ensemble, exprès, loin, mais, mal, mieux, moins, tôt, tard, très, etc.*

5.1.2. Die abgeleiteten Adverbien

Die abgeleiteten Adverbien werden aus Adjektiven gebildet und gehören in ihrer großen Mehrheit zu den Adverbien der Art und Weise.

Regel: Zur Bildung des Adverbs wird an die feminine Form des Adjektivs die Endung *-ment* gehängt. Enden beide Formen auf *-e, so* wird die Endung *-ment* an diese Form gehängt.

(1)	*lent, lente*	*lentement*
	léger, légère	*légèrement*
	heureux, heureuse	*heureusement*
	correct, correcte	*correctement*
	utile	*utilement*
	nouveau, nouvelle	*nouvellement*
	fou, folle	*follement*
	ancien, ancienne	*anciennement*
	premier, première	*premièrement*
	prochain, prochaine	*prochainement*
	fin, fine	*finement*
	doux, douce	*doucement*
	vif, vive	*vivement*
	public, publique	*publiquement*
	long, longue	*longuement*
	rare, rare	*rarement*

Bei Adjektiven, die auf Vokal enden *(-ai, -i, -u),* fällt bei der Bildung des Adverbs das feminine *-e* weg. Man hängt also einfach *-ment* an die maskuline Form des Adjektivs.

(2)	*joli, jolie*	*joliment*
	poli, polie	*poliment*
	vrai, vraie	*vraiment*
	absolu, absolue	*absolument*

Adjektive, die auf den Nasal [ã] enden, bilden das Adverb auf [-*amã*]. Ob das Adverb mit *-a* oder *-e* geschrieben wird, hängt von der Schreibung des Adjektivs ab:

-ant → amment
-ent → emment

(3)	*abondant*	*abondamment*
	apparent	*apparemment*
	constant	*constamment*
	évident	*évidemment*
	méchant	*méchamment*
	prudent	*prudemment*
	savant	*savamment*
	violent	*violemment*

Sonderfälle: (1) Einige Adverbien haben als Spur des verschwundenen *-e* einen *accent circonflexe* bewahrt:

(1)	*gai, gaie*	*gaîment* oder *gaiement* (fröhlich)
	assidu, assidue	*assidûment* (gewissenhaft)
	dû, due	*dûment* (gebührend)
	cru, crue	*crûment* (brutal, schonungslos)

(2) Adjektive, die auf *-é* enden, bilden das Adverb ebenfalls mit *é* + *ment*. Auch einige andere Adverbien werden auf *-ément* gebildet, ohne allerdings von einem Partizip abzustammen:

(2)	*assuré, assurée*	*assurément*
	aveuglé, aveuglée	*aveuglément,* zu unterscheiden vom Substantiv *aveuglement* (Blindheit)
	commode	*commodément*
	commune	*communément*
	conforme	*conformément*
	confus, confuse	*confusément*
	énorme	*énormément*
	exprès, expresse	*expressément*
	immense	*immensément*
	impuni, impunie	*impunément*
	obscur, obscure	*obscurément*
	obstiné, obstinée	*obstinément*
	précis, précise	*précisément*
	profond, profonde	*profondément*
	uniforme	*uniformément*

(3) Zu einigen Adverbien gibt es keine entsprechenden Adjektive: *notamment* (besonders, vor allem), *précipitamment* (überstürzt), *sciemment* (wissentlich, absichtlich)

(4) Unregelmäßige Adverbien, die keiner Gruppe zugeordnet werde können, sind:

bref, brève	*brièvement*
gentil, gentille	*gentiment*
grave	*gravement und grièvement*

5.1.3. Adjektive ohne ableitbare Adverbien

Zahlreiche Adjektive und vor allem adjektivisch gebrauchte Partizipien lassen keine Ableitung von Adverbien zu. In diese Gruppe gehören sämtliche Farbadjektive sowie Adjektive, die irgendeine Zugehörigkeit, körperliche oder geistige Eigenschaften oder irgendwelche Zustände beschreiben. (→ 4.4.2.) Es gibt allerdings Möglichkeiten, diese fehlenden Adverbien durch adverbiale Umschreibungen zu ersetzen.

d'une façon (de façon) (auf ... Art und Weise)	*Il se comporte d'une façon inacceptable.*
d'une manière (de manière) (auf ... Art und Weise)	*elle s'habille d'une manière impossible.*
d'un air (mit ... Aussehen)	*Elle nous regarde toujours d'un air hautain.*
d'un geste (mit ... Geste)	*Il nous a ouvert la porte d'un geste provocant.*
d'un pas (... Schrittes)	*Ils les suivaient d'un pas humilié.*
d'un ton (... Tones)	*Elle nous ordonnait d'un ton arrogant de la suivre.*
d'une mine (mit ... Mine)	*Elle se plaignait d'une mine pitoyable auprès de son père.*

Diese Umschreibungen können auch dann verwendet werden, wenn ein entsprechendes Adverb existiert. Sie heben die Art und Weise stärker hervor als das einfache Adverb.

5.1.4. Einige unregelmäßige Adverbien

Bei einigen Adjektiven werden die Adverbien unregelmäßig gebildet:

bon, bonne	*bien*
meilleur, meilleure	*mieux*
mauvais, mauvaise	*mal*
rapide	*vite (oder auch rapidement)*

5.1.5. Adverbien mit abweichender Bedeutung vom entsprechenden Adjektiv

Einige Adverbien haben nicht dieselbe Bedeutung wie das Adjektiv, von dem sie abgeleitet wurden, d.h. im Deutschen sind Adjektiv und Adverb mit verschiedenen Ausdrücken zu übersetzen, während sie sonst häufig formgleich sind.

Der Bedeutungswechsel **kann** daran liegen, dass das Adverb sich nicht mehr auf ein einzelnes Wort bezieht, sondern auf den ganzen Satz.

curieux, se (neugierig)	*curieusement (seltsam)*
c'est un enfant très curieux	*le malade s'avance **curieusement***
doux, douce (süss, mild, weich)	*doucement (sachte, behutsam)*
*un fromage **doux***	*attention, fais **doucement**!*
égal, e (gleich, gleichgültig)	*également (auch, gleichfalls)*
*ils ont des connaissances **égales***	*il fait de la voile et **également** de la planche à voile*
heureux, se (glücklich)	*heureusement (glücklicherweise, zum Glück)*
*il est **heureux** de cette voiture*	***heureusement**, ce n'est pas cher*
logique (logisch)	*logiquement (eigentlich)*

c'est une argumentation ***logique***	***logiquement,*** *il devrait être à l'heure*
profond, e (tief) *il s'agit d'une eau très* ***profonde***	*profondément (sehr, gründlich)* *les anciennes structures ont été* ***profondément*** *changées*
rude (grob, hart) *il a des manières un peu* ***rudes***	*rudement (schwer sehr)* *ce repas est* ***rudement*** *bon (umgangssprachlich)*

5.2. Die Stellung des Adverbs

Grundwissen: Für die Stellung des Adverbs gilt Ähnliches wie für die Stellung des Adjektivs. Sie ist von vielen verschiedenen Faktoren abhängig und kann daher stark variieren. Harmonie und Rhythmus des Satzes können ebenso bestimmend sein wie die natürliche Betonung am Satzanfang oder am Satzende. Außerdem hängt die Stellung von der Funkton des Adverbs ab, d.h. ob es den ganzen Satz, ein Adjektiv oder anderes Adverb oder aber das Verb näher bestimmt.
Bestimmt das Adverb den ganzen Satz, besonders bei Zeit- und Ortsadverbien, so steht es meistens am Anfang oder Ende des Satzes (1).

(1)	***En 1778,*** *Voltaire et Rousseau sont morts tous les deux.*	*Im Jahr 1778 sind sowohl Voltaire als auch Rousseau gestorben.*
	Nous avons eu de très belles journées d'automne, ***hier et avant-hier.***	*Gestern und vorgestern haben wir sehr schöne Herbsttage gehabt.*
	En Suisse, *on parle français et allemand avec le même accent.*	*In der Schweiz spricht man französisch und deutsch mit dem gleichen Akzent.*

Als Verbergänzung in einfachen Zeiten steht das Adverb nach dem Verb (2). (Freilich kennt die literarische Sprache auch hier wieder Ausnahmen.)

(2)	*je mange* ***lentement***	*il le verra* ***demain***
	il travaille ***vite***	*elle boit* ***trop***
	tu dors ***ici***	*je le vois* ***là-bas***
	ils lisent ***beaucoup***	*tu pars* ***tôt***

Beim reinen Infinitiv ist die Stellung des Adverbs relativ frei. Häufiger wird es vor dem Infinitiv stehen. Handelt es sich um Modalverben mit nachfolgendem Infinitiv, so hängt die Stellung des Adverbs vor allem davon ab, ob es sich auf den Infinitiv oder das Hilfsverb bezieht (3).

(3) ***Toujours*** *crier abîme la voix.*
Sans ***trop*** *parler ni crier il s'est fait respecter* ***pourtant****.*
Il doit ***absolument*** *faire ce travail.*
Il doit faire ce travail ***rapidement****.*
Nous sommes invités à ***bien*** *manger au restaurant.*

Hinweis: Längere Adverbien und besonders erweiterte adverbiale Ausdrücke werden aus Gründen des Wohlklangs nach dem Infinitiv stehen. Aus demselben Grund wird ein kurzes Adverb eher vor seinem Bezugswort stehen.

Sans parler ***beaucoup plus rapidement*** *qu'avant, il profitait pourtant d'une attention accrue de son public.*
Il sait faire attendre ***longuement*** *ses clients.*
Il fait ***peu*** *attendre ses clients.*

In den zusammengesetzten Zeiten stehen vor allem kurze und häufig benutzte Adverbien zwischen konjugierter Form und *participe passé* (4).

(4)	*j'ai* ***bien*** *dormi*	*il a* ***trop*** *bu*
	on les a ***toujours*** *préparés ici*	*je l'ai* ***vite*** *reconnu*
	ils ont ***mal*** *mangé hier*	*elle est* ***souvent*** *partie seule*
	il a été ***fort bien*** *reçu*	*je l'ai* ***peu*** *vu cet été*

Bei absoluten Partizipialkonstruktionen ist die Stellung des Adverbs frei wählbar und wird von den oben genannten Faktoren wie Harmonie und Stärke der Betonung abhängen (5).

(5) *Le travail étant* ***particulièrement bien*** *exécuté, l'ouvrier a pu partir plus tôt que d'habitude.*

Le temps ayant changé ***d'une façon absolument imprévue****, nous sommes partis à la mer en fin d'après-midi.*

Das Adverb als nähere Ergänzung zu einem anderen Adverb oder Adjektiv steht immer vor diesem. Es ist somit in der Stellung im Satzgefüge bzw. in der Stellung zum Substantiv abhängig von dem Wort, das ergänzt wird (6).

(6) *un **très** beau garçon*
*un livre **fort** rare*
*une **très** grande maison **bien** tranquille*
*il les **reçoit toujours** chaleureusement*
*je leur parle **de temps en temps***
*elle est **absolument** insupportable*

Manche Adverbien können je nach Stellung ihren Sinn ändern. Häufig handelt es sich um Adverbien, die von Adjektiven abgeleitet sind, die abhängig von der Stellung ebenfalls unterschiedliche Bedeutung haben können. (→ 4.4.3.1.)

(7)	*il a simplement demandé ...*	*er hat nur gefragt,*
	il a demandé simplement ...	*er hat **auf einfache Art** gefragt,*
	***Naturellement,** il s'est comporté une fois de plus comme une brute.*	***Selbstverständlich** hat er sich einmal mehr wie ein Rohling benommen.*
	*Il s'est comporté **naturellement**.*	*Er hat sich **natürlich** verhalten (nicht gekünstelt).*
	*Parmi les qualités **proprement** humaines, la raison est la première.*	*Unter den **eigentlich** menschlichen Eigenschaften ist der Verstand die erste.*
	*Elle est pauvre, mais toujours habillée **proprement.***	*Sie ist arm, aber immer **sauber** angezogen.*
	*Les prix ont **drôlement** augmenté (français fam.).*	*Die Preise sind **ganz schön** gestiegen (umgangsspr.).*
	Il s'est comporté drôlement.	*Er hat sich **seltsam** verhalten.*

Manchmal ist das Verständnis auch vom Kontext abhängig. Der Eindeutigkeit halber kann man in solchen Fällen natürlich statt des zweideutigen Adverbs eine adverbiale Umschreibung vorziehen. In dem Satz *il a demandé d'une façon très simple* ist keine Doppeldeutigkeit mehr möglich.

5.3. Die Steigerung des Adverbs

Grundwissen: Adverbien können wie Adjektive gesteigert werden. Der Komparativ wird mit *plus* gebildet, der Superlativ mit *le plus.*

5.3.1. Regelmäßig gesteigerte Adverbien

facilement	*leicht*
plus facilement	*leichter*
le plus facilement	*am leichtesten*
vite, rapidement	*schnell*
plus vite, plus rapidement	*schneller*
le plus vite, le plus rapidement	*am schnellsten*

Natürlich lassen sich nicht alle Adverbien steigern, der Sinn entscheidet über steigerbar oder nicht steigerbar. Die meisten abgeleiteten Modaladverbien auf *-ment* und Adverbien des Grades und der Menge sind steigerbar.

5.3.2. Unregelmäßig gesteigerte Adverbien

Unregelmäßig gesteigert werden einige unregelmäßige Adverbien, die sich aus dem Lateinischen erhalten haben: *bien* (gut), *peu* (wenig), *beaucoup* (viel) und *mal* (schlimm).

	bien	beaucoup	peu
Komparativ:	mieux	plus	moins
Superlativ:	le mieux	le plus	le moins

Bei *mal* muss - wie auch bei der Steigerung des Adjektivs *mauvais* - die Bedeutung unterschieden werden, ob es sich um *schlecht* oder *schlimm* handelt. *Mal* in der Bedeutung von schlecht wird regelmäßig gesteigert, für *mal* (schlimm) gibt es eine unregelmäßige Steigerungsform.

mal	*Pierre travaille mal*	*Pierre arbeitet schlecht*
plus mal	*Yves travaille plus mal*	*Yves arbeitet schlechter*
le plus mal	*Jean travaille le plus mal*	*Jean arbeitet am schlechtesten*
mal	*cela va mal*	*das sieht schlimm aus*
pire	*cela va pire qu'avant*	*das ist noch schlimmer als vorher*
le pire	*ce qui est le pire*	*am schlimmsten ist, dass ...*

Hinweis: Die Formen mit *pis* und *le pis* sind relativ selten und werden immer mehr Bestandteil von festen Wendungen wie:

aller de mal en pis	*immer schlimmer werden*
tant pis	*Pech gehabt, dann eben nicht*
au pis aller	*schlimmstenfalls*
faire pis	*noch schlimmer treiben*

5.4. Das Adverb im einfachen Vergleichssatz

Grundwissen: Werden Adverbien in Vergleichssätzen benutzt, so unterscheidet man – ganz wie beim Adjektiv (→ 4.5.) – drei Formen des Komparativs: (1) Den Komparativ der Gleichheit, (2) der Überlegenheit und der Unterlegenheit.

5.4. 1. Der Komparativ der Gleichheit

Der Komparativ der Gleichheit wird mit *aussi ... que* (so ... wie) gebildet

(1) *Pierre mange aussi vite que Paul.*

(2) *Mes parents chantent aussi gaîment que nous.*

(3) *Je dois supporter ces enfants bruyants aussi souvent que vous.*

5.4.2. Der Komparativ der Überlegenheit

Der Komparativ der Überlegenheit wird mit *plus ... que* (mehr als) gebildet

(1) *Elle conduit plus lentement que son frère.*

(2) *Les enfants nous répondent plus honnêtement que leurs parents.*

(3) *Elle nous traite plus gentiment que son mari.*

5.4.3. Der Komparativ der Unterlegenheit

Der Komparativ der Unterlegenheit wird mit *moins ... que* (weniger als) gebildet.

(1) *Il s'est blessé moins grièvement que son ami.*

(2) *Ils s'avancent moins prudemment que nous dans cette zone dangereuse.*

(3) *Elle supporte son échec électoral moins bien que ses amis.*

5.4.4. Der relative Superlativ

Regel: Der relative Superlativ wird ebenfalls wie beim Adjektiv (→ 4.6.4.) mit bestimmtem Artikel + Komparativ gebildet. Genauso gilt die Unterscheidung zwischen Superlativ der Über- und der Unterlegenheit.

(1)	*Cet élève travaille* ***le mieux*** *de tous.*	*Dieser Schüler arbeitet am besten von allen.*
(2)	*Ce cheval pur sang arabe court* ***le plus vite*** *de toute l'écurie.*	*Dieses Pferd mit seinem arabischen Blut läuft von allen Rennpferden am schnellsten.*
(3)	*Mon frère cadet souffre* ***le moins*** *de cette grippe qu'a attrapée toute la famille.*	*Mein jüngster Bruder leidet am wenigsten unter der Grippe, die die ganze Familie angesteckt hat.*
(4)	*C'est lui qui s'en occupe* ***le plus souvent*** *parce qu'il a plus de temps que nous.*	*Er ist es, der sich am häufigsten damit beschäftigt, weil er mehr Zeit hat als wir.*
(5)	*Il court* ***le moins vite*** *de toute la famille, mais il est rapide quand même.*	*Er läuft von der ganzen Familie am langsamsten, aber er ist trotzdem schnell.*

5.4.5. Der absolute Superlativ

Auch von Adverbien kann ein absoluter Superlativ gebildet werden. Er wird entweder mit Hilfe von Adverbien (1) gebildet oder aber mit Umschreibungen wie *le plus/le moins possible* oder der zum Subjekt passenden Form von *pouvoir* (2).
Zur Bildung des absoluten Superlativs können dieselben Adverbien wie beim Adjektiv (→ 4.6.5.) benutzt werden, soweit der Sinn es zulässt.

5.5. Die allmähliche Steigerung des Adverbs

Grundwissen: Die allmähliche Steigerung (immer mehr/immer weniger) der regelmäßigen Adverbien ist mit der allmählichen Steigerung des Adjektivs identisch (→ 4.7.).

Depuis qu'il s'entraîne, il court ***de plus en plus*** *vite.*

(2) *Grâce* au *cours de conversation, elle prononce* ***de plus en plus*** *distinctement.*

(3) *Il regarde* ***de moins en moins*** *la télévision, depuis qu'il n'est plus seul.*

(4) *Elle écrit* ***de moins en moins*** *lisiblement.*

Die unregelmäßig gesteigerten Adverbien (→ 5.3.2.) ***bien, beaucoup, peu*** und ***mal*** bilden die allmähliche Steigerung wie folgt:

(5)	*de mieux en mieux*	*il s'exprime de mieux en mieux en français, surtout à l'oral* (immer besser)
(6)	*de plus en plus*	*je travaille de plus en plus jusque tard dans la nuit* (immer mehr)
(7)	*de moins en moins*	*elle fume de moins en moins de cigarettes* (immer weniger)

Bei *mal*/schlimm gibt es die bereits erwähnte feste Wendung aller *de mal en pis* (→ 5.3.2. Hinweis).

5.6. Die Verstärkung des Adverbs

Adverbien können durch andere Adverbien oder adverbiale Ausdrücke positiv und negativ verstärkt werden. Die Ausdrücke sind dieselben, die auch zur Verstärkung des Adjektivs benutzt werden (→ 4.8.).

(1) *Cet auteur écrit* ***particulièrement bien.***

(2) *Ce professeur parle* ***beaucoup trop*** *vite et* ***pas assez*** *fort.*

(3) *Tu chantes encore **bien plus** mal que mon frère.*

(4) *Ils sont **extrêmement** mal élevés, ces enfants.*

5.7. Verknüpfende Adverbien im komplexen Satzgefüge

In diesem Abschnitt werden einige Adverbien behandelt, die nicht immer eindeutig klassifizierbar sind, da man sie sowohl unter Adverbien als auch unter Konjunktionen finden kann. Folglich werden die mit ihrer Hilfe verknüpften Sätze oder Satzteile manchmal unter den Nebensätzen, manchmal aber auch unter adverbialen Bestimmungen zu finden sein.

5.7.1. Vom Gebrauch bestimmter Adverbien der Menge und des Grades

Die Adverbien *beaucoup, très, bien* und *fort* führen immer wieder zu Verwechslungen, da sie im Deutschen oft alle mit *sehr* übersetzt werden.

Hinweis: Der Unterschied liegt in dem zu ergänzenden Wort, ob es sich um ein **Verb, Adjektiv** oder **Adverb** handelt.

Beaucoup steht nur bei Verben und bei Komparativen in den Kombinationen *beaucoup plus, beaucoup moins, beaucoup mieux, beaucoup trop.*

(1)	*beaucoup*	*viel*
	beaucoup moins que	*viel weniger als*
	il travaille beaucoup plus que	*viel mehr als*
	beaucoup mieux que	*viel besser als*
	beaucoup trop vite	*viel zu schnell*

Beim Komparativ kann auch ein Adjektiv stehen (*il est beaucoup trop poli*), und im Deutschen hängt die Übersetzung viel/sehr vom Verb ab (*cela m'intéresse beaucoup/interessiert mich sehr).*

Très, fort, bien stehen bei Adjektiven und Adverbien zur Verstärkung.

(2) *Il est très/fort/bien intelligent.*

Il court très/fort/bien vite.

Fort gehört der gepflegten und gehobenen Sprache an und kann in dieser *beaucoup* beim Verb ersetzen. (*Il a fort progressé, cela ma fort intéressé.)*

Bien kann auch beim Verb stehen in der Bedeutung sehr (*on a bien rigolé hier soir*) und bei Komparativen und Superlativen zur Verstärkung (→ 4.8 + 5.6.).

Tout (→ 3.6.2.) als Adverb (ganz) steht vor prädikativen Adjektiven zur Verstärkung. Als Adverb ist es unveränderlich, wird aber aus Gründen des Wohlklangs vor femininen Adjektiven, die mit Konsonant oder *h aspiré* beginnen, angepasst (4).

elle est tout étonnée	*il est tout étonné*
elle est tout heureuse	*il est tout content*
elle est ***toute*** *honteuse*	*ils sont tout étonnés*
elle est ***toute*** *contente*	*ils sont tout contents*

Die Vergleichsadverbien *si, aussi, tant, autant*

Si und *aussi* stehen bei Adjektiven und Adverbien zum Ausdruck eines hohen Grades. *Aussi* hat immer ein den zweiten Satzteil einleitendes *que* bei sich, während *si* allein benutzt werden kann.

(5) *Il parle aussi bien que son frère.* (genauso ... wie)

(6) *Une maison aussi belle que celle de mes parents.* (genauso ... wie)

(7) *Une tour si haute, qu'on la croyait impossible à réaliser.* (so sehr ... dass)

(8) *Une fille si belle!* (so, Ausruf)

In Beispiel 7 + 8 könnte *si* auch durch *tellement* ersetzt werden.

Tant und *autant* werden beim Verb und beim Substantiv benutzt. Das die zweite Hälfte des Vergleichs einleitende *que* kann folgen.

(9) *Il voudrait tant partir en montagne que cela devient une obsession.* (so sehr ... dass)

(10) *Il n'a jamais tant (autant) ri.* (so sehr, so viel)

(11) *Il gagne autant que l'an dernier.* (genauso viel wie ...)

(12) *Il a autant de disques que moi.* (genauso viel ... wie)

(13) *J'ai tant de livres que je n'ai pas de place.* (so viele ... dass)

plus de - moins de ***plus que - moins que*** ***davantage***

Regel: Der Unterschied zwischen dem Anschluß mit *que* und *de* ist äußerst einfach: Mit *de* werden nur Mengenangaben angschlossen. Jeder andere Vergleich wird mit *que* angeschlossen.

(14) *Paul travaille plus que Jean.*

(15) *Il travaille plus de douze heures par jour.*

(16) *Paul pèse moins que Jean.*

(17) *Il pèse moins de soixante kilos.*

(18) *J'ai moins de disques que toi.*

(19) *J'ai moins de cinquante disques.*

Davantage ist gleichbedeutend mit *plus*. In korrekter Sprache bezieht sich *davantage* allerdings nur auf Verben.

(20) *Ce mois-ci, il travaille davantage.*

(21) *J'ai beaucoup de disques mais j'en voudrais davantage.*

5.8. Adjektiv und Adverb

Grundwissen: Zwischen Adjektiv und Adverb gibt es einige Interferenzen, d.h. es gibt Adjektive, die adverbial benutzt werden und dann unveränderlich sind und Adverbien, die anstelle von Adjektiven treten können.

5.8.1. Adjektive mit adverbialer Bedeutung

Es handelt sich in erster Linie um feste Wendungen, in denen das Adjektiv insofern den Platz des Adverbs einnimmt, als es das Verb näher bestimmt. Es ist dann also logisch, wenn es in solchen Fällen **unverändert** bleibt.

(1) *parler haut/bas* *laut/leise sprechen*

(2)	*chanter faux/juste*	*falsch/richtig singen*
(3)	*sentir bon/mauvais*	*gut/schlecht riechen*
(4)	*tenir bon*	*aushalten, durchhalten*
(5)	*crier fort*	*laut schreien*
(6)	*acheter/vendre/payer/ coûter cher*	*teuer kaufen/verkaufen/bezahlen viel kosten*
(7)	*s'arrêter net*	*plötzlich stehen bleiben*
(8)	*couper court*	*einer Sache ein Ende setzen*
(9)	*peser lourd*	*schwer wiegen*
(10)	*refuser net*	*klar ablehnen*
(11)	*marcher droit*	*gerade gehen*
(12)	*gagner/risquer/parier gros*	*viel gewinnen, riskieren, wetten*
(13)	*travailler dur*	*hart arbeiten*
(14)	*deviner/penser juste*	*richtig raten/denken*
(15)	*parler allemand/anglais*	*deutsch/englisch sprechen*

Wie man sieht, handelt es sich meistens um kurze oder einsilbige Adjektive, die auch noch in anderen Kombinationen auftreten können. In Analogie hierzu hat die Werbesprache ähnliche Wendungen ins Leben gerufen: *acheter français, voter socialiste, laver Omo, etc.*

5.8.2. Adjektivisch gebrauchte Adverbien

Einige wenige Adverbien werden in prädikativer und attributiver Form als Adjektiv benutzt, bleiben allerdings unveränderlich: *bien, mieux, pas mal*. In Verbindung mit *quelque chose de, rien de* und *pas grand chose de* werden sie als Adjektiv behandelt.

(1) *Ce disque est bien, mais l'autre est encore mieux.*

(2) *Le film n'était pas mal, mieux que le dernier.*

(3) *Ton copain, c'est un type bien. (umgangssprachlich)*

(4) *J'ai vu quelque chose de bien.*

(5) *Il a rien fait de mal.*

5.9. Umschreibungsmöglichkeiten für Adverbien

Wie bereits erwähnt (→ 5.1.3.), können nicht zu jedem Adjektiv Adverbien gebildet werden. Außer den oben erwähnten Möglichkeiten der Umschreibung kann man auch die Konstruktion **Präposition + Substantiv** benutzen, die selbst dann benutzbar ist, wenn das entsprechende Adverb existiert. Manchmal werden die Umschreibungen bevorzugt, weil sie besser klingen und weniger schwerfällig als ein langes Adverb auf *-ment* sind.

(1)	*à*	*à toute vitesse, à fond, à la hâte*
	avec	*avec prudence, avec soin, avec curiosité*
	de	*de force, de toute évidence, d'habitude*
	en	*en vain, en vérité, en vitesse*
	par	*par inattention, par mégarde, par omission*
	sans	*sans mal, sans peine, sans fortune*

Eine weitere Umschreibungsmöglichkeit ist möglich, wenn das Adverb ein Verb ergänzt und das Verb durch ein Substantiv ersetzbar ist. Das Substantiv wird dann durch ein Adjektiv näher bestimmt, und aus der Verbalkonstruktion wird dann eine Nominalkonstruktion.

Verb + Adverb werden zu Substantiv + Adjektiv.

(2)	*sourire timidement*	*un sourire timide*
	regarder courageusement	*un regard courageux*
	obéir aveuglément	*une obéissance aveugle*
	conduire prudemment	*une conduite prudente*

Außerdem gibt es im Deutschen zahlreiche Konstruktionen mit Verb und Adverb, denen im Französischen ein verbaler Ausdruck entspricht.

Übungen

1 . Bilden Sie die Adverbien:

a. joyeux
b. long
c. complet
d. bon
e. gentil
f. lent
g. rapide
h. faux
i. mauvais
j. gai
k. violent
l. profond
m. vrai
n. bref
o. cru
p. meilleur

2. Setzen Sie die folgenden Sätze ins *passé composé*:

a. Il pleut déjà.
b. Il neige beaucoup.
c. Cet ouvrier travaille vraiment bien.
d. Il avoue enfin ces crimes.
e. Mon vieux voisin parle peu.
f. Elles portent toujours des vêtements à la mode.
g. Tu ne manges jamais assez.
h. Cet étudiant progresse vite.
i. Ce journaliste se trompe rarement dans ses analyses.
j. J'entends mal ce que vous dites.

3. Übersetzen Sie:

a. Er schwimmt viel schneller als sein Vater.
b. Sei bitte so vorsichtig wie möglich.
c. Dieser junge Autor schreibt immer besser.
d. Dieser Goldschmied arbeitet am sorgfältigsten von allen in der Stadt.
e. Dieser Film interessiert mich außerordentlich.
f. Mein neuer Professor verhält sich genauso arrogant wie der alte.
g. Paul lernt so schlecht, dass er die Prüfung nicht schaffen wird.
h. Der letzte Test hatte weniger Fragen als der vorletzte.
i. Dieses Kind hat so viel Spielzeug, dass es nicht mehr weiß, womit es spielen soll.
j. Jean hat immer noch nicht genug Pullover. Er will noch mehr.
k. Lieber zahle ich ein Strafmandat, als dass ich zu spät komme.
l. Je weniger du mich störst, um so schneller bin ich fertig.
m. Je schlechter die Qualität der Arbeit, um so billiger ist sie.

n. Diese Arbeit ist die schlechteste, die ich jemals gelesen habe.
o. Die Landbevölkerung guckt genauso viel Fernsehen wie die Stadtbewohner.

4. Adjektiv oder Adverb?

a. Les roses de ton jardin sentent très (bon).
b. Il m'a répondu d'un ton (sec).
c. Les fraises sont (cher) en hiver.
d. Parlez plus (bas), le bébé dort à côté.
e. Elle a eu peur et s'est arrêtée (net).
f. Elle chante (faux) comme une casserole.
g. Il travaille (dur) pour entrer en classe préparatoire.
h. Cette montagne est très (haut).
i. Les voitures japonaises coûtent moins (cher) que les allemandes.
j. Il a risqué (gros), mais il a gagné.
k. La route était (droit), bordée de platanes.
l. Les aigles volent fort (haut).

Lösungen

1. a. joyeusement b. longuement c. complètement
d. bien e. gentiment f. lentement
g. rapidement/vite h. faussement i. mal
j. gaîment/gaiement k. violemment l. profondément
m. vraiment n. brièvement o. crûment
p. Mieux

2. a. a déjà plu b. a beaucoup neigé
c. a vraiment bien travaillé d. a enfin avoué (avoué enfin)
e. a peu parlé f. ont toujours porté
g. n'as jamais assez mangé h. a vite progressé
i. s'est rarement trompé j. j'ai mal entendu

3. a. Il nage beaucoup plus vite que son père.
b. Sois le plus prudent possible, s'il te plaît.
c. Ce jeune auteur écrit de mieux en mieux.
d. Cet orfèvre travaille le plus soigneusement de tous dans la ville.
e. Ce film m'intéresse extraordinairement.
f. Mon nouveau professeur se comporte d'une façon/manière aussi arrogante que l'ancien.

g. Paul travaille tellement mal qu'il ne réussira pas l'examen.
h. Le dernier test avait moins de questions que l'avant-dernier.
i. Cet enfant a tant de jouets qu'il ne sait plus avec quoi jouer.
j. Jean n'a toujours pas assez de pull-overs, il en veut encore plus/davantage.
k. Plutôt je payerai un p.-v. que d'arriver en retard.
l. Moins tu me déranges, plus vite j'aurai fini.
m. Plus la qualité du travail baisse, moins il est cher.
n. Ce devoir est le plus mauvais que j'aie jamais lu.
o. Les campagnards regardent autant la télé que les citadins.

4. a. bon/Adv b. sec/Adj c. chères/Adj
d. bas/Adv e. net/Adv f. faux/Adv
g. dur/Adv h. haute/Adj i. cher/Adv
j. gros/Adv k. droite/Adj l. haut/Adv

6. Verben

6.1. Einführung (Zeitformen)

Grundwissen: Das Verb ist das wichtigste Wort im Satz, denn es ermöglicht erst eine wirkliche Aussage in Satzform. Es bestimmt ein Geschehen in seiner Zeit (daher die deutsche Bezeichnung „Zeitwort"). Es kann aber nicht nur die Tätigkeit (1), sondern auch die Existenz (2) und den Zustand (3) des Subjekts ausdrücken.

(1)	*Je vois l'élève qui fait ses devoirs.*	*Ich sehe den Schüler, der seine Aufgaben macht.*
(2)	*Dans le jardin se trouve un arbre.*	*Im Garten steht ein Baum.*
(3)	*Il est trop fatigué, il ne peut plus travailler*	*Er ist zu müde, er kann nicht mehr arbeiten.*

Im Französischen unterscheidet man zwischen Vollverben in verschiedenen Arten (→ 6.2.) und verschiedenen Hilfsverben (→ 6.3.; 6.4.)

Bei den einzelnen Verbformen ist jeweils der Wortstamm der Bedeutungsträger und die Endung das Beziehungselement, welches das Verb in den Sinn- und Satzzusammenhang einordnet:

Wortstamm		Endung
chanter	*chant-*	*er/e/es/... etc.*

Hinweis: Die Endungen sind zum Teil in den Tabellen zur Veranschaulichung durch einen Bindestrich markiert.

Da sich im Französischen viele Verbformen nur noch in der Schrift unterscheiden, gesprochen aber gleich klingen (4–7) sind die Personalpronomina (→ 3.1.) als weiteres Beziehungselement zur Unterscheidung unentbehrlich geworden:

(4) *je chante*
(5) *tu chantes*
(6) *il chante*
(7) *ils chantent*

Damit ergibt sich folgendes Grundschema für die Konjugation der Verben, hier dargestellt am Verb *chanter* (singen) im Präsens Indikativ:

je chant-e	*ich singe*	*nous chant-ons*	*wir singen*
tu chant-es	*du singst*	*vous chant-ez*	*ihr singt*
il, elle chant-e	*er/sie singt*	*ils/elles chant-ent*	*sie singen*

Hinweis: Das Französische unterscheidet in der 3. Person zwischen *il/ils* = Maskulinum und *elle/elles* = Femininum, kennt aber kein Neutrum, das dem deutschen „es" entspräche.

Das Französische hat zum Teil andere Zeitformen als das Deutsche, um Geschehnisse oder Zustände in Gegenwart, Vergangenheit und Zukunft darzustellen. Dadurch können die Zeitverhältnisse wesentlich genauer als im Deutschen ausgedrückt werden. Außerdem wird durch bestimmte Zeiten die Handlung in ihrer Aktionsart charakterisiert bzw. die Haltung des Sprechers gegenüber der Handlung ausgedrückt.

Es gibt folgende Zeitformen:

Infinitiv	*chanter*	*singen*
Präsens le présent	*je chante*	*ich singe*
Imperfekt l'imparfait	*je chantais*	*ich sang*
Historisches Perfekt le passé simple	*je chantai*	*ich sang*
Perfekt le passé composé	*j'ai chanté*	*ich habe gesungen*
Plusquamperfekt le plus-que-parfait	*j'avais chanté*	*ich hatte gesungen*
le passé antérieur	*j'eus chanté*	*ich hatte gesungen gehabt*
Futur I le futur proche	*je vais chanter*	*ich werde (gleich) singen*
le futur simple	*je chanterai*	*ich werde singen*

Futur II le futur antérieur	*j'aurai chanté*	*ich werde gesungen haben*
Konditional I le conditionnel	*je chanterais*	*ich würde singen*
Konditional II le conditionnel passé	*j'aurais chanté*	*ich hätte gesungen*

6.2. Das Vollverb

Grundwissen: Als Vollverb wird jedes Verb bezeichnet, das zusammen mit einem Subjekt und (gegebenenfalls) einem Objekt einen vollständigen und sinnvollen Satz bildet (1):

(1)	*Je mange.*	*Ich esse.*
	Je vois l'arbre.	*Ich sehe den Baum.*
	J'ai faim.	*Ich habe Hunger.*

Bei den Verbformen differenziert man zwischen infiniten und finiten Formen. Die infiniten Formen sind die Formen, die weder Zeitangaben noch Angaben zu Person und Numerus enthalten (2):

(2)	*Infinitiv*	*porter*	*tragen*
	Partizip Präsens	*portant*	*tragend*
	Partizip Perfekt	*porté*	*getragen*

Die finiten Formen (3) sind die Formen, die durch ihre Endungen in Bezug auf Person und Numerus einerseits sowie Tempus und Modus andererseits gekennzeichnet sind:

(3)	*il portait*	3. Person Singular + Imperfekt, Indikativ
	que nous portions	1. Person Plural + Präsens, Subjonctif

Darüber hinaus werden im Französischen, ausgehend von der Endung des Infinitivs, vier Konjugationen (4) unterschieden:

(4)	*Verben auf -er*	*porter*	*tragen*
	Verben auf -ir	*finir*	*enden, beenden*
	Verben auf -re	*rompre*	*brechen, zerbrechen*
	Verben auf -oir	*recevoir*	*erhalten, empfangen*

Regel: Die einfachen Zeiten werden gebildet, indem man an den Wortstamm bzw. bei Futur und Konditional an den Infinitiv die jeweils erforderliche Endung entsprechend Person, Numerus, Tempus und Modus anhängt.

Die zusammengesetzten Zeiten werden gebildet, indem man die jeweils erforderliche Form von *avoir/être* (→6.3.1.; → 6.3.2.) mit dem Partizip Perfekt des betreffenden Verbs koppelt, wobei die Veränderlichkeit des Partizips (→ 6.3.3.) zu beachten ist.

6.2. 1. Verben auf -er

Grundwissen: Die Mehrzahl der Verben im Französischen endet auf *-er*. Die meisten dieser Verben sind regelmäßig.

6.2.1.1. Konjugation der Verben auf *-er*

porter (tragen)

1. Einfache Zeiten			**2. Zusammengesetzte Zeiten**		
Präsens Indikativ	je port-e tu port-es il port-e	nous port-ons vous port-ez ils port-ent	**Passé composé Indikativ**	j'ai porté tu as porté il a porté	nous avons porté vous avez porté ils ont porté
Präsens Subjonctif	que je port-e que tu port-es qu'il port-e	que nous port-ions que vous port-iez qu'ils port-ent	**Passé composé Subjonctif**	(que j'aie porté)	
Partizip Präsens	port-ant		**Partizip Perfekt**	porté,e	

Imperativ	port-e	port-ons port-ez			
Imperfekt Indikativ	je port-ais tu port-ais il port-ait	nous port-ions vous port-iez ils port-aient	**Plus-que-parfait Indikativ**	j'avais porte tu avais porté il avait porté	nous avions porté vous aviez porté ils avaient porté
Imperfekt Subjonctif	que je port-asse que tu port-asses qu'il port-ât	que nous port-assions que vous port-assiez qu'ils port-assent	**Plus-que-parfait Subjonctif**	(que j'eusse porté)	
Passé simple	je port-ai tu port-as il port-a	nous port-âmes vous port-âtes lis port-èrent	**Passé antérieur**	j'eus porté tu eus porté il eut porté	nous eûmes porté vous eûtes porté ils eurent porté
Futur I	je porter-ai tu porter-as il porter-a	nous porter-ons vous porter-ez ils porter-ont	**Futur II**	j'aurai porté tu auras porté il aura porté	nous aurons porte vous aurez porté ils auront porté
Konditional I	je porter-ais tu porter-ais il porter-ait	nous porter-ions vous porter-iez ils porter-aient	**Konditional II**	j'aurais porté tu aurais porté il aurait porté	nous aurions porté vous auriez porté ils auraient porté

6.2.1.2. Verben auf *-cer* und *-ger*

Verben der Konjugation auf *-er,* deren Stamm auf *-c* bzw. *-g* endet, behalten die im Infinitiv gegebene Aussprache von *c* und *g* bei. Daher verändern sie ihre Schreibweise vor Endungen, die mit *a* oder *o* beginnen. Anstelle des *c* tritt dann *ç* (5), anstelle des *g* tritt *ge* (6).

(5)	*c vor e,i*	*c vor a,o*
forcer (zwingen)	*je force* *nous forcions* *ils forcèrent* *forcé*	*nous forçons* *je forçais* *je forçai* *forçant*

ebenso:	*annoncer*	*ankündigen*
	avancer	*vorwärts kommen*
	commencer	*anfangen*
	menacer	*(be-)drohen*
	placer	*setzen, stellen, legen*

(6)	g vor *e,i*	g vor *o,a*
manger (essen)	*je mange*	*nous mangeons*
	nous mangions	*je mangeais*
	ils mangèrent	*je mangeai*
	mangé	*mangeant*

ebenso:	*diriger*	*richten, lenken, leiten*
	s'engager	*sich verpflichten, binden*
	nager	*schwimmen*
	partager	*teilen*
	plonger	*tauchen*
	songer	*träumen*

6.2.1.3. Verben mit stummem *-e* in der letzten Stammsilbe

Verben mit stummem *-e* (→ 19.1.1.) in der letzten Stammsilbe wandeln das stumme *e* [ə] in stammbetonten Formen, d.h. Formen mit stummer Endung, in offenes e [ɛ] um. Das offene e [ɛ] bewirkt entweder die Schreibweise *-è* (7) oder die Verdoppelung des letzten Stammkonsonanten (8).

(7) *lever* (erheben)

endungsbetont	stammbetont	davon abgeleitet	Schreibung
nous levons	*je lève*	*je lèverai*	*-e - è*
vous levez	*tu lèves*	*nous lèverons*	
je levais	*il lève*	*je lèverais*	
levant	*ils lèvent*	*nous lèverions*	

ebenso:	*acheter*	*kaufen*	*enlever*	*wegnehmen*
	achever	*vollenden*	*geler*	*gefrieren*
	amener	*herbeiführen*	*modeler*	*modellieren*
	celer	*verheimlichen*	*peler*	*schälen*
	dégeler	*tauen*	*peser*	*wiegen*
	emmener	*wegführen*	*semer*	*säen*

(8) jeter (werfen)

endungsbetont	*stammbetont*	*davon abgeleitet*	*Schreibung*
nous jetons	*je jette*	*je jetterai*	*et - ett*
vous jetez	*tu jettes*	*nous jetterons*	

je jetais	*il jette*	*je jetterais*	
jetant	*ils jettent*	*nous jetterions*	

appeler (nennen)

endungsbetont	stammbetont	davon abgeleitet	Schreibung
nous appelons	*j'appelle*	*j'appellerai*	*el - ell*
vous appelez	*tu appelles*	*nous appellerons*	
j'appelais	*il appelle*	*j'appellerais*	
appelant	*ils appellent*	*nous appellerions*	

ebenso:	*atteler*	*anspannen*	*feuilleter*	*durchblättern*
	dételer	*ausspannen*	*projeter*	*schleudern*
	épeler	*buchstabieren*	*rejeter*	*zurückwerfen*
	épousseter	*abstauben*	*se rappeler*	*sich erinnern*

6.2.1.4. Verben mit geschlossenem é + Konsonant in der letzten Stammsilbe

Verben mit geschlossenem *é* + Konsonant in der letzten Stammsilbe verwandeln das geschlossene *é* [ə] in stammbetonten Formen in offenes *é* [ɛ] (9). Im Futur und Konditional behalten sie die Schreibung *é* bei, aber dieses *é* wird [ɛ] gesprochen.

Die Verben auf *é* ohne folgenden Konsonant behalten den Laut und die Schreibung *é* in allen Formen bei (10).

(9) espérer (hoffen)

endungsbetont	stammbetont	davon abgeleitet	Schreibung
nous espérons	*j'espère*	*j'espérerai*	*é - è*
vous espérez	*tu espères*	*nous espérerons*	
j'espérais	*il espère*	*j'espérerais*	
espérant	*ils espèrent*	*nous espérerions*	

ebenso:	*céder*	*nachgeben*	*régner*	*herrschen*
	posséder	*besitzen*	*répéter*	*wiederholen*
	procéder	*zu Werke gehen*	*révéler*	*enthüllen*

(10) créer (schaffen, herstellen) *je crée, je créerai, je créerais*

6.2.1.5. Verben auf *-yer*

Verben auf *-yer* verwandeln das *y* vor stummem *-e* [ə] in *i* (11). Die Verben auf *-ayer* können *y* behalten (12).

(11) ennuyer (langweilen)

vor gesprochenem Vokal	*vor stummem -e*
nous ennuyons	*j'ennuie*
vous ennuyez	*tu ennuies*
ennuyant	*j'ennuierai*
ennuyé	*j'ennuierais*

(12) payer (zahlen)

nous payons	*je paie oder je paye*
vous payez	*tu paies oder tu payes*
payant	*je paierai oder je payerai*
paye	*je paierais oder je payerais*

Bei Verben auf *-yer* und *-ier* tritt in der 1. und 2. Person Plural Imperfekt und Subjonctif Präsens ein *-yi* (13) bzw. ein *-ii* (14) auf (13):

(13) crier (schreien)	*crier nous criions - que nous criions* *vous criiez - que vous criiez*
(14) employer (anwenden)	*nous employions - que nous employions* *vous employiez - que vous employiez*

Übungen

Ersetzen Sie die kursiv gedruckten Infinitive durch die entsprechenden Verbformen.

a. Ce colis *peser* (Präsens Indikativ) trop lourd.
b. Il *employer* (Präsens Indikativ) 75 ouvriers.
c. Comment *s'appeler* (Präsens Indikativ) tu?
d. Qui *semer* (Passé composé Indikativ) le vent *récolter* (Futur I) la tempête.
e. Pourquoi elle *s'ennuyer* (Imperfekt Indikativ) chez vous?
f. Nous ne vous *déranger* (Präsens Indikativ) pas, j'*espérer* (Präsens Indikativ)?
g. Nous vous *céder* (Futur I) nos places.
h. Quand mon verre sera plein je le *vider* (Futur I).
i. *Fermer* (Imperativ, 2. Person Plural) la porte, s'il vous plaît.
j. *Amener* (Imperativ, 2. Person Singular) tes amis!
k. Nous *procéder* (Futur I) autrement, nous *employer* (Futur I) d'autres méthodes.
l. Je vous *céder* (Futur I) mon billet.

Lösungen

a. pèse
b. emploie
c. t'appelles
d. a semé ... récoltera
e. s'ennuyait
f. dérangeons ... j'espère
g. céderons
h. viderai
i. Fermez
j. Amène
k. procéderons ... emploierons
l. céderai

6.2.2. Verben auf -ir

Grundwissen: Der Großteil der Verben auf *-ir* erweitert in allen Formen, mit Ausnahme von Futur und Konditional, den Stamm durch Anfügen von *-i* (Singularstamm) bzw. *-iss* (Pluralstamm). Nur wenige Verben bilden hierzu eine Ausnahme (→ 6.2.2.2.; → 6.2.2.3.; → 6.2.6. 1.)

6.2.2.1. Konjugation der Verben auf *-ir*

finir (enden, beenden)

1. Einfache Zeiten			**2. Zusammengesetzte Zeiten**		
Präsens	je fin-i-s	nous fin-iss-ons	**Passé**	j'ai fini	nous avons fini
Indikativ	tu fin-i-s	vous fin-iss-ez	**composé**	tu as fini	vous avez fini
	il fin-i-t	ils fin-iss-ent	**Indikativ**	il a fini	ils ont fini
Präsens	que je fini-iss-e	que nous fin-iss-ions	**Passé**	(que j'aie fini)	
Subjonctif	que tu fin-iss-es	que vous fin-iss-iez	**composé**		
	qu'il fin-iss-e	qu'ils fin-iss-ent	**Subjonctif**		
Partizip	fin-iss-ant		**Partizip**	fini,e	
Präsens			**Perfekt**		
Imperativ	fin-i-s	fin-iss-ons			
		fin-iss-ez			
Imperfekt	je fin-iss-ais	nous fin-iss-ions	**Plus-que-**	j'avais fini	nous avions fini
Indikativ	tu fin-iss-ais	vous fin-iss-iez	**parfait**	tu avais fini	vous aviez fini
	il fin-iss-ait	ils fin-iss-aient	**Indikatif**	il avait fini	ils avalent fini
Imperfekt	que je fin-isse	que nous fin-issions	**Plus-que-**	(que j'eusse fini)	
Subjonctif	que tu fin-isses	que vous fin-issiez	**parfait**		
	qu'il fin-it	qu'ils fin-issent	**Subjonctif**		
Passé simple	je fin-is	nous fin-îmes	**Passé**	j'eus fini	nous eûmes fini
	tu fin-is	vous fin-îtes	**antérieur**	tu aus fini	vous eûtes fini
	il fin-it	ils fin-irent		il eut fini	ils eurent fini
Futur I	je finir-ai	nous finir-ons	**Futur II**	i' aurai fini	nous aurons fini
	tu finir-as	vous finir-ez		tu auras fini	vous aurez fini
	il finir-a	ils finir-ont		il aura fini	ils auront fini
Konditional I	je finir-ais	nous finir-ions	**Kondi-**	j'aurais fini	nous aurions fini
	tu finir-ais	vous finir-iez	**tional II**	tu aurais fini	vous auriez fini
	il finir-ait	ils finir-aient		il aurait fini	ils auraient fini

6.2.2.2. Die Verben *dormir, sentir, partir*

Einige Verben, darunter als typische Vertreter dormir, sentir und partir, haben diese Stammerweiterung nicht, sondern hängen die Personalendung unmittelbar an den Stamm an. Sie verlieren den letzten Stammkonsonanten, wenn die Endung selbst mit Konsonant beginnt:

	dormir schlafen		**sentir** fühlen		**partir** abreisen	
Präsens Indikativ	je dor-s tu dor-s il dor-t	nous dorm-ons vous dorm-ez ils dorm-ent	je sen-s tu sen-s il sen-t	nous sent-ons vous sent-ez ils sent-ent	je par-s tu par-s il par-t	nous part-ons vous part-ez ils part-ent
Präsens Subjonctif	que je dorm-e	que nous dorm-ions	que je sent-e	que nous sent-ions	que je part-e	que nous part-ions
Partizip Präsens	dorm-ant		sent-ant		part-ant	
Imperativ	dor-s dorm-ez	dorm-ons	sen-s sent-ez	sent-ons	par-s part-ez	part-ons
Imperfekt Indikativ	je dorm-ais tu dorm-ais il dorm-ait	nous dorm-ions vous dorm-iez ils dorm-aient	je sent ais tu sent ais il sent ait	nous sent-ions vous sent-iez ils sent-aient	je part-ais tu part-ais il part-ait	nous part-ions vous part-iez ils part-aient
Imperfekt Subjonctif	que je dorm-isse		que je sent-isse		que je part-isse	
Passé simple	je dorm-is		je sent-is		je part-is	
Passé composé	j'ai dorm-is		j'ai sent-i		je suis part-i(e)	

ebenso:	*consentir*	*einwilligen*	*repartir*	*wieder abreisen*
	démentir	*Lügen strafen, dementieren*	*se repentir de*	*bereuen*
	desservir	*(Tisch) abdecken; eine Strecke befahren*	*ressentir*	*lebhaft empfinden*
	endormir	*einschläfern*	*ressortir*	*wieder ausgehen*
	s'endormir	*einschlafen*	*servir*	*dienen*

mentir	*lügen*	*sortir*	*ausgehen*
pressentir	*ahnen*		

Sonderfälle:

répartir	*verteilen*
asservir	*unterjochen*
assortir	*zusammenstellen, ordnen*
ressortir à	*gehören zu (einem Ressort)*

werden konjugiert wie *finir*.

6.2.2.3. Das Verb *ouvrir*

Verben, die auf *-rir* enden, bilden die verschiedenen Zeiten mit den Personalendungen der *-er*-Konjugation und das Partizip Perfekt auf *-ert:*

ouvrir öffnen

Präsens Indikativ	j'ouvr-e tu ouvr-es il ouvr-e	nous ouvr-ons vous ouvr-ez ils ouvr-ent	**Imperfekt Indikativ**	j'ouvr-ais tu ouvr-ais il ouvr-ait	nous ouvr-ions vous ouvr-iez ils ouvr-aient
Präsens Subjonctif	que j'ouvr-e que tu ouvr-es qu'il ouvr-e	que nous ouvr-ions que vous ouvr-iez qu'ils ouvr-ent	**Imperfekt Subjonctif**	que j'ouvr-asse que tu ouvr-asses qu'il ouvr-asse	que nous ouvr-assions que vous ouvr-assiez qu'ils ouvr-assent
Partizip Präsens	ouvr-ant		**Partizip Perfekt**	ouv-ert,e	
Imperativ	ouvr-e	ouvr-ons ouvr-ez			

ebenso:	*couvrir*	*bedecken*
	découvrir	*entdecken*
	offrir	*anbieten, schenken*
	recouvrir	*wieder bedecken, völlig zudecken*
	souffrir	*leiden*

Hinweis: Nicht verwechseln: *recouvrir* und *recouvrer* (wieder erlangen)!

Übungen

Ersetzen Sie die kursiv gedruckten Infinitive durch die entsprechenden Verbformen.

a. Il *mentir* (Präsens Indikativ) comme il *respirer* (Präsens Indikativ).
b. Vous *partir* (Präsens Indikativ) maintenant? Non, je *partir* (Futur I) demain.
c. Messieurs, *saisir* (Imperativ) cette occasion!
d. *Obéir* (Imperativ) à tes parents.
e. Le garçon nous *offrir* (Imperfekt Indikativ) l'apéritif.
f. Est-ce que tu *finir* (Passé composé Indikativ) ton travail?
g. Si vous faisiez cela, vous *courir* (Konditional I) un grand risque.
h. Ils *finir* (Imperfekt Indikativ) la bouteille et *ouvrir* (Imperfekt Indikativ) une autre.
i. En avril ne te *découvrir* (Imperativ) pas d'un fil.
j. La mère nous *servir* (Futur I) un bon petit plat.
k. Qui *dormir* (Präsens Indikativ) *dîner* (Präsens Indikativ).
l. Allongé dans son lit, l'enfant *s'endormir* (Passé simple) tout de suite.
m. L'enfant *démolir* (Imperfekt Indikativ) son gâteau de sable après l'avoir fait.

Lösungen

a. ment ... respire
b. partez ... partirai
c. saisissez
d. Obéis
e. offrait
f. as fini
g. courriez
h. finissaient ... ouvraient
i. découvre
j. servira
k. dort ... dîne
l. s'endormit
m. démolissait

6.2.3. Die Verben auf -re

Die Gruppe der Verben auf *-re* umfasst Verben verschiedenster Formenbildung, darunter sehr viele unregelmäßige Verben (→ 6.2.6.).

Hier sollen die Endungen der Konjugation an einem regelmäßigen Verb gezeigt werden, bei dem der letzte Stammkonsonant erhalten bleibt.

rompre brechen, zerbrechen

1. Einfache Zeiten			**2. Zusammengesetzte Zeiten**		
Präsens Indikativ	je romp-s tu romp-s il romp-t	nous romp-ons vous romp-ez ils romp-ent	**Passé composé Indikativ**	j'ai rompu tu as rompu il a rompu	nous avons rompu vous avez rompu ils ont rompu
Präsens Subjonctif	que je romp-e que tu romp-es qu'il romp-e	que nous romp-ions que vous romp-iez qu'ils romp-ent	**Passé composé Subjonctif**	(que j'aie rompu)	
Partizip Präsens	romp-ant		**Partizip Perfekt**	romp-u,e	
Imperativ	romp-s	romp-ons romp-ez			
Imperfekt Indikativ	je romp-ais tu romp-ais il romp-ais	nous romp-ions vous romp-iez ils romp-aient	**Plus-que -parfait Indikativ**	j'avais rompu tu avais rompu il avait rompu	nous avions rompu vous aviez rompu ils avaient rompu
Imperfekt Subjonctif	que je romp-isse que tu romp-isses qu'il romp-isse	que nous romp-issions que vous romp-issiez qu'ils romp-issent	**Plus-que -parfait Subjonctif**	(que j'eusse rompu)	
Passé simple	je romp-is tu romp-is il romp-it	nous romp-îmes vous romp-îtes ils romp-irent	**Passé antérieur**	j'eus rompu tu eus rompu il eut rompu	nous eûmes rompu vous eûtes rompu ils eurent rompu
Futur I	je rompr-ai tu rompr-as il rompr-a	nous rompr-ons vous rompr-ez ils rompr-ont	**Futur II**	j'aurai rompu tu auras rompu il aura rompu	nous aurons rompu vous aurez rompu ils auront rompu
Konditional I	je rompr-ais tu rompr-ais il rompr-ait	nous rompr-ions vous rompr-iez ils rompr-aient	**Konditional II**	j'aurais rompu tu aurais rompu il aurait rompu	nous aurions rompu vous auriez rompu ils auraient rompu

Sonderfall: Bei Verben, die auf *-dre* enden, fällt die Endung *-t* der 3. Person Singular fort (14):

(14)	*répondre (antworten)*	*il répond*
	rendre (zurückgeben)	*il rend*
	prendre (nehmen)	*il prend*

Übungen

Ersetzen Sie die kursiv gedruckten Infinitive durch die entsprechenden Verbformen.

a. Chien qui *aboyer* (Präsens Indikativ) ne *mordre* (Präsens Indikativ) pas.
b. Je *prendre* (Futur I) mon bien où je le *trouver* (Futur I).
c. Il me *rendre* (Präsens Indikativ) mon livre.
d. *Mettre* (Imperativ)- vous sur cette chaise.
e. Ils *perdre* (Imperfekt Indikativ) la raison quand ils *entendre* (Imperfekt Indikativ) la sirène.
f. Le boucher *vendre* (Präsens Indikativ) de la viande.
g. Au printemps, la neige *fondre* (Futur I) sous le soleil.
h. Je vous *attendre* (Imperfekt Indikativ), mais vous n'êtes pas venus.
i. Les journaux *répandre* (Passé simple) les dernières nouvelles.
j. En été, nous *tondre* (Präsens Indikativ) le gazon régulièrement.
k. *Rompre* (Imperativ, 1. Person Plural) le pain et *savourer* (Imperativ, 1. Person Plural) un bon repas.
l. Le linge *pendre* (Präsens Indikativ) à la corde et *flotter* (Präsens Indikativ) au gré du vent.
m. En automne, il *fendre* (Imperfekt Indikativ) du bois, en hiver il se *reposer* (Imperfekt Indikativ) près du feu.

Lösungen

a. aboie ... mord
b. prendrai ... trouverai
e. rend
d. Mettez-vous
e. perdaient ... entendaient
f. vend
g. fondra
h. attendais
i. répandirent
j. tondons
k. Rompons ... savourons
l. pend ... flotte
m. fendait ... se reposait

6.2.4. Die Verben auf -oir

Grundwissen: Die Verben auf *-oir* haben unterschiedliche Stammvokale (*-oi* bzw. *-e*) in ihren stamm- bzw. endungsbetonten Formen. Dabei ändert sich die Schreibweise *c* vor dunklem Vokal in *ç*.

recevoir (erhalten, empfangen)

1. Einfache Zeiten			**2. Zusammengesetzte Zeiten**		
Präsens Indikativ	je reçoi-s tu reçoi-s il reçoi-t	nous recev-ons vous recev-ez ils reçoiv-ent	**Passé composé Indikativ**	j'ai reçu tu as reçu il a reçu	nous avons reçu vous avez reçu ils ont reçu
Präsens Subjonctif	que je reçoiv-e que tu reçoiv-es qu' il reçoiv-e	que nous recev-ions que vous recev-iez qu'ils reçoiv-ent	**Passé composé Subjonctif**	(que j'aie reçu)	
Partizip Präsens	recev-ant		**Partizip Perfekt**	reçu,e	
Imperativ	reçoi-s	recev-ons recev-ez			
Imperfekt Indikativ	je recev-ais tu recev-ais il recev-ait	nous recev-ions vous recev-iez ils recev-aient	**Plus-que-parfait Indikativ**	j'avais reçu tu avais reçu il avait reçu	nous avions reçu vous aviez reçu ils avaient reçu
Imperfekt Subjonctif	je reç-usse tu reç-usses il reç-ût	nous reç-ussions vous reç-ussiez ils reç-ussent	**Plus-que-parfait Subjonctif**	(que j'eusse reçu)	
Passé simple	je reç-us tu reç-us il reç-ut	nous reç-ûmes vous reç-ûtes ils reç-urent	**Passé antérieur**	j'eus reçu tu eus reçu il eut reçu	nous eûmes reçu vous eûtes reçu ils eurent reçu
Futur I	je recevr-ai tu recevr-as il recevr-a	nous recevr-ons vous recevr-ez ils recevr-ont	**Futur II**	j'aurai reçu tu auras reçu il aura reçu	nous aurons reçu vous aurez reçu ils auront reçu
Konditional I	je recevr-ais tu recevr-ais il recevr-ait	nous recevr-ions vous recevr-iez ils recevr-aient	**Konditional II**	j'aurais reçu tu aurais reçu il aurait reçu	nous aurions reçu vous auriez reçu ils auront reçu

ebenso:	*apercevoir*	*erblicken*
	s'apercevoir de	*merken, innewerden*
	concevoir	*ersinnen, begreifen*
	décevoir	*enttäuschen*
	percevoir	*wahrnehmen*

Sonderfall: *Devoir* (müssen, schulden) wird insgesamt regelmäßig konjugiert, weist aber im Partizip Perfekt eine Besonderheit auf, damit zumindest im Schriftbild eine Unterscheidungsmöglichkeit zum maskulinen Teilungsartikel (→ 2.5.) gegeben ist.

Maskulinum/Femininum Singular	dû/due
Maskulinum/Femininum Plural	dus/dues

Übungen

Ersetzen Sie die kursiv gedruckten Infinitive durch die entsprechenden Verbformen.

a. Elle *s'ennuyer* (Präsens Indikativ) ici? Cela se *concevoir* (Präsens Indikativ).
b. N'*oublier* (Imperativ) pas que vous me *devoir* (Präsens Indikativ) encore une somme d'argent.
c. Je suis sûr que vous tiendrez votre promesse et que vous ne nous *décevoir* (Futur I) pas.
d. Est-ce que vous ne savez plus ce que vous *devoir* (Imperfekt Indikativ) faire?
e. Quand *recevoir* (Futur I)-vous cet ouvrage?
f. Elle *recevoir*(Passé composé Indikativ) l'avocat dans son bureau.
g. Si vous *suivre* (Konditional II) à mon conseil, vous *apercevoir* (Konditional I) ici un panorama phénoménal.
h. Votre manière d'agir me *décevoir* (Präsens Indikativ).

Lösungen

a. s'ennuie ... conçoit
b. N'oubliez pas ... devez
c. décevrez
d. deviez
e. recevrez-vous
f. a reçu
g. aviez suivi ... apercevriez
h. déçoit

6.2.5. Übersicht über die Ableitung der Verbformen

6.2.5.1. Regelmäßige Verben auf *-er*

Bei dieser Gruppe von Verben erfolgt die Bildung der einzelnen Verbformen durch das Anhängen der Personalendung an den Stamm des Infinitivs (15) bzw. bei den Formen von Futur I und Konditional II an den Infinitiv an sich (16).

(15) porter	*Präsens*	*je port-e, tu port-es, ... etc.*
	Imperfekt	*je port-ais, tu port-ais, ... etc.*
	Passé simple	*je port-ai, tu port-as, ... etc.*
(16) porter	*Futur*	*je porter-ai, tu porter-as, ... etc.*
	Konditional	*je porter-ais, tu porter-ais, ... etc.*

6.2.5.2. Regelmäßige Verben auf *-ir*

Bei dieser Gruppe von Verben erfolgt die Bildung der einzelnen Verbformen im Präsens und Imperfekt Indikativ durch das Verknüpfen des Infinitivstammes mit der Stammerweiterung *-is* (Singularstamm) oder *-iss* (Pluralstamm) und der Personalendung (17). Im Imperfekt *Subjonctif* und im *Passé simple* wird die Personalendung direkt an den Infinitivstamm angeschlossen (18). Bei der Bildung von Formen im Futur I bzw. Konditional I wird die Personalendung an den Infinitiv an sich angehängt (19).

(17) finir	*Präsens*	*je fin-i-s, tu fin-i-s, ... etc.*
	Imperfekt	*je fin-iss-ais, tu fin-iss-ais, ... etc.*
(18) finir	*Passé simple*	*je fin-is, tu fin-is, ... etc.*
(19) finir	*Futur*	*je finir-ai, tu finir-as, ... etc.*
	Konditional	*je finir-ais, tu finir-ais, ... etc.*

6.2.5.3. Die Verben auf *-oir*

Bei dieser Gruppe von Verben erfolgt die Bildung der Verbformen bei der wenigen regelmäßigen Verben nach dem Schema von *recevoir* (→ 6.2.4.), wobei der Wechsel des Stammvokals je nach stamm- bzw. endungsbetonter Form zu beachten ist. Bei den unregelmäßigen Verben diese Gruppe lässt sich keine Regel für die Bildung der einzelnen Verbformen aufstellen, sie müssen einfach gelernt werden.

6.2.5.4. Die Verben auf *-re*

Diese Gruppe von Verben umfasst den größten Teil der unregelmäßigen französischen Verben. Trotzdem herrscht innerhalb dieser Gruppe bei den meisten Verben bei der Bildung der Zeiten und Modi eine gewisse Ordnung, die die Ableitung der Verbformen erleichtert. Bei der Erlernung der Verben präge man sich deshalb folgende Formen besonders ein:

Stamm des Infinitivs:
prendr(e), boir(e), conduir(e), craindr(e)

Stamm der 1. Person Plural Präsens:
pren(ons), buv(ons), conduis(ons), craign(ons)

Stamm der 3. Person Plural Präsens:
prenn(ent), boiv(ent), conduis(ent), craign(ent)

1. Person Singular Passé simple:
pris, bus, conduisis, craignis

Aus diesen Formen lassen sich, abgesehen von wenigen Ausnahmen, alle weiteren ableiten.

6.2.5.4.1. Die Ableitung von Futur I und Konditional I

Infinitiv	prendr(e) (nehmen, greifen)	boir(e) (trinken)	conduir(e) (führen)	craindr(e) (fürchten)
Futur	je prendrai	je boirai	je conduirai	je craindrai
Konditional	je prendrais	je boirais	je conduirais	je craindrais

6.2.5.4.2. Die Ableitung von Imperfekt und Partizip Präsens

1. Person Plural Präsens	(nous) pren(ons)	(nous) buv(ons)	(nous) conduis(ons)	(nous) craign(ons)
Imperfekt	je prenais	je buvais	je conduisais	je craignais
Partizip Präsens	prenant	buvant	conduisant	craignant

6.2.5.4.3. Die Ableitung von *Subjonctif* Präsens

3. Person Plural	(ils) prenn(ent)	(ils) boiv(ent)	(ils) conduis(ent)	(ils) craign(ent)
Präsens	que je prenne	que je boive	que je conduise	que je craigne
Subjonctif Präsens	que nous prenions	que nous buvions		

6.2.5.4.4. Die Ableitung von *Subjonctif* Imperfekt

2. Person Singular Präsens	(tu) Pris	(tu) bus	(tu) conduisis	(tu) craignis
Subjonctif Imperfekt	que je prisse	que je busse	que je conduisse	que je craignisse

6.2.6. Regelmäßige und unregelmäßige Verben

Grundwissen: Regelmäßige Verben sind solche Verben, deren Form sich aufgrund der Zugehörigkeit des Verbs zu einer bestimmten Infinitivgruppe (Einteilung nach der Endung des Infinitivs, → 6.2.1., → 6.2.2., → 6.2.3., → 6.2.4.) voraussagen lassen und deren konjugierte Formen Präsens nicht mehr als zwei Stämme haben (1):

(1)	*penser* (denken)	*pens-*	*il pens-e*
	finir (beenden)	*fini-*	*je fini-s*
		finiss-	*nous finiss-ons*

Unregelmäßige Verben sind solche Verben, deren Formen sich nicht aufgrund der Zugehörigkeit des Verbs zu einer bestimmten Infinitivgruppe voraussagen lassen, oder deren konjugierte Formen im Präsens mehr zwei Stämme haben (2):

(2)	*boire* (trinken)	*boi-*	*tu boi-s*
		buv-	*vous buv-ez*
		boiv-	*boiv-ent*

6.2.6.1. Übersicht über die wichtigsten unregelmäßigen Verben

6.2.6.1.1. Verben auf *-er*

Infinitiv	Präsens Indikativ	Futur	Passé composé	Passé simple	Präsens Subjonctif
aller	je vais	j'irai	je suis allé,e	j'allai	que j'aille
gehen,	tu vas	tu iras		tu allas	que tu ailles
sich begeben	il va	il ira		il alla	qu'il aille
	nous allons	nous irons		nous allâmes	que nous allions
	vous allez	vous irez		vous allâtes	que vous alliez
	ils vont	ils iront		ils allèrent	qu'ils aillent
	Imperativ:				
	va; vas-y				

Ebenso: s'en aller (weg gehen) (je m'en suis allé,e) **Imperativ:** va-t'en, allons-y, allez-vous-en

Infinitiv	Präsens Indikativ	Futur	Passé composé	Passé simple	Präsens Subjonctif
envoyer	j'envoie	j'enverrai	j'ai envoyé	j'envoyai	que j'envoie
schicken	tu envoies	tu enverras		tu envoyas	que tu envoies
	il envoie	il enverra		il envoya	qu'il envoie
	nous envoyons	nous enverrons		nous envoyâmes	que nous envoyions
	vous envoyez	vous enverrez		vous envoyâtes	que vous envoyiez
	ils envoient	ils enverront		ils envoyèrent	qu'ils envoient

Ebenso: renvoyer (zurückschicken, entlassen)

6.2.6.1.2. Verben auf *-ir*

Infinitiv	Präsens Indikativ	Futur	Passé composé	Passé simple	Präsens Subjonctif
acquérir	j'acquiers	j'acquerrai	j'ai acquis	j'acquis	que j'acquière
erwerben	tu acquiers	tu acquerras		tu acquis	que tu acquières
	il acquiert	il acquerra		il acquit	qu'il acquière
	nous acquérons	nous acquerrons		nous acquîmes	que nous acquérions
	vous acquérez	vous acquerrez		vous acquîtes	que vous acquériez
	ils acquièrent	ils acquerront		ils acquirent	qu'ils acquièrent

Ebenso: conquérir (erobern), s'enquérir de (sich erkundigen nach)

Infinftiv	Präsens Indikativ	Futur	Passé composé	Passé simple	Präsens Subjonctif
courir	je cours	je courrai	j'ai couru	je courus	que je coure
laufen	tu cours	tu courras		tu courus	que tu coures
	il court	il courra		il courut	qu'il coure
	nous courons	nous courrons		nous courûmes	que nous courions
	vous courez	vous courez		vous courûtes	que vous couriez
	ils courent	ils courront		ils coururent	qu'ils courent

Ebenso: accourir (herbeieilen), parcourir (durcheilen, durchlesen), secourir qn (jemandem helfen), concourir à (mitwirken), recourir à (Zuflucht nehmen), discourir (umständlich reden)

haïr	je hais	je haïrai	j'ai haï	je haïs	que je haïsse
hassen	tu hais	tu haïras		tu haïs	que tu haïsse
	il hait	il haïra		il haït	qu'il haïsse
	nous haïssons	nous haïrons		nous haïmes	que nous haïssions
	vous haïssez	vous haïrez		vous haïtes	que vous haïssiez
	ils haïssent	ils haïront		ils haïrent	qu'ils haïssent
mourir	je meurs	je mourrai	il est mort	je mourus	que je meure
sterben	tu meurs	tu mourras	ils sont morts	tu mourus	que tu meures
	il meurt	il mourra		il mourut	qu'il meure
	nous mourons	nous mourrons		nous mourûmes	que nous mourions
	vous mourez	vous mourrez		vous mourûtes	que vous mouriez
	ils meurent	ils mourront		ils moururent	qu'ils meurent

Ebenso: se mourir (dem Tode nahe sein, im Sterben liegen)

tenir	je tiens	je tiendrai	j'ai tenu	je tins	que je tienne
halten	tu tiens	tu tiendras		tu tins	que tu tiennes
	il tient	il tiendra		il tint	qu'il tienne
	nous tenons	nous tiendrons		nous tînmes	que nous tenions
	vous tenez	vous tiendrez		vous tîntes	que vous teniez
	ils tiennent	ils tiendront		ils tinrent	qu'ils tiennent

Ebenso: appartenir (gehören), contenir (enthalten), détenir (besitzen, gefangen halten), entretenir (unterhalten), maintenir (aufrechterhalten, beibehalten), obtenir (erlangen), retenir (zurückhalten, sich merken, behalten), soutenir (unterstützen), s'abstenir (sich enthalten)

Infinitiv	Präsens Indikativ	Futur	Passé compose	Passé simple	Präsens Subjonctif
venir	je viens	je viendrai	je suis venu,e	je vins	que je vienne
kommen	tu viens	tu viendras		tu vins	que tu viennes
	il vient	il viendra		il vint	qu'il vienne
	nous venons	nous viendrons		nous vînmes	que nous venions
	vous venez	vous viendrez		vous vîntes	que vous veniez
	ils viennent	ils viendront		ils vinrent	qu'ils viennent

Ebenso: convenir à (passen), convenir de (übereinkommen), devenir (werden), intervenir (eingreifen), parvenir (gelangen), prévenir qn (zuvorkommen, benachrichtigen), provenir (herrühren), revenir (zurückkommen), se souvenir de (sich erinnern), subvenir à (sorgen für), survenir (unerwartet kommen, auftauchen)

6.2.6.1.3. Verben auf -re

Infinitiv	Präsens Indikativ	Futur	Passé composé	Passe simple	Präsens Subjonctif
battre	je bats	je battrai	j'ai battu	je bats	que je batte
schlagen	tu bats	tu battras		tu battis	que tu battes
	il bat	il battra		il battit	qu'il batte
	nous battons	nous battrons		nous battîmes	que nous battions
	vous battez	vous battrez		vous battîtes	que vous battiez
	ils battent	ils battront		ils battirent	qu'ils battent

Ebenso: abattre (niederschlagen, fällen), s'abattre (niederstürzen), combattre (kämpfen, bekämpfen), débattre (erörtern, diskutieren), se débattre (sich streiten), rabattre (vom Preis abziehen)

boire	je bois	je boirai	j'ai bu	je bus	que je boive
trinken	tu bois	tu boiras		tu bus	que tu boives
	il boit	il boira		il but	qu'il boive
	nous buvons	nous boirons		nous bûmes	que nous buvions
	vous buvez	vous boirez		vous bûtes	que vous buviez
	ils boivent	ils boiront		ils burent	qu'ils boivent
conclure	je conclus	je conclurai	j'ai conclu	je conclus	que je conclue
schließen	tu conclus	tu concluras		tu conclus	que tu conclues
	il conclut	ils conclura		il conclut	qu'il conclue
	nous concluons	nous conclurons		nous conclûmes	que nous concluions
	vous concluez	vous conclurez		vous conclûtes	que vous concluiez
	ils concluent	ils concluront		ils conclurent	qu'ils concluent

Ebenso: exclure (ausschließen), inclure (einschließen) **aber:** inclus,e

Infinitiv	Präsens Indikativ	Futur	Passé composé	Passé simple	Präsens Subjonctif
conduire	je conduis	je conduirai	j'ai conduit	je conduisis	que je conduise
führen, (Wagen)	tu conduis	tu conduiras		tu conduisis	que tu conduises
lenken, fahren	ils conduit	il conduira		il conduisit	qu'il conduise
	nous conduisons	nous conduirons		nous conduisîmes	que nous conduisions
	vous conduisez	vous conduirez		vous conduisîtes	que vous conduisiez
	ils conduisent	ils conduiront		ils conduisirent	qu'ils conduisent

Ebenso: se conduire (sich benehmen), introduire (einführen), produire (erzeugen), réduire (vermindern, zwingen), séduire (verführen), construire (bauen), détruire (zerstören), instruire (belehren, unterrichten), reconstruire (wieder aufbauen), cuire (kochen), recuire (noch einmal kochen)

connaître	je connais	je connaîtrai	j'ai connu	je connus	que je connaisse
kennen	tu connais	tu connaîtras		tu connus	que tu connaisses
	il connaît	il connaîtra		il connut	qu'il connaisse
	nous connaissons	nous connaîtrons		nous connûmes	que nous connaissions
	vous connaissez	vous connaîtrez		vous connûtes	que vous connaissiez
	ils connaissent	ils connaîtront		ils connurent	qu'ils connaissent

Ebenso: méconnaître (verkennen), reconnaître (wiedererkennen, anerkennen), paraître (erscheinen, scheinen) apparaître (auftauchen), comparaître (vor einer Behörde erscheinen), disparaître (verschwinden, sterben)

craindre	je crains	je craindrai	j'ai craint	je craignis	que je craigne
fürchten	tu crains	tu craindras		tu craignis	que tu craignes
	ils craint	il craindra		il craignit	qu'il craigne
	nous craignons	nous craindrons		nous craignîmes	que nous craignions
	vous craignez	vous craindrez		vous craignîtes	que vous craigne
	ils craignent	ils craindront		ils craignirent	qu'ils craignent

Ebenso: contraindre (zwingen), (se) plaindre ((sich) beklagen), atteindre (erreichen), ceindre (umgürten), éteindre (auslöschen), s'eteindre ((Licht, Gas) erlöschen), feindre (vorgeben, heucheln), peindre (malen), teindre (färben) joindre (zusammenfügen, verbinden), rejoindre qn (jdn einholen, sich zu jdm gesellen)

croire	je crois	je croirai	j'ai cru	je crus	que je croie
glauben	tu crois	tu croiras		tu crus	que tu croies
	il croit	il croira		il crut	qu'il croie
	nous croyons	nous croirons		nous crûmes	que nous croyions
	vous croyez	vous croirez		vous crûtes	que vous croyiez
	ils croient	ils croiront		ils crurent	qu'ils croient

Infinitiv	**Präsens Indikativ**	**Futur**	**Passé composé**	**Passé simple**	**Präsens Subjonctif**
croître	je croîs	je croîtrai	j'ai crû	je crûs	que je croisse
wachsen	tu croîs	tu croîtras	(crue, crus,	tu crûs	que tu croisses
	il croît	il croîtra	crues)	il crût	qu'il croisse
	nous croissons	nous croîtrons		nous crûmes	que nous croissions
	vous croissez	votis croîtrez		vous crûtes	que vous croissiez
	ils croissent	ils croîtront		ils crurent	qu'ils croissent

Ebenso: accroître (zunehmen), décroître (abnehmen, z.B. Mond)

Imperfekt Subjonctif: que je crusse

dire	je dis	je dirai	j'ai dit	je dis	que je dise
sagen	tu dis	tu diras		tu dis	que tu dises
	il dit	il dira		il dit	qu'il dise
	nous disons	nous dirons		nous dîmes	que nous disions
	vous dites	vous direz		vous dîtes	que vous disiez
	ils disent	ils diront		ils dirent	qu'ils disent

Ebenso: redire (noch einmal sagen) **2. Person Plural** auf *-disez* haben: contredire qn (jdm widersprechen), interdire (untersagen), médire de qn (von jdm Böses reden), prédire (voraussagen)

écrire	j'écris	j'écrirai	j'ai écrit	j'érivis	que j'écrive
schreiben	tu écris	tu écriras		tu écrivis	que tu écrives
	il écrit	il écrira		il écrivit	qu'il écrive
	nous écrivons	nous écrirons		nous écrivîmes	que nous écrivions
	vous écrivez	vous écrirez		vous écrivîtes	que vous écriviez
	ils écrivent	ils écriront		ils écrivirent	qu'ils écrivent

Ebenso: décire (beschreiben), (s') inscrire ((sich) einschreiben), prescrire (vor-, verschreiben), proscrire (ächten), souscrire (unterschreiben)

faire	je fais	je ferai	j'ai fait	jefis	que je fasse
machen, tun	tu fais	tu feras		tu fis	que tu fasses
	il fait	il fera		il fit	qu'il fasse
	nous faisons	nous ferons		nous fîmes	que nous fassions
	vous faites	vous ferez		vous fîtes	que vous fassiez
	ils font	ils feront		ils firent	qu'ils fassent

Ebenso: contrefaire (nachahmen), défaire (aufmachen, auspacken; besiegen), parfaire (vollenden), refaire (noch einmal machen), satisfaire (befriedigen)

Infinitiv	Präsens Indikativ	Futur	Passé composé	Passé simple	Präsens Subjonctif
lire	je lis	je lirai	j'ai lu	je lus	que je lise
lesen	tu lis	tu liras		tu lus	que tu lises
	il lit	il liras		il lut	qu'il lise
	nous lisons	nous lirons		nous lûmes	que nous lisions
	vous lisez	vous lirez		vous lûtes	que vous lisiez
	ils lisent	ils liront		ils lurent	qu'ils lisent

Ebenso: relire (noch einmal lesen), élire (wählen, auslesen)

mettre	je mets	je mettrai	j'ai mis	je mis	que je mette
setzen, stellen,	tu mets	tu mettras		tu mis	que tu mettes
legen	il met	il mettra		il mit	qu'il mette
	nous mettons	nous mettrons		nous mîmes	que nous mettions
	vous mettez	vous mettrez		vous mîtes	que vous mettiez
	ils mettent	ils mettront		ils mirent	qu'ils mettent

Ebenso: se mettre à (anfangen), admettre (zulassen, zugeben, gestehen), commettre (begeben), émettre (im Rundfunk senden), omettre (auslassen), permettre (erlauben), promettre (versprechen), compromettre (bloßstellen), remettre (übergeben; zurückstellen), se remettre (sich erholen), soumetre (unterwerfen), transmettre (übermitteln)

naître	je nais	je naîtrai	je suis né,e	je naquis	que je naisse
geboren	tu nais	tu naîtras		tu naquis	que tu naisses
werden	il naît	il naîtra		il naquit	qu'il naisse
	nous naissons	nous naîtrons		nous naquîmes	que nous naissions
	vous naissez	vous naîtrez		vous naquîtes	que vous naissiez
	ils naissent	ils naîtront		ils naquirent	qu'ils naissent

Ebenso: renaître (wiedergeboren werden, wieder aufleben)

plaire	je plais	je plairai	j'ai plu	je plus	que je plaise
gefallen	tu plais	tu plairas		tu plus	que tu plaises
	il plaît	il plaira		il plut	qu'il plaise
	nous plaisons	nous plairons		nous plûmes	que nous plaisions
	vous plaisez	vous plairez		vous plûtes	que vous plaisiez
	ils plaisent	ils plairont		ils plurent	qu'ils plaisent

Ebenso: complaire (sich gefällig erweisen), déplaire (missfallen), se complaire à (Gefallen daran finden, etw. zu tun), se plaire dans un lieu (gerne an einem Ort sein)

Infinitiv	Präsens Indikativ	Futur	Passé composé	Passé simple	Präsens Subjonctif
prendre	je prends	je prendrai	j'ai pris	je pris	que je prenne
nehmen	tu prends	tu prendras		tu pris	que tu prennes
	il prend	il prendra		il prit	qu'il prenne
	nous prenons	nous prendrons		nous prîmes	que nous prenions
	vous prenez	vous prendrez		vous prîtes	que vous preniez
	ils prennent	ils prendront		ils prirent	qu'ils prennent

Ebenso: apprendre (lernen, lehren, erfahren), désapprendre (verlernen), comprendre (verstehen), entre prendre (unternehmen), reprendre (zurücknehmen, tadeln, erwidern), surprendre (überraschen), se méprendre (sich täuschen)

résoudre	je résous	je résoudrai	j'ai résolu	je résolus	que je résolve
lösen,	tu résous	tu résoudras	(résous)	tu résolus	que tu résolves
beschließen	il résout	il résoudra		il résolut	qu'il résolve
	nous résolvons	nous résoudrons		nous résolûmes	que nous résolvions
	vous résolvez	vous résoudrez		vous résolûtes	que vous résolviez
	ils résolvent	ils résoudront		ils résolurent	qu'ils résolvent

Beachte: résous, résoute (aufgelöst), résolu,e (beschlossen, entschlossen)

rire	je ris	je rirai	j'ai ri	je ris	que je rie
lachen	tu ris	tu riras		tu ris	que tu ries
	il rit	il rira		il rit	qu'il rie
	nous rions	nous rirons		nous rîmes	que nous riions
	vous riez	vous rirez		vous rîtes	que vous riiez
	ils rient	ils riront		ils rirent	qu'ils rient

Ebenso: se rire de (sich lustig machen über), sourire (lächeln)

suffire	je suffis	je suffirai	j'ai suffi	je suffis	que je suffise
genügen	tu suffis	tu suffiras		tu suffis	que tu suffises
	il suffit	il suffira		il suffit	qu'il suffise
	nous suffisons	nous suffirons		nous suffîmes	que nous suffisions
	vous suffisez	vous suffirez		vous suffîtes	que vous suffisiez
	ils suffisent	ils suffiront		ils suffirent	qu'ils suffisent

Infinitiv	Präsens Indikativ	Futur	Passé composé	Passé simple	Präsens Subjonctif
suivre	je suis	je suivrai	j'ai suivi	je suivis	que je suive
folgen	tu suis	tu suivras		tu suivis	que tu suives
	il suit	il suivra		il suivit	qu'il suive
	nous suivons	nous suivrons		neue suivîmes	que nous suivions
	vous suivez	vous suivrez		vous suivîtes	que vous suiviez
	ils suivent	ils suivront		ils suivirent	qu'ils suivent
Ebenso:	s'ensuivre (daraus folgen), poursuivre (verfolgen, fortfahren)				
se taire	je me tais	je me tairai	je me suis tu,e	je me tus	que je me taise
schweigen	tu te tais	tu te tairas		tu te tus	que tu te taises
	il se tait	il se taira		ils se tut	qu'il se taise
	nous nous taisons	nous nous tairons		nous nous tûmes	que nous nous taisions
	vous vous taisez	vous vous tairez		vous vous tûtes	que vous vous taisiez
	ils se taisent	ils se tairont		ils se turent	qu'ils se taisent
Ebenso:	taire (verschweigen)				
vaincre	je vaincs	je vaincrai	j'ai vaincu	je vainquis	que je vainque
siegen,	tu vaincs	tu vaincras		tu vainquis	que tu vainques
besiegen	il vainc	il vaincra		il vainquit	qu'il vainque
	nous vainquons	nous vaincrons		nous vainquîmes	que nous vainquions
	vous vainquez	vous vaincrez		vous vainquîtes	que vous vainquiez
	ils vainquent	ils vaincront		ils vainquirent	qu'ils vainquent
Ebenso:	convaincre (überzeugen)				
vivre	je vis	je vivrai	j'ai vécu	je vécus	que je vive
leben	tu vis	tu vivras		tu vécus	que tu vives
	il vit	il vivra		il vécut	qu'il vive
	nous vivons	nous vivrons		nous vécûmes	que nous vivions
	vous vivez	vous vivrez		vous vécûtes	que vous viviez
	ils vivent	ils vivront		ils vécurent	qu'ils vivent
Ebenso:	revivre (wieder erleben, aufleben), survivre à qn (jdn überleben)				

6.2.6.1.4. Verben auf *-oir*

Infinftiv	**Präsens Indikativ**	**Futur**	**Passé composé**	**Passé simple**	**Präsens Subjonctif**
s'asseoir*	je m'assieds	je m'assiérai	je me suis	je m'assis	que je m'asseye
sich setzen	tu t'assieds	tu t'assiéras	assis,e	tu t'assis	que tu t'asseyes
	il s'assied	il s'assiéra		il s'assit	qu'il s'asseye
	nous nous asseyons	nous nous assiérons		nous nous assîmes	que nous nous asseyions
	vous vous asseyez	vous vous assiérez		vous vous assîtes	que vous vous asseyiez
	ils s'asseyent	ils s'assiéront		ils s'assirent	qu'ils s'asseyent
	oder	oder			oder
	je m'assois	je m'assoirai			que je m'assoie
	tu t'assois	tu t'assoiras			que tu t'assoies
	il s'assoit	il s'assoira			qu'il s'assoie
	nous nous assoyons	nous nous assoirons			que nous nous assoyions
	vous vous assoyez	vous vous assoirez			que vous vous assoyiez
	ils s'assoient	ils s'assoiront			qu'ils s'assoient
Ebenso:	asseoir (setzen), se rasseoir (sich wieder hinsetzen)				
falloir**	il faut	il faudra	il a fallu	il fallut	qu'il faille
nötig sein					
mouvoir	je meus	je mouvrai	j'ai mû	je mus	que je meuve
bewegen	tu meus	tu mouvras	(mue, mus)	tu mus	que tu meuves
	il meut	il mouvra		il mut	qu'il meuve
	nous mouvons	nous mouvrons		nous mûmes	que nous mouvions
	vous mouvez	vous mouvrez		vous mûtes	que vous mouviez
	ils meuvent	ils mouvront		ils murent	qu'ils meuvent
Ebenso:	émouvoir (erregen, bewegen), **aber:** ému,e			promouvoir (befördern), **aber:** promu,e	
pleuvoir**	il pleut	il pleuvra	il a plu	il plut	qu'il pleuve
regnen					

Infinitiv	Präsens Indikativ	Futur	Passé composé	Passé simple	Präsens Subjonctif
pouvoir***	je peux	je pourrai	j'ai pu	je pus	que je puisse
können	tu peux	tu pourras		tu pus	que tu puisses
	il peut	il pourra		il put	qu'il puisse
	nous pouvons	nous pourrons		nous pûmes	que nous puissions
	vous pouvez	vous pourrez		vous pûtes	que vous puissiez
	ils peuvent	ils pourront		ils purent	qu'ils puissent
savoir	je sais	je saurai	j'ai su	je sus	que je sache
wissen	tu sais	tu sauras		tu sus	que tu saches
	il sait	il saura		il sut	qu'il sache
	nous savons	nous saurons		nous sûmes	que nous sachions
	vous savez	vous saurez		vous sûtes	que vous sachiez
	ils savent	ils sauront		ils surent	qu'ils sachent
	Imperativ:				**Partizip Präsens:**
	sache				sachant
	sachons				
	sachez				
valoir	je vaux	je vaudrai	j'ai valu	je valus	que je vaille
gelten	tu vaux	tu vaudras		tu valus	que tu vailles
	il vaut	il vaudra		il valut	qu'il vaille
	nous valons	nous vaudrons		nous valûmes	que nous valions
	vous valez	vous vaudrez		vous valûtes	que vous valiez
	ils valent	ils vaudront		ils valurent	qu'ils vaillent

Ebenso: équivaloir à (gleichen Wert haben mit),
prévaloir (überlegen sein, überwiegen) **NB:** bildet Präsens Subjonctiv regelmäßig! (que je prévale etc.)

Infinitiv	Präsens Indikativ	Futur	Passé composé	Passé simple	Präsens Subjonctif
voir	je vois	je verrai	j'ai vu	je vis	que je voie
sehen	tu vois	tu verras		tu vis	que tu voies
	il voit	il verra		il vit	qu'il voie
	nous voyons	nous verrons		nous vîmes	que nous voyions
	vous voyez	vous verrez		vous vîtes	que vous voyiez
	ils voient	ils verront		ils virent	qu'ils voient

Ebenso: revoir (wiedersehen), entrevoir (flüchtig sehen), prévoir (voraussehen), **aber:** je prévoirai, pourvoir à (sorgen für), pourvoir qn de qc (jdn mit etwas versehen), **aber:** je pourvoirai, je pourvus

Infinitiv	Präsens Indikativ	Futur	Passé composé	Passe simple	Präsens Subjonctif
vouloir	je veux	je voudrai	j'ai voulu	je voulus	que je veuille
wollen	tu veux	tu voudras		tu voulus	que tu veuilles
	il veut	il voudra		il voulut	qu'il veuille
	nous voulons	nous voudrons		nous voulûmes	que nous voulions
	vous voulez	vous voudrez		vous voulûtes	que vous vouliez
	ils veulent	ils voudront		ils voulurent	qu'ils veuillent
		Imperativ:			
		veuille/veux			
		voulons			
		veuillez/voulez			

Ebenso: en vouloir à qn (jdm böse sein),
Imperativ: ne m'en veux pas, ne m'en veuille pas, ne m'en voulez pas, ne m'en veuillez pas

* Bei diesem Verb existieren nebeneinander gleichwertig folgende Formen:
Präsens Indikativ: je m'assieds - je m'assois etc.
Präsens Subjonctif: que je m'asseye - que je m'assoie etc.
Imperativ: assieds-toi - assois-toi
Partizip Präsens: s'asseyant - s'assoyant
Imperfekt: je m'asseyais -je m'assoyais etc.
Futur: je m'assiérai - je m'assoirai etc.

** Nur gebräuchlich in der 3. Person Singular!

*** Neben der Verneinung (→) *je ne peux pas* gibt es die Form *je ne puis*. Die Frageform (→) der 1. Person Singular heißt: *Puis-je* oder *Est-ce que je peux ...?*

6.2.6.2. Die wichtigsten unvollständigen Verben

Grundwissen: Im Französischen gibt es eine Reihe von Verben, die nicht alle Personen und Zeiten bilden können; sie werden daher unvollständige Verben genannt.

Diese Verben werden, außer im Infinitiv, nur in den angegebenen Formen oder in festen Wendungen gebraucht und treten fast ausschließlich in der literarischen Sprache in Erscheinung. In die folgende Aufstellung wurden nur die wichtigsten dieser Verben aufgenommen, besonders seltene Formen wurden weggelassen.

Infinitiv	Gebräuchliche Formen		
bruire	Präsens:	il bruit	dafür oft: faire du bruit
rauschen,	Imperfekt:	il bruissait, ils bruissaient	bruisser
brausen	Partizip Präsens:	bruissant	
choir	Präsens:	je chois, tu chois, il choit,	dafür meist: tomber
fallen		ils choient	gelegentlich noch: se laisser choir
	Partizip Perfekt:	il chut	
	Passé simple:	chu,e	
déchoir	Präsens:	je déchois etc.,	dafür meist: perdre, diminuer,
herunterkommen,		nous déchoyons etc.	tomber en ruine
verfallen,	Präsens Subjonctif:	que je déchoie etc.	
weniger werden	Passé simple:	je déchus etc.	
	Futur:	je déchoirai etc.	
	Konditional:	je déchoirais etc.	
	Partizip Perfekt:	déchu,e	
échoir	Präsens:	il échoit	dafür: être payable, expirer,
fällig sein,	Passé simple:	il échut	périmer
verfallen,	Futur:	il échoira	
ungültig werden	Konditional:	il échoirait	
	Partizip Präsens:	échéant,e	
	Partizip Perfekt:	échu,e	
clore	Präsens:	je clos, tu clos, il clôt	dafür meist: fermer
schließen,	Imperativ:	clos	
abschließen,	Partizip Perfekt:	clos,e	
beenden			
éclore	cf. clore		dafür: 1. s'ouvrir, s'épanouir
1. aufblühen	nur 3. Person Singular u. Plural,		2. sortir de l'oeuf
2. ausschlüpfen	sowie Partizip Perfekt		
faillir	Präsens:	il faut	dafür meist: manquer de faire qc
beinahe tun,	Imperfekt:	je faillais etc.	j'ai failli tomber = j'ai
fehlen, verfehlen	Passé simple:	je faillis etc.	manqué de tomber
	Futur:	je faillirai etc.	
	Kondtional:	je faillirais etc.	
	Passé composé:	j'ai failli	

Infinitiv	Gebräuchliche Formen		
frire	Präsens:	je fris, tu fris, il frit	dafür meist: faire frire
braten, backen	Partizip Perfekt:	frit,e	
	Passé composé:	j'ai frit	
gésir	Präsens:	je gis, tu gis, il gît,	dafür meist: être, couché,e
liegen		nous gisons etc.	reposer
	Imperfekt:	je gisais etc.	ci-gît (auf Grabsteinen)=ici repose
ouïr	Partizip Perfekt:	ouï, ouïe	dafür meist: entendre
hören			
traire	Präsens:	je trais, tu trais, il trait,	
melken		nous trayons etc.	
	Präsens Subjonctif:	que je traie etc.	
	Imperfekt:	je trayais etc.	
	Futur:	je trairai etc.	
	Partizip Präsens:	trayant	
	Passé composé:	j'ai trait	

Ebenso: abstraire (abstrahieren), (se) distraire ((sich) zerstreuen, ablenken), extraire (ziehen) (une dent), extraire (fördern) (du charbon), soustraire (subtrahieren)

6.2.7. Das reflexive Verb

Grundwissen: Im Französischen gibt es, wie im Deutschen auch, eine Reihe von Verben, die in Verbindung mit einem Personalpronomen (→ 3.1.) *(me, te, se, nous, vous, se)* auftreten (1). Diese Verben heißen deshalb im Französischen *verbes pronominaux.*

(1)	*Je me lave.*	*Ich wasche mich.*
	Tu te promènes.	*Du gehst spazieren.*
	L'autobus s'arrête.	*Der Autobus bleibt stehen.*
	Nous nous levons tôt.	*Wir stehen früh auf.*
	Comment vous appelez-vous?	*Wie heißen Sie? Wie heißt ihr?*

Les vacances se terminèrent par une belle fête.	*Die Ferien endeten mit einem schönen Fest.*

Innerhalb dieser Gruppe von Verben unterscheidet das Französische zwischen verschiedenen Untergruppen:

Das sind zunächst einmal die *verbes pronominaux réfléchis,* die eigentlichen reflexiven Verben, bei denen sich die Handlung auf das Subjekt zurückbezieht (2):

(2)	*Je me suis dépêché pour arriver à temps.*	*Ich habe mich beeilt, um rechtzeitig anzukommen.*
	Il se voit dans la glace.	*Er sieht sich im Spiegel.*
	Le directeur se leva pour ouvrir la soirée.	*Der Direktor erhob sich, um die Abendveranstaltung zu eröffnen.*
	Ils se sont penchés par de la fenêtre.	*Sie haben sich aus dem Fenster gelehnt.*

Dann gibt es die *verbes pronominaux réciproques,* die reziproken Verben, bei denen sich die Handlung nicht mehr auf den Urheber zurückbezieht. Sie drücken einen Sachverhalt aus, bei dem mehrere Personen beteiligt sind (3):

(3)	*Ils se regardent l'un l'autre.*	*Sie schauen sich gegenseitig an.*
	Il faut s'entraider.	*Man muss sich gegenseitig helfen.*
	Les deux enfants se ressemblaient (l'un l'autre).	*Die Kinder sahen einander gleich.*
	Il se prêtent mutuellement de l'argent.	*Sie leihen sich gegenseitig Geld.*

Bei einer dritten Gruppe von Verben hat das Pronomen keine eigene Bedeutung mehr, sondern ist mit dem Verb zu einer Einheit verschmolzen. Es handelt sich hierbei um die *verbes essentiellement pronominaux,* die nur in Verbindung mit Pronomina gebraucht werden (4*),* sowie um die *verbes accidentellement pronominaux, die* teils mit, teils ohne Pronomina verwendet werden (5):

(4)	*L'oiseau s'était envolé.*	*Der Vogel war fortgeflogen.*
	Il faut que je m'en aille.	*Ich muss fortgehen.*
	Je me repens de ne pas avoir suivi tes conseils.	*Ich bereue es, nicht deine Ratschläge befolgt zu haben.*
	Vercingétorix s'était réfugié dans la place forte d'Alésia.	*Vercingétorix war in das befestigte Alesia geflüchtet.*
(5)	*J'ai achevé mon travail.*	*Ich habe meine Arbeit beendet.*
	L'année s'achève.	*Das Jahr geht zu Ende.*
	Il attend le train.	*Er wartet auf den Zug.*
	Il faut s attendre à tout.	*Man muss auf alles gefasst sein.*
	Chaque matin, il promène son chien dans le parc.	*Jeden Morgen führt er seinen Hund im Park spazieren.*
	J'irai me promener un peu.	*Ich will ein wenig spazieren gehen.*
	Le voleur fut arrêté.	*Der Dieb wurde festgenommen.*
	Le train s'arrête partout.	*Der Zug hält überall.*

Regel: Die zusammengesetzten Zeiten aller reflexiven Verben werden mit *être* gebildet, wobei die Veränderlichkeit des Partizips (→ 6.3.3.) zu beachten ist. Das Reflexivpronomen (→ 3.1.1.4.) steht - außer beim bejahten Imperativ - immer unmittelbar vor dem konjugierten Verb, einem Infinitiv oder dem Partizip Präsens, und wird von diesem nur durch die Pronomina *le, la, les* und *en, y* getrennt.

Sonderfall: Das Reflexivpronomen fehlt meist nach *faire*, sofern kein Doppelsinn gegeben ist (6), zuweilen nach *laisser, envoyer* und *mener* (7). Es fehlt ebenfalls beim Partizip Perfekt (8).

(6)	*Nous avons fait écouler l'eau.*	*Wir haben das Wasser ablaufen lassen.*

	Il ne se tait pas? Eh bien, on le fera taire.	*Er will nicht still sein? Nun, man wird ihn zum Schweigen bringen.*
	Elle le fit s'arrêter.	*Sie ließ ihn anhalten.*
	Elle fit l'arrêter.	*Sie ließ ihn verhaften.*
(7)	*J'ai laissé écouler le délai.*	*Ich habe die Frist verstreichen lassen.*
	Elle l'a envoyé promener.	*Sie hat ihm den Laufpass gegeben.*
	Il menait son chien promener.	*Er führte seinen Hund spazieren.*
(8)	*un prisonnier évadé*	*ein entflohener Häftling*
	une femme évanouie	*eine Frau, die ohnmächtig geworden ist*

6.2.7.1. Nur reflexiv gebrauchte Verben

s'absenter	*(kurz) weggehen, wegfahren*	*s'évader*	*entkommen, entweichen*
s'agenouiller	*niederknien*	*s'évanouir*	*ohnmächtig werden*
se désister (de)	*verzichten (auf) zurücktreten (von)*	*se fier à*	*(ver)trauen, sich anvertrauen*
s'écrier	*ausrufen*	*se méfier de*	*misstrauen; sich hüten (vor)*
s'écrouler	*einstürzen*	*se moquer de*	*sich lustig machen*
s'efforcer	*sich bemühen*	*s'obstiner (à, dans)*	*hartnäckig bestehen auf*
s'emparer de	*sich bemächtigen*	*se réfugier*	*(sich) flüchten*
s'empresser	*sich beeilen*	*se repentir (de)*	*bereuen*

s'en aller	*fortgehen, gehen*	*se soucier de*	*sich kümmern um*
s'enfuir	*entfliehen*	*se souvenir de*	*sich erinnern*
s'envoler	*fortfliegen*	*se taire*	*schweigen,- verstummen*

6.2.7.2. Gelegentlich reflexiv gebrauchte Verben

achever	*vollenden*	*s'achever*	*zu Ende gehen*
terminer	*beenden*	*se terminer*	*zu Ende gehen*
appeler	*nennen, rufen*	*s'appeler*	*heißen*
arrêter	*anhalten, festnehmen*	*s'arrêter*	*anhalten, stehen bleiben*
attendre	*erwarten*	*s'attendre à*	*gefasst sein auf*
attendrir	*rühren*	*s'attendrir*	*gerührt werden*
coucher	*hinlegen*	*se coucher*	*zu Bett gehen, sich hinlegen*
décourager	*entmutigen*	*se décourager*	*mutlos werden*
douter de	*bezweifeln*	*se douter de*	*ahnen*
endormir	*einschläfern*	*s'endormir*	*einschlafen*
éteindre	*auslöschen*	*s'éteindre*	*erlöschen*
fatiguer	*ermüden*	*se fatiguer*	*müde werden*
lever	*erheben*	*se lever*	*aufstehen, sich erheben*
noyer	*ertränken*	*se noyer*	*ertrinken*
promener	*spazieren führen*	*se promener*	*spazieren gehen*

réveiller	*wecken*	*se réveiller*	*aufwachen*
taire qc	*etwas verschweigen*	*se taire*	*schweigen*

6.2.7.3. Verben, die im Französischen reflexiv gebraucht werden, in Deutschen aber nicht

s'abattre	*niedergehen (Gewitter), abstürzen (Flugzeug)*	*s'en aller*	*fort-, weggehen*
s'ajouter	*hinzukommen*	*s'entraîner (à), s'exercer (à)*	*(sich) üben, trainieren*
s'apercevoir de	*merken, gewahr werden*	*s'épanouir*	*aufblühen*
se baigner	*(sich) baden*	*se trouver mal*	*ohnmächtig werden*
se briser	*zerbrechen*	*se fâcher*	*ärgerlich, böse werden*
se casser	*zerbrechen, sich (etwas) brechen*	*se faner, se flétrir*	*verwelken*
se rompre	*zerbrechen*	*se lasser (de)*	*ermüden, überdrüssig werde*
se composer de	*bestehen, sich zusammensetzen aus*	*s'impatienter*	*ungeduldig werden*
se confesser	*beichten*	*s'entêter (à, dans)*	*sich versteifen auf*
se déclarer	*ausbrechen (Krankheit, Feuer)*	*se passer, se produire*	*geschehen, sich ereignen*
se dérouler	*sich abspielen, verlaufen*	*se passer de*	*entbehren können, auskommen ohne*

s'écouler	*ablaufen, verfließen*	*se reposer*	*(sich) ausruhen*
s'écraser	*zusammenprallen, zerschellen (an), rasen(gegen)*	*se réunir*	*zusammen-kommen, sich versammeln*
s'effondrer	*einstürzen, zusammenbrechen*	*se succéder*	*aufeinander folgen*
s'effrayer (de)	*erschrecken (über)*	*se tenir*	*stattfinden, ab-gehalten werden*
s'emporter	*aufbrausen, sich ereifern*		

6.2.7.4. Verben, die im Deutschen reflexiv gebraucht werden, im Französischen aber nicht

augmenter	*sich vermehren*	*décupler*	*sich verzehn-fachen*
avoir honte	*sich schämen*	*empirer*	*sich verschlech-tern, verschlim-mern*
bouger, remuer	*sich rühren*	*évoluer*	*sich entwickeln*
changer, varier	*sich verändern*	*patienter*	*sich gedulden*
différer	*sich unterscheiden*	*porter sur*	*sich beziehen, erstrecken auf*
divorcer	*sich scheiden lassen*	*prendre la liberté*	*sich die Freiheit nehmen*
diminuer	*sich vermindern*	*résulter de*	*sich ergeben aus*
doubler	*sich verdoppeln*	*séjourner*	*sich aufhalten*

tripler	*sich verdreifachen*	*serpenter*	*sich schlängeln (Weg)*
quadrupler	*sich vervierfachen*	*tourner*	*sich drehen*
quintupler	*sich verfünffachen*		

Hinweis: Folgende Differenzierungen sind zu beachten:

changer = sich verändern, wechseln
aber: se changer = sich umziehen (9)

(9)	*La situation a complètement changé.*	*Die Situation hat sich völlig geändert.*
	Je me suis changé parce que j'étais trempé par la pluie.	*Ich habe mich umgezogen, weil ich vom Regen durchnässt war.*

échapper oder s'échapper = entkommen, entweichen
aber: (Name) entfallen oder (jemandes Aufmerksamkeit) entgehen = nur: échapper (10)

(10)	*Un détenu s'échappe de prison.*	*Ein Häftling entkommt aus dem Gefängnis.*
	Un juron lui a échappé.	*Ein Fluch ist ihm herausgerutscht.*

imaginer oder *s'imaginer* = sich etwas vorstellen
aber: sich einbilden = nur: imaginer (11)

(11)	*Elle avait imaginé ce pays tout autrement.*	*Sie hatte sich dieses Land ganz anders vorgestellt.*
	Ne t'imagine pas que tu peux faire ce que tu veux.	*Bilde dir nur nicht ein, dass du tun kannst, was du willst.*

6.2.7.5. Reflexivkonstruktion mit passivischem Sinn

Grundwissen: Bei einer Reihe von Verben wird durch die reflexive Form die Handlung selbst, nicht aber deren Urheber bezeichnet. Diese Konstruktion tritt nur in der dritten Person auf. Sie ist im Französischen sehr beliebt und wesentlich häufiger als im Deutschen. Unterschieden wird bei dieser Reflexivkonstruktion ohne Nennung des Handelnden zwischen der persönlichen (12) und der unpersönlichen Konstruktion (13):

(12)	*Ce joumal se lit très bien.*	*Diese Zeitung lässt sich gut lesen.*
	Les noms propres s‘écrivent avec une majuscule.	*Eigennamen werden mit großem Anfangsbuchstaben geschrieben.*
	Une chose pareille ne s'oublie pas.	*So etwas vergisst man nicht.*
(13)	*On dirait que se publient d'autant plus de livres que les gens ont moins de temps pour les lire.*	*Man könnte sagen, dass um so mehr Bücher erscheinen, je weniger Zeit die Leute haben, sie zu lesen.*

Übungen

1. Übersetzen Sie:

a. Löscht das Licht, wenn ihr ausgeht!
b. Das Feuer ist erloschen.
c. Lärm hatte ihn aufgeweckt.
d. Ich bin schon früh aufgewacht.
e. Mehrere Gefangene waren während der Nacht entkommen.
f. Er macht sich über deine Drohungen lustig.
g. Wir haben uns Zeit gelassen und sind im Park spazieren gegangen.
h. Die Zeiten ändern sich, und wir ändern uns mit ihnen.
i. Du hast dich in der Tür *(de porte)* geirrt.
j. Ein Wagen war gegen eine Mauer geprallt.
k. Zwei Kinder sind in der Loire ertrunken.
l. Die Erde dreht sich.
m. Ich weiß nicht, wie dieser Herr heißt. Sein Name ist mir entfallen.
n. Alle reflexiven Verben werden mit dem Hilfswort *être* konjugiert.
o. Englisch wird in der ganzen Welt gesprochen.
p. Plötzlich öffnete sich die Tür.
q. Dieser Ausdruck ist nicht mehr gebräuchlich.
r. Die Vase ist zerbrochen.
s. Das kann man sagen, aber nicht schreiben.

2. Übersetzen Sie:

a. Cet échec m'a découragé.
b. Il faut s'attendre à tout, mais ne te décourage pas!
c. Chaque matin, elle promenait son chien dans le parc.
d. Il s'écria que c'était une injustice.
e. Je m'empresse de répondre à votre lettre.
f. Combien je me repens de ne pas avoir suivi ses conseils.
g. Pourquoi te méfies-tu de tout le monde?
h. Nous avons séjourné un an à Paris.
i. Tu n'as pas honte de mentir?
j. Il se plaint: „Mes richesses diminuent chaque jour."
k. Les temps ont bien changé.
l. La vitesse de la voiture a doublé, et puis elle s'est écrasée contre un mur.
m. Quand il fait du vent, les ailes du moulin tournent vite.
n. Les petites voitures se vendent facilement.
o. Je me passe très bien de vos conseils, vous feriez mieux de vous taire.
p. Malgré le mauvais temps, les travaux de sauvetage se poursuivent
q. Cette erreur s'explique facilement.
r. Le mot chariot s'écrit avec un seul r.

Lösungen

1\. a. Éteignez la lumiére quand vous sortez!
b. Le feu est éteint.
c. Du bruit l'avait réveillé.
d. Je me suis réveillé(e) de bonne heure.
e. Plusieurs prisonniers s'étaient évadés pendant la nuit.
f. Il se moque de tes menaces.
g. Nous avons pris notre temps et nous nous sommes promené(e)s dans le parc.
h. Les temps changent et nous changeons avec eux.
i. Tu t'es trompé(e) de porte.
j. Une voiture s'était écrasée contre un mur.
k. Deux enfants se sont noyés dans la Loire.
l. La terre tourne.
m. Je ne sais pas comment s'appelle ce monsieur. Son nom m'a échappé.
n. Tous les verbes pronominaux se conjuguent avec l'auxiliaire être.
o. L'anglais se parle dans le monde entier.

p. Soudain la porte s'ouvrit.
q. Cette expression ne s'emploie plus.
r. Le vase s'est cassé/s'est brisé.
s. Cela se dit, mais ne s'écrit pas.

2. a. Dieser Misserfolg hat mich entmutigt.
b. Man muss auf alles gefasst sein, aber verliere nicht den Mut!
c. Jeden Morgen führte sie ihren Hund im Park spazieren.
d. Er rief aus, dass dies eine Ungerechtigkeit sei.
e. Ich beeile mich, Ihren Brief zu beantworten.
f. Wie ich es doch bereue, nicht auf seine Ratschläge gehört zu haben.
g. Warum misstraust du allen?
h. Wir haben uns ein Jahr in Paris aufgehalten./Wir haben ein Jahr in Paris gelebt.
i. Schämst du dich nicht zu lügen?
j. Er beklagt sich: „Meine Reichtümer verringern sich von Tag zu Tag."
k. Die Zeiten haben sich sehr geändert.
l. Die Geschwindigkeit des Wagens hat sich verdoppelt, und dann ist er gegen eine Mauer gerast.
m. Wenn es windig ist, drehen sich die Flügel der Windmühle schnell.
n. Kleinwagen verkaufen sich leicht.
o. Ich kann sehr gut ohne Ihre Ratschläge auskommen, Sie täten besser daran, zu schweigen.
p. Trotz des schlechten Wetters gehen die Rettungsarbeiten weiter.
q. Dieser Irrtum erklärt sich ganz einfach.
r. Das Wort chariot schreibt man nur mit einem r.

6.2.8. Das unpersönliche Verb

Grundwissen: Während die persönlichen Verben ein bestimmtes Subjekt haben, werden die unpersönlichen Verben mit einem unbestimmten *il* eingeleitet, das dem deutschen „es" entspricht. Die eigentlichen unpersönlichen Verben kommen nur in unpersönlicher Form vor. Sie beziehen sich hauptsächlich auf Naturerscheinungen und Zeitangaben.

6.2.8.1. Unpersönliche Verben

il pleut	*es regnet*	*il gèle*	*es friert*
il neige	*es schneit*	*il dégèle*	*es taut*
il grêle	*es hagelt*	*il tonne*	*es donnert*

il fait beau, mauvais (temps)	*es ist schönes, schlechtes Wetter*
il fait un temps magnifique	*es ist herrliches Wetter*
il fait chaud, froid, frais, lourd	*es ist warm, kalt, frisch, schwül*
il fait (du) soleil	*es ist sonnig, die Sonne scheint*
il fait clair de lune	*es ist Mondschein*
il fait du vent, du brouillard	*es ist windig, nebelig*
il fait trente degrés à l'ombre	*es sind dreißig Grad im Schatten*
il fait jour, nuit	*es ist Tag, Nacht*
il fait noir (oder sombre), clair	*es ist dunkel, hell*
il se fait tard	*es wird spät*
il est tôt, tard	*es ist früh, spät*
il est (grand) temps (de faire)	*es ist (höchste) Zeit (zu tun)*
il est midi	*es ist 12 Uhr, Mittag*
il est minuit	*es ist 12 Uhr (nachts), Mitternacht*
il est trois heures	*es ist 3 Uhr*
quelle heure est-il?	*wie spät ist es?*

6.2.8.2. Unpersönliche Wendungen im Französischen und Deutschen

Bei den unpersönlichen Wendungen im Französischen steht das grammatische Subjekt *il* an der Satzspitze. Es ist aber nur ein Scheinsubjekt, denn das eigentliche, logische Subjekt folgt nach. Das Verb steht stets im Singular, denn es richtet sich, im Gegensatz zum Deutschen, nach dem grammatischen Subjekt (14):

(14)	*Il y règne un silence solennel.*	*Es herrscht feierliches Schweigen.*
	Il nous restait que quelques minutes pour nous sauver.	*Uns blieben nur wenige Minuten um uns zu retten.*

Die wichtigsten Wendungen in diesem Zusammenhang sind:

il y a *il y a des gens qui* *(oder gewählt: il est)*	*es gibt* *es gibt Leute, die*
il y a un courant d'air	*es zieht*
il y a une heure	*vor einer Stunde*
il y a longtemps que	*es ist lange her, dass; seit langem*
il y a loin d'ici à	*es ist weit bis*
il n'y a rien à faire	*es ist nichts zu machen*
il n'y a que faire	*man braucht nur zu tun*
il n'y a que lui qui le sache	*nur er weiss es*
il y a lieu de (+ Infinitiv) *oder weniger gewählt:* *il y a de quoi (+ Infinitiv)*	*es besteht Anlass, Grund zu*
il arrive que	*es kommt vor dass*
il vaut mieux que (+ Subjonctif)	*es ist besser, dass*
il va de soi que	*es versteht sich von selbst, dass*
il y va de sa vie	*es geht um sein Leben*
il s'agit de	*es handelt sich um*
il est question de	*es ist die Rede von*
il s'ensuit, il en résulte que	*es folgt daraus, dass*

il se trouve que	*es fügt, trifft sich, dass*
il n'en est rien	*dem ist nicht so, das trifft nicht zu*
il me tarde de faire	*es verlangt mich, ich sehne mich danach, zu tun*
il (m')importe de faire	*es ist (mir) wichtig zu tun*
il ne tient qu'à vous de faire	*es liegt nur an ihnen zu tun*
(il) reste à savoir si	*es fragt sich nur ob*
il est possible que (+ Subj.) *il se peut que (+ Subjonctif)*	*es ist möglich, dass*
il est impossible de faire *il n'y a pas moyen de faire*	*es ist unmöglich*

6.2.8.3. Unpersönliche Wendung im Deutschen - Persönliche Wendung im Französischen

Statt des deutschen unpersönlichen „es" und des häufig gebrauchten unpersönlichen Passivs verwendet das Französische lieber ein persönliches Aktiv (15) (außer bei Witterungsangaben!):

(15)	*es klopft*	*on frappe*
	es läutet	*on sonne*
	nach dem Essen wird getanzt	*Après le dîner on dansera*
	hier wird nicht geraucht	*on ne fume pas ici*

Die wichtigsten Wendungen in diesem Zusammenhang sind:

mir ist warm, kalt	*j'ai chaud, froid*
Wie geht es dir?	*Comment vas-tu?*
es geht mir gut, schlecht	*je vais bien, mal*

mir ist schwindlig, mir schwindelt	*j'ai le vertige*
ihr wird übel	*elle a mal au cœur*
mich ekelt vor etwas	*qc me dégoûte*
es tut mir leid	*je regrette*
es reut mich	*je m'en repens oder je le regrette*
es freut mich, dass	*je suis content (oder heureux) que (+ Subjonctif)*
es ärgert mich, dass	*je suis furieux que (+ Subjonctif)*
es wundert mich, dass	*je m'étonne que (+ Subjonctif)*
es gelingt mir, etwas zu tun	*j'arrive* *je réussis à faire qc* *je parviens*
es steht Ihnen frei, etwas zu tun	*vous êtes libre de faire qc oder libre à vous de faire qc*
es fehlt mir an etwas	*je manque de qc*
es gefällt ihm hier	*il se plaît ici*
es liegt mir daran, etwas zu tun	*je tiens à faire qc*
es liegt mir viel/nichts daran, mir ist viel/nichts daran gelegen	*j'y tiens beaucoup/je n'y tiens pas*
es liegt mir am Herzen, zu tun	*j'ai à cœur de faire*
ihr ist weh ums Herz	*elle a le cœur gros*
es ist mir bekannt, dass	*je sais que*

es kann ihm nicht unbekannt sein, dass	*il ne peut (pas) ignorer que oder il n'est pas sans savoir que*
es fragt sich, ob	*on se demande si*
es schlägt acht Uhr	*huit heures sonnent*
es wird behauptet, dass	*on prétend que*
Was ist aus ihm geworden?	*Qu'est-il devenu? oder Qu'est-ce qu'il est devenu?*

6.2.8.4. Der Gebrauch von *falloir*

Falloir (es ist nötig) wird üblicherweise nur in der 3. Person Singular verwendet. Es zählt damit zu den eigentlichen unpersönlichen Verben. Bei seinem Gebrauch ist zu beachten, dass die als schwerfällig empfundene Häufung von Pronomen beim Infinitiv vermieden wird. Man zieht in solchen Fällen die Konstruktion il faut que (+ *Subjonctif)* vor:
il faut que tu le fasses (statt: *il te faut le faire)*
it faut qu'il s'en aille (statt: *il lui faut s'en aller)*

Die wichtigsten Wendungen in diesem Bereich sind:

il faut qu'il revienne	*er muss wiederkommen*
il ne faut pas que tu perdes courage	*du darfst nicht den Mut verlieren*
il faut travailler	*man muss arbeiten*
je reviendrai s'il le faut ...	*wenn es sein muss, nötig ist*
il me faut de l'argent	*ich brauche Geld, habe Geld nötig*
combien vous faut-il?	*wieviel brauchen Sie?*
il s'en faut de beaucoup pour que (+ Subjonctif)	*es fehlt viel, damit*

Übungen

1. Übersetzen Sie:

a. Es ist schon dunkel.- Wie spät ist es? - Es hat soeben acht Uhr geschlagen.
b. Wenn Ihnen zu warm ist, ziehen Sie die Jacke aus!
c. Wir sind gestern nicht spazieren gegangen, es war zu windig.
d. Machen Sie die Fenster zu, es zieht.
e. Es ist sehr schwül und es blitzt schon. Es wird sicherlich ein Gewitter geben.
f. Wie geht es Ihren Geschwistern?
g. Wie viele Schüler sind in dieser Klasse?
h. Es ist weit bis zum Bahnhof, es ist deshalb höchste Zeit, dass wir aufbrechen.
i. Seit fünf Jahren haben wir nichts von ihr gehört. Was ist aus ihr geworden?
j. Es wird behauptet, er sei unschuldig.
k. Man sagt, sie will sich scheiden lassen.
l. Es fehlt ihnen nicht an Mut.
m. Es ist möglich, dass wir schon am Dienstag ankommen.

2. Übersetzen Sie und geben Sie das kursiv Gedruckte mit *falloir* wieder:

a. Es ist bald Mitternacht, *du musst zu Bett gehen.*
b. Was hätten Sie noch nötig? Danke, ich habe *alles, was ich brauche.*
c. Sind Sie mit der französischen Grammatik bald fertig? *Noch lange nicht!*
d. Du hast seinen Brief noch nicht beantwortet? *Du musst es heute noch tun*!
e. Es freut mich, dass Sie gekommen sind. *Sie sind der Mann, den wir brauchen.*
f. Um eine fremde Sprache zu erlernen, *braucht man viel Geduld und Ausdauer.*
g. *Man hätte sofort handeln müssen.*
h. *Wir werden alles Nötige tun*, um ihnen zu helfen.
i. *Ich brauche deinen Schlüssel.*
Er besitzt ein schönes Haus, ihm fehlt es nicht an Geld, *was braucht er mehr?*

Lösungen

1. a. Il était déjà sombre. - Quelle heure est-il? - Huit heures viennent de sonner.
   b. Si vous avez trop chaud, retirez votre veste!
   c. Hier, nous ne sommes pas allé(e)s nous promener, il y avait trop de vent.
   d. Fermez les fenêtres, il y a un courant d'air.
   e. Il fait très lourd et il y a déjà des éclairs. Il y aura certainement un orage.
   f. Comment vont vos frères et vos sœurs?
   g. Combien d'élèves y a-t-il dans cette classe?
   h. Il y a loin d'ici à la gare, il est donc grand temps de partir.
   i. Il y a cinq ans que oder Depuis cinq ans nous n'avons pas de ses nouvelles. Qu'est-ce qu'elle est devenue?
   j. On prétend qu'il est innocent.
   k. On dit qu'elle veut divorcer.
   l. Ils ne manquent pas de courage.
   m. Il est possible oder Il se peut que nous arrivions déjà mardi.

2. a. Il est bientôt minuit. Il faut que tu ailles au lit.
   b. Que vous faudrait-il encore? Merci, j'ai tout ce qu'il me faut.
   c. Avez-vous bientôt terminé la grammaire française? Tant s'en faut *oder* il s'en faut de beaucoup.
   d. Tu n'a pas encore répondu à sa lettre? Il faut que tu le fasses aujourd'hui même!
   e. Je suis content que vous soyez venu, vous êtes l'homme qu'il nous faut.
   f. Pour apprendre une langue étrangère il faut beaucoup de patience et de persévérance.
   g. Il aurait fallu agir tout de suite.
   h. Nous ferons tout ce qu'il faut pour les aider.
   i. Il me faut ta clé/clef.
   j. Il possède une belle maison, il ne manque pas d'argent, que lui faut-il de plus?

6.3. Die Hilfsverben *avoir* und *être*

Grundwissen: *Avoir* (haben) und *être* (sein) sind temporale Hilfsverben. Sie helfen, die zusammengesetzten Zeiten der Verben zu bilden.

6.3.1. Konjugation von avoir und être

1. Einfache Zeiten			**2. Zusammengesetzte Zeiten**		
	avoir	**être**		**avoir**	**être**
Präsens Indikativ	j'ai tu es il a nous avons vous avez ils ont	je suis tu es il est nous sommes vous êtes ils sont	**Passé composé**	j'ai eu tu es eu il a eu nous avons eu vous avez eu ils ont eu	j'ai été tu es été il a été nous avons été vous avez été ils ont été
Präsens Subjonctif	que j'aie que tu aies qu'il ait que nous ayons que vous ayez qu'ils aient	que je sois que tu sois qu'il soit que nous soyons que vous soyez qu'ils scient	**Passé composé Subjonctif**	(que j'aie eu)	(que j'aie été)
Partizip Präsens	ayant	étant	**Partizip Perfekt**	eu,e été	
Imperativ	aie ayons ayez	sois soyons soyez			
Imperfekt	j'avais tu avais il avait ions vous aviez ils avaient	j'étais tu étais il était nous étions vous étiez ils étaient	**Plus-que-parfait**	j'avais eu tu avais eu il avait eu nous avions eu vous aviez eu ils avaient eu	j'avais été tu avais été il avait été nous avions été vous aviez été ils avaient été
Imperfekt Subjonctif	que j'eusse que tu eusses qu'il eût que nous eussions que vous eussiez qu'ils eussent	que je fusse que tu fusses qu'il fût que nous fussions que vous fussiez qu'ils fussent	**Plus-que-parfait Subjonctif**	(que j'eusse eu)	(que j'eusse été)

1. Einfache Zeiten			2. Zusammengesetzte Zeiten		
	avoir	**être**		**avoir**	**être**
Passé simple	j'eus tu eus il eut nous eûmes vous eûtes ils eurent	je fus tu fus il fût nous fûmes vous fûtes ils furent	**Passé antérieur**	(j'eus eu)	(j'ai été)
Futur I	j'aurai tu auras il aura nous aurons vous aurez ils auront	je serai tu seras il sera nous serons vous serez ils seront	**Futur II**	j'aurai eu tu auras eu il aura eu nous aurons eu vous aurez eu ils auront eu	j'aurai été tu auras été il aura été nous aurons été vous aurez été ils auront été
Konditional I	j'aurais tu aurais il aurait nous aurions vous auriez ils auraient	je serais tu serais il serait nous serons vous seriez ils seraient	**Konditi-onal II**	j'aurais eu tu aurais eu il aurait eu nous aurions eu vous aurez eu ils auraient eu	j'aurais été tu aurais été il aurait été nous aurions été vous auriez été ils auraient été

6.3.2. Der Gebrauch der temporalen Hilfsverben avoir und être

Regel: *Avoir* wird bei allen transitiven und den meisten intransitiven Verben verwendet. *Être* dient zur Bildung des Passivs und der zusammengesetzten Zeiten, der reflexiven und einiger intransitiver Verben.

6.3.2.1. Der Gebrauch von *avoir*

Mit **avoir** werden verbunden:

- die Verben *avoir* und *être* selbst (1)
- alle transitiven Verben (→ 6.7.) (2)
- die meisten intransitiven Verben (→ 6.7.) (3)
- alle nur unpersönlich gebrauchten Verben (4)
- Verben, die eine Bewegungsart ausdrücken (5)

(1)	*J'ai eu faim.*	*Ich habe Hunger gehabt.*
	J'ai été malade.	*Ich bin krank gewesen.*
(2)	*Il a lavé la voiture.*	*Er hat den Wagen gewaschen.*
	Nous avons visité le musée.	*Wir haben das Museum besucht.*
(3)	*Il a bien dormi.*	*Er hat gut geschlafen.*
	La température a baissé.	*Die Temperatur ist gesunken.*
(4)	*Il a plu toute la nuit.*	*Es hat die ganze Nacht geregnet.*
	Il n'a pas neigé depuis hier.	*Seit gestern hat es nicht geschneit.*
(5)	*Nous avons marché deux heures.*	*Wir sind zwei Stunden gegangen.*
	J'ai nagé jusqu'au bateau.	*Ich bin bis zum Boot geschwommen.*

6.3.2.2. Der Gebrauch von *être*

Mit ***être*** werden verbunden:

- das Passiv (6)
- alle reflexiven (→ 6.2.7.) und reflexiv gebrauchten Verben (7)
- intransitive Verben, die eine Bewegungsrichtung ausdrücken (8)
- einige Verben, die einen Wechsel des Zustands oder das Beibehalten eines Zustands ausdrücken (9).

(6)	*Le mendiant a été arrêté par la police.*	*Der Bettler ist von der Polizei verhaftet worden.*
(7)	*Je me suis trompé.*	*Ich habe mich getäuscht.*
	Il s'est lavé.	*Er hat sich gewaschen.*
	Ils se sont écrit souvent.	*Sie haben sich oft geschrieben.*

(8)	*Nous sommes allés au cinéma.*	*Wir sind ins Kino gegangen.*
	Il est entré sans frapper.	*Er ist ohne anzuklopfen eingetreten.*
	Il est arrivé un malheur.	*Es hat sich ein Unglück ereignet.*

aller	*sich begeben, gehen, fahren etc.*	*rester, demeurer*	*bleiben*
		retourner	*zurückkehren*
arriver	*ankommen*	*revenir*	*zurückkommen*
entrer	*eintreten*	*sortir*	*ausgehen*
partir	*abreisen, aufbrechen*	*tomber*	*fallen*
		venir	*kommen*
parvenir	*gelangen*		
rentrer	*zurückkehren*		

(9)	*Elle était devenue toute pâle.*	*Sie war ganz blass geworden.*
	Il est né au mois d'avril.	*Er ist im April geboren.*
	Nous sommes restés une semaine.	*Wir sind eine Woche geblieben.*

décéder	*verscheiden*
devenir	*werden*
éclore	*aufblühen, ausschlüpfen*
mourir	*sterben*
naître	*geboren werden, entstehen*

Sonderfall: *disparaître, périr, persister, changer* werden mit ***avoir*** verbunden!

6.3.2.3. Wechselnder Gebrauch von *avoir* und *être*

In bestimmten Fällen kommt es zu einem wechselnden Gebrauch von *avoir* und *être*:

- einige Verben, die eine Bewegungs**richtung** ausdrücken, können transitiv gebraucht werden. In diesem Fall werden sie mit *avoir* verbunden (10).

- bei einigen Verben ändert sich die Bedeutung, je nachdem, ob sie mit *avoir* oder *être* verbunden werden (11).

(10)	*J'ai monté la valise dans ma chambre.*	*Ich habe den Koffer in mein Schlafzimmer hinaufgetragen.*
	Je suis monté dans ma chambre.	*Ich bin in mein Schlafzimmer hinaufgegangen.*
	J'ai descendu le vin à la cave.	*Ich habe den Wein in den Keller hinuntergetragen.*
	Je suis descendu à la cave.	*Ich bin in den Keller hinunter gestiegen.*
	J'ai monté/descendu l'escalier.	*Ich bin die Treppe hinauf-/ hinuntergestiegen.*
	Le thermomètre est monté à 30 degrés/descendu à zéro.	*Das Thermometer ist auf 30 °C gestiegen/auf 0 °C gefallen.*
	J'ai rentré la voiture au garage.	*Ich habe den Wagen in die Garage gefahren.*
	Je suis rentré à la maison.	*Ich bin nach Hause gekommen.*
	J'ai sorti la voiture du garage.	*Ich habe den Wagen aus der Garage geholt.*
	Ma sœur est sortie en ville.	*Meine Schwester ist in die Stadt gegangen.*
	Il a retourné sa veste.	*Er hat seine Jacke gewendet.*
	Elle est retournée dans son pays.	*Sie ist in ihr Land zurückgekehrt.*

(11)	*changer*	*Elle a beaucoup changé.*	*Sie hat sich sehr verändert.*
		Elle est changée.	*Sie ist verändert.*
	divorcer	*Elle a divorcé.*	*Sie hat sich scheiden lassen.*
		Elle est divorcée.	*Sie ist geschieden.*

passer	*J'ai passé mes vacances à la mer.*	*Ich habe meine Ferien am Meer verbracht.*
	Le temps a passé vite.	*Die Zeit ist schnell vergangen.*
	La couleur a passé.	*Die Farbe ist verblasst.*
	Le facteur est déjà passé.	*Der Briefträger ist schon vorbeigekommen.*
	Le prix est passé de 3 à 6 Euro le kilo.	*Der Kilopreis ist von 3 auf 6 Euro gestiegen.*
paraître	*Elle a paru triste.*	*Sie schien traurig zu sein.*
	Le roman a paru l'an dernier	*Der Roman ist im letzten Jahr erschienen. (Tätigkeit)*
	Le roman est paru depuis un an.	*Der Roman ist seit einem Jahr erschienen. (Zustand)*

Sonderfälle: Steht *paraître* ohne Zeitangabe, kann man *avoir* oder *être* verwenden (12).

Convenir in der Bedeutung „vereinbaren" kann *mit avoir* oder *être* verbunden werden (13).

Demeurer in der Bedeutung von „wohnen" wird mit *avoir* verbunden, *demeurer* in der Bedeutung von „bleiben" wird mit *être* verbunden (14) .

(12)	*Le roman a paru/est paru aux éditions Durand.*	*Der Roman ist im Verlagshaus Durand erschienen.*
(13)	*Nous avons convenu/sommes convenus d'une date.*	*Wir haben einen Termin vereinbart.*
(14)	*J'ai longtemps demeuré dans cet appartement.*	*Ich habe lange in dieser Wohnung gewohnt.*
	Elle est demeurée seule après la mort de son mari.	*Nach dem Tod ihres Mannes ist sie allein geblieben.*

6.3.3. Die Veränderlichkeit des Partizip Perfekt

6.3.3.1. Verben, die mit *avoir* verbunden werden

Bei Verben, die zusammengesetzte Zeiten mit *avoir* bilden, wird das Partizip nur dann verändert, wenn ein direktes Objekt dem Verb **vorausgeht.** Es richtet sich dann in Geschlecht und Zahl nach diesem Objekt (15):

(15)	*Voici la lettre qu'elle a écrite.*	*Hier der Brief, den sie geschrieben hat.*
	Ces photos, je les ai prises en ltalie.	*Diese Photos habe ich in Italien gemacht.*
	Combien de photos as-tu prises?	*Wieviele Photos hast du gemacht?*

Sonderfälle: Das Partizip der unpersönlichen Verben wird nicht verändert, wenn das Objekt kein direktes Objekt ist (16):

(16)	*Tous ces accidents qu'il y a eu dans ce virage!*	*All die Unfälle, die es in dieser Kurve schon gegeben hat!*

Vor einem Infinitiv bleibt das Partizip von *faire, croire* und den modalen Hilfsverben *devoir, pouvoir, savoir, vouloir* unverändert (17):

(17)	*Tous les gens qu'on a fait venir.*	*All die Leute, die man hat kommen lassen.*
	Les voix que j'ai cru entendre.	*Die Stimmen, die ich zu hören glaubte.*
	Les travaux que nous avons dû faire.	*Die Arbeiten, die wir machen mussten.*
	Les fautes qu'il a pu faire.	*Die Fehler, die er machen konnte.*
	Les fautes qu'il a su éviter.	*Die Fehler, die er zu vermeiden wusste.*
	Tous ceux que j'ai voulu inviter.	*Alle die, die ich habe einladen wollen.*

6.3.3.2. Verben, die mit *être* verbunden werden

Bei Verben, die die zusammengesetzten Zeiten mit *être* bilden, ist das Partizip veränderlich. Es richtet sich in Geschlecht und Zahl nach dem Subjekt. Ebenso verhält es sich beim Passiv (18):

(18)	*Elle est tombée malade.*	*Sie ist krank geworden.*
	La ville a été détruite.	*Die Stadt ist zerstört worden.*
	Ils se sont regardés.	*Sie haben sich angesehen.*
	Nous nous en sommes souvenus longtemps.	*Wir haben uns lange daran erinnert.*

Sonderfall: Ist bei einem reflexiven Verb das Reflexivpronomen ein direktes Objekt, dann bleibt das Partizip unverändert, es sei denn, ein direktes Objekt geht zusätzlich voran (19):

(19)	*Ils se sont souri. (sourire à qn)*	*Sie haben sich angelächelt.*
	Ils ne se sont plus jamais parlé. (parler à qn)	*Sie haben nie mehr miteinander gesprochen.*
aber:	*Les lettres qu'ils se sont écrites.*	*Die Briefe, die sie sich geschrieben haben.*

Übungen

1 . Setzen Sie die kursiv gedruckten Infinitive ins *Passé Composé*. Achten Sie auf die Veränderlichkeit des Partizips!

a. Ils *courir* si vite qu'ils étaient trempés de sueur.
b. Les invités *demeurer* très longtemps à table, ils ne *partir* qu'à minuit.
c. Au cours de l'hiver 1954, la Seine *déborder* à Paris.
d. Est-ce que les enfants *aller* se coucher?
e. En tout cas, ils *monter* dans leur chambre.
f. La rivière *monter* aujourd'hui de 30 centimètres.
g. Un cargo suédois *sombrer* au large de Brest et tout l'équipage *périr*.
h. Depuis la guerre, les prix partout *augmenter*.

i. Dans la tempête, notre bateau *chavirer* et nous *nager* jusqu'au rivage.
j. Par suite de sa maladie, elle beaucoup *maigrir*.

2. Übersetzen Sie :

a. Warum seid ihr so schnell gelaufen?
b. Meine Frau ist ausgegangen.
c. Das Barometer ist wieder gefallen, gestern war es gestiegen.
d. Wir sind 14 Tage in Paris geblieben, dort haben wir bei meiner Freundin gewohnt.
e. Das letzte Werk von André Gide, „Thésée", ist 1946 erschienen.
f. Ich weiß nicht, in welchem Verlag dieses Buch erschienen ist.
g. Monika hat sich in letzter Zeit sehr verändert.
h. Seit ihrer Scheidung ist sie ganz verändert.
i. Wann hat sie sich scheiden lassen?
j. Der Hausmeister hat den Koffer in den 3. Stock getragen.
k. Ich bin die Treppe hinuntergegangen und habe den Wagen aus der Garage geholt.

Lösungen

1. a. Ils ont couru
b. sont demeurés ... sont partis ...
c. a débordé
d. sont allés
e. sont montés
f. a monté
g. a sombré ... a péri
h. ont partout augmenté
i. a chaviré... avons nagé
j. a beaucoup maigri

2. a. Pourquoi avez-vous couru si vite?
b. Ma femme est sortie.
c. Le baromètre a de nouveau baissé, hier il avait monté.
d. Nous sommes restés/demeurés quinze jours à Paris, là nous avons habité chez mon amie.
e. Le dernier ouvrage d'André Gide, „Thésée", est paru en 1946.
f. Je ne sais pas chez quel éditeur ce livre a/est paru.
g. Monique a beaucoup changé ces derniers temps.
h. Depuis qu'elle est divorcée, elle est toute changée.
i. Quand a-t-elle divorcé?

j. Le concierge a monté la valise jusqu'au troisième étage.
k. J'ai descendu les escaliers et j'ai sorti la voiture du garage.

6.4. Andere Hilfsverben

6.4.1. Aller und venir als Hilfsverben

Aller (gehen) und *venir* (kommen) sind an sich Vollverben, können aber als Hilfsverben eingesetzt werden. Sie dienen dann zum Ausdruck nahen Zukunft, des *Futur proche* (1) und des eben erst Vergangenen, des *Passé récent* (2). Dabei ist zu beachten, dass *aller* nur im Präsens und Perfekt in diesem Sinne verwendet wird!

(1)	*Le train va entrer en gare.*	*Der Zug fährt gleich in den Bahnhof ein.*
	Il va être dix heures.	*Es ist gleich zehn Uhr.*
	Nous allons faire nos valises et partir.	*Wir packen jetzt unsere Koffer und brechen dann auf.*
(2)	*Je viens de manger.* *Je viens de te le dire.*	*Ich habe gerade gegessen.* *Ich habe es dir eben gesagt.*

Wichtige Wendungen sind:

aller faire	*gleich, sofort etwas tun*
aller jusqu'à faire	*so weit gehen, etwas zu tun*
venir faire	*kommen, um etwas zu tun*
venir de faire	*soeben etwas getan haben*
venir faire	*zufällig tun*

6.4.2. Hilfsverben mit folgendem Infinitiv

Die temporalen Hilfsverben werden zur Bezeichnung einer Handlung, die sofort beginnen soll, eingesetzt (3) oder betonen die Dauer einer Handlung, die sich vollzieht (4). Die modalen Hilfsverben charakterisieren die Handlung (5):

(3)	*être sur le point de faire* *être prêt à faire*	*im Begriff sein zu tun, gera-* *de tun wollen*
(4)	*être en train de faire* *être en voie de faire*	*(gerade) dabei sein zu tun,* *auf dem (besten) Wege sein zu tun*
(5)	*être loin de faire*	*weil entfernt sein zu tun, bei* *weitem nicht tun*
	manquer (de) faire *faillir faire*	*beinahe etwas tun*

6.4.3. Modale Hilfsverben

Modale Hilfsverben im engsten Sinne sind: *devoir (6) , pouvoir (7), vouloir (8).*

(6)	*Tu dois t'excuser.*	*Du musst dich entschuldigen.*
(7)	*Quelle heure peut-il être?*	*Wie spät könnte es sein?*
(8)	*Il veut venir ce soir.*	*Er will heute abend kommen.*

Ebenso verwendet werden aber auch folgende Verben (9):

faire	*(veran)lassen*
laisser	*(zu)lassen*
daigner	*geruhen*
oser	*wagen*
paraître, sembler	*scheinen*
savoir	*verstehen, können*

(9)	*Je lui fais ouvrir la fenêtre.*	*Ich lasse ihn das Fenster öffnen.*
	Laissez-moi entrer! *Il ne daigna même pas* *répondre à ma prière.*	*Lassen Sie/Lasst mich eintreten!* *Er geruhte nicht einmal auf* *meine Bitte zu antworten.*
	Je n'osais pas le déranger *dans son travail.*	*Ich wagte nicht, ihn in seiner* *Arbeit zu stören.*

Il avait 50 ans et paraissait en avoir davantage.	*Er war 50 Jahre alt, schien aber älter zu sein.*
Vous ne semblez pas me comprendre.	*Ihr scheint mich nicht zu verstehen.*
Il savait gagner l'amour de tout le monde.	*Er verstand es, die Liebe aller zu gewinnen.*

6.5. Die Zeiten und ihr Gebrauch

Grundwissen: Für die verschiedenen Stufen der Vergangenheit und der Zukunft hat sich das Französische, wie andere Sprachen auch, mehrer Zeitformen (→ 6.1) geschaffen. Der Gebrauch dieser Zeitformen im Französischen ist präziser als im Deutschen (1). Darüber hinaus habe manche Zeitformen die Aufgabe, die Handlung in ihrer Aktionsart zu verdeutlichen sowie die Stellung des Sprechenden zur Handlung herauszustellen (2):

(1)	*Je partirai demain.*	*Ich reise morgen ab.*
(2)	*Il écrivait une lettre, lorsqu'on sonna.*	*Er schrieb gerade einen Brief, als es plötzlich läutete.*
	Il pleuvait sans arrêt. Je pris donc la voiture pour aller au théâtre.	*Es regnete dauernd. Deshalb fuhr ich mit dem Auto ins Theater.*

6.5.1. Das Präsens - le présent

Das Präsens steht zum Ausdruck gegenwärtig erscheinender Geschehnisse, d.h. solcher, die der Sprechende miterlebt (3), aber auch, um gewohnheitsmäßige oder regelmäßig wiederkehrende Handlungen darzustellen (4). Darüber hinaus wird das Präsens in allgemeingültigen Aussagen verwendet, daher seine häufige Verwendung in Sprichwörtern (5):

(3)	*J'écris une lettre.*	*Ich schreibe einen Brief.*
	Nous sommes au théâtre; on joue une comédie de Molière.	*Wir sind im Theater, es wird eine Komödie von Molière gespielt.*

(4)	*Je me rase tous les jours.*	*Ich rasiere mich jeden Tag.*
	Il se lève toujours à 7 heures.	*Er steht immer um 7 Uhr auf.*
	Ce chien mord.	*Dieser Hund ist bissig.*
(5)	*Le jour suit la nuit.*	*Auf die Nacht folgt der Tag.*
	La terre est un globe.	*Die Erde ist eine Kugel.*
	Tout est bien qui finit bien.	*Ende gut, alles gut.*

In lebhafter Erzählung wird das Präsens bisweilen auch zur Schilderung von Geschehnissen der Vergangenheit gebraucht (6):

(6)	*Ce soir-1à, je me promenais encore dans les rues de mon quartier où je vécus cette scène: Un enfant traverse la rue. Une voiture arrive. Je reconnais le danger. Je cours vers l'enfant. Je le saisis par le bras.*	*An diesem Abend ging ich noch in den Straßen meines Viertels spazieren, wo ich diese Szene erlebte: Ein Kind läuft über die Straße. Ein Wagen kommt angefahren. Ich erkenne die Gefahr, renne zu dem Kind und packe es beim Arm.*

Bei aller Präzision, zukünftige Ereignisse durch eine Verbform im Futur auszudrücken, kann das französische Präsens aber auch dem Sinn nach Zukünftiges ausdrücken, so in Anweisungen wie Rezepten oder Wegbeschreibungen (7), in Anordnungen (8) oder manchen Fragen (9). Es stimmt dabei mit dem deutschen Gebrauch des Präsens überein, genauso wie bei der Verwendung des Präsens zum Ausdruck allgemein gültiger Verhaltensmaßregeln (10):

(7)	*Vous cassez deux oeufs, vous prélevez les jaunes, vous y ajoutez de l'huile; vous battez ...*	*Schlagen Sie zwei Eier auf, nehmen davon aber nur die Dotter, dann gießen Sie Öl dazu ...*
	Vous prenez la première rue à droite, vous tournez à gauche ...	*Fahren Sie die erste Straße nach rechts, biegen Sie dann nach links ab ...*
	Toi, tu te tais!	*Du, schweig still!*

(9)	*Alors, tu viens demain?*	*Nun, kommst du morgen?*
(10)	*On ne vient pas déranger les gens à pareille heure!*	*Man kommt nicht um diese Zeit und stört die Leute!*
	Quand on ne sait pas, on se tait!	*Wenn man es nicht weiß, schweigt man!*

6.5.2. Das Imperfekt - l'imparfait

Von seinem Ursprung her drückt das französische Imperfekt eine Handlung in der Vergangenheit unter dem Aspekt ihrer Dauer aus (11):

(11)	*Autrefois, les forêts couvraient la plus grande partie de l'Europe.*	*In früheren Zeiten bedeckten Wälder den größten Teil Europas.*

Durch diese Eigenschaft, eine Dauer auszudrücken, ist das französische Imperfekt die gegebene Zeit für Beschreibungen in der Vergangenheit (12). Auch ergibt sich daraus ganz natürlich, dass das Imperfekt zur Verdeutlichung von Wiederholungen und folglich auch gewohnheitsmäßig Handlungen in der Vergangenheit verwendet wird (13).

(12)	*Ce fut un beau tumulte: on criait, on s'injuriait, on se battait.*	*Das gab dann einen gewaltigen Tumult: man schrie, man beschimpfte sich, man schlug sich.*
(13)	*Il ne me saluait jamais.*	*Er grüßte mich nie.*
	Il répétait cette phrase sans cesse.	*Er wiederholte diesen Satz ständig.*

Hinweis: Auch *Passé composé* und *Passé simple* können Handlungen, die in der Vergangenheit angedauert hatten, ausdrücken; sie treten da aber in der Regel in Verbindung mit einer temporalen Ergänzung auf, die diese Zeitdauer determiniert (14).

(14)	*Il est resté trois jours sans manger.*	*Er war drei Tage ohne Nahrung.*
	La guerre de Cent Ans dura 115 ans.	*Der Hundertjährige Krieg dauerte 115 Jahre.*

6.5.3. *Das Historische Perfekt - le passé simple*

Das Historische Perfekt findet in der alltäglichen französischen Umgangssprache praktisch kaum Anwendung, spielt aber eine durchaus ernst zu nehmende Rolle im geschriebenen Französisch, wo es zur Nuancierung von Handlungen und Handlungsabläufen eingesetzt wird.

Das Historische Perfekt stellt in aller Regel Ereignisse und Handlungen dar, die weit zurückliegen und keinerlei Bezug zur Gegenwart haben. Es ist damit die gegebene Zeitform für historische Berichte (15) und stellt die Fakten an sich dar (16). Auch ist es die Zeitform zum Ausdruck von Erfahrungswerten (in Maximen und Spruchweisheiten) in negierter Form (17):

(15) *L'hiver 1709 fut extrêmement rigoureux.* — *Der Winter im Jahre 1709 war extrem streng.*

(16) *Après cet échec, il changea de méthode.* — *Nach diesem Misserfolg änderte er seine Methode.*

(17) *Jamais mauvais ouvrier ne trouva bon outil.* — *Ein schlechter Arbeiter findet nie gutes Werkzeug.*

6.5.4. *Imparfait und Passé simple*

Die besondere Schwierigkeit in der Anwendung von Imperfekt und *Passé simple* liegt in der Abgrenzung der beiden Zeiten voneinander, denn es handelt sich bei Imperfekt und *Passé simple* um zwei Zeiten auf der gleichen Vergangenheitsstufe, die verschiedene Aspekte und Aktionsarten ausdrücken.

6.5.4.1. *Imparfait* und *Passé simple* in Einzelsätzen

Das *Imparfait* bezeichnet nicht abgeschlossene, unbegrenzt verlaufende, sich unbegrenzt wiederholende Handlungen und Geschehnisse, sowie nicht begrenzte, schon bestehende Zustände (18).
Das *Passé simple* dagegen bezeichnet Handlungen, Geschehnisse oder Zustände, die neu eintreten und durch Anfang und Ende, durch eine bestimmte Dauer oder (bei Wiederholungen) durch eine bestimmte Anzahl von Wiederholungen begrenzt sind (19):

(18) *A onze heures, il faisait encore soleil.*

(19) *Vers midi, il commença à neiger.*

Um elf Uhr schien noch die Sonne.

Gegen Mittag begann es zu schneien.

Il était encore malade.
Er war noch krank.
(noch andauernd)

Ce jour-là, il tomba malade.
An diesem Tag wurde er krank.
(neu eintretend)

Les négociations duraient encore.
Die Verhandlungen dauerten noch an.

Les négociations durèrent un mois.
Die Verhandlungen dauerten einen Monat.

Le jeune homme marchait sans cesse.
Der junge Mann ging ständig.

Les troupes marchèrent trente jours durant.
Die Truppen marschierten dreißig Tage.

En 1681 régnait Louis XIV
Im Jahre 1681 regierte Ludwig XIV.
(Verlauf, unbegrenzte Dauer)

Louis XIV régna de 1643 à 1715.
Ludwig der XIV. regierte von 1643 bis 1715.
(begrenzte Dauer, abgeschlossen)

Pendant qu'il tondait la gazon, sa femme faisait sa correspondance et les enfants jouaient dans la cour.
Während er den Rasen mähte, erledigte seine Frau ihre Korrespondenz, und die Kinder spielten im Hof.
(gleichzeitige unbegrenzte Handlungen)

Tout le temps qu'il se trouva dans le café, elle ne cessa de le suivre des yeux.
Während der ganzen Zeit, in der er sich in dem Café aufhielt, folgte sie ihm mit den Augen.
(gleichzeitige begrenzte Handlungen)

Dès que j'arrivais, elle se mettait à parler.
Sobald ich ankam, fing sie immer gleich an zu reden.
(unbegrenzte Wiederholung)

Dès que le chien fut à sa portée, elle le saisit par le collier.
Sobald der Hund in Reichweite war, packte sie ihn beim Halsband.
(Einmaligkeit, begrenzt)

Tous les ans, ils passaient leurs vacances chez leurs grands-parents.

Cinq ans de suite, ils passèrent leurs vacances chez leurs grands-parents.

Jedes Jahr verbrachten sie ihre Ferien bei ihren Großeltern. (unbegrenzte Wiederholung; Gewohnheit)	*Fünf Jahre hintereinander verbrachten sie ihre Ferien bei ihren Großeltern.* (begrenzte Wiederholung, abgeschlossenes Ganzes)

Merksatz: Die Konjunktionen (→ 8.2.1.) *quand* und *lorsque* haben je nach ihrer Bedeutung eine andere Zeit nach sich bzw. haben je nach der Zeit, die sie nach sich haben, eine andere Bedeutung: Mit Imperfekt drücken sie eine unbegrenzte Wiederholung, eine Gewohnheit, etwas immer Wiederkehrendes aus und bedeuten *wenn, jedes Mal wenn*. In Verbindung mit dem *Passé simple* aber bezeichnen sie lediglich einen Zeitpunkt innerhalb des Handlungsgefüges und haben die Bedeutung von *als*.

Quand/lorsque l'artiste entrait, toute la salle applaudissait.	*Jedesmal, wenn der Artist eintrat, applaudierte der ganze Saal.*
Quand/lorsque l'artiste entra, toute la salle applaudit.	*Als der Artist eintrat, applaudierte (daraufhin) der ganze Saal.*

Hinweis: *A mesure que* (in dem Maße wie) und *plus (moins) ... plus (moins)* ... (je mehr (weniger) ... desto mehr (weniger) ...) bezeichnen ein unbegrenztes Fortschreiten, haben also kein *Passé simple* nach sich!

Hinweis: Verlaufen mehrere Handlungen gleichzeitig, so ist keine abgeschlossen. Daher steht *pendant que* (während) in diesem Fall stets mit *Imparfait*.

Übungen

1. Ersetzen Sie die kursiv gedruckten Infinitive durch die entsprechenden Verbformen im Imperfekt oder Passé simple.

   a. Cet événement, pendant bien des années, *être* un sujet de conversation dans notre quartier.
   b. Certains soirs quand il *faire* beau, nous *dîner* sur la terrasse.
   c. Toutes les fois que je *aller* voir M. et Mme Brun, ils me *retenir* à dîner.
   d. En 1685, la révocation de l'édit de Nantes *supprimer* les droits reconnus par Henri IV aux protestants.
   e. En été, la ville s'*ouvrir* sur la mer et *déverser* la jeunesse sur les plages.

f. Plus il *réfléchir*, plus la tâche lui *sembler* difficile.
g. A mesure que la nuit *avancer*, les rues se *dépeupler.*
h. Pendant les quinze jours que *durer* sa maladie, sa mère ne le *quitter* pas un instant.
i. Pendant les mois de septembre et d'octobre, la peste *garder* la ville repliée sur elle-même.
j. Mais aussitôt que le soleil *disparaître* à l'horizon, tout le monde rentra à la maison.

2. Übersetzen Sie:

a. Am Abend regnete es noch immer in Strömen (à verse).
b. Franz I. regierte 32 Jahre. Er starb 1547.
c. Welcher französische König (= König von Frankreich) regierte im Jahre 1685?
d. Je mehr er verdiente, desto mehr gab er aus.
e. Als der Clown den Saal betrat, fingen alle zu lachen an.
f. Jedes Mal, wenn ich in Paris war, ging ich dreimal wöchentlich ins Theater.
g. Fünf Mal erzählte er dieselbe Geschichte.
h. Jedes Mal wenn ich ihn traf, erzählte er dieselbe Geschichte.
i. Napoleon wurde 1769 in Ajaccio geboren, er starb 1821 auf St. Helena.
j. Wie lange dauerte der Trojanische Krieg? Er dauerte zehn Jahre.
k. Während ich arbeitete, spielten die Kinder im Garten.
l. Gewöhnlich aß er in einem kleinen Restaurant in der Nähe der Oper zu Abend, dann ging er eine halbe Stunde im Park spazieren.

Lösungen

1. a. fut
b. faisait ... dînions
c. j'allais ... retenaient
d. supprima
e. s'ouvrait ... déversait
f. réfléchissait ... semblait
g. avançait ... peuplaient
h. dura ... quitta
i. garda
j. disparut

2. a. Le soir il pleuvait toujours à verse.
b. François Ier régna 32 ans. Il mourut en 1547.
c. Quel roi de France régnait en 1685?
d. Plus il gagnait, plus il dépensait.
e. Quand le clown entra dans la salle, tout le monde se mit à rire.
f. Quand j'étais à Paris, j'allais trois fois par semaine au théâtre.
g. Il raconta cinq fois la même histoire.

h. Chaque fois que je le rencontrais, il racontait la même histoire.
i. Napoléon naquit en 1769 à Ajaccio, il mourut en 1821 à Sainte-Hélène.
j. Combien de temps dura la guerre de Troie? Elle dura dix ans.
k. Pendant que je travaillais, les enfant jouaient dans le jardin.
l. D'ordinaire il dînait dans un petit restaurant près de l'Opéra, puis il se promenait une demi-heure dans le parc.

6.5.4.2. Zusammenwirken von Imperfekt und *Passé simple*

Das Imperfekt antwortet meist auf die Frage: *Was war (schon)?* In der Erzählung ist es das Tempus des Hintergrunds, des Rahmens, der Nebenhandlungen, der Begleitumstände. Es schildert und veranschaulicht, dient zu Beschreibungen und Betrachtungen sowie zur Darstellung von Situationen, Gewohnheiten und Bräuchen (20).

Das *Passé simple* antwortet meist auf die Frage: Was *geschah (dann)?* Es lässt einen Vorgang reliefartig hervortreten und hebt ihn ab von seinem (im Imparfait dargestellten) Hintergrund. Es ist also das Tempus des Vordergrunds, der Haupthandlung einer Erzählung bzw. der Geschehnisse, die eine Geschichte bilden (20):

(20)	*Il lisait le journal lorsque le téléphone sonna.*	*Er las gerade die Zeitung, als (plötzlich) das Telefon läutete.*
	Deux coqs vivaient en paix, quand une poule survint.	*Zwei Hähne lebten in Frieden miteinander, da tauchte eine Henne auf.*
	Un soir un paysan rentrait de la ville. Il faisait déjà nuit et il était seul en route. Tout à coup, un homme surgit, le revolver au poing. "Votre portefeuille!" cria-t-il. Le paysan eut peur et donna son portefeuille.	*Eines Abends ging ein Bauer aus der Stadt heim. Es war bereits Nacht, und er war allein unterwegs. Plötzlich tauchte ein Mann auf, den Revolver in der Hand. "Brieftasche her!", rief er. Der Bauer bekam Angst und gab seine Brieftasche her.*
	Il entra et lut les lettres qui se trouvaient sur son bureau.	*Er trat ein und las die Briefe, die (die ganze Zeit schon) auf seinem Schreibtisch lagen.*

Revenant d'une promenade dans le parc, Monique regagnait sa maison lorsqu'elle remarqua le gros chien.	*Auf dem Rückweg von einem Spaziergang im Park erreichte Monika ihr Haus, als sie den riesigen Hund sah.*

Übungen

Ersetzen Sie die kursiv gedruckten Infinitive durch die entsprechende Verbformen im Imperfekt oder *Passé simple*:

a. Un jour que nous nous *promener* dans le parc, je lui *demander* de me raconter quelques anecdotes de sa vie.
b. La grande salle du restaurant *être* pleine de gens. Tout à coup, un bruit *éclater* dans la rue, devant la maison. Tout le monde aussitôt *être* debout, et *courir* aux fenêtres.
c. Jusqu'au soir, on mangea. Quand (wenn) on être trop fatigué d'*être* assis, on *aller* se promener dans la cour (Flaubert).
d. Pascal avoir dix-huit ans quand il *inventer* une machine à calculer.
e. Je *relire* ce roman dix fois; à la fin j'en *savoir* des paragraphes entiers par coeur.
f. Il *regarder* la photo qui se *trouver* sur le bureau de son père.
g. Le grand-père lui *donner* les livres que les parents lui *refuser*.
h. Lorsque son mari *rentrer* à la maison, elle *chercher* sa broche.
i. Par une journée pluvieuse, le voyageur *arriver* dans un petit villa et, comme il *avoir* faim et *être* tout mouillé, il *entrer* dans une auberge.
j. Quand il m'aperçut, je *voir* à ses gestes qu'il *vouloir* me parler.
k. Elle *dormir* depuis un moment lorsqu'elle *rêver* qu'on frapper doucement à la porte.
l. Comme il *descendre* à la hâte l'escalier, il *faillir* me renverser.

Lösungen

a. promenions ... demandai
b. était ... éclata ... fut ... courut
c. était ... allait
d. avait ... inventa
e. relus (begrenzte Wiederholung) ... savais
f. regarda ... trouvait
g. donna ... refusaient
h. rentra ... cherchait

i. arriva ... avait faim ... était ... entra
j. vis ... voulait
k. dormait ... rêva ... frappait
l. descendait ... faillit

6.5.4.3. Besonderheiten

Im Deutschen müssen manchmal verdeutlichende Zusätze oder Umschreibungen gebraucht werden, um dem Sinn der verschiedenen Aktionsarten, im Französischen ausgedrückt durch Imperfekt und/oder *Passé simple,* wirklich gerecht zu werden (21):

(21)	*Il sortait quand le téléphone sonna.*	*Er wollte gerade ausgehen, als das Telefon läutete.*
	Pendant la guerre de Cent Ans, la France semblait perdue. Jeanne d'Arc apparut et sauva son pays.	*Im Hundertjährigen Krieg schien Frankreich schon verloren. Da erschien Jeanne d'Arc und rettete ihr Vaterland.*
	L'Ancien Régime était détruit; l'œuvre de la révolution s'accomplissait.	*Das alte Regime war zerschlagen; das Werk der Revolution vollendete sich mehr und mehr.*
	Leur régiment attaqua l'ennemi qui battait en retraite.	*Ihr Regiment griff den sich zurückziehenden Feind an.*
	Leur régiment attaqua l'ennemi qui battit en retraite.	*Ihr Regiment griff den Feind an, der sich daraufhin zurückzog.*

Beim Übersetzen ins Deutsche ist zu beachten, dass oftmals (aber keineswegs immer!) die Form des Imperfekt und des *Passé* simple bei ein und demselben Verb zwei verschiedenen deutschen Verben entspricht (22):

(22)	*Il avait peur, c'est pourquoi il n'osait pas entrer.*	*Er hatte Angst; deshalb wagte er nicht einzutreten.*
	Quand il vit le brigand, il eut peur.	*Als er den Räuber sah, bekam er Angst.*
	Il savait cela depuis longtemps.	*Er wusste das seit langem.*

Le médecin sut trop tard qu'on avait trouvé un nouveau remède.	*Der Arzt erfuhr zu spät, dass man ein neues Heilmittel gefunden hatte.*

Zu unterscheiden sind deshalb:

il avait	er hatte	il occupait	er hielt besetzt
il eut (faim, peur, l'ordre etc.)	er bekam	il occupa (une ville)	er besetzte, nahm ein
il connaissait	er kannte	il savait	er wusste
il connut	er lernte kennen	il sut	er erfuhr
Il était	er war	il se taisait	er schwieg
il fut	er wurde (nur beim Passiv!)	il se tut	er verstummte
il mourait	er lag im Sterben	il voyait	er sah
il mourut	er starb	il vit	er erblickte

Übungen

1. Übersetzen Sie die kursiv gedruckten Ausdrücke!

a. Alain *connut* Monique en 1993.
b. Lorsque ses camarades arrivèrent, *il se mourait déjà.*
c. Après le dîner, *il faisait* un petit tour dans le parc.
d. *iIls surent trop tard* qu'il y avait dans cette ville un spécialiste pour cette maladie.
e. A midi, *il faisait soleil*, et à une heure, il neigea.
f. Le jeune homme vint au secours de l'enfant *qui se noyait.*
g. *Nous partions en vacances lorsque les douaniers se mirent en grève.*
h. Elle était heureuse, *ses projets se réalisaient.*
i. Le professeur critiqua les étudiants *qui quittaient la salle.*
j. Le professeur critiqua les étudiants *qui quittèrent alors la salle.*
k. *Finalement, il se rendit compte de* la gravité de notre situation.
l. *Il ne se rendait toujours pas compte de* son erreur.

2. Übersetzen Sie:

a. Mozart war zehn Jahre alt, als er seine erste Symphonie komponierte (composer).

b. Die Sonne ging schon unter, als die drei Reisenden in der Stadt ankamen.
c. Ludwig XIV. bestieg im Jahre 1774 den Thron. Er regierte also seit 15 Jahren, als die Revolution ausbrach.
d. Das Boot kenterte, und alle Insassen (occupant m.) ertranken.
e. Das Kind, das schon nahe daran war zu ertrinken, wurde von diesem mutigen Mann gerettet.
f. Wenn es schön war, gingen wir nach dem Abendessen im Park spazieren.
g. Als er in mein Arbeitszimmer eintrat, schloss ich gerade die Übersetzung eines französischen Romans ab (finir).
h. Als das Regiment eintraf, trat der Feind den Rückzug an.
i. Als das Regiment eintraf, war der Feind schon auf dem Rückzug.
j. Wir hörten Nachrichten, als der Strom abgeschaltet wurde.
k. Da es immer noch regnete, ging sie nicht aus.
l. Jedes Mal, wenn sie ausgehen wollte, fing es an zu regnen.

Lösungen

1. a. lernte kennen
b. lag er schon im Sterben
c. pflegte er ... zu machen oder machte er gewöhnlich
d. Sie erfuhren zu spät
e. schien noch die Sonne ... fing es an zu schneien
f. das dabei war zu ertrinken
g. Wir wollten gerade in die Ferien fahren, als die Zöllner in den Streik traten.
h. ihre Pläne verwirklichten sich *oder* ihre Pläne gingen in Erfüllung
i. die den Saal bereits verließen
j. die daraufhin den Saal verließen
k. Schließlich wurde er sich über ... klar
l. Er war sich noch immer nicht über ... klar

2. a. Mozart avait dix ans lorsqu'il composa sa première symphonie.
b. Le soleil se couchait quand oder lorsque les trois voyageurs arrivèrent dans la ville.
c. Louis XIV monta sur le trône en 1774. Il régnait donc depuis 15 ans quand la Révolution éclata.
d. Le bateau chavira et tous les occupants se noyèrent.
e. L'enfant qui se noyait fut sauvé par cet homme courageux.
f. Quand il faisait beau, nous nous promenions dans le parc après le dîner.

g. Quand *oder* Lorsqu'il entra dans mon bureau, je finissais la traduction d'un roman français.
h. Lorsque *oder* Quand le régiment arriva, l'ennemi battit en retraite *oder* se retira.
i. Lorsque *oder* Quand le régiment arriva, l'ennemi battait déjà en retraite *oder* se retirait déjà.
j. Nous écoutions *oder* Nous étions en train d'écouter les informations quand *oder* lorsque le courant fut coupé *oder* on coupa le courant.
k. Comme il pleuvait encore, elle ne sortit pas.
l. Chaque fois *oder* Toutes les fois qu'elle allait sortir, il commençait à pleuvoir.

6.5.5. Das Perfekt - le passé composé

Das französische Perfekt ist eine Möglichkeit, Vergangenes darzustellen, und gehört zu den zusammengesetzten Zeiten, d.h. es wird gebildet durch die Verbindung der jeweiligen Präsensform der Hilfsverben *avoir* bzw. *être* (→ 6.3.) mit dem Partizip Perfekt des in Frage kommenden Hauptverbs.

Es enthält im Allgemeinen keine bestimmten Zeitangaben, drückt aber etwas Vollendetes, Abgeschlossenes aus. Es steht damit in enger Verwandtschaft zum *Passé simple*, für das es auch oft eintritt (→ 6.5.5.2.). Der Gebrauch des *Passé composé* ist derselbe wie im Deutschen (23):

(23)	*Hier j'ai vu le Jules César de Shakespeare.*	*Gestern habe ich Julius César von Shakespeare gesehen.*

6.5.5.1. *Passé composé* als Tempus für Ereignisse, die bis zur Gegenwart heranreichen

Das *Passe composé* bezeichnet abgeschlossene Geschehnisse, Vorgänge oder Handlungen, die sich erst kürzlich ereignet haben und bis in die Gegenwart hineinreichen (24). Es steht aber auch bei Tatsachen aus der Vergangenheit, selbst einer weit zurückliegenden, die für die Gegenwart noch von Bedeutung sind (25):

(24)	*Elle est arrivée hier soir, nous l'avons vue ce matin.*	*Sie ist gestern abend angekommen, wir haben sie heute morgen gesehen.*

	Il a plu ce matin.	*Heute morgen hat es geregnet.*
	Nous nous sommes connus il y a trente ans.	*Wir haben uns vor 30 Jahren kennengelernt.*
	Un gros chien l'a mordu et depuis, il est boiteux.	*Er ist von einem großen Hund gebissen worden und hinkt seitdem.*
(25)	*Christophe Colomb a découvert l'Amérique.*	*Christoph Kolumbus hat Amerika entdeckt.*
	Jeanne d'Arc a été brûlée à Rouen.	*Jeanne d'Arc ist in Rouen verbrannt worden.*
	Molière a écrit „L'Avare".	*Molière hat das Stück „Der Geizige" geschrieben.*

Hinweis: Die unter (25) aufgeführten Fälle können auch im *Passé simple* zum Ausdruck kommen. Dann aber handelt es sich um reine Tatsachenangaben aus der Vergangenheit ohne jeglichen Bezug zur Gegenwart. Bei der Übersetzung bzw. beim Textverständnis ist daher zu unterscheiden (26):

(26)	*Christophe Colomb découvrit l'Amérique.*	*Christoph Kolumbus hat Amerika entdeckt.*

(rein historische Tatsache, kein Bezug auf die Gegenwart)

Christophe Colomb a découvert l'Amérique.	*Christoph Kolumbus hat Amerika entdeckt.*

(d. h. ist der Entdecker Amerikas)

6.5.5.2. *Passé composé* als Tempus der Erzählung

Das *Passe composé* dient zur Mitteilung persönlicher Erlebnisse, Erfahrungen, Beobachtungen und dergleichen, z. B. in Briefen, im Tagebuch, in Reportagen und in der Unterhaltung. Es hat eine besondere Bedeutung dadurch erhalten, dass es in der lebendigen Sprache und in der Umgangssprache das (inzwischen fast ausschließlich literarische) *Passé simple* verdrängt hat (26):

(26) Schriftsprache

Tout à coup, un homme surgit, le revolver au poing. „Votre portefeuille!“ cria-t-il. Le paysan eut peur et donna son portefeuille.

Plötzlich tauchte ein Mann auf, den Revolver in der Hand. „Brieftasche her!“, schrie er. Der Bauer bekam Angst und gab seine Brieftasche her.

Umgangssprache

Tout à coup, un homme a surgi, le revolver au poing. „Votre portefeuille!“ a-t-il crié. Le paysan a eu peur et a donné son portefeuille.

Übungen

Übersetzen Sie:

a. Er ist gestern angekommen, und ich habe heute morgen mit ihm gesprochen.
b. Ich habe den Roman, den du mir geliehen hast, noch nicht gelesen.
c. Ihr könnt gehen, da es aufgehört hat zu regnen.
d. Christoph Kolumbus hat im Jahre 1492 Amerika entdeckt.
e. Es war Gutenberg, der den Buchdruck (l'imprimerie) erfunden hat.
f. Ich habe dich lange nicht gesehen.
g. Ich habe den ganzen Vormittag auf dich gewartet. Warum bist du nicht gekommen?
h. Es hat sich ein Autounfall ereignet. Hat es auch Tote gegeben?
i. Wann ist dieses Buch erschienen?
j. Deine Art zu handeln hat mir missfallen und mich enttäuscht.
k. Sie ist unterwegs nach Europa und hat New York bereits verlassen.
l. Du hast unsere ganze Wohnung renoviert (remettre à neuf). Ich habe es schon bemerkt.
m. Die Zuschauer haben schallend (aux éclats) gelacht.

Lösungen

a. Il est arrivé hier et je lui ai parlé ce matin.
b. Je n'ai pas encore lu le roman que tu m'as prêté.
c. Vous pouvez sortir puisqu'il a cessé de pleuvoir.
d. Christophe Colomb découvrit l'Amérique en 1492. (historische Tatsache!)
e. C'est Gutenberg qui a inventé l'imprimerie. (d.h. er ist der Erfinder!)
f. Il y a longtemps que je ne t'ai pas vu.
g. Je t'ai attendu toute la matinée. Pourquoi n'es-tu pas venu?
h. Il s'est produit un accident de voiture. Est-ce qu'il y a eu des morts?
i. Quand est-ce que ce livre a paru?
j. Ta manière d'agir m'a déplu et surtout déçu.
k. Elle a déjà quitté New York pour l'Europe.
l. Tu as remis à neuf tout notre appartement. Je m'en suis déjà aperçu.
m. Les spectateurs ont ri aux éclats.

6.5.6. Das Plusquamperfekt - le plus-que-parfait/ le passé antérieur

Dem deutschen Plusquamperfekt entsprechen im Französischen zwei Zeiten, nämlich das *Plus-que-parfait* und das *Passé antérieur*. Beide Tempora bezeichnen Vorvergangenes, also Geschehnisse, die eine Stufe weiter in der Vergangenheit liegen als Imperfekt, *Passé simple* und *Passé composé* und sind wie das *Passé composé* zusammengesetzte Zeiten.

Das *Plus-que-parfait* wird gebildet durch die Verbindung der jeweiligen Imperfektform von *avoir/être* mit dem Partizip Perfekt des Hauptverbs.

Zur Bildung des *Passé antérieur* wird die jeweilige *Passé simple*-Form von *avoir/être* mit dem Partizip Perfekt des Hauptverbs verbunden.

Die Verwendung der beiden Zeitformen Imperfekt und *Passé simple* beim Hilfsverb deuten bereits auf die Abgrenzung der beiden Zeiten hin.

6.5.6.1. Das *Plus-que-parfait*

Das *Plus-que-parfait* entspricht dem (nicht begrenzenden) Imperfekt und hat wie dieses im Einzelsatz wie im Satzgefüge die gleichen Bedeutungen: Es bezeichnet einen Zustand oder drückt Gewohnheiten und unbegrenzte Wiederholungen aus oder ist die Zeitform des Hintergrunds usw. (→ 6.5.2. ff) (27):

(27)	*J'avais terminé la lecture de ce livre quand il est entré.*	*Ich hatte die Lektüre dieses Buches beendet, als er eingetreten ist.*
	Chaque année, ils étaient allés en Espagne.	*Sie waren jedes Jahr nach Spanien gefahren.*
	Il n'était pas rentré depuis dix minutes quand son patron le fit venir chez lui.	*Er war noch keine zehn Minuten zurück, als sein Chef ihn zu sich kommen ließ.*

6.5.6.2. Das *Passé antérieur*

Das *Passé antérieur* entspricht dem (begrenzenden) *Passe simple* und hat wie dieses im Einzelsatz wie im Satzgefüge die gleichen Bedeutungen: Es bezeichnet den Vorgang oder Geschehnisse, die neu eintreten und durch Anfang und Ende begrenzt sind, oder ist die Zeit des Vordergrunds usw. (→ 6.5.2 ff) (28):

(28)	*À peine fut-il entré dans la chambre que tout le monde s'écria: „C'est lui!"*	*Er war kaum ins Zimmer getreten, als alle ausriefen: „Das ist er!"*
	Elle eut préparé le dîner en un quart d'heure, s'ils n'avaient pas refusé.	*Sie hätte das Abendessen innerhalb einer Viertelstunde zubereitet, wenn sie sich nicht geweigert hätten.*
	Quand/Lorsque j'eus reconnu le danger, ma résolution était prise.	*Als ich die Gefahr erkannt hatte, war meine Entscheidung getroffen.*

Hinweis: In der Umgangssprache wird das (rein literarische) *Passé antérieur* nicht verwendet. Es wird häufig durch das *Passé surcomposé* (Perfektform von *avoir/être* + Partizip Perfekt des Hauptverbs) ersetzt (29):

(29)	*Dès qu'il a eu fini son travail, il est sorti.*	*Sobald er seine Arbeit beendet hatte, ist er ausgegangen.*
statt:	*Dès qu'il eut fini son travail, il sortit.*	

Übungen

Setzen Sie an Stelle der kursiv gedruckten Infinitive die entsprechenden Tempusformen:

a. En quelques instants il *avoir* dicté la lettre.
b. Molière avoir longtemps joué avec succès en province quand il *venir* tenter sa chance à Paris.
c. Aussitôt qu'il *achever* son discours, le ministre repartit.
d. Lorsqu'elle *voir* un film, elle nous en racontait tous les détails.
e. César arriva en Gaule en 58 avant J.-C. et en sept ans il *conquérir* tout le pays.
f. Dès qu'ils *finir* leurs devoirs, les enfants allaient se baigner.
g. Quand ils *apprendre* leurs leçons, les enfant allèrent au cirque.
h. Après que l'orage *cesser,* le soleil reparut.
i. Il n' *avoir* pas fait trois cent mètres que sa voiture s'écrasa contre un arbre.
j. À peine *avoir*-elle achevé une traduction qu'elle en commençait une autre.

Lösungen

a. eut
b. avait ... vint
c. eut achevé
d. avait vu
e. avait conquis (möglich wäre auch: il conquit)
f. avaient fini
g. eurent appris
h. eut cessé
i. n'avait
j. avait-elle

6.5.7. Das Futur - le futur

Unter dem Sammelbegriff Futur - *futur* versteht man verschiedene Zeitformen zukünftiger Sachverhalte. Im Deutschen unterscheidet man zwischen Futur I (der normalen Zukunftsform) und dem Futur II (der Zukunftsform in Bezug zu Vergangenem oder Zukünftigem). Im Französischen entspricht dem deutschen Futur I das *Futur proche* und das *Futur simple*, dem Futur II das *Futur antérieur*.

6.5.7.1. *Futur proche*

Mit dem *Futur proche* hat das Französische eine besondere Form für die nahe Zukunft entwickelt, die es in dieser Art im Deutschen nicht gibt. Das Deutsche muss auf verdeutlichende Zusätze zurückgreifen, um unmittelbar bevorstehende Geschehnisse oder Handlungen auszudrücken.

Die Bildung des *Futur proche* erfolgt durch die Verbindung der jeweiliger Präsensform von *aller* mit dem Infinitiv des Hauptverbs (30).

(30)	*Robert va rentrer à la maison.*	*Robert wird bald/gleich nach Hause kommen.*
	Dix heures vont sonner.	*Es wird gleich zehn Uhr schlagen.*
	Le train va entrer en gare.	*Der Zug wird gleich in den Bahnhof einfahren oder fährt gleich in den Bahnhof ein.*

Hinweis: Wie aus dem letzten Beispiel ersichtlich wird, kann im Deutschen statt eines Futurs durchaus eine Präsensform stehen!

6.5.7.2. *Futur simple*

Das *Futur simple* ist die eigentliche, „normale" Futurform. Sie bezeichnet eine zukünftige Handlung, die von der Gegenwart aus, d.h. vom Standpunkt des Sprechenden aus, gesehen wird (31).

Gebildet wird das *Futur simple* durch Anhängen der entsprechenden Personalendungen an den Infinitiv des Verbs.

Zu beachten ist, dass das Französische wesentlich präziser im Ausdruck ist als das Deutsche, und deshalb im Französischen oftmals, vor allem der Schriftsprache, Vorgänge, die sich in der Zukunft abspielen, ins Futur gesetzt werden, auch wenn im Deutschen das Präsens steht (32):

(31)	*Je finirai ce travail aujourd'hui même.*	*Ich mache diese Arbeit heute noch fertig.*

	Demain on jouera au théâtre l'Avare de Molière.	*Morgen wird im Theater „Der Geizige" von Molière gespielt.*
	Il rentrera à huit heures.	*Er wird um acht Uhr nach Hause kommen.*
(32)	*Pendant les vacances, nous serons à Paris.*	*Während der Ferien werden wir in Paris sein. Während der Ferien sind wir in Paris.*
	À quelle heure seras-tu là?	*Wann wirst du da sein? Wann bist du da?*
	Demain je terminerai ce chapitre.	*Morgen werde ich dieses Kapitel abschließen. Morgen schließe ich dieses Kapitel ab.*

6.5.7.3. *Futur antérieur*

Das *Futur antérieur* bezeichnet eine Handlung, die bis zu einem bestimmten Zeitpunkt abgeschlossen ist (33) oder die vor einer anderen zukünftigen Handlung liegt (34). Ebenso wird es eingesetzt zur Bezeichnung einer Handlung, die (vom Sprechzeitpunkt aus gesehen) in der Zukunft, aber vor der eigentlich angesprochenen Handlung liegt (35). Im Deutschen steht in diesen Fällen oft das Präsens.

Das *Futur antérieur* ist eine zusammengesetzte Zeit und wird gebildet durch die Verbindung der ensprechenden Futurform von avoir/être mit dem Partizip Perfekt des Hauptverbs.

(33)	*À huit heures j'aurai fini ce travail.*	*Um acht Uhr bin ich mit dieser Arbeit fertig.*
(34)	*Quand j'aurai fini, je partirai. ich fertig bin, werde ich gehen.*	*Wenn ich fertig bin, gehe ich. Wenn*
(35)	*Téléphone-moi dès que tu seras arrivé.*	*Ruf mich an, sobald du angekommen bist!*

6.5.7.4. Der Gebrauch des Futur

In erster Linie steht das Futur bei von der Gegenwart aus gesehenen zukünftigen Handlungen und Zuständen. Im Deutschen steht dafür oft das einfache Präsens (36):

(36)	*Demain nous irons au théâtre.* *Elle viendra certainement.*	*Morgen gehen wir ins Theater.* *Sie kommt sicherlich.*

Nach den vom Standpunkt der Gegenwart aus gebrauchten Verben *espérer, jurer* und *promettre* steht in Nebensätzen mit futurischer Aussage im Französischen **immer** Futur (im Deutschen auch das Präsens!) (37):

(37)	*J'espère qu'il obtiendra cette place.*	*Ich hoffe, dass er diese Stelle erhält.*
	Je vous promets/jure que cela n'arrivera plus.	*Ich verspreche/schwöre Ihnen, dass das nicht mehr geschehen wird.*

Darauf zu achten ist in diesem Zusammenhang, dass der Nebensatz wirklich eine futurische Aussage darstellt (38):

(38)	*J'espère qu'ils reviendront bientôt.*	*Hoffentlich kommen sie bald zurück.*
aber:	*Elle est absente? J'espère qu'elle n'est pas malade.*	*Sie ist nicht da? Hoffentlich ist sie nicht krank.*

Das Futur wird auch eingesetzt, um, wie im Deutschen, eine Annahme auszudrücken (39):

(39)	*Mon amie n'est pas venue, elle aura encore sa migraine.*	*Meine Freundin ist nicht gekommen; sie wird wohl wieder Migräne haben.*
	La lampe brûle encore; ta sœur aura oublié de l'éteindre.	*Die Lampe brennt noch; deine Schwester wird wohl vergessen haben, sie auszuschalten.*

Des Weiteren wird das Futur auch eingesetzt, um eine zurückhaltende, höfliche Aussage auszudrücken (40) oder um im imperativischen Sinne einen mehr oder minder starken Befehl auszudrücken (41):

(40)	*Je vous demanderai de répondre tout de suite.*	*Ich möchte Sie bitten, umgehend zu antworten.*
	Pourrai-je vous offrir une autre tasse de café?	*Darf ich Ihnen noch eine Tasse Kaffee anbieten?*
(41)	*Pour la prochaine fois, vous apprendrez cette fable par cœur.*	*Bis zum nächsten Mal lernt ihr diese Fabel auswendig.*
	Tu ne tueras point.	*Du sollst nicht töten.*

Hinweis: Nach bedingendem *si* (wenn, falls) steht nie das Futur! (42)

(42)	*Si vous ne partez que la semaine prochaine, je pourrai vous accompagner.*	*Wenn ihr erst nächste Woche abreist, kann ich euch begleiten.*
	Je ne resterai que si l'on accepte mes conditions.	*Ich bleibe nur dann, wenn meine Bedingungen angenommen werden.*

Übungen

Übersetzen Sie:

a. Diese Seite schreibt *(copier)* ihr bis morgen ab.
b. Ich reise erst in einer Woche ab.
c. Wir wissen noch nicht, ob er kommt.
d. Ich glaube, dass morgen schönes Wetter ist.
e. Dürfte ich es wagen, Sie um eine kleine Gefälligkeit zu bitten?
f. Am Sonntag ziehst du deinen Anzug an.
g. Wir möchten Sie bitten, morgen wiederzukommen.
h. Der erste Band dieses Romans ist soeben erschienen, der zweite erscheint erst in einem halben Jahr.
i. Sobald der zweite Band erschienen ist, schicke ich ihn dir mit der Post.
j. Darf ich Ihnen ein Glas Wein anbieten?
k. Versprechen Sie mir, dass derartige Dinge nicht wieder vorkommen *(se reproduire)*.
l. Hoffen wir, dass er sein Examen besteht!
m. Wenn ich morgen genug Zeit habe, komme ich gegen sechs Uhr.
n. Wir besuchen die Großeltern, sobald die Kinder zurück sind.
o. Bis zum *(d'ici)* 1. Oktober bin ich mit dieser Übersetzung fertig.

Lösungen

a. Vous copierez cette page pour demain.
b. Je ne partirai que dans une semaine.
c. Nous ne savons pas encore s'il viendra.
d. Je crois qu'il fera beau demain.
e. Oserai-je vous demander un petit service?
f. Dimanche tu mettras ton costume.
g. Nous vous demanderons de revenir demain.
h. Le premier volume de ce roman vient de paraître, le second ne paraîtra que dans six mois.
i. Aussitôt que oder Dès que le second volume sera paru, je te le ferai parvenir par la poste.
j. Puis-je vous off rir un verre de vin?
k. Promettez-moi que des choses pareilles ne se reproduiront plus.
l. Espérons qu'il réussira à son examen.
m. Si j'ai assez de temps demain, je viendrai vers six heures.
n. Nous irons voir les grand-parents dès que oder aussitôt que le enfants seront de retour oder seront rentré.
o. D'ici le premier octobre j'aurai fini cette traduction.

6.5.8. Das Konditional - le conditionnel

Wie beim Futur wird auch beim Konditional zwischen zwei Zeitformen unterschieden: dem Konditional I - *conditionnel* oder *futur du passé* und dem Konditional II - *conditionnel passé* oder *futur antérieur du passé.*

Während das Futur eine zukünftige Handlung in Bezug auf die Gegenwart bezeichnet, bezeichnet das Konditional als Tempus (Konditional als Modus → 6.6) eine zukünftige Handlung in Bezug auf die Vergangenheit (43):

(43)	*Il parle de ce qu'il fera plus tard.*	*Er spricht davon, was er später tun wird.*
	Il parlait de ce qu'il ferait plus tard.	*Er sprach davon, was er später tun wird.*

Gebildet wird das Konditional I durch Anhängen der jeweiligen Personalendungen an den Infinitiv des Verbs. Das Konditional II ist eine zusammengesetzte Zeit und wird gebildet durch die Verbindung der jeweiligen Imperfektform von *avoir/être* mit dem Partizip Perfekt des Hauptverbs.

Zum Gebrauch des Konditionals:

Das *Conditionnel* bezeichnet einen von der Vergangenheit aus gesehenen Vorgang oder Zustand der Zukunft, und zwar der unvollendeten Zukunft (44). Das Konditional II bezeichnet einen von der Vergangenheit aus gesehenen Vorgang oder Zustand der vollendeten Zukunft (45). Damit erscheint das Konditional insbesondere in futurischen Nebensätzen, die von einem Hauptverb in der Vergangenheit abhängen (46):

(44)	*Je vis qu'on ne pourrait plus l'aider.*	*Ich sah, dass man ihm nicht mehr helfen konnte.*
	Les enfants parlaient de ce qu'ils feraient plus tard : ils entreprendraient un grand voyage.	*Die Kinder sprachen davon, was sie später tun wollten: Sie würden eine große Reise machen.*
(45)	*J'avais vu qu'il aurait été impossible de l'aider encore.*	*Ich hatte gesehen, dass ihm nicht mehr zu helfen war.*
	Je savais qu'à dix heures il aurait achevé son travail.	*Ich wusste, dass er um sechs Uhr mit seiner Arbeit fertig sein würde.*
(46)	*Nous savions que tu reviendrais.*	*Wir wussten, dass du zurückkommen würdest.*
	Je n'avais pas pensé qu'il nous quitterait si tôt.	*Ich hatte nicht gedacht, dass er uns so bald verlassen würde.*

6.6. Die Modi

Grundwissen: Modus (lat.; Plural: Modi) bedeutet wörtl. 'Art und Weise'. Als grammatikalischer Terminus beinhaltet es die Art und Weise, in der der Sprechende bzw. das Subjekt Stellung zu dem nimmt, was ausgesagt wird.

Das Französische kennt vier Modi:

Indikativ – l'indicatif

Il est venu.	*Er ist gekommen.*
Je crois qu'il est venu hier.	*Ich glaube, er ist gestern gekommen.*

Konjunktiv – le subjonctif

Je veux qu'il vienne.	*Ich wünsche, dass er kommt.*
Je ne crois pas qu'il soit venu.	*Ich glaube nicht, dass er gekommen ist.*

Imperativ – l'impératif

Viens ici.	*Komm hierher.*
Venez demain.	*Kommt/Kommen Sie morgen.*

Konditional – le conditionnel

Il viendrait s'il avait le temps.	*Er käme, wenn er Zeit hätte.*

Hinweis: Französische Grammatiker betrachten das Konditional durchweg als Modus. Es kann aber auch als reine Zeitform verwendet werden (→ 6.5.8.).

(1)	*Il a dit qu'il viendrait demain.*	*Er hat gesagt, er werde morgen kommen.*

6.6.1. Der Indikativ

Grundwissen: Der Indikativ ist der Modus der Wirklichkeit. Er steht in einfachen Mitteilungen von Handlungen, Geschehnissen und Ereignissen, die vom Sprechenden als Tatsache angesehen werden (2). Er stellt aber nicht unbedingt die objektive Wirklichkeit dar, sondern auch solche Sachverhalte, die nach der Feststellung, Beobachtung und Überzeugung des Sprechenden für ihn Wirklichkeit sind (3). Von entscheidender Bedeutung ist also nicht die Wirklichkeit des Geschehens, sondern die Einstellung des Sprechenden zur Aussage.

(2)	*Il est venu.*	*Er ist gekommen.*
	Il n'est pas venu.	*Er ist nicht gekommen.*
(3)	*Je crois qu'il est venu hier.*	*Ich glaube, er ist gestern gekommen.*
	Je sais qu'il est mon ami.	*Ich weiß, dass er mein Freund ist.*
	La terre est un globe.	*Die Erde ist eine Kugel.*

Darüber hinaus steht der Indikativ in der klaren, eine Entscheidung erwartenden Frage (4):

(4)	*Quand est-il arrivé ?*	*Wann ist er angekommen?*
	As-tu fermé la porte à clé?	*Hast du die Tür zugesperrt?*

Der Indikativ steht in Hauptsätzen (2) wie auch in Nebensätzen (5) und – abweichend vom Deutschen – auch in der indirekten Rede und indirekten Frage (6):

(5)	*Par sa lettre j'ai appris que son frère avait acheté une maison.*	*Aus seinem Brief habe ich erfahren, dass sein Bruder ein Haus gekauft hat.*
(6)	*Il m'a dit que son frère est malade.*	*Er hat mir gesagt, sein Bruder sei krank.*
	Je lui ai demandé pourquoi il n'était pas venu.	*Ich habe ihn gefragt, warum er nicht gekommen ist.*

6.6.2. Der Konjunktiv - le subjonctif

Grundwissen: Der Konjunktiv, der in der Regel von einem beigeordneten Satz abhängt, ist der Modus des nur gedanklich Vorgestellten. Er betont, dass die Aussage nicht als wirklich, sondern nur als wünschenswert, möglich angenommen, zugestanden, zweifelhaft, ungewiss oder nicht zutreffend vorgestellt wird. Maßgebend ist also nicht die Wirklichkeit oder Unwirklichkeit des Geschehens, sondern ausschließlich die ganz persönliche Stellungnahme. Deshalb ist der Konjunktiv in besonderem Maße der Modus der Willensäußerung, der Annahme, der Möglichkeit, der Wertung oder Beurteilung, der Unwahrscheinlichkeit, der zweifelnden Aussage und des persönlichen Empfindens (7):

(7)	*Supposons qu'il m'écrive une lettre.*	*Nehmen wir einmal an, er schreibt mir einen Brief.*
	Admettons que cela soit vrai.	*Räumen wir einmal ein, dass das wahr ist.*
	Je doute qu'il revienne à temps.	*Ich bezweifle, dass er rechtzeitig zurückkommt.*

	Je me réjouis qu'il ait téléphoné.	*Dass er angerufen hat, freut mich.*
	C'est la plus belle lettre qu'il ait écrite.	*Das ist (meiner Meinung nach) der schönste Brief, den er geschrieben hat.*

6.6.2.1. Der Konjunktiv der Willensäußerung und des wertenden Urteils

Der Konjunktiv der Willensäußerung bringt Befehl, Forderung, Aufforderung, Bitte, Wunsch, Erlaubnis, Verbot, Billigung, Missbilligung usw. zum Ausdruck. Er steht in den meisten Fällen in Nebensätzen, kann aber durchaus auch in Hauptsätzen stehen.

6.6.2.1.1. Der Konjunktiv der Willensäußerung in Hauptsätzen

Der Konjunktiv der Willensäußerung steht in Hauptsätzen mit einleitendem *que* und tritt fast ausschließlich in der 3. Person in Erscheinung, auf keinen Fall aber in der 2. Person! (8). Das Wörtchen *que* hat in diesem Zusammenhang eigentlich keine sinntragende Bedeutung. Es steht nur als Hinweiszeichen auf den Konjunktiv, der sonst in vielen Fällen nicht vom Indikativ zu unterscheiden wäre (9):

(8)	*Qu'elle vienne!*	*Sie soll kommen!*
	Qu'il ne se plaigne pas, qu'il fasse son devoir.	*Er soll sich nicht beklagen, er soll seine Arbeit machen.*
	Qu'elle parte, si elle y tient.	*Soll sie doch fahren, wenn sie Wert darauf legt.*
(9)	*Que chacun se retire et aucun n'entre ici! (Corneille)*	*Jedermann soll sich zurückziehen und keiner hier hereinkommen!*
	... que ton règne vienne ...	*.. Dein Reich komme ...*

Der Konjunktiv in Hauptsätzen kann aber auch ohne einleitendes *que* stehen. Dies ist vor allem der Fall in Wunschsätzen mit *pouvoir* (können). Hierbei handelt es sich dann um den Konjunktiv Präsens, der in allen Personen vorkom-

men kann. Zu beachten ist die Nachstellung des Subjekts! (10)
Ohne einleitendes *que* steht der Konjunktiv aber auch in erstarrten, formelhaften Wendungen, die oft schon als Interjektionen aufgefasst werden (11).

(10)	*Puissiez-vous revenir sain et sauf!*	*Mögen Sie gesund und wohlbehalten zurückkommen.*
	Pourrais-je connaître un jour ce beau pays?	*Könnte ich doch eines Tages dieses schöne Land kennen lernen.*
	Puissent tous les hommes se souvenir qu'ils sont frères! (Voltaire)	*Möchten sich doch alle Menschen daran erinnern, dass sie Brüder sind!*
(11)	*Dieu vous garde!*	*Gott schütze euch!*
	Plaise à Dieu que...	*Wollte Gott, dass...*
	Ainsi soit-il.	*Amen.*
	Vive la liberté!	*Es lebe die Freiheit!*
	Advienne que pourra.	*Komme, was da wolle.*
	Coûte que coûte.	*Um jeden Preis.*
	Grand bien vous fasse!	*Wohl bekomm's! (ironisch)*

6.6.2.1.2. Der Konjunktiv der Willensäußerung in Nebensätzen

Der Konjunktiv der Willensäußerung steht in Nebensätzen (que-Sätze) nach einer Reihe von persönlichen Verben, die einen Wunsch, ein Verbot, einen Befehl, eine Billigung und dergleichen ausdrücken (12):

(12)	*J'aime mieux qu'il ne sache rien.*	*Mir ist es lieber, wenn er nichts weiß.*
	Je désire que tu viennes seul.	*Ich möchte, dass du alleine kommst.*

Permettez que je vous lise cette lettre.	*Erlauben Sie, dass ich Ihnen diesen Brief vorlese.*
Que voulez-vous/Que veux-tu que je fasse?	*Was soll ich tun?*

Die wichtigsten persönlichen Verben, auf die Konjunktiv folgt, sind:

admettre souffrir tolérer	dulden leiden zulassen	consentir défendre demander	einwilligen verbieten verlangen
aimer mieux préferer	lieber wollen vorziehen	désapprouver trouver mauvais	missbilligen
approuver trouver bon	billigen gutheißen	désirer souhaiter	wünschen
attendre que	(ab)warten bis	empêcher	verhindern
commander ordonner*	befehlen	éviter supplier	vermeiden bitten
exiger	fordern	tâcher	versuchen
implorer	anflehen	tenir à ce que	Wert darauf legen, dass
interdire mériter	untersagen verdienen	veiller à ce que	darüber wachen, dass; Acht geben, dass
permettre prendre garde (que ... ne)**	erlauben sich davor hüten, dass	vouloir	wollen
prier	bitten		

Sonderfälle:

* Wenn die Ausführung eines Befehls als sicher gelten kann, gebraucht man nach *ordonner* den Indikativ.

Nach *stipuler* (vertraglich) bestimmen, vorsehen, *arrêter* festlegen, beschließen, *décider* entscheiden, *décréter* verfügen, verordnen steht gewöhnlich nur der Indikativ (13).

** Wird *prendre garde* in der Bedeutung „beachten" verwendet, enthält das Verb keine Willensäußerung, und es steht Indikativ (14).

(13)	*Le Tribunal ordonne que les biens du condamné seront saisis.*	*Das Gericht ordnet an, dass die Güter des Verurteilten beschlagnahmt werden.*
	Il a arrêté qu'on se réunirait chez vous.	*Er hat festgelegt, dass wir uns bei euch versammeln.*
	Il décidait que la voiture ne serait pas encore vendue.	*Er entschied, dass der Wagen noch nicht verkauft werden soll.*
	Il décrète que son fils ne partira pas pour Paris.	*Er beschliesst, dass sein Sohn nicht nach Paris reisen wird.*
	Il est stipulé qu'aucune indemnité ne pourra être réclamée.	*Es wird vertraglich bestimmt, dass keine Schadensersatzansprüche geltend gemacht wer den können.*
(14)	*Prenez garde qu'il ne dit pas ce que vous pensez.*	*Beachten Sie, dass er nicht ausdrückt, was Sie denken.*
aber:	*Prenez garde qu'on ne vous surprenne!*	*Geben Sie Acht, dass man Sie nicht überrumpelt!*

Hinweis: Es gibt Verben, die eine Aussage oder Mitteilung ausdrücken, ebenso jedoch auch eine Bitte oder Aufforderung. In diesen Fällen muss jeweils ausgehend vom Sinn des Verbs entschieden werden, ob Indikativ oder Konjunktiv zu stehen hat.
Solche Verben sind z. B. *crier, dire, faire, savoir, téléphoner* etc. Beinhalten sie lediglich eine Aussage oder Mitteilung, so steht der Indikativ. Drücken sie aber eine Bitte oder Aufforderung aus, muss Konjunktiv stehen (15):

(15)	*Dis-lui que je l'attends.*	*Sag ihm, dass ich ihn erwarte.*
	Dis-lui qu'il m'attende.	*Sag ihm, er soll auf mich warten.*

	Il m'a dit qu'il était fatigué et que je revienne demain.	*Er hat mir gesagt, er sei müde und ich solle morgen wieder kommen.*
	Il a couru comme un fou et il a crié qu'il allait manquer son train.	*Er ist gelaufen wie wahnsinnig und hat geschrieen, er werde seinen Zug versäumen.*
	Un client a crié qu'on lui rende son argent.	*Ein Kunde hat geschrieen, man solle ihm sein Geld zurückgeben.*
	Je vais lui téléphoner pour lui dire que je suis malade et qu'il vienne une autre fois.	*Ich werde ihn anrufen, um ihm zu sagen, dass ich krank bin und er ein anderes Mal kommen soll.*

Der Konjunktiv der Willensäußerung steht aber auch nach unpersönlichen Verben und Wendungen, die eine Forderung, Billigung, Missbilligung usw. enthalten (16):

(16)	*Il faut qu'elle apprenne la vérité.*	*Sie muss die Wahrheit erfahren.*
	Il importe que tu me dises la vérité.	*Es ist wichtig, dass du mir die Wahrheit sagst.*
	Il vaut mieux que ce soit toi qui parte.	*Es ist besser, wenn du abreist.*
	Il est juste qu'il soit puni.	*Es ist gerecht, dass er bestraft wird.*
	Il est grand temps que nous partions pour la gare.	*Es ist höchste Zeit, dass wir zum Bahnhof aufbrechen.*

Die wichtigsten unpersönlichen Verben und Wendungen, die den Konjunktiv nach sich haben, sind:

il convient	es schickt sich	il est important	es ist wichtig
il faut	es ist nötig	il est indispensable	es ist unerlässlich
il importe	es ist wichtig	il est (in)juste	es ist (un)gerecht

il me plaît/déplaît	es gefällt/missfällt mir	il est naturel	es ist natürlich
il suffit	es genügt	il est nécessaire	es ist nötig
il vaut mieux	es ist besser	il est normal	es ist normal
il est bon	es ist gut	il est temps	es ist Zeit
il est essentiel	es ist wesentlich	il est utile	es ist nützlich
il est faux	es ist falsch		

Der Konjunktiv der Willensäußerung steht aber nicht nur in Nebensätzen, die mit *que* eingeleitet werden, sondern auch in adverbialen Nebensätzen (17). Er wird in diesen Fällen durch die folgenden Konjunktionen ausgelöst:

*pour que *, afin que*	*damit*
à seule fin que	*nur damit*
*de façon que *** *de manière à ce que* *de (telle) sorte que* *en sorte que*	*so, dass* *derart, dass, damit*
jusqu'à ce que	*bis*

(17)	*Il est trop jeune pour qu'on puisse lui confier cette tâche.*	*Er ist noch zu jung, als dass man ihm diese Aufgabe anvertrauen könnte.*
	Parle plus haut, afin que tout le monde puisse t'entendre.	*Sprich lauter, damit dich alle hören können.*
	Ecrivez la lettre de façon à ce qu'on puisse la lire.	*Schreiben Sie den Brief so, dass man ihn lesen kann.*
	Agissez de manière à ce qu'on soit content de vous.	*Handelt so, dass man mit euch zufrieden ist.*
	Je reste jusqu'à ce qu'il parte.	*Ich bleibe, bis er aufbricht.*

* Nach dem Imperativ steht oft nur einfaches *que* (18):

(18)	*Approchez, que je vous dise un secret.*	*Kommt her, damit ich euch ein Geheimnis verrate.*
	Lève-toi que je m'y mette.	*Steh auf, damit ich mich hin setzen kann.*

Drücken diese Konjunktionen nicht eine Absicht, sondern eine Folge aus, so haben sie Indikativ nach sich. Es muss also unterschieden werden:

Absicht:	*Travaillez de façon à ce que votre patron n'ait pas à se plaindre.*	*Arbeitet so, dass euer Chef keinen Grund zur Klage hat.*
Folge:	*Il a travaillé de telle manière que son patron n'a pas eu à se plaindre.*	*Er hat so gearbeitet, dass sein Chef keinen Grund zur Klage habt hat.*

Übungen

1. Ersetzen Sie die kursiv gedruckten Infinitive durch die entsprechen Verbformen:

a. J'exige qu'il s'en *aller*.
b. Je veux qu'on m'*obéir*.
c. J'accepte que chacun *avoir* ses problèmes.
d. Il est nécessaire que chacun *faire* son devoir.
e. Nous avons dû attendre plus d'une demi-heure que le garçon *venir* prendre la commande.
f. Le médecin ne permet pas encore que tu *sortir*.
g. Il faut que tout *être* mis en œuvre pour éviter qu'une telle catastrophe ne se *reproduire*.
h. Dites-lui de faire en sorte qu'il *pouvoir* gagner sa vie.
i. Voulez-vous que je vous *dire* une chose? Eh bien, à mon avis, il est très important qu'on *s'intéresser* à la grammaire française.
j. Je veux que mon fils *apprendre* le latin.
k. Empêchez qu'il *venir* nous surprendre.
l. Préférez-vous qu'on vous *dire* la vérité?
m. Dis-lui qu'il *revenir chez* moi à huit heures.

2. Übersetzen Sie:

a. Wir wünschen, dass Sie sofort abreisen.
b. Er bittet [darum], dass man seine Koffer hinunter trägt und (dass man) ein Taxi kommen lässt.
c. Der Chef verlangt, dass seine Angestellten immer pünktlich sind.
d Sag ihr dass wir gerade umziehen und (dass) sie ihren Besuch auf nächste Woche verschieben (remettre) soll.
e. Meinetwegen (Je veux bien que) machen wir noch eine Ausnahme, aber die soll die letzte sein.
f. Es scheint mir unbedingt notwendig, dass wir darüber sprechen.
g. Es leben die Ferien!
h. Wir legen Wert darauf, dass alle ihre Pflicht tun.
i. Wir haben erwartet, dass ihr uns besucht.
j. Sprich so laut, dass dich jeder versteht.
k. Achte darauf (*faire attention*), dass er dir die Bücher zurückgibt, die du ihm geliehen hast.
l. Diese Angelegenheit ist zu wichtig, als dass wir sie auf morgen verschieben [könnten].
m. Er hat so gearbeitet, dass man mit ihm zufrieden war.
n. Arbeite so, dass niemand Grund zur Klage hat.

Lösungen

1. a. aille — b. obéisse
c. ait — d. fasse
e. vienne — f. sortes
g. soit ... reproduise — h. puisse
i. dise ... s'intéresse — j. apprenne
k. vienne — l. dise — m. revienne

2. a. Nous désirons que vous partiez immédiatement.
b. Il demande qu'on descende ses valises et qu'on fasse venir un taxi.
c. Le patron exige que ses employés soient toujours à l'heure.
d. Dis-lui que nous sommes en train de déménager et qu'elle remette sa visite à la semaine prochaine.
e. Je veux bien que nous fassions encore une exception, mais que ce soit la dernière.
f. Il me semble absolument nécessaire que nous en parlions.
g. Vivent les vacances!
h. Nous tenons à ce que tout le monde fasse son devoir.
i. Nous nous sommes attendus à ce que vous veniez nous voir.
j. Parle haut que tout le monde te comprenne.

k. Fais attention à ce qu'il te rende les livres que tu lui a prêtés.
l. Cette affaire est trop importante pour que nous la remettions à demain.
m. Il a travaillé de telle manière/de telle façon/de telle sorte qu'on était content de lui.
n. Travaille de telle façon/de telle manière/de telle sorte que personne n'ait à se plaindre.

6.6.2.2. Der Konjunktiv der affektischen Stellungnahme

Der Konjunktiv der affektischen Stellungnahme steht nach Verben und Wendungen der Gemütsbewegung, die ein Gefühl ausdrücken. Er bringt Freude, Bewunderung, Erstaunen, Bedauern, Ärger, Entrüstung, Furcht, Sorge, Scham usw. zum Ausdruck. Maßgebend für den Modus ist auch hier die rein persönliche Stellungnahme, nicht der objektiv zutreffend Sachverhalt (19):

(19)	*Je suis heureux que vous soyez venu.*	*Ich freue mich, dass ihr gekommen seid.*
	Je m'étonne qu'il ne sache rien.	*Es wundert mich, dass er nichts weiß.*
	Je regrette que cela soit arrivé.	*Ich bedauere, dass das passiert ist.*
	Je crains qu'il (ne) vienne.	*Ich fürchte, er kommt.*
	C'est dommage que vous n'ayez pas son adresse.	*Schade, dass ihr seine Adresse nicht habt.*

Konjunktiv steht nach den persönlichen Verben und Ausdrücken:

être heureux	glücklich sein, sich freuen	admirer	bewundern
se réjouir être content	sich freuen	s'étonner être étonné	staunen, erstaunt sein, sich wundem
être enchanté être ravi	entzückt sein	être surpris	überrascht sein
se fâcher	ärgerlich, böse werden	déplorer	beklagen, bedauern

je suis fâché	ich bin böse	regretter	bedauern, bereuen
être furieux	wütend sein	je suis désolé	es tut mir leid
être mécontent	unzufrieden sein	être triste être affligé	traurig sein betrübt sein
détester	verabscheuen	avoir honte	sich schämen
s'indigner	sich entrüsten	avoir peur craindre	fürchten
se plaindre	sich beklagen	de crainte que de peur que	aus Furcht, dass

Hinweis: Nach den Verben und Ausdrücken der affektischen Stellungnahme, die ein Objekt mit *de* verbinden *(s'étonner de, se plaindre de*, *être indigné de* etc.), wird - außer nach *avoir peur* - statt *que* oftmals *de ce que* gebraucht. Es kann dann in solchen Fällen Indikativ stehen. In neuerer Zeit geht die Tendenz aber zum Konjunktiv.

Nach den Ausdrücken des Fürchtens kann ein zusätzliches *ne* stehen, wenn sie in bejahender, fragender Form oder in verneinter Frage gebraucht werden (20). Dieses *ne* fehlt aber stets, wenn sie nur in verneinter Form verwendet werden (21).

(20)	*Je crains qu'il (ne) vienne.*	*Ich befürchte, dass er kommt.*
	Craignez-vous qu'il (ne) vienne?	*Befürchtet ihr, dass er kommt?*
	Ne craignez-vous pas qu'il (ne) vienne?	*Befürchtet ihr nicht, dass er kommt?*
(21)	*Je ne crains pas qu'il vienne.*	*Ich befürchte nicht, dass er kommt.*

Konjunktiv steht auch nach den unpersönlichen Ausdrücken:

il est étonnant	*es ist erstaunlich*
il est surprenant	*es ist überraschend*

il est curieux	*es ist merkwürdig*
il est bizarre	*es ist sonderbar*
comment se fait-il que ...?	*wie kommt es, dass ...?*
il est regrettable *il est déplorable*	*es ist bedauerlich*
c'est/il est dommage	*es ist schade*
il est fâcheux	*es ist ärgerlich*
il est inquiétant	*es ist beunruhigend*
il est honteux	*es ist eine Schande*

Übungen

1. Ersetzen Sie die kursiv gedruckten Infinitive durch die entsprechenden Verbformen:

   a. Nous regrettons beaucoup que tu ne *pouvoir* te rendre libre pour ce soir.
   b. J'admire le fait qu'il se *lever* tous les matins à 6 heures et qu'il *travailler* dix heures par jour.
   c. Comment se fait-il que tu ne m'*avoir* rien écrit à ce sujet?
   d. N'est-il pas honteux que cet enfant *mentir* à tout le monde?
   e. Il est à craindre que ses efforts *être* couronnés de succès.
   f. Ils n'ont qu'une seule crainte, c'est que leur fils *devoir* interrompre ses études.
   g. Elle est malade et son docteur exige qu'elle ne *recevoir* aucune visite.
   h. Il craint qu'elle ne *subir* une rechute.

2. Übersetzen Sie:

   a. Wir freuen uns sehr, dass unser Schn sein Examen bestanden hat..
   b. Es wundert mich, dass er deinen Brief noch immer nicht beantwortet hat.
   c. Es ist schade, dass du kein Wort Latein kannst.
   d. Fürchten Sie nicht, dass es schon zu spät ist?
   e. Wir fürchten, dass sie schon abgereist ist.

f. Es ist merkwürdig, dass er sich nicht mehr an sein Versprechen erinnert.
g. Ich lege Wert darauf, dass er in einer Stunde wiederkommt.
h. Es tut mir sehr leid, dass du deinen Prozess verloren hast.
1. Der Chef hat es nicht gern, dass man ihn warten lässt.

Lösungen

1. a. puisses b. Lève ... travaille
c. aies d. mente
e. soient f. doive
g. eçoive h. subisse

2. a. Nous sommes très heureux que notre fils ait réussi son examen.
b. Je m'étonne qu'il n'ait toujours pas répondu à ta lettre.
c. C'est dommage que tu ne saches pas un mot de latin.
d. Ne craignez-vous pas qu'il (ne) soit déjà trop tard?
e. Nous avons peur / nous craignons / nous redoutons qu'elle soit déjà partie.
f. C'est curieux qu'il ne se rappelle plus sa promesse / qu'il ne se souvienne plus de sa promesse.
g. Je tiens à ce qu'il revienne dans une heure.
h. Je suis désolé /je regrette beaucoup que tu aies perdu ton procès.
l. Le patron n'aime pas qu'on le fasse attendre.

6.6.2.3. Der Konjunktiv der Annahme, der Einräumung und des Zugeständnisses

Der Konjunktiv der Annahme, der Einräumung und des Zugeständnisses steht nach Verben, die konzessiven Sinn haben, sowie nach konzessiven Konjunktionen und Wendungen, die verallgemeinernden Sinn haben. Er drückt willkürliche Annahme, Hypothese, Einräumung, Zugeständnis usw. aus.

(22)	*Supposons que je sois médecin.*	*Nehmen wir an, ich sei Arzt.*
	Tu réussiras à moins que tu ne perdes courage.	*Du wirst es schaffen, sofern du nicht den Mut verlierst.*
	Qui que ce soit, il sera puni.	*Wer auch immer es sei, er wird bestraft werden.*

Si savant que tu sois, tu ne sais pas tout.	*Wie gelehrt du auch sein magst, du weißt nicht alles.*

Der Konjunktiv steht nach den Verben:

admettre supposer	*annehmen, vorraussetzen*
imaginer	*sich vorstellen*
convenir reconnaître	*zugeben*

Konjunktiv steht immer dann, wenn eine willkürliche, unwahrscheinliche oder unbestätigte Annahme vorliegt, wenn sie eine Hypothese ausdrückt (23).

(23)	*Admettons qu'il n'y ait plus de pauvres sur la terre.*	*Nehmen wir einmal an/Setzen wir einmal den Fall, es gäbe keine Armen mehr auf der Welt.*
	Supposez que votre fille n'ait pas été reçue à son examen. Que ferait-elle?	*Nehmen Sie einmal an/Setzen Sie einmal den Fall, Ihre Tochter, hätte ihr Examen nicht bestanden. Was würde sie tun?*
	Imagine que tu sois millionnaire.	*Stell dir vor, du wärst Millionär..*

Indikativ dagegen steht nach folgenden Verben, wenn sie eine Einräumung oder Vermutung bezeichnen, bzw. wenn die Annahme oder das Zugeständnis als sicher gilt, und zwar in bejahender Form (24):

admettre	*gelten lassen, zugeben, einräumen*
supposer	*annehmen, d.h. vermuten*
(s')imaginer	*sich vorstellen (können), vermuten*
convenir reconnaître	*zugeben*

(24)	*J'admets qu'il en est ainsi.*	*Ich gebe zu, dass es sich so verhält.*
	Je suppose que vous savez ce qui se passe ici.	*Ich nehme an/Ich vermute dass ihr wisst, was sich hier abspielt.*
	Comme j'imagine que votre appartement ne vous convient plus, je vous en propose une autre.	*Da ich mir vorstellen kann, dass euch eure jetzige Wohnung nicht mehr zusagt, schlage ich euch eine andere vor.*
	Je reconnais que vous avez entièrement raison.	*Ich gebe zu, dass Sie völlig Recht haben.*

Hinweis: Sind die Verben des Zugeständnisses aber verneint, steht Konjunktiv (25):

(25)	*Je n'admets pas qu'il en soit ainsi.*	*Ich gebe nicht zu, dass es sich so verhält.*

Nach *supposer* und *s'imaginer* in verneinender oder fragender Form steht Indikativ oder Konjunktiv.

Der Konjunktiv der Einräumung steht ferner in Adverbialsätzen nach konzessiven Konjunktionen (26) wie:

quoique *bien que* *malgré que*	*obgleich, obwohl*
pourvu que	*vorausgesetzt, dass*
moins que ne	*sofern nicht, wenn nicht*

sowie nach Wendungen mit verallgemeinerndem (27) oder konzessivem (28) Sinn, in Alternativsätzen (29) und formelhaften Wendungen (30):

*si ... que **	*so/wie ... auch*
tout ... que	*so/wie ...auch*
*qui que ***	*wer auch immer*

quoi que	*was auch immer*
*quel que ****	*welcher Art, welches auch immer*
où que	*wo, wohin auch immer*
soit que ... soit que *soit que ... ou que*	*sei es (dass) ... oder (dass);* *ob ... oder*

* *Que* kann fehlen, aber dann werden Subjekt und Verb umgestellt: Si grand *qu'il soit* oder *si grand soit-il. Que* muss jedoch stehen, wenn auf *si* ein Adverb folgt: *Si habilement qu'il s'y prenne, il ne réussira pas.*

** Nach *qui que ce soit qui/que* und *quoi que ce soit qui/que* steht ebenfalls Konjunktiv.

*** In *quel que* ist *quel* prädikatives Adjektiv, also veränderlich: *Quelles que soient les difficultés ...*

(26)	*Il a obtenu un poste important, bien qu'il soit encore assez jeune.*	*Er hat eine wichtige Stelle bekommen, obwohl er noch ziemlich jung ist.*
	Je t'emmènerai à Paris, pourvu que tes parents le permettent.	*Ich werde dich nach Paris mitnehmen, vorausgesetzt, deine Eltern erlauben es.*
	Tu réussiras à moins que tu ne perdes courage.	*Du wirst es schaffen, sofern du nicht den Mut verlierst.*
(27)	*Où que tu ailles, je saurai te trouver.*	*Wohin auch immer du gehst, ich werde dich finden.*
	Quoi qu'on dise, reste calme!	*Was auch immer man sagen mag, bleib ruhig!*
	Il affronte tous les dangers, quels qu'ils soient.	*Er bietet allen Gefahren, welcher Art sie auch sein mögen, die Stirn.*
(28)	*Si courageux qu'il soit, il a donné son portefeuille au brigand.*	*So mutig er auch ist, hat er doch dem Räuber seine Brieftasche gegeben.*

	Tout simple qu'il soit, il n'a pas réussi à résoudre ce problème.	*So einfach diese Aufgabe auch sein mag, es ist ihm doch nicht gelungen, sie zu lösen.*
(29)	*Qu'il pleuve ou qu'il fasse beau, je viendrai de toute façon.*	*Ob es regnet oder ob das Wetter schön ist, ich komme bestimmt.*
(30)	*advienne que pourra*	*komme, was da wolle*
	comprenne qui pourra	*das verstehe, wer will*
	coûte que coûte	*koste es, was es wolle; um jeden Preis*
	vaille que vaille	*mag es gehen, wie es will, so oder so*

Übungen

1. Ersetzen Sie die *kursiv* gedruckten Infinitive durch die entsprechenden Verbformen:

   a. Je suppose qu'un moine *être* toujours charitable (La Fontaine).
   b. Tu veux prendre ta retraite bien que tu *n'avoir* pas atteint la limite d'âge?
   c. Soit qu'il *gagner* (*Imperfekt*), soit qu'il *perdre* (*Imperfekt*) de l'argent, jamais un muscle de sa face ne remuait.
   d. Si mince qu'il *être*, un cheveu fait de l'ombre.
   e. Elle n'est pas si jeune que vous *croire* (*Präsens*).
   f. Quoi qu'on *avoir* pu dire ou écrire: le passé antérieur ne se trouve pas dans le français parlé.
   g. Quelques détails qu'elle m'*avoir* donnés m'ont fait comprendre sa décision.
   h. Je reconnais que vos propositions *être* raisonnables. Mais supposons qu'un obstacle imprévu *surgir* ...
   i. Qu'il *pleuvoir* ou non, je sortirai!

2. Übersetzen Sie:

   a. Obwohl ich ein ziemlich gutes Gedächtnis habe, ist mir sein Name entfallen.
   b. Ich bin überzeugt, dass er sich irrt.

c. Ich vermute, dass er die Absicht hat abzureisen.
d. Wer er auch ist, wir werden ihm helfen.
e. Wir werden diese Schwierigkeiten überwinden, wie groß sie auch sein mögen.
f. So geschickt er es auch anfängt, er wird sein Ziel nicht erreichen.
g. Was sie auch sagen mag, ich glaube ihr nicht.
h. Die europäische politische Gemeinschaft wird sich verwirklichen, ob man es nun will oder nicht.
i. Man muss um jeden Preis verhindern, dass die Menschheit in einen Krieg gestürzt wird.

Lösungen

1. a. est
   b. aies
   c. gagnât ... perdit
   d. soit
   e. croyez
   f. ait
   g. a
   h. sont ... surgisse
   i. pleuve

2. a. Quoique j'aie assez bonne mémoire, son nom m'a échappé.
   b. Je suis persuadé qu'il se trompe / qu'il fait erreur.
   c. Je suppose qu'il a l'intention de partir.
   d. Quel qu'il soit, nous l'aiderons.
   e. Nous surmonterons ces difficultés aussi grandes qu'elles soient.
   f. Aussi habilement/adroitement qu'il s'y prenne, il n'atteindra pas son but.
   g. Quoi qu'elle dise, je ne la crois pas.
   h. La communauté politique européenne, qu'on le veuille ou non, se réalisera.
   i. Il faut empêcher à tout prix / coûte que coûte que l'humanité (ne) soit précipitée dans une guerre.

6.6.2.4. Der Konjunktiv des Verneinens, des Zweifelns, der Unsicherheit

Der Konjunktiv des Verneinens, des Zweifelns und der Unsicherheit steht nach Ausdrücken des Sagens und Denkens, die an sich schon bedeuten, dass etwas zweifelhaft ist. Er drückt die persönliche Stellungnahme, die zweifelnde Aussage, die Unsicherheit, das Nichtwissen, die Unwahrscheinlichkeit aus (31):

(31) *Je conteste qu'il ait raison.* *Ich bestreite, dass er recht hat.*

J'ignorais qu'il y eût un berger dans l'île.	*Ich wusste nicht, dass es auf der Insel einen Schäfer gab.*
Je nie que cela se soit passe ainsi.	*Ich bestreite, dass sich das so abgespielt hat.*
Nous désespérons que cette entreprise réussisse.	*Wir geben die Hoffnung auf, dass dieses Unternehmen von Erfolg gekrönt sein wird.*

Konjunktiv steht nach:

contester	*bestreiten, abstreiten*
désespérer	*die Hoffnung aufgeben*
disconvenir (fast nur verneint gebraucht)	*in Abrede stellen, leugnen*
(se) dissimuler *	*(sich) verheimlichen, verhehlen*
douter	*zweifeln*
ignorer *	*nicht wissen*
nier	*leugnen*
je ne sache pas	*ich wüsste nicht*

* Werden i*gnorer* und *dissimuler* in bejahender Form gebraucht, steht der Indikativ, wenn der Inhalt des *que*-Satzes als eine feste Tatsache hingestellt wird (32).

Werden die Verben der obigen Liste verneint oder fragend gebraucht, steht nach ihnen der Konjunktiv (mit oder ohne *ne),* wenn das Schwergewicht der Aussage in der Stellungnahme des Sprechenden liegt (33). Wenn allerdings die Aussage dem Sprechenden als wirklich gilt und ihre Tatsächlichkeit betont werden soll, so steht der Indikativ (ohne *ne) (34)*.

(32)	*J'ignorais que vous étiez si gravement malade.*	*Ich wusste nicht, dass Sie so schwer krank waren.*
	On lui a dissimulé que sa femme est grièvement blessée.	*Man hat ihm verheimlicht, dass seine Frau schwer verletzt ist.*

(33)	*Je ne conteste pas que vous (n') ayez quelque motif de vous plaindre.*	*Ich streite nicht ab, dass ihr in gewissem Sinne Grund habt, euch zu beklagen.*
	Je ne dissimulerai pas qu'une telle situation (ne) me déplaise.	*Ich will nicht verhehlen, dass mir eine solche Situation missfällt.*
	Ignoriez-vous qu'elle fût rentrée?	*Wusstet ihr nicht, dass sie zurückgekehrt ist?*
(34)	*Je ne disconviens pas qu'il a fait tout son possible pour nous satisfaire.*	*Ich stelle nicht in Abrede, dass er sein Möglichstes getan hat, um uns zufrieden zu stellen.*
	Lui dissimulera-t-on qu'il a échoué?	*Will man es ihm verheimlichen, dass er es nicht geschafft hat?*
	Personne ne doute que vous travaillez comme il faut.	*Niemand zweifelt daran, dass Sie ordnungsgemäß arbeiten.*
	Vous n'ignoriez pas que j'étais mariée.	*Sie wussten sehr wohl, dass ich verheiratet war.*

Auch nach unpersönlichen Ausdrücken, die Zweifel oder Unsicherheit ausdrücken, steht der Konjunktiv:

il est douteux	*es ist zweifelhaft*
il est possible *il se peut*	*es ist möglich*
il est impossible	*es ist unmöglich*
*il arrive**	*es kommt vor, es kann vorkommen*
*il semble ** es scheint*	

* Nach *il arrive* steht der Konjunktiv, wenn die Möglichkeit, der Indikativ wenn die Wirklichkeit der Aussage betont werden soll (35).
Zu beachten ist, dass der Ausdruck mit Indikativ im Deutschen oft anders wiederzugeben ist.

** Gewöhnlich steht nach *il semble* der Konjunktiv, aber nach *il me (te, lui etc) semble* der Indikativ. Doch bei verneintem oder fragendem Gebrauch steht nach beiden Ausdrücken der Konjunktiv! (36)

Hinweis: *il paraît* (es scheint, man sagt, es heißt) hat den Indikativ nach sich, *il ne paraît pas* dagegen den Konjunktiv.

Nach den Ausdrücken des Unzweifelhaften wie:

il n'est pas douteux/ contestable	
il n'y a pas de doute	*es ist unzweifelhaft, es gibt*
il ne fait pas de doute	*keinen Zweifel, zweifellos,*
nul doute	*zweifelsohne*
sans aucun doute	

steht in der Regel der Konjunktiv (meist mit *ne*), zuweilen aber auch der Indikativ (ohne *ne*!), wenn die Aussage als reine Tatsache herausgestellt werden soll (38).

Aber: Der Indikativ steht immer (39) nach:

il est hors de doute *il n'y a pas le moindre doute,* *cela ne fait pas l'ombre d'un doute*	*es steht außer Zweifel, es besteht nicht der geringste Zweifel*

(35)	*Il arrivait qu'on ne rentrât qu'à l'aube (R. Rolland).*	*Es kam vor (d. h. es konnte vorkommen), dass wir erst beim Morgengrauen nach Hause gingen.*
	Il arriva que, ce soir-là, elle sortit après dîner.	*Nun geschah es/traf/fügte es sich, dass sie an diesem Abend nach dem Abendessen noch ausging.*
(36)	*Il semble que ton père soit content de son succès.*	*Dein Vater scheint über seinen Erfolg zufrieden zu sein.*
	Il me semble que ton ami va mieux aujourd'hui.	*Mir scheint, deinem Freund geht es heute besser.*
	Il ne (me) semble pas que vous ayez tort.	*Es scheint (mir) nicht so, als ob ihr unrecht hättet.*

(37)	*Il paraît que les affaires de Monsieur Lenoir vont mal.*	*Es scheint, die Geschäfte des Herrn Schwarz gehen schlecht.*
	Il ne paraît pas que la situation soit si mauvaise.	*Es scheint nicht so, als ob die Lage so schlecht sei.*
(38)	*Il ne fait pas de doute qu'il est trop tard.*	*Zweifellos ist es zu spät.*
	Il n'est pas contestable qu'elle s'est trompée.	*Zweifellos hat sie sich getäuscht.*
	Il est hors de doute qu'il a fait de son mieux.	*Es steht außer Zweifel, dass er sein Bestes gegeben hat.*
	Sans doute que nous trouverons une solution à ce problème.	*Wahrscheinlich werden wir eine Lösung für dieses Problem finden.*

Werden Verben und Ausdrücke des Sagens und Denkens verneint, fragend oder bedingend gebraucht, so steht der Konjunktiv, wenn die Ungewissheit, die Unwahrscheinlichkeit oder Möglichkeit der Aussage betont werden soll bzw. wenn der Inhalt des *que*-Satzes als nur gedacht oder vorgestellt charakterisiert wird (39). Dagegen steht der Indikativ, wenn die Gewissheit oder Wirklichkeit der Aussage betont werden soll bzw. wenn der Inhalt des *que*-Satzes als tatsächlich hingestellt wird (40).

(39)	*Je ne suis pas sûr que ce soit un bon film.*	*Ich bin nicht sicher, ob das ein guter Film ist.*
	Crois-tu que j'aie peur?	*Glaubst du, ich hätte Angst?*
	Si vous croyez que la richesse puisse donner le bonheur, vous vous trompez.	*Wenn ihr glaubt, Reichtum könne euch Glück bringen, täuscht ihr euch.*
(40)	*Elle ne veut pas croire que nous avons gagné le procès.*	*Sie will (immer noch) nicht glauben, dass wir den Prozeß gewonnen haben.*
	Tu ne sais pas que l'eau bout à cent degrés?	*Weißt du nicht, dass Wasser bei 100°C kocht?*

Si je m'étais douté qu'il était là, je lui aurais téléphoné.	*Wenn ich geahnt hätte, dass er da ist, hätte ich ihn angerufen.*

Solche Verben und Ausdrücke des Sagens und Denkens sind:

affirmer, assurer	versichern	il est vraisemblable	es ist wahrscheinlich
avouer	eingestehen	il est probable il est sûr	es ist sicher
croire	glauben, meinen	il est certain	es ist gewiss
déclarer	erklären	il est vrai	es ist wahr
dire	sagen	il est évident	es ist augenscheinlich
se figurer s'imaginer	sich einbilden		
être d'avis	der Ansicht sein		
jurer penser	schwören denken		
trouver	finden		
savoir	wissen		
prétendre	behaupten		

Hinweis: Nach *s'attendre au fait que* (erwarten, damit rechnen, darauf gefasst sein, dass) steht bei bejahendem Gebrauch in der Regel *Futur* bzw. *Conditionnel,* bei verneintem Gebrauch aber steht *Subjonctif (41).* In der Umgangssprache wird meist *s'attendre à ce que* verwendet: Darauf folgt stets der *Subjonctif (41)*

Nach *comprendre* (verstehen können) in bejahender Form folgt im *que*-Satz der *Subjonctif* als Ausdruck einer Beurteilung und der Stellungnahme des Sprechenden. Dagegen steht der Indikativ, wenn *comprendre* in der Bedeutung *verstehen, begreifen* lediglich Verb der Aussage ist und zur Feststellung eines Sachverhalts dient *(42).*

Nach *promettre* (versprechen) steht immer *Futur* oder *Conditionnel (43)*!

Das Verb des vorangestellten *que*-Satzes, der durch ein neutrales Pronomen (*ce, cela, le*), ein Pronominaladverb *(en, y), la chose, le fait* etc. wieder aufgenommen wird, steht meist im *Subjonctif* (44). Ebenso wie im vorangestellten *que*-Satz steht nach einleitendem *le fait que* (die Tatsache, dass) gewöhnlich der *Subjonctif* (44).

(41)	*Je m'attends au fait qu'il viendra.*	*Ich rechne damit, dass er kommt.*
	Je m'attendais au fait qu'il viendrait.	*Ich rechnete damit, dass er kommt.*
	Je ne m'attends pas au fait qu'il vienne.	*Ich rechne nicht damit, dass er kommt.*
	Je m'attends à ce qu'il vienne.	*Ich rechne damit, dass er kommt.*
(42)	*Je comprends que tu ne veuilles pas sortir par ce mauvais temps.*	*Ich kann verstehen, dass du bei dem schlechten Wetter nicht ausgehen möchtest.*
	Je comprends qu'il n'y a pas d'autre solution dans cette situation.	*Ich verstehe, dass es in dieser Lage keine andere Lösung gibt.*
(43)	*Ils promettent que les travaux seront terminés au bout d'un mois.*	*Sie versprechen, dass die Arbeiten vor Ablauf eines Monats beendet sind.*
	Je lui ai promis que je serais rentré pour dîner.	*Ich versprach ihr, dass ich zum Abendessen wieder zu Hause sei.*
(44)	*Je crois que vous avez raison.*	*Ich glaube, dass Sie recht haben.*
aber:	*Que vous ayez raison, je le crois.*	*Dass Sie recht haben, glaube ich.*
	Le fait qu'il n'ait pas répondu à ma lettre prouve bien que je ne l'intéresse pas.	*Die Tatsache, dass er auf meinen Brief nicht geantwortet hat, beweist, dass ich ihn nicht interessiere.*

Übungen

1. Ersetzen Sie die kursiv gedruckten Infinitive durch die entsprechenden Verbformen:

   a. Croyez-vous vraiment que le moment *être* déjà venu de prendre une décision?
   b. J'espère pour elle que dans sa vie elle *avoir* connu de grands bonheurs.
   c. N'espère pas qu'il le *faire* de son plein gré.
   d. On n'espérait plus que la guerre se *terminer* cette même année.
   e. Nous n'imaginions pas que nous *pouvoir* (Präsens) être séparés.
   f. J'imagine que, dans ces conditions, vous n'*avoir* pas su quoi répondre.
   g. Il est possible que les gens d'ici ne *savoir* pas que je vous *connaître.*
   h. Je n'arrive pas à comprendre qu'il y *tenir* à ce point.
   i. Il est compréhensible que le gouvernement ne *pouvoir* pas rester indifférent à ces événements.
   j. Je comprends que vous n'*avoir* pas envie de sortir par le temps qu'il fait.
   k. Je ne m'attendais pas à ce que les choses *pouvoir* (Imperfekt) tourner si mal.
   l. Ne vous attendez pas à ce qu'on vous *recevoir* à bras ouverts.
   m. Elle s'attendait à ce qu'il *venir* (Imperfekt) la chercher à la gare.
   n. Nous pouvons difficilement penser que l'homme *pouvoir* aimer la guerre.
   o. Il arrive que nous *pouvoir* observer sous nos yeux le déroulement d'un processus biologique.
   p. Il n'y a pas le moindre doute que nous ne *pouvoir* plus vivre ensemble.
   q. Vous ne sauriez nier qu'un homme *apprendre* bien des choses quand il voyage.

2. Übersetzen Sie:

   a. Er wird nicht bestreiten können, dass wir alles getan haben, um ihn zufrieden zu stellen.
   b. Wir haben ihr verheimlicht, dass ihr Sohn schwer verletzt worden ist.
   c. Ich wüsste nicht, dass er irgendeinen Grund hätte, sich zu beklagen.
   d. Wir sind nicht sicher, dass er Erfolg gehabt hat.
   e. Niemand zweifelt daran, dass sie ihr Möglichstes getan hat.
   f. Mir scheint, dass er sich geirrt hat.
   g. Es ist nicht möglich, dass ich mich geirrt habe.
   h. Wahrscheinlich hat er sich falsch (mal) ausgedrückt.
   i. Es kam vor, dass ich die ganze Nacht hindurch arbeitete und erst bei Tagesanbruch zu Bett ging.

j. Es steht außer Zweifel, dass er überarbeitet ist und Ferien nötig hat.
k. Ich verstehe nicht, dass man sich langweilen kann.
l. Sein Lehrer wollte nicht glauben, dass er die Übersetzung ganz allein gemacht hat.
m. Warum hast du mir nicht gesagt, dass deine Freundin sich hat scheiden lassen?
n. Er wusste nicht, dass wir umgezogen sind und jetzt in der Nähe des Parks wohnen.
o. Dass seine Krankheit unheilbar (incurable) ist, weiß er.
p. Er hat sofort verstanden, dass niemand ihm helfen kann.
q. Es ist möglich, dass wir kommen, aber ich kann Ihnen nicht versprechen, dass wir pünktlich sind.

Lösungen

1.
a. soit
b. a
c. fasse oder fera
d. terminât oder terminerait
e. puissions
f. avez
g. sachent ... connais
h. tienne
i. puisse
j. ayez
k. puissent
l. reçoive
m. vint
n. puisse
o. puissions
p. pouvons
q. apprend

2.
a. Il ne pourra pas nier que nous ayons *oder* avons tout fait pour le satisfaire.
b. Nous lui avons caché le fait que son fils a été grièvement blessé.
c. Je ne pense pas qu'il ait quelque motif de se plaindre.
d. Nous ne sommes pas sûrs qu'il ait réussi.
e. Personne ne doute qu'elle a fait tout son possible.
f. Il me semble qu'il s'est trompé.
g. Il n'est pas possible que je me sois trompé.
h. Sans doute il s'est mal exprimé.
i. Il arrivait que je travaille toute la nuit et que je n'aille me coucher qu'à l'aube.
j. Il est hors de doute qu'il est surmené et qu'il a besoin de vacances.
k. Je ne comprends pas qu'on puisse s'ennuyer.
l. Son professeur ne voulait pas croire qu'il avait fait la traduction tout seul.
m. Pourquoi ne m'as tu pas dit que ton amie a divorcé?

n. Il ne savait pas oder Il ignorait que nous avions déménagé et que nous habitons maintenant près du parc.
o. Que sa maladie est incurable, il le sait.
p. Il a compris tout de suite que personne ne peut l'aider.
q. Il est possible que nous venions, mais je ne peux pas vous promettre que nous serons (nicht Präsens!) à l'heure.

6.6.2.5. Der *Subjonctif* nach sonstigen Konjunktionen und konjunktionellen Ausdrücken

Neben den in 6.6.2.1. und 6.6.2.3. erwähnten Konjunktionen, die als Ausdruck der Willensäußerung oder des Zugeständnisses den *Subjonctif* nach sich haben, gibt es auch noch verschiedene andere Konjunktionen, die den *Subjonctif* erfordern.

Der *Subjonctif* steht in Temporalsätzen nach:

avant que ... (ne)	*bevor*
jusqu'à ce que *que* (nach *attendre)* *en attendant que*	*bis*

Sonderfall: Nach *après que* (nachdem) muss der Indikativ stehen! Der *Subjonctif* steht in Bedingungs- und Annahmesätzen nach:

à condition que	*unter der Bedingung, dass*
à moins que ... ne	*sofern nicht; es sei denn, dass*
pour peu que	*wenn nur im geringsten*
pourvu que	*vorausgesetzt, dass; sofern*
si tant est que	*wenn überhaupt*
supposé que, *à supposer que,* *en admettant que*	*angenommen, dass*

Sonderfälle: Nach *au cas où, dans le cas où* (im Falle dass, falls) und *pour le cas où* (für den Fall, dass) steht *Conditionnel*:

Au cas où vous auriez besoin de quelque chose, dites-le franchement.	*Für den Fall, dass ihr etwas braucht, sagt es frei heraus.*

Nach bedingendem *si* (wenn, falls) steht immer der Indikativ:

S'il faisait beau, je sortirais.	*Wenn schönes Wetter gewesen wäre, wäre ich ausgegangen.*

Bei aufeinander folgenden Bedingungssätzen wird *si* wiederholt oder durch *que* (mit Subjonctif.) ersetzt:

S'il fait beau et si je suis libre,
je sortirai.
S'il fait beau et que je sois libre,

Der Subjonctif steht in Kausalsätzen - zum Ausdruck eines nur vorgestellten, also nicht wirklichen Grundes - nach:

non que *non pas que* *ce n'est pas que*	*nicht (etwa) dass, nicht als ob*

Sonderfall: Nach den Konjunktionen *parce que, puisque* und *comme* (weil, da) steht immer der Indikativ, da sie einen wirklichen Grund angeben.

Der *Subjonctif* steht nach: *sans que* *ohne dass*

Übungen

1. Ersetzen Sie die kursiv gedruckten Infinitive durch die entsprechenden Verbformen:

   a. Avant que je ne *partir*, assurez-moi que vous ne m'en *vouloir* plus.
   b. Non que mon fils *être* paresseux, mais il aime les loisirs.
   c. Au cas où vous *avoir* besoin de quelque chose, vous n'avez qu'à sonner.
   d. On ne pourra prendre une telle décision sans que tout le monde ne se *mettre* à protester.
   e. Nous avons l'intention de faire une excursion. Pourvu qu'il ne *pleuvoir* pas.

f. Nous n'avons pas été contrôlés à la frontière, parce que les douaniers *être* en grève.
g. J'accepte cette situation, non qu'elle me *convenir*, mais parce que je n'en *avoir* pas trouvé d'autre.

2. Übersetzen Sie:

a. Gehen Sie nicht weg, bevor ich wiederkomme.
b. Ich rate dir, diese Stelle anzunehmen, bevor es zu spät ist.
c. Die Zuschauer klatschten Beifall, bis der Artist auf der Bühne erschien.
d. Du kannst gern dieses Buch mitnehmen, unter der Bedingung, dass du es mir bald wiedergibst.
e. Ich bin überzeugt, dass sie rechtzeitig kommt, sofern sie nicht den Zug versäumt hat.
f. Wir werden unsere Ferien am Meer verbringen. Hoffentlich regnet es nicht!
g. Da die Zollbeamten streikten, ist mein Gepäck nicht kontrolliert worden.
h. Er ist abgereist, ohne dass seine Familie es bemerkt hat.

Lösungen

1. a. parte ... voulez
b. soit
c. auriez
d. mette
e. pleuve
f. étaient
g. convienne ... ai

2. a. Ne partez pas avant que je (ne) revienne.
b. Je te conseille d'accepter ce poste, avant qu'il (ne) soit trop tard.
c. Les spectateurs applaudirent jusqu'à ce que l'artiste apparût sur la scène.
d. Tu peux bien emporter ce livre, à condition que tu me le rendes bientôt.
e. Je suis persuadé qu'elle viendra à temps, à moins qu'elle n'ait manqué le train.
f. Nous passerons nos vacances au bord de la mer. Pourvu qu'il ne pleuve pas!
g. Comme les douaniers étaient en grève, mes bagages n'ont pas été contrôlés.
h. Il est parti sans que sa famille s'en soit aperçue.

6.6.2.6. Der *Subjonctif* im Relativsatz

Der *Subjonctif* steht in Relativsätzen, die etwas Gewünschtes, Gefordertes, für bestimmte Zwecke geeignetes ausdrücken (45). Wird im Relativsatz aber eine tatsächlich vorhandene Eigenschaft ausgedrückt, steht der Indikativ (46).

(45)	*Je cherche une jeune fille qui puisse me servir d'interprète.*	*Ich suche ein Mädchen, das für mich dolmetschen kann.*
	Savez-vous un appartement qui convienne à mes parents?	*Wissen Sie eine Wohnung, die den Vorstellungen meiner Eltern entsprechen würde?*
	Peut-on trouver ici une source où il y ait de l'eau potable?	*Gibt es hier eine Quelle, deren Wasser man trinken kann?*
(46)	*Je cherche la jeune fille qui me sert d'interprète.*	*Ich suche das Mädchen, das für mich dolmetscht.*
	J'ai enfin trouvé un appartement qui convient à mes parents.	*Ich habe endlich eine Wohnung gefunden, die den Vorstellung meiner Eltern entspricht.*
	Je connais une source par ici où il y a de l'eau potable.	*Ich kenne hier in der Gegend eine Quelle, deren Wasser man trinken kann.*

Der *Subjonctif* steht im Relativsatz, dessen Inhalt dem Sprechenden unwirklich, unwahrscheinlich oder zweifelhaft gilt, bzw. wenn der Sprechende sich eingesteht, dass es auch anders sein könnte (47). Auch hier muss aber beachtet werden: Will der Sprechende etwas tatsächlich herausstellen, so steht der Indikativ (48).

(47)	*C'est la plus belle ville que je connaisse.*	*Das ist die schönste Stadt, die ich kenne.*
	Y a-t-il ici quelqu'un qui ne me comprenne pas?	*Gibt es hier jemanden, der mich nicht versteht?*
	Il y a peu de gens qui soient contents de leur sort.	*Es gibt wenig Leute, die mit ihrem Schicksal zufrieden sind.*

(48)	*Il ne trouve pas de camarade qui veuille faire du latin avec lui.*	*Er findet keinen Mitschüler, der mit ihm Latein lernen möchte.*
aber:	*Il ne trouve pas le camarade qui veut faire du latin avec lui.*	*Er findet den Mitschüler nicht, der mit ihm Latein lernen will.*
	Il n'y a rien ici qui me plaise.	*Hier gibt es nichts, was mir gefallen könnte.*
aber:	*Il n'y a rien ici qui me plait.*	*Hier gibt es nichts, was mir gefällt.*
	Trouverai-je une secrétaire qui ne fasse pas de fautes d'orthographe?	*Werde ich eine Sekretärin finden, die keine Schreibfehler macht?*
aber:	*Avez-vous engagé la secrétaire que je vous ai recommandée (et qui ne fait pas de fautes d'orthographe)?*	*Haben Sie die Sekretärin, die ich Ihnen empfohlen habe (und die keine Schreibfehler macht), eingestellt?*
	Si c'est un homme à qui on puisse faire confiance, engagez-le.	*Wenn er ein Mann ist, dem man vertrauen kann, dann stellen Sie ihn ein.*
aber:	*Si c'est l'homme qui s'est présenté l'autre jour, engagez-le.*	*Wenn das der Mann ist, der sich neulich vorgestellt hat, dann stellen Sie ihn ein.*

Im Relativsatz, der auf einen Superlativ oder auf einen superlativischen Begriff wie *le premier* (der erste), *le dernier* (der letzte), *le seul, l'unique* (der einzige), *le principal* (der wichtigste), *le suprême* (der höchste), *rien* (nichts), *personne* (niemand) u.Ä. bezogen ist, steht *Subjonctif,* wenn es um eine Beurteilung oder Wertung des Sprechenden handelt, die noch eine andere Möglichkeit einräumt (49).

Indikativ dagegen steht, wenn der Sprechende etwas als tatsächlich oder für ihn unzweifelhaft darstellen will (50).

(49)	*„Savoir, c'est pouvoir" est le plus beau mot qu'on ait dit.*	*„Wissen ist Macht" ist der schönste Ausspruch, den man je geprägt hat.*

	Le principal péril que nous courions, c'est de méconnaître notre rôle dans la société.	*Die Hauptgefahr, der wir uns aussetzen, ist, unsere Rolle in der Gesellschaft zu verkennen.*
	C'est la seule faute que j'aie trouvée dans ta dictée.	*Das ist der einzige Fehler, den ich in deinem Diktat gefunden habe.*
	Il n'y a personne qui sache faire de meilleurs gâteaux que ma mère.	*Es gibt niemanden, der besser Kuchen backen könnte als meine Mutter.*
	Je ne connais rien qui soit plus beau.	*Ich kenne nichts Schöneres.*
(50)	*De ces trois femmes, c'est la plus jeune que je connais.*	*Von diesen drei Frauen ist es die jüngste, die ich kenne.*
	Vous êtes le premier hôte que nous recevons.	*Sie sind der erste Gast, den wir empfangen.*

Im Relativsatz, der von einem Satz mit *Subjonctif* abhängt, steht ebenfalls *Subjonctif* (51).

(51)	*Anja n'était même pas sûre que ce fût lui qu'elle attendît.*	*Anja war sich nicht einmal sicher, ob er es war, auf den sie wartete.*

Übungen

1. Ersetzen Sie die *kursiv* gedruckten Infinitive durch die entsprechenden Verbformen:

   a. A la nuit tombante, nous nous sommes arrêtés au premier hôtel qui se *trouver* sur notre chemin.
   b. Il n'y a pas de ville, qui, ce jour-là, ne *revêtir* sa parure de fête.
   c. Y a-t-il un homme qui *être* tout à fait content?
   d. C'est la séance la plus tumultueuse qui *avoir* eu lieu depuis des mois.
   e. Il est le seul ouvrier qui *connaître* ce travail.
   f. C'est la dernière lettre qu'il m'*avoir* écrite.
   g. De toute la collection, c'est évidemment la robe la plus chère que sa femme *avoir* choisie.
   h. Il vaut mieux que ce *être* sa mère qui le lui apprendre.

2. Übersetzen Sie:

   a. Ich brauche eine Sekretärin, die für mich dolmetschen kann.
   b. Wir suchen den Saal, in dem das Konzert stattfindet.
   c. Es scheint, dass es sehr wenige Leute gibt, die seine Rede nicht gehört haben.
   d. Könnten Sie mir eine Wohnung empfehlen, die nicht zu teuer ist?
   e. Ich möchte ein Zimmer mit Ausblick auf den See (Relativsatz mit *avoir vue sur*).
   f. Geben Sie mir bitte wieder (redonner) das schöne Zimmer mit Ausblick auf den See.
   g. Der intelligenteste unserer Studenten hat ein Stipendium (une bourse) bekommen (C'est qui).
   h. Ist unter euch jemand, der diesen Satz schnell und richtig übersetzen kann?
   i. Es vergeht kein Tag, an dem in unserer Straße nicht ein Unfall passiert (se produire).
   j. Ich gebe zu, dass dieser Wagen der einzige ist, der mir völlig zusagt.

Lösungen

1. a. trouvait
   b. revête
   c. soit
   d. ait
   e. connaisse
   f. a
   g. a
   h. soit ... apprenne

2. a. Il me faut une secrétaire qui puisse me servir d'interprète.
   b. Nous cherchons la salle où a lieu le concert.
   c. Il semble qu'il y ait peu de gens qui n'aient pas écouté son discours.
   d. Pourriez-vous me recommander un appartement qui ne soit pas trop cher?
   e. Je voudrais une chambre qui ait vue sur le lac.
   f. Redonnez-moi, s'il vous plait, la belle chambre qui a vue sur le lac.
   g. C'est le plus intelligent de nos étudiants qui a obtenu une bourse.
   h. Y a-t-il quelqu'un parmi vous qui sache traduire cette phrase rapidement et correctement?
   i. Il ne se passe pas de jour où il ne se produise un accident dans notre rue.
   j. J'avoue que cette voiture est la seule qui me convienne parfaitement.

6.6.2.7. Die Zeitenfolge im subjunktivischen Satz

Grundwissen: In der gesprochenen Sprache wird praktisch ausschließlich *Subjonctif* Präsens bzw. *Subjonctif* Perfekt verwendet. Aber auch in der Schriftsprache wird heute im Allgemeinen der *Subjonctif* Imperfekt oder der *Subjonctif* Plusquamperfekt der 1. und 2. Person (besonders im Plural!) gemieden, und durch den *Subjonctif* Präsens bzw. Perfekt ersetzt (52).

(52)	*Elle ne voulait pas que je boive et que vous mangiez.*	*Sie wollte nicht, dass ich trinke und dass ihr esst.*
statt:	*Elle ne voulait pas que je busse et que vous mangeassiez.*	

Nach einem Präsens oder Futur im Hauptsatz steht der *Subjonctif* Präsens oder der *Subjonctif* Perfekt:

Je ne crois pas	*qu'il pleuve en ce moment (gleichzeitig)* *qu'il vienne demain (nachzeitig)* *qu'il soit venu hier (vorzeitig)*
Je ne croirai jamais	*qu'il soit malhonnête* *qu'il ait pu faire cela*

Nach einem Tempus der Vergangenheit im Hauptsatz steht:

a) in der Umgangssprache der *Subjonctif* Präsens oder Perfekt
b) in der (gehobenen) Schriftsprache der *Subjonctif* Imperfekt oder der *Subjonctif* Plusquamperfekt

	a)	b)
Je doutais	*qu'il vienne maintenant*	*qu'il vint ...*
J'ai douté	*qu'il vienne le lendemain*	*qu'il vint ...*
J'avais douté	*qu'il soit venu hier*	*qu'il fût venu ...*
J'aurais douté		

6.6.3. Der Imperativ - l'impératif

Grundwissen: Der Imperativ ist die Befehlsform des Verbs. Als eigenständige Verbform tritt er nur in der 2. Person Singular und Plural sowie in der 1. Person Plural auf.

Die Verbformen des Imperativ drücken einen Befehl, eine Aufforderung, eine Bitte oder auch einen Rat aus (53). Für die fehlende Form der 1. Person Singular tritt bisweilen die Form der 1. Person Plural als Ersatz ein (54).

(53)	*Va-t'en! Allez-vous-en!*	*Geh weg! Geht weg!*
	Donne- moi le journal. N'aie pas peur.	*Gib mir die Zeitung! Hab keine Angst.*
	Recommençons.	*Lasst uns noch einmal anfangen/ Fangen wir noch mal an.*
(54)	*Alors je me suis dit. Soyons raisonnable.*	*Also habe ich mir gesagt. Sei vernünftig.*

Befehle, die an eine dritte Person gerichtet werden, drückt man durch *Subjonctif*-Formen (meist mit einleitendem que) aus (55).

(55)	*Qu'ils partent!*	*Sie sollen abreisen!*
	Qu'on attende mes ordres.	*Man soll auf meine Anweisungen warten.*
	Sauve qui peut.	*Rette sich wer kann.*

Der Imperativ wird oft durch Umschreibungen abgemildert (56).

(56)	*Veuillez vous asseoir.*	*Nehmen Sie doch Platz.*
	Faites-moi le plaisir de m'accompagner.	*Machen Sie mir die Freude und begleiten Sie mich.*

Zuweilen kann auch ein modales Futur einen mehr oder minder entschiedenen Befehl ausdrücken (57).

(57)	*Vous copierez cette page pour demain.*	*Diese Seite schreibt ihr bis morgen ab.*
	Tu ne tueras pas. (Bible)	*Du sollst nicht töten.*

6.6.4. Das Konditional - le conditionnel

Grundwissen: Das Konditional wird im Französischen einerseits als Tempus, andererseits aber auch als Modus verwendet. Die Differenzierung Konditional I - *le conditionnel présent* - und Konditional II - *le conditionnel –passé* - sowie die Verbformen sind in beiden Fällen identisch. Unterschiede bestehen im Gebrauch des Konditionals.

Als Modus drückt das Konditional die Möglichkeit oder die Nichtwirklichkeit aus. Es wird im Bedingungssatzgefüge eingesetzt.

6.6.4.1. Das Konditional im Bedingungssatz

Das Konditional steht im Hauptsatz nach (oder vor) einem Bedingungssatz mit *si* (wenn, falls), der eine auf die Zukunft bezogene Möglichkeit oder Annahme bezeichnet (58). Dabei ist zu beachten, dass - im Unterschied zum Deutschen! - das Verb des hypothetischen *si*-Satzes im Indikativ steht.

Sonderfall: Erscheint der hypothetische Bedingungssatz ohne *si*, dann steht das Verb im Konditional, und der Nachsatz wird häufig, besonders in der Umgangssprache, mit *que* eingeleitet (59).

(58)	*Si un jour on me proposait cela, j'accepterais.*	*Falls mir das eines Tages angeboten würde, nähme ich an.*
	Si par hasard vous reveniez à Paris, nous aimerions vous rencontrer.	*Wenn Sie zufällig wieder nach Paris kommen sollten, würden wir uns gerne mit Ihnen treffen*
(59)	*Il le jurerait que je ne le croirais pas.*	*Und wenn er es mir schwören würde, ich würde ihm doch nicht glauben.*

Das Konditional steht aber auch im Hauptsatz nach (oder vor) einem Bedingungssatz mit *si*, der eine auf die Gegenwart (60) oder die Vergangenheit (61) bezogene Bedingung ausdrückt (Irrealis).

(60)	*Si j'avais le temps, je viendrais.*	*Wenn ich Zeit hätte, würde ich kommen./Hätte ich Zeit, käme ich.*

(61)	*Si j'avais eu le temps, je serais venu.*	*Wenn ich Zeit gehabt hätte, wäre ich gekommen/Hätte ich Zeit ge habt, wäre ich gekommen.*

Zu beachten ist hierbei, dass das Verb eines solchen irrealen Konditionalsatzes mit *si* - im Unterschied zum Deutschen! - bei einem Bezug auf die Gegenwart im Indikativ Imperfekt (60), bei einem Bezug auf die Vergangenheit im Indikativ Plusquamperfekt steht (61).

Gleiches gilt für den Gebrauch von Modus und Tempus nach *comme si* (als wenn, als ob) (62). In Ausrufesätzen, die Spott, Geringschätzung, Ablehnung, Tadel usw. ausdrücken, kann aber nach einleitendem *comme si* durchaus Konditional stehen (63).

(62)	*Quand il pense à elle c'est comme s'it faisait plus clair.*	*Wenn er an sie denkt, ist es, als ob es heller würde.*
	Ils discutaient maintenant comme si les autres n'avaient pas été présents.	*Sie unterhielten sich nun, als ob die anderen gar nicht da wären.*
(63)	*Comme si on le prendrait au sérieux!*	*Als ob man ihn ernst nähme!*
	Comme si mon père n'aurait pas pu me prêter sa voiture.	*Als ob mein Vater mir nicht seinen Wagen hätte leihen können.*

Zu beachten ist fernerhin, dass das Verb des folgenden (oder vorausgehenden) Hauptsatzes bei Bezug auf die Gegenwart im Konditional I (60), bei Bezug auf die Vergangenheit im Konditional II steht (61).

Sonderfall: Eine Bedingung kann auch durch einen Satzteil ohne Verb ausgedrückt werden (64).

(64)	*Sans toi, je serais perdu.*	*Ohne dich wäre ich verloren.*
	Deux minutes plus tard, j'aurais manqué le train.	*Zwei Minuten später, und ich hätte den Zug versäumt.*

Das Konditional steht nie nach bedingendem *si* (wenn) (65). Nach *si* (ob) kann dagegen ein Futur oder ein Konditional stehen (66).

(65)	*Si ce timbre, te plaît, je te le donnerai.*	*Wenn dir diese Briefmarke gefällt, werde ich sie dir geben.*
(66)	*Je ne sais pas s'il viendra.* *Je ne savais pas s'il viendrait.*	*Ich weiß nicht, ob er kommt.* *Ich wusste nicht, ob er käme.*

Das Konditional muss stehen nach *au cas où, dans le cas où, pour le cas ou* (im Falle dass, ...) (67).

(67)	*Au cas où vous auriez besoin de quelque chose, dites-le moi.*	*Im Falle, dass ihr etwas braucht, sagt es mir.*

Das Konditional steht auch im konzessiven Bedingungssatz (= hypothetischer Konzessivsatz) nach *quand, quand même* (auch wenn, selbst wenn). *Même si* (selbst wenn) dagegen hat Indikativ nach sich (68).

(68)	*Quand même il travaillerait davantage, il ne réussirait pas.*	*Selbst wenn er mehr arbeiten würde, hätte er keinen Erfolg.*
aber:	*Même s'il travaillait davantage, il ne réussirait pas.*	

Hinweis. Dieses konzessive *quand* ist von dem rein temporalen *quand* (wenn) zu unterscheiden (69).

(69)	*Le petit garçon nous a raconté ce qu'il ferait quand il serait grand.*	*Der kleine Junge hat uns erzählt, was er machen werde, wenn (dann wenn) er einmal groß ist.*

Übungen

1 . Ersetzen Sie die *kursiv* gedruckten Infinitive durch die entsprechenden Verbformen:

a. Les garçons parlaient de ce qu'ils *faire* après qu'ils sortir du lycée.
b. J'espère que tu me *dire* son nom si je te le demandais.
e. Si tu continuais à mener cette vie mondaine, tu *mourir* bientôt d'ennui.
d. Au cas où vous *revenir* dans cette région, ne manquez pas de nous avertir.
e. Dans le cas où il *survenir* des complications, rappelez-moi.
f. Quand même tu *gagner* dix fois plus, tu n'en *être* pas plus heureux.
g. Même quand il *geler* à pierre fendre, mon père allait se promener.

h. Quand même il *geler* à pierre fendre, mon père *aller* (Konditional I) se promener.

2. Übersetzen Sie:

a. Sans la présence d'esprit de notre voisin, la maison aurait pris feu.
b. S'il faisait beau, nous sortirions. - S'il faisait beau, nous sortions.
c. Quand même il pleuvrait à torrents, je viendrais te voir.
d. Un mot de plus, et on me donnait mes huit jours (kündigen).

3. Übersetzen Sie:

a. Sie wäre gekommen, wenn sie Zeit gehabt hätte.
b. Wüssten wir nicht, dass Sie morgen kommen, würden wir heute schon abreisen.
c. Wäre ein Brand ausgebrochen (se déclarer), hätte man zuerst die Kinder gerettet.
d. Wir fragten ihn, ob er unter diesen Bedingungen unser Angebot annehmen würde.

Lösungen

1. a. feraient seraient sortis
b. dirais
c. mourrais
d. reviendriez
e. surviendrait
f. gagnerais ... serais
oder Konditional II aurais gagné ... n'en aurais pas été
g. gelait
h. gèlerait ... irait

2. a. Ohne die Geistesgegenwart unseres Nachbarn hätte das Haus Feuer gefangen.
b. Wenn es schön wäre, würden wir ausgehen. - Wenn es schön war, gingen wir aus.
c. Selbst wenn es in Strömen regnete, würde ich dich besuchen.
d. Ein Wort mehr, und man hätte mir gekündigt.

3. a. Elle serait venue, si elle avait eu le temps.
b. Si nous ne savions pas que vous viendrez demain, nous partirions aujourd'hui même.

c. Si un incendie s'était déclaré, on aurait sauvé d'abord les enfants.
d. Nous lui avons demandé si, dans ces conditions, il accepterait notre offre.

6.6.4.2. Sonstiger Gebrauch des modalen Konditionals

Das Konditional steht zum Ausdruck eines Wunsches (oder auch einer Wunschvorstellung) (70) sowie einer gemäßigten Aussage, einer höflichen Bitte oder Aufforderung (71).

(70)	*Je voudrais gagner le gros lot.*	*Ich möchte gerne das große Los ziehen.*
	J'aimerais travailler avec vous.	*Ich würde gerne mit Ihnen zusammenarbeiten.*
(71)	*Cela pourrait se faire.*	*Das ließe sich machen.*
	Je ne saurais vous le dire.	*Ich kann (eigentl.: könnte) es Ihnen nicht sagen.*
	Nous feriez-vous le plaisir de venir chez nous prendre une tasse de thé?	*Würden Sie uns die Freude machen und uns auf eine Tasse Tee besuchen?*

Das Konditional steht zum Ausdruck einer zweifelnden Annahme als Frage (72) oder zum Ausdruck einer Möglichkeit, die mit Erstaunen oder Entrüstung zurückgewiesen wird (73).

(72)	*Aurait-on oublié de l'inviter?*	*Sollte man vergessen haben, ihn einzuladen?*
	Me serais-je trompé?	*Sollte ich mich getäuscht haben?*
(73)	*Comment? Je mentirais à mon père?*	*Was? Ich sollte meinen Vater belügen?*
	Quoi? Il aurait vraiment dit cela?	*Wie? Das soll er wirklich gesagt haben?*

Das Konditional steht zum vorsichtigen Ausdruck einer Mitteilung oder Nachricht, die man nur vom Hörensagen kennt (74). Diese Konstruktion wird deshalb sehr gern in Presse und Rundfunk verwendet.

(74)	*Elle serait gravement malade.*	*Sie soll schwerkrank sein. Man sagt, sie sei schwerkrank.*
	Un accident de chemin de fer s'est produit. Il y aurait plus de dix morts.	*Ein Zugunglück hat sich ereignet. Es soll mehr als zehn Tote gegeben haben.*

Das Konditional steht auch im nur andeutungsweise ausgesprochenen Vergleich sowie zum Ausdruck der Annahme oder Möglichkeit in Nebensätzen (75).

(75)	*Il marchait comme un homme qui aurait trop bu.*	*Er lief wie jemand, der zu viel getrunken hatte.*
	Je n'ai pas accepté cette offre, parce que j'aurais eu des ennuis.	*Ich habe dieses Angebot nicht angenommen, weil ich Ärger bekommen hätte.*

Übungen

1. Übersetzen Sie:

a. Vous n'auriez eu qu'à me téléphoner, je serais sûrement venu.
b. Il se serait produit de nouveaux incidents de frontière.
c. Un accident de mine s'est produit. Aux premières nouvelles, trente mineurs au moins auraient été tués.
d. Comment? Tu n'aurais jamais entendu parlé de la C.E.E.? On dirait vraiment que tu vis dans la lune.
e. Comme si mon voisin n'aurait pas pu me prêter ce livre!

2. Übersetzen Sie:

a. Das Mädchen hat uns erzählt, was sie tun würde, wenn sie zwanzig Jahre alt wäre.
b. Zwei Minister sollen die Absicht haben zurückzutreten.
c. Als er krank wurde, haben sie ihn gepflegt, wie sie ihren eigenen Sohn gepflegt hätten.
d. Wir haben immer noch keine Antwort von Monika bekommen. Sollte sie verreist sein?
e. Man kann nicht an alles denken.

Lösungen

1. a. Ihr hättet mich nur anzurufen brauchen, ich wäre bestimmt gekommen.
   b. Es soll zu neuerlichen Grenzzwischenfällen gekommen sein.
   c. Ein Minenunglück hat sich ereignet. Ersten Meldungen zufolge sollen mindestens dreißig Bergleute getötet worden sein.
   d. Was? Du hättest noch nie von der EG gehört? Man könnte wirklich meinen, du lebst auf dem Mond.
   e. Als ob mir mein Nachbar das Buch nicht hätte leihen können!

2. a. La jeune fille nous a raconté ce qu'elle ferait quand elle aurait/aura vingt ans.
   (temporales *quand ?* Konditional *aus Sicht des Mädchens*
   Futur *aus Sicht des Sprechenden)*
   b. Deux ministres auraient l'intention de démissionner.
   c. Quand il est tombé malade, ils l'ont soigné comme ils auraient soigné leur propre fils.
   d. Nous n'avons toujours pas reçu de réponse de Monique. Serait-elle partie en voyage?
   e. On ne saurait oder On ne peut pas penser à tout.

6.7. Transitive und intransitive Verben

Im Französischen werden diejenigen Verben als transitiv bezeichnet, die ein direktes Objekt (→ 11.3.) nach sich haben (1), intransitiv dagegen die Verben, die kein direktes Objekt nach sich haben (2).

(1)	*Je vois la maison.*	*Ich sehe das Haus.*
	Je souhaite à mon collègue un bon anniversaire.	*Ich wünsche meinem Kollegen zum Geburtstag alles Gute.*
	César envahit la Gaule.	*Cäsar fiel in Gallien ein.*
(2)	*Je viens.*	*Ich komme.*
	Le vent souffle.	*Der Wind bläst.*

Hinweis: Diese Definition von transitiv bzw. intransitiv deckt sich nicht in allen Fällen mit der deutschen Definition dieses grammatikalischen Phänomens. Außerdem ist zu beachten, dass in der Übersetzung dem französischen direkten Objekt (vergleichbar mit dem deutschen Akkusativobjekt) ein Dativobjekt oder ein präpositionales Objekt im Deutschen entspricht.

Viele Verben aber kann man nicht einfach in dieses Schema einordnen, denn sie können sowohl transitiv als auch intransitiv gebraucht werden (3). Dabei ändert sich bei einigen auch die Bedeutung (4).

(3)	*Il rougit de plaisir.*	*Er errötet vor Freude.*
	Le vin rougit l'eau.	*Der Wein rötet das Wasser/ färbt das Wasser rot.*
(4)	*Je suis descendu à la cave.*	*Ich bin in den Keller hinunter gegangen.*
	Descendez le tableau!	*Hängt das Bild tiefer!*
	M. Dupont est sorti à trois heures.	*Herr Dupont ist um drei Uhr ausgegangen.*
	Il a sorti un couteau de sa poche.	*Er hat ein Messer aus seiner Tasche geholt.*

Elle vit dans la misère.	*Sie lebt im Elend.*
Elle a vécu des années de misère.	*Sie hat Jahre des Elends durchlebt.*

Die wichtigsten solcher Verben sind:

descendre	*hinuntersteigen, hinuntergehen*	*descendre qc*	*etwas hinuntertragen, -bringen, herunterholen, tiefer hängen, etc.*
monter	*hinaufsteigen*	*monter qc*	*etwas hinauftragen, -bringen, etc.*
sortir	*ausgehen, hinausgehen*	*sortir qc (de)*	*etwas holen, herausholen (aus)*
passer	*vorübergehen*	*passer qc*	*etwas übergeben, durchschreiten, überschreiten*
vivre	*leben*	*vivre qc*	*etwas durchleben, durchmachen*

Innerhalb der transitiven Verben *(verbes transitifs)* wird unterschieden zwischen *verbes transitifs directs,* die ein direktes Objekt nach sich haben, (5) und den *verbes transitifs indirects,* die ein indirektes Objekt nach sich haben können (6).

(5)	*Je vois la maison.* *Je connais ce garçon.*	*Ich sehe das Haus.* *Ich kenne diesen Jungen.*
(6)	*Il nuit à notre cause.*	*Er schadet unserer Sache.*
	On s'apercevra de son absence.	*Man wird seine Abwesenheit bemerken.*

Einige dieser Verben können sowohl als *verbe transitif direct* als auch als *verbe intransitif indirect* verwendet werden (7). Zu beachten ist dabei aber, dass sich der Sinn des jeweiligen Verbs dann mehr oder weniger ändert.

(7)	*Pensez à moi!*	*Denkt an mich!*
	Pensez à un nombre!	*Denkt euch eine Zahl aus!*
	J'aspire l'air frais.	*Ich atme die frische Luft ein.*
	Il aspire aux honneurs.	*Er strebt nach Ruhm.*
	Ils applaudirent l'artiste.	*Sie klatschten dem Artisten Beifall.*
	Ils applaudirent à la décision.	*Die Entscheidung fand ihren Beifall.*

Sehr häufig sind Verben, die ein direktes und ein indirektes Objekt gleichzeitig anschließen können (8).

(8)	*Donne la main à ton oncle!*	*Gib deinem Onkel die Hand!*
	Je remercie ma grand-mère pour son cadeau.	*Ich danke meiner Großmutter für ihr Geschenk.*

6.8. Das Verb und seine Ergänzungen

Grundwissen: Neben Subjekt und Verb sind Objekte und prädikative Ergänzungen, d.h. ganz allgemein die Ergänzungen des Verbs, wesentliche, da sinntragende Elemente eines Satzes. Das Verb kann seine Ergänzungen direkt oder mit einer Präposition anschließen.

6.8.1. Verb und Objekt

6.8.1.1. Verben mit direktem Objekt

Verben mit direktem Objekt sind transitive Verben. Sie schließen ihr Objekt ohne Präposition an. Diesen Verben entsprechen im Deutschen oftmals Verben mit Dativobjekt oder einem präpositionalen Objekt (9).

(9)	*Les amis souhaitent à Pierre un bon anniversaire.*	*Die Freunde wünschen Peter zum Geburtstag Glück.*
	La route longe la rive gauche du fleuve.	*Die Straße führt am linken Ufer des Flusses entlang.*

Les explorateurs ont bravé tous les dangers.	*Die Forscher haben allen Gefahren getrotzt.*

Die wichtigsten Verben dieser Art sind:

aider qn *seconder qn* *secourir qn*	*jemandem helfen, beistehen*
affronter qn *braver qn, qc*	*jemandem/etwas trotzen, die Stirn bieten*
attendre qn, qc	*auf jemanden/etwas warten, jemanden/etwas erwarten*
contredire qn	*jemandem widersprechen*
craindre qn, qc	*sich vor jemandem/etwas fürchten*
devancer qn	*jemandem vorangehen, jemandem zuvorkommen*
éclairer qn	*jemandem leuchten*
écouter qn	*jemandem zuhören, jemanden anhören, auf jemanden hören*
égaler qn	*jemandem gleichkommen*
envahir qc (un pays)	*in etwas (ein Land) einfallen*
espérer qc	*auf etwas hoffen, etwas erhoffen, erwarten*
féliciter qn (de od. pour)	*jemanden beglückwünschen, jemandem gratulieren (zu)*
flatter qn	*jemandem schmeicheln*
longer qc	*an etwas entlangführen/-laufen/-fahren*
maudire qn	*jemanden verfluchen*

menacer qn (de qc)	*jemandem drohen, jemanden bedrohen (mit)*
précéder qn	*jemandem vorangehen, vor jemandem hergehen*
prévenir qn	*jemandem zuvorkommen, früher kommen als jemand*
prévenir qn de qc	*jemanden unterrichten von etwas*
prévenir qc	*einer Sache vorbeugen, etwas, verhüten*
raconter qc	*etwas/von etwas erzählen*
remercier qn (de/pour qc)	*jemandem danken (für etwas)*
rencontrer qn	*jemandem begegnen, jemanden treffen*
rencontrer qc (des difficultés)	*auf etwas stoßen (auf Schwierigkeiten)*
servir qn	*jemandem dienen, jemanden bedienen*
suivre qn	*jemandem folgen*

Hinweis: Diese französischen Verben können – im Gegensatz zu ihren deutschen Entsprechungen mit Dativ- und Präpositionalobjekt – ein persönliches Passiv (→ 6.13.) bilden. Werden diese Verben reflexiv gebraucht, so ist das Reflexivpronomen direktes Objekt. Dies ist in zusammengesetzten Zeiten für die Veränderlichkeit des Partizip Perfekt (→ 6.3.3.) von Bedeutung.

6.8.1.2. Verben mit indirektem Objekt

Verben mit indirektem Objekt schließen ein Objekt nicht unmittelbar, sondern mit einer Präposition an (10). (Ein solches Objekt kann deshalb auch präpositionales Objekt genannt werden.)

(10)	*Maurice répondit à la lettre de son ami.*	*Moritz beantwortet den Brief seines Freundes.*
	Le train s'approche de Paris.	*Der Zug nähert sich Paris.*

6.8.1.2.1. Verben mit à

Verben mit *à* können ein ihnen zugeordnetes Objekt nur als indirektes Objekt mit *à* anschließen (11). Im Deutschen kann diesem indirekten Objekt ein Akkusativobjekt, ein Dativobjekt oder auch ein präpositionales Objekt entsprechen.

(11)	*Je ne m'attendait pas à cette réponse.*	*Diese Antwort habe ich nicht erwartet.*
	Louis XIV succéda à son père Louis XIII.	*Ludwig XIV. folgte seinem Vater Ludwig XIII. im Amt nach.*
	Il s'intéresse à tout.	*Er interessiert sich für alles.*

Die wichtigsten Verben dieser Art sind:

(s')accoutumer à *(s')habituer à*	*(sich) gewöhnen an*
aspirer à	*streben, trachten nach*
assister à	*teilnehmen an, beiwohnen*
s'attendre à qc	*sich auf etwas gefasst machen, auf etwas gefasst sein, mit etwas rechnen, etwas erwarten*
avoir affaire à qn	*es mit jemandem zu tun haben*
souscrire à qc	*in etwas einwilligen*
contrevenir à qc (une loi)	*etwas übertreten, gegen etwas verstoßen (gegen ein Gesetz) einer Sache zuwiderhandeln*
emprunter à qn	*von jemandem borgen, leihen*
s'intéresser à	*sich interessieren für*
mentir à qn	*jemanden belügen, anlügen*
réfléchir à qc	*über etwas nachdenken*

remédier à qc	*einer Sache abhelfen, etwas beheben*
renoncer à qc	*auf etwas verzichten*
survivre à qn, à qc	*jemanden/etwas überleben*

6.8.1.2.2. Verben mit *de*

Verben mit *de* können ein ihnen zugeordnetes Objekt nur als indirektes Objekt mit *de* anschließen (12). Im Deutschen kann diesem indirekten Objekt ein Akkusativobjekt, ein Dativobjekt oder auch ein präpositionales Objekt entsprechen.

(12)	*Il s'est aperçu de ce danger.*	*Er hat diese Gefahr bemerkt.*
	Elle se méfie de son amie.	*Sie misstraut ihrer Freundin.*
	Nous nous occupons de la grammaire française.	*Wir beschäftigen uns mit der französischen Grammatik.*

Die wichtigsten Verben dieser Art sind:

s'acquitter de qc (p.e. d'une tâche, d'un devoir)	*sich einer Sache entledigen, etwas erfüllen (z. B. eine Aufgabe, eine Pflicht)*
avoir besoin de qn, de qc	*jemanden/etwas brauchen, nötig haben*
avoir peur de	*Angst haben, sich fürchten vor*
avoir pitié de	*Mitleid haben mit, bemitleiden*
se contenter de	*sich begnügen mit*
désespérer de	*verzweifeln an*
se désintéresser de qc	*für/an etwas kein Interesse haben*
douter de	*zweifeln an*
se douter de qc	*etwas ahnen, vermuten*

s'émerveiller de *s'étonner de*	*(er)staunen, sich wundern über*
(s)excuser de	*(sich) entschuldigen für*
se fâcher de	*sich ärgern, aufregen über*
féliciter qn de qc	*jemanden zu etwas beglückwünschen*
jouir de qc	*etwas genießen, sich an einer Sache erfreuen*
juger de	*urteilen über*
se méfier de qn, de qc	*jemandem/einer Sache misstrauen* *sich vor jemandem/vor einer Sache hüten, in Acht nehmen*
se mêler de qc	*sich in etwas einmischen, sich kümmern um*
menacer (qn) de qc	*(jemandem) drohen mit*
se moquer de	*sich lustig machen über*
mourir de	*sterben an*
s'occuper de	*sich beschäftigen, befassen mit*
se passer de qc	*etwas entbehren können, ohne etwas auskommen können*
profiter de qc *(p.e. d'une occasion)*	*etwas (aus)nutzen, aus etwas Nutzen, Vorteil ziehen, wahrnehmen (z. B. eine Gelegenheit)*
protester de qc *(p.e. de son innocence)*	*etwas beteuern (z. B. seine Unschuld)*
redoubler de *(fig.: p . e. d'efforts)*	*etwas verdoppeln (fig.: z. B. die Anstrengungen), verstärken, steigern*

se réjouir de qc	*sich freuen über*
se repentir de qc	*etwas bereuen*
rire/sourire de qn, de qc	*lachen/lächeln über*
se soucier de qn, de qc	*sich sorgen, kümmern um*
souffrir de qc	*leiden an, unter*
se souvenir de qn, de qc	*sich erinnern an*
se vanter de qc	*sich einer Sache rühmen*
se venger de qn	*sich an jemandem rächen*
se venger de qc (sur qn)	*sich für etwas (an jemandem) rächen*

6.8.1.3. Verben mit unterschiedlicher Rektion

Es gibt Verben, die das ihnen zugeordnete Objekt in unterschiedlicher Weise anschließen können (13). Sie können ein direktes und/oder ein indirektes Objekt nach sich haben; außerdem können sie ein indirektes Objekt mit *à* und/oder *de* oder auch einer anderen Präposition anschließen. Bei unterschiedlicher Rektion ergibt sich dann auch eine andere Bedeutung des Verbs.

(13)	*Je demande le patron.*	*Ich möchte den Chef sprechen.*
	Je demande à mon amie de me prêter un livre.	*Ich bitte meine Freundin, mir ein Buch zu leihen.*
	Je demande une augmentation de salaire.	*Ich bitte um/verlange eine Lohnerhöhung.*
	Je demande des vacances à *mon patron.*	*Ich bitte meinen Chef um Urlaub.*
	Est-ce qu'on a demandé après moi?	*Hat jemand nach mir gefragt?*

6.8.1.4. Verben mit zwei Objekten

Hat ein Verb zwei Objekte nach sich, und zwar ein Sach- und ein Personenobjekt, so ist zu beachten, dass nur das Sachobjekt direktes Objekt ist (14).

(14)	*M. Lebrun enseigne la grammaire aux enfants.*	*Herr Braun lehrt die Kinder Grammatik.*
	Demandez-lui le chemin.	*Fragt ihn nach dem Weg.*

Das Verb *faire*

Bei *faire* mit Infinitiv und zwei Objekten wird das Personenobjekt (im Deutschen im Akkusativ!) zum indirekten Objekt mit à (→ 11.4.) (15).

Sonderfall: Wenn *à qn* missverständlich ist, gebraucht man *par qn (16).*

(15)	*Il a fait lire cette lettre à sa femme; il la lui a fait lire.*	*Er hat seine Frau diesen Brief lesen lassen; er hat sie ihn lesen lassen.*
(16)	*Il a fait écrire une lettre à sa fille.*	*Er hat seiner Tochter einen Brief schreiben lassen.*

(*à sa fille* = an seine Tochter oder durch seine Tochter? Deshalb:)

Il a fait écrire une lettre par sa fille.	*Er hat seine Tochter einen Brief schreiben lassen.*

Hinweis: *Faire* bildet mit einigen Verben einen einheitlichen Begriff.

faire comprendre, faire entendre	*verständlich machen, begreiflich machen; zu verstehen geben*
faire connaître	*bekannt machen mit, bekannt geben, mitteilen*
faire croire qc à qn	*jemandem etwas einreden, weismachen*
faire faire	*machen lassen*

faire observer *faire remarquer*	*hinweisen, aufmerksam machen auf*
faire savoir	*wissen lassen, mitteilen*
faire voir	*sehen lassen, zeigen*

Die Verben *laisser, entendre, voir*

Bei den Verben *laisser* (lassen (= zulassen, dass)), *entendre* (hören, verstehen) und *voir* (sehen) steht das Personenobjekt in der Regel als direktes Objekt, immer jedoch als indirektes Objekt mit *à*, wenn beide Objekte Personalpronomina sind (17).

(17)	*J'ai laissé essayer ma voiture* à *un ami.*	*Ich habe einen Freund meinen Wagen ausprobieren lassen.*
Oder:	*J'ai Laissé un ami essayer ma voiture. (→ Wortstellung)*	
	Je lui ai laissé essayer ma voiture.	*Ich habe ihn meinen Wegen ausprobieren lassen.*
Oder:	*Je l'ai laissé essayer ma voiture.*	
aber:	*Je la lui ai laissée essayer. (Je l'ai laissé l'essayer.)*	*Ich habe ihn ausprobieren lassen.*

Ein indirektes Personenobjekt (ein so genannter Dativ der Hinsicht) findet sich oft bei Verben der geistigen und sinnlichen Wahrnehmung, wie z. B. *voir, trouver, connaître, sentir u.ä.* (18).

(18)	*Je ne lui avais jamais vu un mine aussi triste.*	*Ich hatte ihn noch nie in einer so traurigen Miene gesehen.*
	On ne lui connaissait pas ce Talent.	*Man kannte dieses Talent an ihm gar nicht.*
	Je lui ai trouvé quelque chose de bizarre.	*Ich habe ihn etwas seltsam gefunden.*
	Il se sent le courage de braver ce danger.	*Er fühlt in sich den Mut, dieser Gefahr zu trotzen.*

Übungen

Ergänzen Sie gegebenenfalls:

a. Je ferai visiter le Louvre ... mon fils.
b. Vous pouvez laisser ... vos enfants voir ce film. - Vous pouvez ... ... laisser voir.
c. J'essaierai de ... faire renoncer à leurs prétentions.
d. Mon amie craignait toujours de voir ... son mari perdre son emploi.
e. ... qui avez-vous fait traduire votre discours?
f. J'ai toujours connu ... mon oncle ce petit sourire moqueur.
g. Faites porter vos valises ... un porteur! - Faites ... ... porter jusqu'à la sortie!

Lösungen

a. à
b. laisser vos enfants - le leur
c. les
d. voir son mari
e. par (oder à)
f. à
g. par (hier geläufiger als à,das möglich wäre) - les lui

6.8.2. Verb und prädikative Ergänzung

Grundwissen: Eine prädikative Ergänzung kann ein Adjektiv oder auch ein Substantiv sein. Sie richtet sich in jedem Fall nach ihrem Beziehungswort, das ein Subjekt oder auch ein Objekt sein kann. Die Verbindung zwischen Verb und prädikativer Ergänzung ist unterschiedlich.

Viele Verben werden ohne Präposition unmittelbar mit der prädikativen Ergänzung verbunden, vor allem wenn sich diese auf das Objekt (im Passiv auf das Subjekt) bezieht (19).

(19)	*La cathédrale de Chartres a rendu la ville fameuse.*	*Die Kathedrale von Chartres hat die Stadt berühmt gemacht.*
	Je crois cette entreprise dangereuse.	*Ich halte dieses Unterfangen für gefährlich.*
	Je l'ai connue jeune fille.	*Ich habe sie als junges Mädchen gekannt.*

Die wichtigsten Verben dieser Art sind:

être	*sein*	*s'estimer*	*sich schätzen*
devenir	*werden*	*(se) trouver*	*(sich) finden*
rester *demeurer*	*bleiben*	*(s')appeler,* *(se) nommer*	*(sich) nennen,* *heißen*
sembler, *paraître*	*scheinen*	*rendre* *(+ Adjektiv)*	*machen (=werden* *lassen)*
se sentir *(+ Adjektiv)*	*sich fühlen*	*faire* *(+ Substantiv)*	*machen zu,* *ernennen zu*
se sentir	*sich fühlen als*	*se montrer* *(+ Substantiv)*	*sich zeigen* *erweisen als*
connaître	*kennen als*	*nommer*	*ernennen zu*
croire *estimer*	*halten für* *ansehen als*	*élire*	*wählen zu*
déclarer	*erklären für*		
se dire	*sich bezeichnen als,* *sich ausgeben für, sich nennen*		

Erwähnenswert sind in diesem Zusammenhang auch noch einige Gallizismen, bzw. idiomatische Ausdrücke.

faire jeune (vieux, jeune fille etc.)	*jung (alt, wie ein junges Mädchen etc.) aussehen, wirken*
tomber malade	*krank werden*
arriver le premier/le dernier	*als Erster/Letzter ankommen*
sortir vainqueur de	*als Sieger hervorgehen aus*
se quitter bons amis	*als gute Freunde auseinander gehen*
enfant/étudiant, j'avais	*als Kind/Student hatte ich*

avoir	*les yeux noirs*	*schwarze Augen ...*
	le front bombé	*eine vorgewölbte Stirn ...*
	le menton fuyant	*ein fliehendes Kinn ...*
	les pommettes saillantes	*vorspringende Backenknochen ...*
	l'esprit vif	*einen wachen Geist ...*
	la conscience tranquille	*ein ruhiges Gewissen ...*
	le bras long	*weit reichenden Einfluß haben*

Eine Reihe von Verben werden aber durch Präposition oder *comme* mit der prädikativen Ergänzung verbunden (20).

(20)	*Il a agi en ami.*	*Er hat als Freund gehandelt.*
	Je vous avais pris pour votre frère.	*Ich hatte Sie für Ihren Bruder gehalten.*
	Je la considère comme très dangereuse.	*Ich sehe sie als sehr gefährlich an.*

Die wichtigsten Verben dieser Art sind:

agir en	*handeln als*
choisir pour wählen zu	
considérer comme	*ansehen, betrachten als*
regarder comme	
désigner pour	*bestimmen zu*
passer pour	*gelten als, gelten für*
(se) faire passer pour	*(sich) ausgeben für*
prendre pour	*(irrtümlich) halten für*
qualifier de	*bezeichnen als, erklären für*
tenir pour	*halten, erachten für*
traiter (qn) en	*behandeln als*
traiter comme	

Übungen

1. Ergänzen Sie gegebenenfalls:

a. Il faut considérer l'avion ... perdu.
b. Qui l'aurait cru ... capable de manquer ... sa parole?
c. Je vous remercier, vous avez agi ... bon camarade.
d. Excusez-moi, Madame, je vous avais prise ... ma femme.
e. Son père a été nommé ... inspecteur des Finances. Il passe ... un grand spécialiste en matière fiscale.
f. Le petit demanda ... sa mère pourquoi les Chinois ont ... yeux bridés et ... pommettes saillantes.
g. Si vous jugez . .. opportun de faire cette démarche, moi je la considère ... très risquée.
h. Tout homme est présumé ... innocent jusqu'à ce qu'il ait été déclaré ... coupable. (Déclaration des droits de l'homme)

2. Übersetzen Sie:

a. Als Student musste (Perfekt) er sich oft mit einer einzigen Mahlzeit am Tage (par jour) begnügen.
b. Ich habe ihn [schon] als kleinen Jungen gekannt.
c. Behandeln Sie Ihre Schüler als Kameraden!
d. Sie hat schon ganz weißes Haar, ich hätte sie beinahe nicht wieder erkannt.
e. Gewisse Leute kommen (=ankommen) immer als erste und gehen immer als letzte.
f. Man muss sich vor den Autofahrern in Acht nehmen, die sich für die Herren der Straße halten.

Lösungen

1. a. comme
b. cru capable ... à
c. en
d. pour
e. nommé inspecteur ... pour être
f. à ... les ... les
g. jugez opportun ... comme
h. présumé innocent ... déclaré coupable

2. a. Quand il était étudiant, il a souvent dû se contenter d'un seul repas par jour.
b. Je l'ai connu petit garçon.
c. Traitez vos élèves en camarades/comme des camarades!

d. Elle a déjà les cheveux tout blancs, j'ai failli ne pas la reconnaître.
e. Certaines personnes arrivent toujours en premier et s'en vont toujours en dernier.
f. Il faut se méfier des automobilistes qui se croient les maîtres de la route.

6.9. Der Infinitiv

Grundwissen: Der Infinitiv kann als Verbalsubstantiv, d.h. als eine substantivische Form des Verbs auftreten. Wie jedes andere Substantiv auch, kann er daher mit Präpositionen verbunden werden und im Satz auftreten als Subjekt, direktes Objekt, indirektes Objekt, Attribut, prädikative Ergänzung, Apposition oder auch adverbiale Bestimmung (1). Einige Infinitive sind sogar so sehr zum Substantiv geworden, dass sie den Artikel vor sich haben können (2). Im Gegensatz zum Deutschen ist di Zahl dieser Infinitive im Französischen aber sehr beschränkt (etwa 5) und durch den Gebrauch festgelegt.

(1)	*Étudier est toujours profitable.*	*Studieren bringt stets Gewinn.*
	J'aime lire.	*Ich lese gern.*
	On l'oblige à chanter.	*Man verpflichtet sie zu singen.*
	Souffler n'est pas jouer.	*Blasen heißt (noch lange nicht) spielen.*
	Elle est heureuse de donner.	*Sie ist glücklich, geben zu können.*
	Il n'a qu'une idée, manger.	*Er hat nur einen Gedanken: essen.*
	Il reçut le choc sans trembler.	*Er steckte den Schlag ein ohne zu zittern.*
(2)	*le déjeuner*	*das Mittagessen*
	le devoir	*die Aufgabe*
	le dîner	*das Abendessen*
	le pouvoir	*die Macht*

le rire	*das Lachen*
le souper	*das Abendessen*
le sourire	*das Lächeln*
le souvenir	*die Erinnerung*

Der Infinitiv kann aber auch mit verbaler Wertigkeit verwendet werden. Er hat dann im Allgemeinen ein Subjekt (3). Wenn der Infinitiv keine prädikative Ergänzung zum Objekt bei sich hat, kann bei intransitiven Verben das Subjekt vor oder nach dem Infinitiv stehen (4), bei transitiven Verben aber nur vor dem Infinitiv (5).

(3)	*J'entends le chien aboyer.*	*Ich höre den Hund bellen.*
	Je les vois sortir.	*Ich sehe sie hinausgehen.*
(4)	*J'entends aboyer un chien.* *J'entends un chien aboyer.*	*Ich höre einen Hund bellen.*
(5)	*J'ai entendu Pierre appeler.*	*Ich habe Peter rufen hören.*

Der Infinitiv mit verbaler Wertigkeit kann auch in verschiedenen Zeiten auftreten: als Infinitiv Präsens (6), als Infinitiv der Vergangenheit (7) und – in sehr eingeschränktem Maße – als Infinitiv Futur (8). Am häufigsten ist der Infinitiv Präsens; der Infinitiv der Vergangenheit bezeichnet eine Vorzeitigkeit zum finiten (→ 6.2.) Verb. Der Infinitiv Futur ist ziemlich selten und kommt nur in der Zusammensetzung *devoir être, devoir faire* etc. vor.

(6)	*Souffler n'est pas jouer.*	*Blasen heißt nicht spielen.*
	Elle est heureuse de vous donner.	*Sie ist glücklich, euch etwas zu geben.*
(7)	*Il croit t'avoir vu.*	*Er glaubt, dich gesehen zu haben.*
	D'avoir mal agi t'empêche de dormir.	*Falsch gehandelt zu haben lässt dich nicht schlafen.*
(8)	*Cette situation semble devoir durer quelque temps.*	*Diese Lage wird anscheinend einige Zeit andauern.*

	... mon voisin que je savais devoir faire ce voyage.	*... mein Nachbar, von dem ich wusste, er werde diese Reise machen.*

6.10. Wichtige Infinitivkonstruktionen

Grundwissen: Die Infinitivkonstruktion ist im Französischen sehr beliebt und wird als besonders elegant empfunden. Sie wird sehr häufig zur Wiedergabe deutscher Nebensatzkonstruktionen verwendet, da sie weniger schwerfällig wirkt (9). Haben allerdings Haupt- und Nebensatz verschiedene Subjekte, so ist eine Infinitivkonstruktion nicht möglich (10). Doch geht die Vorliebe für die Verwendung des Infinitivs so weit, dass man auch in solchen Fällen dem Satz eine infinitivische Wendung zu geben versucht, indem man ein Verb der Wahrnehmung einfügt (11). Das Gleiche gilt für Sätze, die durch Aneinanderreihung mehrerer Nebensätze sehr schwerfällig erscheinen würden (12).

(9)	*Ich fürchte, dass ich etwas vergessen habe.*	*J'ai peur d'avoir oublié quelque chose.*
	Ich bedauere, dass ich nicht habe kommen können.	*Je regrette de ne pas avoir pu venir.*
(10)	*J'ai peur qu'il ne vienne trop tard.*	*Ich fürchte, er kommt zu spät.*
(11)	*J'ai peur de le voir venir trop tard.*	
(12)	*J'ai peur qu'il ne dise qu'il ne veut pas.*	*Ich fürchte, er sagt, dass er nicht mag.*

dafür: *J'ai peur de l'entendre dire qu'il ne veut pas.*

Bei Übersetzungen ist zu beachten, dass einer französischen Infinitivkonstruktion im Deutschen oft ein Nebensatz (Konjunktionalsatz, Gliedsatz ohne einleitendes „dass", Relativsatz), oder ein Substantiv mit Präposition entspricht (13).

(13)	*Je vous souhaite de réussir.*	*Ich wünsche Ihnen, dass Sie Erfolg haben.*
	Il ne savait comment s'y prendre.	*Er wusste nicht, wie er es anfangen sollte.*

	Vous êtes le premier à nous faire des reproches.	*Sie sind der erste, der uns Vorwürfe macht.*
	A force de coudre, elle s'était abîmé les yeux.	*Durch das viele Nähen hatte sie sich die Augen verdorben.*
	Je les ai regardés jouer.	*Ich habe ihnen beim Spielen zugesehen.*

Außerdem wird im Deutschen ein *nachfolgender Infinitiv* als Akkusativobjekt bisweilen durch „es“, als Präpositionalobjekt fast immer durch „danach“, „darauf“ „dazu“ usw. angekündigt. Solche Voranzeigen entfallen im Französischen! (14)

(14)	*Il n'ose pas la contredire.*	*Er wagt (es) nicht, ihr zu widersprechen.*
	Je n'ai pas pensé à lui demander.	*Ich habe nicht daran gedacht, ihn zu fragen.*

6.10.1. Der reine Infinitiv

Der reine, d.h. ohne Präposition gebrauchte Infinitiv, steht unabhängig in direkten und indirekten Fragesätzen, in Ausrufe- und Befehlssätzen, vor allem auch in verkürzten Sätzen als Imperativ (15).

(15)	*Où trouver l'argent nécessaire?*	*Woher das nötige Geld nehmen?*
	Je ne sais où donner de la tête.	*Ich weiß nicht, wo mir der Kopf steht.*
	Un homme de son âge, faire une bêtise pareille!	*Ein Mann seines Alters und so eine Dummheit machen!*
	Pour toutes informations, s'adresser à la mairie.	*Für alle Informationen wenden Sie sich an die Gemeindeverwaltung.*
	Voir page 3.	*Siehe Seite 3.*
	Ne pas se pencher au dehors!	*Nicht hinauslehnen!*

Außerdem steht der reine Infinitiv unabhängig als vorangehendes Subjekt (16) und als Prädikatsnomen nach *(c') est*, wenn das Subjekt kein Substantiv ist (17).

(16)	*Mentir est une honte.*	*Lügen ist eine Schande.*
	Visiter tous les monuments serait impossible.	*Alle Bauwerke zu besichtigen wäre unmöglich.*
(17)	*Vouloir, c'est pouvoir.*	*Wollen, das heißt können.*

Sonderfall: Nach einem substantivischen Subjekt muss nach *(c') est de* Infinitiv mit *de* stehen (18).

(18)	*Son plus grand défaut, c'était de mentir.*	*Sein größter Fehler war es, immer zu lügen.*

Der reine Infinitiv steht aber auch in Abhängigkeit von bestimmten Verben und Wendungen, so nach einigen unpersönlichen Ausdrücken (19) und nach modalen Hilfsverben (20).

(19)	*Il est agréable de se promener dans le parc.*	*Es ist angenehm, im Park spazieren zu gehen.*
	Il me semble faire moins froid que ce matin.	*Es scheint mir weniger kalt zu sein als heute morgen.*
	Quand le vin est tiré, il faut le boire.	*Wer A sagt, muss auch B sagen.*
(20)	*Je lui fis ouvrir la fenêtre.*	*Ich ließ ihn das Fenster aufmachen.*
	Il veut venir ce soir.	*Er will heute Abend kommen.*
	Vous ne semblez pas me comprendre.	*Sie scheinen mich nicht zu verstehen.*

Der reine Infinitiv steht nach den unpersönlichen Ausdrücken:

il faut	*man muss, es ist nötig*
il vaut mieux	*es ist besser*

il fait bon	*es ist angenehm (zu tun)*
il me (te etc.) semble	*es scheint mir*

Der reine Infinitiv steht nach den modalen Hilfsverben:

devoir	*müssen*	*savoir*	*wissen, verstehen, können*
daigner	*geruhen*	*sembler*	*scheinen*
faire	*(veran)lassen*	*paraître*	
laisser	*(zu)lassen*	*pouvoir*	*können*
oser	*wagen*	*vouloir*	*wollen*

Auch bei einigen besonderen Wendungen mit *faire*, bzw. bei Ausdrücken, bei denen *faire* mit dem Infinitiv zu einer Begriffseinheit verschmolzen ist, steht der reine Infinitiv (21).

(21)	*Elle a beau dire la vérité, personne ne la croit.*	*Sie kann noch so sehr die Wahrheit sagen, niemand glaubt ihr.*
	Il n'a pas réussi à se faire comprendre.	*Er hat es nicht geschafft, sich verständlich zu machen.*

Die wichtigsten solcher Wendungen und Ausdrücke sind:

faillir faire	*beinahe tun*
avoir beau faire	*vergeblich tun, noch so sehr/so viel tun können*
si j'ose dire	*wenn ich so sagen darf*
faire entrer	*hereinführen*
faire taire	*zum Schweigen bringen*
se faire comprendre	*sich verständlich machen*
se faire écouter	*sich Gehör verschaffen, Gehör finden*

se faire remarquer	*sich bemerkbar machen, auffallen, sich auszeichnen*

sowie die in Punkt 6.8.1.4. aufgeführten Wendungen.

Der reine Infinitiv steht auch nach den Verben der Ortsveränderung zur Angabe eines Zweckes (22).

(22)	*Cet après-midi j'irai voir ma tante.*	*Heute Nachmittag besuche ich meine Tante.*
	Les paysans menaient paître leurs bêtes.	*Die Bauern führten ihr Vieh auf die Weide (zum Weiden).*
	Il viendra me prendre à huit heures.	*Er wird mich um acht Uhr abholen.*

Solche Verben sind u.a.:

aller	*gehen*	*partir*	*weggehen, wegfahren*
s'en aller	*weggehen*	*venir*	*kommen*
conduire	*fahren, führen*	*entraîner*	*(mit)ziehen*
mener	*führen*	*envoyer*	*schicken*
courir	*laufen*	*rentrer*	*nach Hause kommen*

Der reine Infinitiv steht auch bei zu einer Begriffseinheit verschmolzenen Wendungen mit *aller, venir* und *envoyer.*

aller chercher *venir chercher*	*(ab)holen* *venir voir*	*aller voir*	*besuchen*
aller prendre *venir prendre*	*holen*	*envoyer chercher*	*holen lassen*
aller trouver *venir trouver*	*aufsuchen*	*envoyer promener*	*abweisen, den Laufpass geben*

Der reine Infinitiv steht auch nach den Verben der sinnlichen Wahrnehmung (23) sowie nach einigen Verben der Neigung und der Absicht, des Wünschens und des Hoffens (24).

(23)	*On ne s'entend pas parler.*	*Man versteht sein eigenes Wort nicht.*
	Il regarde le bateau s'éloigner.	*Er sieht zu, wie das Schiff sich entfernt.*
	Personne n'avait vu venir les enfants.	*Niemand hatte die Kinder kommen sehen.*
(24)	*Est-ce que vous aimez danser?*	*Tanzen Sie gern?*
	Je préfère ne pas sortir.	*Ich ziehe es vor, nicht auszugehen.*
	Nous espérons le voir bientôt.	*Wir hoffen, ihn bald zu sehen.*

Solche Verben der sinnlichen Wahrnehmung sind:

apercevoir	*bemerken, sehen*	*regarder (qn)*	*zusehen*
écouter (qn)	*zuhören*	*sentir*	*fühlen*
entendre	*hören*	*voir*	*sehen*

Verben der Neigung und des Wünschens sind:

adorer (familiär)	*sehr gern tun*	*désirer*	*wünschen*
aimer	*gern tun*	*détester*	*verabscheuen*
*aimer mieux**	*lieber tun*	*espérer***	*hoffen*
compter	*gedenken, vorhaben*	*préférer*	*vorziehen*
prétendre	*beabsichtigen, wollen*		

* Folgt nach *aimer mieux, aimer autant, il vaut mieux* ein weiterer Infinitiv als zweites Vergleichsglied, so wird er mit *que* oder *que de* eingeleitet: *J'aime mieux lire que (de) jouer aux cartes.*

** Aber: *désespérer de faire qc* — *die Hoffnung aufgeben, etwas zu tun*

Der reine Infinitiv steht auch nach den Verben des Sagens und Denkens (25).

(25)	*Il dit le savoir de bonne source.*	*Er sagt, es aus guter Quelle zu wissen.*
	Elle prétend avoir de l'argent	*Sie gibt vor, Geld zu haben.*
	Je croyais vous faire plaisir.	*Ich glaubte, euch eine Freude zu machen.*
	Je ne pensais pas avoir fini si tôt.	*Ich dachte nicht, so früh fertig zu sein.*

Solche Verben sind:

admettre reconnaître	*zugeben*	*jurer*	*schwören*
affirmer assurer	*versichern*	*nier*	*leugnen*
croire	*glauben*	*penser*	*denken, meinen*
déclarer	*erklären*	*présumer supposer*	*vermuten*
dire	*sagen*	*prétendre*	*vorgeben, behaupten*
estimer	*meinen*		
se figurer s'imaginer	*sich vorstellen, einbilden*	*se rappeler*	*sich erinnern*
imaginer	*glauben, denken*		

Übungen

Übersetzen Sie:

a. Vivre, c'est espérer.
b. Moi, acheter une voiture? Tu pourrais me dire où trouver l'argent nécessaire?
c. Voilà ce qui s'appelle traduire.
d. Le temps paraît enfin se remettre au beau.
e. Les enfants eurent beau appeler, personne ne vint à leur secours.
f. Elle prétend n'avoir jamais entendu parler de cette affaire.
g. On n'ose plus rien lui demander, il vous envoie toujours promener.

Lösungen

a. Leben heißt hoffen.
b. Ich einen Wagen kaufen? Könntest du mir wohl sagen, woher ich das nötige Geld nehmen soll?
c. Das nennt man oder Das nenne ich übersetzen!
d. Es scheint endlich wieder schönes Wetter zu werden.
e. Die Kinder konnten oder mochten noch so viel rufen oder riefen vergeblich, niemand kam ihnen zu Hilfe.
f. Sie behauptet, sie habe noch nie von dieser Angelegenheit gehört.
g. Man wagt nicht mehr, ihn um etwas zu bitten, er lässt einen immer abblitzen.

6. 10.2 Der Infinitiv mit Präpositionen

Zum Gebrauch der Präpositionen beim Infinitiv hat sich ein fester Sprachgebrauch herausgebildet, der entscheidet, welche Präposition im einzelnen Falle anzuwenden ist. Es ist daher ratsam, die Verben und Ausdrücke, die eine Präposition vor dem nachfolgenden Infinitiv verlangen, jeweils mit dieser Präposition zusammen zu lernen.

6.10.2.1. Der Infinitiv mit *à*

Regel: Der Infinitiv mit *à* steht nach Verben und Adjektiven, die auch ein substantivisches Objekt mit *à* verbinden.

So findet man nebeneinander (26):

(26)	*prêt au départ*	*bereit zum Aufbruch*
	prêt à partir	*bereit aufzubrechen*
	Il faut s'attendre à tout.	*Man muss auf alles gefasst sein.*
	Il faut s'attendre à rencontrer des difficultés.	*Man muss darauf gefasst sein, auf Schwierigkeiten zu stoßen.*
	Je renonce à toute explication.	*Ich verzichte auf jede Erklärung*
	Je renonce à t'expliquer ce problème.	*Ich verzichte darauf, dir dieses Problem zu erklären.*

Solche Verben wurden bereits in 6.8.1.2. und 6.8.1.3. vorgestellt.

Außerdem steht der Infinitiv mit *à* nach Verben, die eine Zielsetzung einen Zweck, ein Bestreben, ein Bemühen, eine Bestimmung oder eine Richtung ausdrücken (27).

(27)	*Je n'arrive pas à ouvrir la porte.*	*Es gelingt mir nicht, die Tür zu öffnen.*
	Mon professeur m'a appris à prononcer correctement.	*Mein Lehrer hat mir eine korrekte Aussprache beigebracht.*
	Attendez une minute; Pierre ne tardera pas à rentrer.	*Wartet einen Augenblick, Peter wird gleich zurückkommen.*

Solche Verben sind u.a.:

s'appliquer à	*sich bemühen*	*encourager à*	*ermutigen*
s'apprêter à	*sich anschicken*	*enseigner à*	*lehren*
j'arrive à	*es gelingt mir*	*s'entendre à*	*sich darauf verstehen*
je réussis à	*es gelingt mir*	*tendre à*	*dazu neigen*

je parviens à	*es gelingt mir*	*s'entêter à*	*(hartnäckig) daraufbestehen*
autoriser à	*ermächtigen*	*s'obstiner à*	*beharren auf*
se borner à	*s. beschränken*	*inviter à*	*auffordern*
chercher à	*versuchen*	*persister à*	*beharren auf*
condamner à	*verurteilen zu*	*préparer à*	*vorbereiten*
contribuer à	*dazu beitragen*	*se résigner à*	*sich abfinden*
destiner à	*dazu bestimmen*	*tarder à*	*zögern*
donner à faire	*zu tun geben*		

Der Infinitiv mit *à* steht auch nach einigen Verben, die ein Verhältnis des Handelnden zu einer Tätigkeit (z. B. Gefallen an der Tätigkeit, Verweilen bei ihr) ausdrücken (28).

(28)	*Mon fils s'amuse souvent à taquiner sa petite soeur.*	*Mein Sohn findet oft Vergnügen daran, seine kleine Schwester zu necken.*
	Il emploie ses soirées libres à faire de la musique.	*Er verbringt seine freien Abende damit, Musik zu machen.*

Solche Verben sind:

s'amuser à faire qc	*Vergnügen, Gefallen daran finden, etwas zu tun*
employer son temps à faire qc	*seine Zeit darauf verwenden, etwas zu tun*
se fatiguer à faire qc	*seine Kräfte daran verschwenden, etwas zu tun*
passer son temps à faire qc	*seine Zeit damit verbringen, etwas zu tun*
se plaire à faire qc	*sich darin gefallen, etwas zu tun*

Der Infinitiv mit *à* wird auch eingesetzt zur Angabe der Art und Weise oder eines Mittels (29).

(29)	*Il gagne sa vie à mendier.*	*Er verdient sich seinen Lebensunterhalt durch Betteln.*
	J'ai passé mes vacances à lire.	*Ich habe meine Ferien mit Lesen verbracht.*

Darüber hinaus steht der Infinitiv mit *à* nach Substantiven (30) und einer Reihe von Adjektiven (31, 32) zur Bezeichnung des Zwecks, der Eignung oder des Begleitumstands.

(30)	*la salle à manger*	*das Speisezimmer*
	un fer à repasser	*ein Bügeleisen*
	une bonne à *tout faire*	*ein Mädchen für alles*
	terrain à *vendre*	*Grundstück zu verkaufen*
(31)	*Ce texte me paraît facile* à *traduire.*	*Dieser Text scheint mir leicht zu übersetzen zu sein.*
(32)	*Cet homme a toujours été habile* à *dissimuler ses pensées et* à *tromper son entourage.*	*Dieser Mann war schon immer sehr geschickt darin, seine Gedanken zu verbergen und seine Umgebung zu täuschen.*

Solche Adjektive sind u.a.:

apte (à)	*geeignet*	*prêt (à)*	*bereit*
bon (à)	*gut, geeignet*	*prompt (à)*	*schnell*
facile (à)	*leicht*	*utile (à)*	*nützlich*
difficile (à)	*schwer*	*le premier (à)*	*der erste*
habile (à)	*geschickt*	*le dernier (à)*	*der letzte*
lent/long (à)	*langsam*	*le seul (à)*	*der einzige*

Im Bereich des Infinitivs mit *à* gibt es im Französischen zahlreiche Gallizismen und viele feststehende Wendungen mit Verben, die hier keineswegs erschöpfend, aber zumindest in einem kurzen Auszug vorgestellt werden sollen:

à l'en croire	*wenn man ihm/ihr glauben darf*
à vrai dire	*offen gestanden, eigentlich*
à parler franchement	*offen gesagt*
à en juger par	*nach ... zu urteilen*
a proprement parler	*eigentlich, im Grunde*
à y regarder de (plus) près	*genau(er) besehen*
c'est à désespérer/à pleurer/ à mourir de rire	*es ist zum Verzweifeln/Weinen/ Totlachen*
il gèle à pierre fendre	*es friert Stein und Bein*
avoir à faire	*zu tun haben, tun müssen*
n'avoir qu'à faire	*nur zu tun brauchen*
n'avoir rien à voir avec qc	*nichts mit etwas zu tun haben*
être à faire	*zu tun sein, getan werden müssen*
mettre [*du temps*] *à faire*	[*Zeit*] *brauchen, um zu tun*
rester à *faire* *(il) reste à savoir ...*	*zu tun bleiben* *es fragt sich nur (noch) ...*
trouver à redire à qc	*etwas auszusetzen haben an etwas*

6.10.2.2. Der Infinitiv mit *de*

Der Infinitiv mit *de* steht bei der größten Anzahl der französischen Verben. Die Präposition hat ihre eigentliche Bedeutung verloren und ist, wie im Deutschen „zu“ und im Englischen „to“, zum reinen Verbindungswort geworden.

Regel: Der Infinitiv mit *de* steht nach Substantiven, Verben, Adjektiven und Adverbien, die auch eine substantivische Ergänzung mit *de* verlangen.

So findet man nebeneinander:

l'espoir d'une récompense	*die Hoffnung auf eine Belohnung*
l'espoir d'être récompensé	*die Hoffnung, belohnt zu werde*
On l'accusa de vol.	*Man klagte ihn des Diebstahls an.*
On l'accusa d'avoir volé.	*Man beschuldigte ihn, gestohlen zu haben.*
Je me souviens de cette rencontré.	*Ich erinnere mich an diese Begegnung.*
Je me souviens de l'avoir rencontré.	*Ich erinnere mich, ihn getroffen zu haben.*

Eine Reihe solcher Verben wurden bereits in 6.8.1.2. und 6.8.1.3. vorgestellt. Zusätzlich seien hier noch vermerkt:

accuser de	*anklagen*	*menacer de*	*drohen*
s'agir de	*sich handeln*	*rêver de*	*träumen*

Der Infinitiv mit *de* steht außerdem an Stelle eines direkten Objekts nach den meisten transitiven Verben (33) und nach Verben, die eine Ergänzung im Sinne eines direkten Objektes verlangen (34).

(33)	*Il ne mérite pas d'être récompensé.*	*Er verdient es nicht, belohnt zu werden.*
	As-tu oublié de lui écrire une lettre?	*Hast du vergessen, ihm einen Brief zu schreiben?*
(34)	*Je m'empresse de répondre à votre lettre.*	*Ich beeile mich, Ihren Brief zu beantworten.*
	Je vous prie d'attendre.	*Ich bitte Sie zu warten.*

Solche Verben sind u.a.:

cesser de	*aufhören*	*offrir de*	*anbieten*
finir de		*oublier de*	*vergessen*
craindre de	*fürchten*	*permettre de*	*erlauben*
défendre de	*verbieten*	*promettre de*	*versprechen*
dire de	*sagen*	*refuser de*	*ablehnen*
essayer de	*versuchen*	*regretter de*	*bedauern*
éviter de	*vermeiden*	*souhaiter de*	*wünschen*
mériter de	*verdienen*	*tâcher de*	*versuchen*
se dépêcher de	*sich beeilen*	*s'efforcer de*	*sich anstrengen, bemühen*
prier de	*bitten*		

Außerdem steht der Infinitiv mit *de* als Attribut nach Substantiven (35) und als Ergänzung nach Adjektiven und Adverbien, vor allem solchen, die eine Gemütsbewegung ausdrücken (36).

(35)	*l'art d'écrire*	*die Kunst des Schreibens*
	Faites-moi le plaisir d'accepter	*Tun Sie mir den Gefallen und nehmen Sie an.*
(36)	*Je suis heureux d'avoir fini ce travail.*	*Ich bin froh, diese Arbeit beendet zu haben.*
	Êtes vous sûr de le reconnaître?	*Seid ihr sicher, ihn wiederzuerkennen?*

Als Vertreter solcher Substantive und Adjektive seien hier angeführt:

content	*zufrieden*	*avoir envie*	*Lust haben*
fier	*stolz*	*avoir peur*	*Angst haben*
heureux	*glücklich*	*avoir raison*	*Recht haben*

loin	*entfernt*	*se donner la peine*	*sich die Mühe machen*
sûr	*sicher, gewiss*	*faire le plaisir*	*den Gefallen tun*

Weiterhin steht der Infinitiv mit *de* zur Angabe eines Grundes (37) sowie als nachfolgendes (logisches) Subjekt nach unpersönlichen Wendungen (38) und nach *C'est, c'était, ...* + Prädikatsnomen (39).

(37)	*Elle est folle de dépenser tant d'argent.*	*Sie ist verrückt, so viel Geld zu verschwenden.*
	Je te suis très obligé de m'avoir tiré d'embarras.	*Ich bin dir sehr zu Dank verpflichtet, weil du mir aus der Klemme geholfen hast.*
(38)	*Il est interdit de marcher sur la pelouse.*	*Rasen betreten verboten.*
	Il est difficile de juger la situation.	*Es ist schwer, die Situation zu beurteilen.*
	Est-il possible de vous revoir?	*Besteht die Möglichkeit, Sie wieder zu sehen?*
(39)	*C'est une honte (que-de mentir.*	*Es ist eine Schande, zu lügen.*
	Ce n'est pas trahir ses amis que de causer avec ses adversaires.	*Es bedeutet nicht, seine Freunde zu verraten, wenn man mit seinen Gegnern spricht.*
	Ce n'est pas drôle d'attendre sous la pluie battante.	*Es ist kein Vergnügen, im strömenden Regen zu warten.*
	C'est déjà beaucoup d'avoir six enfants.	*Es ist schon viel, sechs Kinder zu haben.*

* *Que* muss nur stehen, wenn auch die prädikative Ergänzung ein Infinitivsatz ist. *Que* steht nicht nach: *c'est beaucoup, c'est peu, c'est trop, c'est dommage, ce n'est rien, c'est assez.*

Übungen

Ergänzen sie gegebenenfalls *à* oder *de:*

a. Il se déclara prêt ... accepter, ce qui ne laissa pas ... nous surprendre.
b. Ce n'est pas parler correctement que ... employer des archaïsmes.
c. Pourquoi s'obstiner ... nier éternellement les faits?
d. Il a l'air ... être très habile ... discuter et ... convaincre ses interlocuteurs.
e. Evitons ... aborder des sujets qui sont de nature ... semer la discorde.
f. Nous nous ferons un plaisir ... vous rendre ce service, Madame.
g. Tu n'as pas mieux ... faire que ... regarder toujours par la fenêtre?
h. Il commençait ... pleuvoir et je cherchais ... m'abriter quand un passant a bien voulu ... me proposer ... monter dans sa voiture.

Lösungen

a. à ... de
b. d'employer
c. à
d. d'être ... à ... à
e. d'aborder ... à
f. de
g. à ... de
h. à ... à ... - ... de

6.10.2.3. Der Infinitiv mit *à* oder *de*

Grundwissen: Der Sprachgebrauch hat sich in einigen Fällen noch nicht für *de* oder *à* beim Infinitiv entschieden. Der Gebrauch der einen oder anderen Präposition muss nicht unbedingt, kann aber in einigen Fällen einen Bedeutungsunterschied beinhalten. Vielfach wird die Wahl der Präposition nur durch den Wohlklang bestimmt (40).

(40)	*L'orchestre commença de/à jouer.*	*Das Orchester begann zu spielen.*
	Il s'efforça de/à parler très bas.	*Er bemühte sich, sehr leise zu sprechen.*
	Je n'arrive pas à ouvrir la porte.	*Es gelingt mir nicht, die Tür zu öffnen.*

Il lui arrive rarement de faire des fautes. — *Es passiert ihm nur selten, dass er Fehler macht.*

Der Infinitiv steht ohne Bedeutungsunterschied mit *à* oder *de* nach:

commencer	*anfangen, beginnen*	(Umgangssprache meist mit à)
continuer	*fortfahren, weiter(hin) etwas tun*	
s'efforcer	*sich bemühen, sich anstrengen*	gewöhnlich mit *de*, als Pronominaladverb nur *y!*
s'ennuyer	*sich langweilen, als lästig empfinden*	nichtreflexivisch nur *de!*
faire attention	*aufpassen, dass ... darauf achten*	
C'est à qn	*es ist an jemandem, jemand ist an der Reihe zu ...*	gewöhnlich mit *de*
	es ist jemandes Aufgabe zu... jemand hat zu ...	gewöhnlich mit *à*
contraindre forcer	*erzwingen*	
obliger	*verpflichten; zwingen*	in der Bedeutung „verpflichten“: mit *de* oder *Gérondif*

Hinweis: Nach diesen Verben steht im Aktiv und im eigentlichen Passiv (mit Angabe des Agens; Verbaladjektiv) in der Regel der Infinitiv mit *à* (41). Dagegen steht im Zustandspassiv (kein Agens; adjektivisches Partizip) der Infinitiv mit *de* (42).

(41) *Notre entreprise a été contrainte par la crise* — *Unser Unternehmen war durch die Wirtschaftskrise gezwungen,*

	économique à réduire son personnel.	*seine Belegschaft zu verringern*
(42)	*Elle est contrainte de faire des économies.*	*Sie ist gezwungen zu sparen.*

Folgende Verben schließen den Infinitiv mit *à* an, wenn sie in persönlicher Form gebraucht werden, haben aber in unpersönlicher Form den Infinitiv mit *de*:

(s')amuser

Les enfant s'amusent à faire des bulles de savons.	*Die Kinder haben ihr Vergnügen daran, Seifenblasen zu machen.*
Cela m'amuse de les regarder danser	*Es bereitet mir Vergnügen, ihnen beim Tanzen zuzusehen.*

arriver

Je n'arrive pas à ouvrir la porte.	*Mir gelingt es nicht, die Tür zu öffnen.*
Il arrive à tout le monde de se tromper.	*Jedem passiert es einmal, dass er sich täuscht*

(se) plaire

Il se plait à faire de l'opposition.	*Er findet Gefallen daran, gegenteiliger Meinung zu sein.*
Cela ne me plait pas de vous entendre jurer.	*Es gefällt mir nicht, euch fluchen zu hören.*

servir

Ce médicament sert à faire baisser la tension artérielle.	*Dieses Medikament dient zur Senkung des Blutdrucks.*
Il ne sert à rien de se plaindre.	*Es nützt nichts, sich zu beklagen.*

suffir

Un seul mot suffit à le mettre en colère.	*Ein einziges Wort genügt, ihn in Zorn zu bringen.*

	Pour connaître parfaitement le français il ne suffit pas d'avoir passé quelques années en France.	*Um Französisch perfekt zu beherrschen, genügt es nicht, einige Jahre in Frankreich gewesen zu sein.*
tarder		
	Il tarde à venir.	*Er kommt mit Verspätung.*
	Elle ne tardera pas à venir.	*Sie wird bald kommen.*
	Il lui tardait de la revoir.	*Er sehnte sich danach, sie wieder zu sehen.*
tenir		
	Je tiens à finir mon travail à temps.	*Mir liegt daran, meine Arbeit rechtzeitig zu vollenden.*
	Il ne tient qu'à toi d'arriver à l'heure.	*Es liegt nur an dir, pünktlich anzukommen.*

6.10.2.4. Der Infinitiv mit anderen Präpositionen

Neben den Präpositionen *à* und *de* verwendet das Französische auch noch andere Präpositionen und präpositionale Ausdrücke, um einen Infinitiv anzuschließen (43).

(43)	*Tu t'amuses au lieu de travailler.*	*Du vergnügst dich, anstatt zu arbeiten.*
	Il faut réfléchir avant de parler.	*Man soll erst denken und dann reden.*
	Tout finira par s'arranger.	*Es wird sich alles einrenken.*
	Ils ont couru jusqu'à tomber d'épuisement.	*Sie sind gerannt, bis sie vor Erschöpfung zusammenbrachen.*
	Je suis curieux de savoir quand il viendra.	*Ich bin neugierig, wann er kommt.*

Präpositionen und präpositionale Ausdrücke, die einen Infinitiv anschließen können:

pour faire *afin de faire*	*um zu tun*	*à condition de faire*	*unter der Bedingung, dass*
au lieu de faire	*anstatt zu tun*	*de façon à faire* *de manière à faire*	*so dass*
sans faire	*ohne zu tun*	*faute de faire*	*da ... nicht*
après avoir fait	*nachdem ...*	*pour avoir fait*	*weil ...*
avant de faire	*bevor, ehe ...*	*à force de faire*	*da jemand viel/ständig etwas tut*

par nur in den Wendungen:

commencer par	*damit anfangen zu tun*	*jusqu'à faire*	*bis zum ...; so weit/sehr dass*
finir par	*schließlich tun*	*au point de faire*	*so (sehr), dermaßen, dass*
		*de savoir**	*Einleitung einer indirekten Frage*

* Ein indirekter Fragesatz wird - außer wenn er von Verben wie *demander, ignorer* etc. abhängt - eingeleitet durch *de savoir* (44). Zu merken ist in diesem Zusammenhang auch der Ausdruck:

... die Frage ..., ob ... = ... la question ... de savoir si ...

(44)	*Je me demande qui viendra.*	*Ich frage mich, wer kommen wird.*
aber:	*Elle est curieuse de savoir qui viendra.*	*Sie ist neugierig, wer kommen wird.*
	La question qui se pose n'est pas de savoir s'il viendra, mais quand il viendra.	*Es stellt sich nicht die Frage, ob, sondern wann er kommen wird.*

Übungen

1. Übersetzen Sie:

a. Avant de vous mettre à faire ces exercices, vous feriez bien de repasser les chapitres de grammaire s'y rapportant.
b. Agiter avant de s'en servir.
c. Avant de me décider, je vous demande à réfléchir.
d. Faute d'avoir pris les précautions nécessaires, quelques ouvriers ont été grièvement blessés.
e. La corde est tendue jusqu'à se rompre.
f. Je travaillerai de manière à donner satisfaction à mon patron.
g. Il partira en vacances à condition de réussir à son examen.

2. Übersetzen Sie und gebrauchen Sie so oft wie möglich eine Infinitivkonstruktion:

a. Das Mädchen ist bestraft worden, weil es seine Mutter belogen hat.
b. Der Arzt hat ihr erlaubt aufzustehen, aber nur unter der Bedingung, dass sie das Zimmer nicht verlässt.
c. Sie war dermaßen ungebildet *(ignorant),* dass sie nicht einmal ihren Namen schreiben konnte.
d. Sie haben gearbeitet, bis sie vor Erschöpfung umfielen.
e. Überlege gut, bevor du dich entscheidest.
f. Wir haben zunächst dieses Grammatikkapitel studiert, dann die Wörter gelernt und schließlich die Übungen gemacht.

Lösungen

1. a. Bevor Sie mit diesen Übungen beginnen, täten Sie gut daran, die entsprechenden Grammatikkapitel zu wiederholen.
b. Vor Gebrauch schütteln.
c. Ehe ich mich entscheide, bitte ich Sie um Bedenkzeit.
d. Da sie nicht die nötigen Vorsichtsmaßnahmen getroffen hatten, sind einige Arbeiter schwer verletzt worden.
e. er Strick ist zum Zerreißen gespannt.
f. Ich werde so arbeiten oder Ich will so arbeiten, dass mein Chef zufriedengestellt ist.
g. Sofern er sein Examen bestanden hat, wird er in Urlaub fahren.

2. a. La jeune fille a été punie pour avoir menti à sa mère.
b. Le médecin oder le docteur lui a permis de se lever.

oder l'a autorisée à se lever, mais seulement à condition de ne pas quitter la chambre.

c. Elle était ignorante au point de ne même pas savoir écrire son nom.
d. Ils ont travaillé jusqu'à tomber d'épuisement.
e. Réfléchis bien avant de te décider.
f. Nous avons commencé par étudier ce chapitre de grammaire, puis nous avons appris les mots et nous avons fini par faire les exercices.

6.11. Die Partizipien

Grundwissen: Das Französische hat zwei Partizipien: das Partizip Präsens (*aimant)* und das Partizip Perfekt (*aimé,e*).

Das Partizip Präsens kann verbalen Charakter haben (1), kann aber auch als Adjektiv aufzufassen sein (2).

(1)	*une femme aimant ses enfants* *=... qui aime ses enfants*	*eine Frau, die ihre Kinder liebt*
(2)	*une femme aimante*	*eine liebende Frau*

Das Partizip Perfekt kann ebenfalls verbalen (3) und adjektivischen Charakter (4) haben.

(3)	*Cette femme est aimée de ses enfants.*	*Diese Frau wird von ihren Kindern geliebt.*
(4)	*Il pense à sa femme aimée.*	*Er denkt an seine geliebte Frau.*

Die Formen des Partizips sind infinite Formen des Verbs, denn sie enthalten keine Zeitbestimmung. Die durch sie ausgedrückte Handlung wird in ihrer Zeit nur durch das Hauptverb bestimmt (5).

(5)	*Je le vois lisant.* *= qui lit*	*Ich sehe ihn lesen.*
	Je l'ai vu lisant. *= qui lisait*	*Ich sah ihn lesen.*
	Je le verrai lisant. *= qui lira*	*Ich werde ihn lesen sehen.*

6. 11. 1. Das Partizip Präsens - le participe présent

6.11.1.1. Partizip Präsens und Verbaladjektiv

Grundwissen: Partizip Präsens und Verbaladjektiv sind gekennzeichnet durch die Endung *-ant*. Bei einigen Verbaladjektiven handelt es sich aber nur noch um die lautliche Endung.
Die Unterscheidung zwischen Partizip Präsens und Verbaladjektiv erfolgt auf grammatischer wie auf semantischer Ebene, wobei der Bedeutungsunterschied vielfach noch durch eine unterschiedliche Schreibung unterstrichen wird (6).

(6)	*Albert Schweitzer, c'était un homme pensant toujours aux autres.*	*Albert Schweitzer war ein Mann, der immer an die anderen dachte.*
	La plupart des hommes sont des gens bien pensants.	*Die Mehrzahl der Menschen sind brave, rechtschaffene Leute.*

Der grammatische Unterschied besteht darin, dass das Partizip Präsens als Verbalform eine (zeitweilige) Handlung bezeichnet, die in der Zeit durch das Hauptverb bezeichnet wird. Sie kann ein Objekt oder eine adverbiale Bestimmung haben und ist unveränderlich (7). Das Verbaladjektiv dagegen bezeichnet eine Eigenschaft oder einen dauernden Zustand, hat (im Allgemeinen) keine Ergänzung und ist veränderlich (8).

(7)	**Partizip**	(8)	**Verbaladjektiv**
	Une émission télévisée intéressant tous les spectateurs.		*C'est une émission intéressante.*
	Eine Fernsehsendung, die alte Zuschauer interessiert.		*Das ist eine interessante Sendung.*
	Une voiture roulant à toute vitesse s'est écrasée contre un arbre.		*Empruntez les escaliers roulants!*
	Ein Wagen, der mit Höchstgeschwindigkeit gefahren ist, ist gegen einen Baum geprallt.		*Nehmt die Rolltreppe!*
	Elle trouva les enfants dormant profondément.		*Un lac est une eau dormante.*
	Sie fand die Kinder in tiefem Schlaf.		*Ein See ist ein stehendes Gewässer.*

Die Zahl der französischen Verbaladjektive ist beschränkt. Sie drücken eine bestimmte, dauernde, typische Eigenschaft aus, die aber von der Bedeutung des dazugehörigen Verbs sehr verschieden sein kann. Es lässt sich auch nicht von jedem Verb, wie dies im Deutschen der Fall ist, ein Verbaladjektiv bilden.

Gleiche Schreibung von Partizip Präsens und Verbaladjektiv:

Partizip Präsens		**Verbaladjektiv**	
concluant	*schließend, folgernd*	*concluant,e*	*schlüssig*
croyant	*glaubend*	*croyant, e*	*gläubig*
encombrant	*versperrend, verstopfend*	*encombrant, e*	*sperrig; fig.: lästig, aufdringlich*
exigeant	*fordernd*	*exigeant, e*	*anspruchsvoll*
obéissant	*gehorchend*	*obéissant, e*	*gehorsam*
obligeant	*verpflichtend*	*obligeant, e*	*gefällig, zuvorkommend, verbindlich*
regardant	*(an)blickend*	*regardant, e*	*kleinlich, „auf den Pfennig sehend“*
sortant	*(hin)ausgehend*	*sortant, e*	*ausscheidend*
etc.			

Verschiedene Schreibung von Partizip Präsens und Verbaladjektiv:

Partizip Präsens		**Verbaladjektiv**	
coïncidant	*zusammenfallend*	*coïncident, e*	*sich deckend, kongruent, zusammentreffend*
convainquant	*überzeugend, überführend*	*convaincant, e*	*überzeugend, schlagend (Beweis)*
différant	*sich unterscheidend*	*différent, e*	*verschieden, unterschiedlich*

excellant	*sich auszeichnend*	*excellent, e*	*ausgezeichnet, vortrefflich*
fatiguant	*ermüdend*	*fatigant, e*	*anstrengend*
influant	*beeinflussend*	*influent, e*	*einflussreich*
négligeant	*vernachlässigend*	*négligent, e*	*nachlässig*
pouvant	*können*	*puissant, e*	*mächtig*
précédant	*vorangehend*	*précédent, e*	*vorhergehend*
provoquant	*hervorrufend, verursachend*	*provocant, e*	*herausfordernd, provozierend*
sachant	*wissend*	*savant, e*	*weise, gelehrt*
etc.			

Zu beachten ist auch, dass deutsche Verbaladjektive im Französischen sehr oft anders wiedergegeben werden müssen. So z. B.:

	eine brennende Kerze	*une bougie allumée*
	ein brennendes Haus	*une maison en flammes*
aber:	*brennender/glühender Eifer*	*un zèle brûlant*
	fliehende Truppen	*des troupes en fuite*
aber:	*eine fliehende Stirn*	*un front fuyant*
	eine betende Frau	*une femme en prière*
	ein weinendes Kind	*un enfant en larmes*
	un enfant qui pleure	
	ein rauchender Mann	*un homme qui fume*
aber:	*rauchende Schwefelsäure*	*l'acide sulfurique fumant*
	ein spielendes Kind	*un enfant qui joue*
	die erwachende Natur	*la nature qui s'éveille*
	die sinkenden Preise	*les prix qui baissent*
		la baisse des prix

	die steigenden Preise	*les prix qui montent* *la hausse des prix*
aber:	*ein ansteigender Weg*	*un chemin montant*
	ein hochgeschlossenes Kleid	*une robe montante*

6.11.1.2. Der Gebrauch des Partizip Präsens

Grundwissen: Dieses ist in der Umgangssprache selten und wenig beliebt. Es gehört fast ausschließlich der Schriftsprache an und wird verwendet, um schwerfällige Nebensatzkonstruktionen zu vermeiden.

Das Partizip Präsens wird gebraucht zur Angabe eines Grundes, d.h. anstelle eines Kausalsatzes (im Deutschen *da, weil* (9), selten anstelle eines Konzessivsatzes, zum Ausdruck eines Gegensatzes, einer Einräumung (im Deutschen *obwohl, obgleich, wenn auch)* (10).

(9)	*Voyant qu'il allait pleuvoir ils entrèrent dans un café.*	*Da sie sahen, dass es bald regnen würde, gingen sie in ein Café.*
(10)	*Il y a des gens qui, ignorant tout, veulent parler de tout.*	*Es gibt Leute, die, obwohl sie von nichts eine Ahnung haben, über alles mitreden wollen.*

Weiterhin wird das Partizip Präsens gebraucht zum Ausdruck der Art und Weise einer Handlung oder der Begleitumstände, die vor der Haupthandlung liegen (im Deutschen gewöhnlich nebengeordnete Sätze) (11), anstelle eines Temporalsatzes (12), sowie anstelle eines Relativsatzes, der sich auf das Subjekt bezieht (13).

(11)	*Tenant une lampe à la main, it s'avança vers moi.*	*Eine Lampe in der Hand haltend, kam er auf mich zu.*
(12)	*Ayant pris son chapeau, il sortit.*	*Nachdem er seinen Hut genommen hatte, ging er hinaus.*
(13)	*La voiture, roulant à toute vitesse, dérapa dans un virage dangereux.*	*Der Wagen, der mit Höchstgeschwindigkeit fuhr, kam in einer gefährlichen Kurve ins Schleudern.*

Darüber hinaus wird das Partizip in der absoluten Partizipialkonstruktion gebraucht, bei der das Partizip ein eigenes Subjekt hat (14). Häufig fehlt in dieser absoluten Partizipialkonstruktion *étant* oder *ayant été* vor dem Partizip Perfekt (15). Dabei ist aber unbedingt zu beachten, dass das Subjekt des (absoluten) Partizips und das Subjekt des Hauptsatzes nicht identisch sein dürfen. Sind die beiden Subjekte identisch, muss ein verbundenes Partizip verwendet werden (16).

(14)	*Son état empirant/ayant empiré, on fit venir le médecin.*	*Da sein Zustand sich verschlechterte/sich verschlechtert hatte, ließ man den Arzt kommen.*
(15)	*Le travail (étant) terminé, il se promena dans le parc.*	*Nachdem die Arbeit beendet war, ging er ihm Park spazieren.*
(16)	**nicht:** *La robe coupée, elle fut immédiatement cousue par la couturière.*	
	sondern nur: *Une fois coupée, la robe fut immédiatement cousue par la couturière.*	*Sobald/Nachdem das Kleid zugeschnitten war, wurde es sofort von der Näherin zusammengenäht.*

Übungen

1. Ergänzen Sie das dem vorangestellten Infinitiv entsprechende Partizip Präsens oder Verbaladjektiv:

a. obéir:	a) Les enfants ... à leurs parents. b) une enfant calme et ...
b. négliger:	a) On ne peut compter sur elle, elle est trop ... b) les commerçants ... leur compatibilité ((??))
c. encombrer:	a) C'est une personne particulièrement ...; b) Il y avait là toutes sortes de véhicules ... la chaussée.
d. convaincre:	a) l'avocat ... l'accusé de son crime. b) Voilà une démonstration ... !
e. sortir:	a) les élèves ... de l'école à 4 heures n'ont pas de devoirs à faire. b) Combien d'élèves ... avez-vous cette année? c) Le mandat des maires ... a été renouvelé.
f. rouler:	a) Une voiture ... à toute vitesse venait en sens inverse. b) Notre atelier dispose de deux tapis ...

g. exceller: a) C'est une journaliste ... dans le reportage.
b) C'est une ... journaliste.

2. Übersetzen Sie:

a. Er hat eine fliehende Stirn und ein vorspringendes Kinn.
b. Wir sahen: spielende Kinder; tanzende junge Mädchen; weinende Frauen; fliehende Truppen; brennende Häuser.
e. Er betrachtete die blühenden Apfelbäume.
d. Die Hausfrauen klagen über die steigenden Preise.
e. Er hörte nicht auf die warnenden Worte seiner Frau.
f Der Kapitän verließ als letzter das Schiff.

3. Übersetzen Sie:

a. Voyant qu'on l'observait, il se leva brusquement et sortit.
b. Ayant très mal à la tête, elle demanda l'autorisation de rentrer à la maison.
c. Le conducteur déclare avoir été ébloui par les phares d'une voiture venant en sens inverse.
d. Un orage ayant éclaté, ils durent renoncer à leur promenade.
e. L'autobus étant déjà parti, ils prirent un taxi.
f. Deux mois après, le prix du café ayant baissé, nous en avons commandé une quantité importante.
g. Son état s'étant aggravé, le docteur la fit hospitaliser.
h. Allumant une cigarette, il se remit à écrire.

Lösungen

1. a. a) obéissant
b) obéissante

b. a) négligente
b) négligeant

c. a) encombrante
b) encombrant

d. a) convainquant
b) convaincante

e. a) sortant
b) sortants
c) sortants

f. a) roulant
b) roulants

g. a) excellant
b) excellente

2. a. Il a le front fuyant et le menton saillant.
b. Nous avons vu: des enfants qui jouaient; des jeunes filles qui dansaient; des femmes qui pleuraient oder en larmes oder en

pleurs; des troupes en fuite; des maisons en flammes oder des maisons qui brûlaient.
- c. Il regardait les pommiers en fleurs.
- d. Les ménagères se plaignent de la hausse des prix.
- e. Il n'écouta pas les avertissements de sa femme.
- f. Le capitaine quitta le dernier oder fut le dernier à quitter le navire.

3. a. Da oder Als er sah, dass man ihn beobachtete, stand er unvermittelt auf und ging hinaus.
- b. Da sie starke Kopfschmerzen hatte, bat sie um Erlaubnis, nach Hause gehen zu dürfen.
- c. Der (Auto-)Fahrer erklärte, er sei von den Scheinwerfern eines aus entgegengesetzter Richtung kommenden Wagens geblendet worden.
- d. Da ein Gewitter ausgebrochen war, mussten sie auf ihren Spaziergang verzichten.
- e. Da der Autobus schon abgefahren war, nahmen sie ein Taxi.
- f. Da oder Als zwei Monate später der Kaffeepreis gesunken war, bestellten wir eine bedeutende Menge.
- g. Da ihr Zustand sich verschlechtert hatte, ließ der Arzt sie ins Krankenhaus bringen.
- h. Er zündete sich eine Zigarette an und begann wieder zu schreiben.

6.11.2. Das Partizip Perfekt - le participe passé

Das Partizip Perfekt ist seinem Wesen nach ein verbales Adjektiv und richtet sich als solches in Geschlecht und Zahl nach seinem Beziehungswort (17).

(17)	*un homme blessé*	*ein verletzter Mann*
	des maisons détruites	*zerstörte Häuser*

Das Partizip Perfekt wird in Verbindung mit den Hilfsverben *avoir* und *être* zur Bildung der zusammengesetzten Zeiten (→ 6.3.) eingesetzt (18). Außerdem dient es zusammen mit dem Hilfsverb *être* zur Bildung des, Passivs (→ 6.13.) (19).

(18)	*J'ai lu un livre.*	*Ich habe ein Buch gelesen.*
	Il est allé voir ses parents.	*Er hat seine Eltern besucht.*

(19)	*La ville fut détruite par le feu.*	*Die Stadt wurde vom Feuer zerstört.*

Das Partizip Perfekt richtet sich auch hier jeweils in Geschlecht und Zahl nach seinem Bezugswort.

Als Besonderheit sei hier noch erwähnt, dass (neben einigen anderen) die Partizipien *excepté* (ausgenommen), *y compris* (inbegriffen), *ci-joint, ci-inclus* (beigefügt), nicht verändert werden, wenn sie dem Nomen oder Pronomen vorangehen, sie gelten dann nämlich als Präpositionen (20).

Ebenso unverändert bleiben die Partizipien *fait, voulu, pu, dû, cru,* wenn sie als Hilfsverb vor einem Infinitiv stehen (21).

(20)	*Tous étaient venus, exepté ma mère, qui était malade.*	*Alle waren gekommen, ausgenommen meine Mutter, die krank war.*
	Ci-joint vous trouverez une lettre.	*Brief liegt bei.*
(20)	*Je les ai fait chercher partout.*	*Ich habe sie überall suchen lassen.*
	La décision que j'ai voulu prendre.	*Die Entscheidung, die ich treffen wollte.*

Ansonsten wird das Partizip Perfekt eingesetzt in verkürzten Nebensätzen (22) und in der absoluten Partizipialkonstruktion (23).

(22)	*Ma soeur, fatiguée par le voyage, se coucha de bonne heure.*	*Ermüdet von der Reise, ging meine Schwester zeitig zu Bett.*
(23)	*La nuit venue, on résolut de rentrer.*	*Da die Nacht gekommen war, beschlossen wir heimzugehen.*

6.12. Das Gerundium - le gérondif

Grundwissen: Das Gerundium ist ursprünglich die deklinierte Form des Infinitivs im Lateinischen. Die französische Bezeichnung ist *Gérondif.* Gebildet wird das *Gérondif,* indem dem Partizip Präsens ein *en* vorangestellt wird:

Partizip Präsens		Gérondif	
chantant	*singend*	*en chantant*	*beim Singen*

Im Unterschied zum Partizip Präsens, das sich auf das ihm am nächsten stehende Wort bezieht, bezieht sich das *Gérondif* auf das Subjekt (1).

(1)	*J'ai vu ma soeur sortant (qui sortait) de la maison.*	*Ich sah meine Schwester aus dem Haus herauskommen.*
	J'ai vu ma soeur en sortant (au moment où je sortais) de la maison.	*Ich sah meine Schwester, als ich aus dem Haus herauskam.*

Das *Gérondif* wird gebraucht, um das Mittel (dadurch, dass ... ; indem; durch ...) und die Art und Weise auszudrücken (2).

(2)	*Ne tâche pas de gagner en trichant!*	*Versuche nicht, durch Mogeln zu gewinnen!*
	Il arriva en courant.	*Er kam im Laufschritt an.*

Das *Gérondif* kann auch eine Bedingung oder Annahme (wenn, falls) ausdrücken und damit einen Konditionalsatz ersetzen (3).

(3)	*En allant (= si vous allez ...) toujours tout droit, vous ne risquerez pas de vous tromper de chemin.*	*Wenn ihr immer geradeaus geht, könnt ihr den Weg nicht verfehlen.*

Außerdem steht das *Gérondif* zum Ausdruck der Gleichzeitigkeit (während, als; beim...), wobei es bisweilen durch ein vorausgehendes *tout* verstärkt wird (4).

(4)	*Elle raconta son histoire en mettant la table.*	*Beim Tischdecken erzählte sie ihre Geschichte.*
	Elle travaillait tout en écoutant les informations.	*Sie arbeitete, während sie gleichzeitig Nachrichten hörte.*

Wesentlich häufiger aber ist die Verbindung *tout* + *Gérondif* als Ausdruck einer Einräumung oder eines Gegensatzes (5).

(5)	*Tout en étant très riche, il n'était pas heureux.*	*Obwohl er sehr reich war, war er nicht glücklich.*
	Vous n'êtes pas venus, tout en sachant que je vous attendais.	*Ihr seid nicht gekommen, obwohl ihr wusstet, dass ich auf euch wartete.*

Übungen

Übersetzen Sie:

a. Je ne fume pas en travaillant.
b. Les enfants passaient en chantant.
c. En arrivant à Genève, on aperçoit le Mont Blanc.
d. Tout en souriant, il leur dit malgré tout leurs quatre vérités.
e. En sortant, elle nous fit signe de la suivre.
f. En feuilletant ce dictionnaire, j'y ai trouvé quelques erreurs.
g. Elle avait les larmes aux yeux en racontant cette histoire.
h. Il lisait les journaux en prenant son petit déjeuner.
i. D'ailleurs, tout en respectant la robuste figure de l'abbé .... la plupart des habitants ... négligeaient de se rendre aux offices.
j. En attendant mes parents, je lisais le journal.
k. J'espère aller vous voir bientôt, mais en attendant passez-moi un coup de fil.
l. En attendant d'avoir trouvé une secrétaire, je ferai mon courrier moi-même.
m. Vous m'obligeriez en me communiquant votre décision par retour du courrier.

Lösungen

a. Während der Arbeit rauche ich nicht.
b. Die Kinder zogen singend vorbei.
c. Wenn man in Genf ankommt, sieht man den Mont-Blanc.
d. Er lächelte zwar, sagte ihnen aber trotzdem gründlich die Meinung.
e. Beim Hinausgehen gab sie uns ein Zeichen, dass wir ihr folgen sollten.
f. Beim Durchblättern dieses Lexikons habe ich einige Fehler gefunden.
g. Sie hatte Tränen in den Augen, als oder während sie diese Geschichte erzählte.
h. Beim Frühstücken *oder* Während er frühstückte, las er die Zeitungen.

i. Obwohl sie die kräftige Erscheinung des Abbé achteten, oder bei allem Respekt vor der kräftigen Erscheinung des Abbé ... versäumte es doch der Großteil der Bewohner, ... die Gottesdienste zu besuchen.
j. Während ich auf meine Eltern wartete, las ich die Zeitung.
k. Ich hoffe, euch bald zu besuchen, ruft mich aber doch in der Zwischenzeit einmal an.
l. Bis ich eine neue Sekretärin gefunden habe, erledige ich meine Post selbst.
m. Ich wäre Ihnen dankbar, wenn Sie mir Ihre Entscheidung umgehend mitteilen könnten.

6.13. Das Passiv - *la voix passive*

Grundwissen: Das Passiv bringt zum Ausdruck, dass die dargestellte Handlung sich am Subjekt vollzieht. Das Hilfsverb beim Passiv ist im Französischen *être*, im Deutschen *werden*.

Nicht immer aber stellt die Passivform auch eine Handlung dar, häufig wird auch ein Zustand ausgedrückt (Zustandspassiv) (1). Ein wirkliches Passiv liegt im Französischen nur vor, wenn entweder die Aktionsart die Handlung unterstreicht, oder wenn ein Futur eine zukünftige Handlung zeichnet (2). Es gibt daher nur wenige sog. echte Passivformen (3)

(1)	*La maison est détruite.*	*Das Haus ist zerstört.*
(2)	*La maison fut détruite.* *La maison sera détruite.*	*Das Haus wurde zerstört.* *Das Haus wird zerstört werden.*
(3)	*elle fut détruite - elle a/avait/eut été détruite* *elle sera détruite - elle aurait été détruite*	

Gebildet wird das Passiv durch die Verbindung einer konjugierten Form des Hilfsverbs *être* mit dem Partizip Perfekt des jeweiligen Verbs. Das Partizip Perfekt richtet sich hierbei in Geschlecht und Zahl nach dem Subjekt (4).

La maison fut détruite par le feu.	*Das Haus wurde durch das Feuer zerstört.*
Les petits seront aidés par les grands.	*Die Großen werden den Kleinen helfen.*

Ein persönliches Passiv kann im Französischen (wie im Deutschen auch) nur mit direkt transitiven Verben gebildet werden (5).

(5)	*Le candidat sera successivement interrogé par trois professeurs.*	*Der Prüfling wird nacheinander von drei Lehrern befragt werden.*
	Ces clés ont été trouvées par la concierge.	*Diese Schlüssel sind von der Hausmeisterin gefunden worden.*

Sonderfall: Eine Ausnahme hierzu bilden die Verben *obéir, désobéir* und *pardonner* (6).

(6)	*On vous obéira, Madame.*	*Man wird Ihnen gehorchen, Madame.*
	Enfin elle fut pardonnée.	*Endlich wurde ihr verziehen.*

Der Urheber der Handlung bzw. die Ursache des Geschehens wird meist durch *par* angeschlossen, aber auch durch *de*. Es gibt hierfür keine feste Regel.

Im Allgemeinen aber steht *par,* wenn die Handlung, das Geschehen betont ist, dagegen steht *de,* wenn das Zuständliche überwiegt (7).

(7)	*Elle s'aperçut soudain qu'elle était suivie par un chien.*	*Sie bemerkte plötzlich, dass ihr ein Hund nachlief.*
	Elle était toujours suivie de son chien.	*Sie war immer in Begleitung ihres Hundes.*

So erklärt *es* sich auch, dass *de* vorwiegend nach Partizipien wie *aimé, craint, détesté, haï, connu, accompagné, entouré, suivi* (beliebt, verhasst, bekannt, in Begleitung von, gefolgt von) u.ä. steht, wenn diese zuständliche Bedeutung und adjektivischen Charakter haben.

Darüber hinaus wird *de* verwendet, wenn das Verb in übertragenem Sinne gebraucht wird (8). *Par* dagegen wird verwendet, wenn das Verb im eigentlichen Sinn gebraucht wird und wenn der Urheber der Handlung näher bestimmt ist (9).

(8)	*Les rois de Perse étaient adorés par leurs sujets.*	*Die persischen Könige genossen göttliche Verehrung bei ihren Untertanen.*

aber:	*Elle est adorée de ses élèves.*	*Sie wird von ihren Schülern angehimmelt.*
(9)	*La salle était encombrée par les élèves de notre lycée.*	*Der Saal war voll besetzt mit Schülern unseres Gymnasiums.*
aber:	*La salle était encombrée d'élèves.*	*Der Saal war voll besetzt mit Schülern.*

Wenn in einem passivischen Satz der Handelnde nicht genannt ist und sich im Französischen eine Handlung (besonders im Präsens und Imperfekt!) nicht von ihrem Ergebnis, einem Zustand unterscheiden lässt, muss ein deutsches Passiv aktivisch (in der Regel mit *on* als Subjekt) wiedergegeben werden (10).

(10)	*La porte est ouverte par le concierge. (Handlung)*	*Die Tür wird vom Hausmeister geöffnet.*
	La porte est ouverte. (Zustand)	*Die Tür ist geöffnet/ist offen.*
daher:	*On ouvre la porte.* *La porte s'ouvre.*	*Die Tür wird geöffnet.*

Das im Deutschen sehr beliebte und häufig gebrauchte unpersönliche Passiv wird in der französischen Umgangssprache fast nie, in der (gewählten) Schriftsprache nur bei einer begrenzten Anzahl von Fällen gebraucht. Bei den direkt transitiven Verben handelt es sich um Schriftsprache - z. B. um passivische Wendungen mit dem Verb *dire*, die aber in der Umgangssprache meist aktivisch mit dem Subjekt gegeben werden (11).

(11)	*Il a été dit/constaté/décidé/ prouvé/etc. que ...* *On a dit/constaté/etc. que ...*	*Es wurde gesagt/festgestellt entschieden/bewiesen, dass ...*

Indirekt transitive oder intransitiv gebrauchte Verben können im Gegensatz zum Deutschen im Französischen kein unpersönliches Passiv bilden (Ausnahmen finden sich lediglich in der Rechts - und Verwaltungsprache). Statt dessen verwendet man aktive Wendungen mit *on* (12).

(12)	*On danse/travaille/joue aux échecs.*	*Es wird getanzt/gearbeitet/Schach gespielt.*

Zum Ausdruck eines Passivs werden im Französischen - zum Teil neben der normalen Passivkonstruktion - auch *se faire, se voir s'entendre* als passivische Hilfsverben eingesetzt (13).

(13)	*Pierre s'est fait voler sa voiture.*	*Peter ist sein Wagen gestohlen worden.*
	L'inculpée s'est vu condamner à une amende de 100 .	*Die Angeklagte ist zu einer Geldstrafe von 100 verurteilt worden.*
neben:	*L'inculpée a été condamnée à une amende de 100 F.*	
	Elle s'est entendu dire tant de gentillesses.	*Ihr wurden viele Liebenswürdigkeiten gesagt.*

Übungen

1. Ergänzen Sie *par* oder *de*:

a. Le toit est couvert ... tuiles, il a été réparé ... les couvreurs.
b. Les nuages sont chassés ... le vent. c. Il se fait détester ... tout le monde.
d. Le voleur a été surpris en flagrant délit ... un agent de police.
e. Nous sommes écrasés ... impôts.
f. Un chien a été écrasé ... une voiture.
g. Le Président avançait, suivi ... un cortège de ministres.
h. Ils ne se doutaient pas qu'ils étaient suivis ... un détective.
i. Le voleur a été vu ... plusieurs personnes.
j. Il réussit à sortir sans être vu ... personne.

2. Übersetzen Sie:

a. Dieses Denkmal ist im Jahre 1910 erbaut worden.
b. Vor einigen Tagen ist in Frankfurt die Buchmesse eröffnet worden.
c. Die Kandidaten sind von drei Professoren geprüft (interroger) worden.
d. Das Kind muss von einem Arzt untersucht werden.
e. Infolge eines Erdbebens, das sich in dieser Gegend ereignet (se produire) hat, sind viele Häuser zerstört worden.
f. Wo ist Monika? Sie wird am Telefon verlangt.

g. Jetzt wird nicht mehr geschwatzt, [sondern] gearbeitet.
h. In Frankreich wird am 14. Juli auf den Straßen und Plätzen getanzt.
i. Da sie gegen die Straßenverkehrsordnung (le code de la route) verstoßen hatte, wurde sie zu einer Geldstrafe verurteilt.
j. Sind Sie nicht von dieser Angelegenheit unterrichtet worden?

Lösungen

1. a. de; par b. par c. par/de
d. par e. d'impôts f. par
g. d'un h. par i. par
j. de

2. a. Ce monument a été construit oder érigé oder édifié en 1910.
b. La Foire du Livre a été ouverte, il y a quelques jours de cela, à Francfort.
c. Les candidats ont été interrogés par trois professeurs.
d. L'enfant doit être examiné par un médecin.
e. Par suite d'un tremblement de terre oder d'un séïsme qui s'est produit dans cette région, beaucoup de maisons ont été détruites.
f. Où est Monique? On la demande au téléphone.
g. Maintenant on ne bavarde plus, on travaille.
h. En France, le 14 juillet, on danse dans les rues et sur les places.
i. Comme elle avait contrevenu au code de la route, elle s'est fait condamner oder elle a été condamnée à une amende.
j. Ne vous a-t-on pas informé de cette affaire?

7. Präpositionen

Grundwissen: Die Präpositionen sind Verhältniswörter. Sie sind unveränderlich und verbinden nicht nur einzelne Wörter miteinander, sondern geben auch an, in welcher Beziehung (Verhältnis des Ortes, der Zeit, der Art und Weise, des Grundes usw.) die Wörter bzw. die einzelnen Satzglieder zueinander stehen (1). Präpositionen stehen nicht für sich, sondern in Verbindung mit einem nachfolgenden Ausdruck.

(1)	*J'habite* ***près*** *d'un parc.*	*Ich wohne nahe bei einem Park.*
	Je te connais ***depuis*** *deux ans.*	*Ich kenne dich seit zwei Jahren.*
	Je travaille ***pour*** *gagner ma vie.*	*Ich arbeite, um meinen Lebensunterhalt zu verdienen.*

Die ursprüngliche Bedeutung der meisten Präpositionen ist örtlich oder zeitlich. Daneben findet sich bei vielen Präpositionen auch noch eine Bedeutung im übertragenen Sinn. Im Laufe der Sprachentwicklung haben sich aber die Bedeutungsgrenzen verwischt, und so ist es durchaus möglich, dass ein und dieselbe Präposition dem örtlichen, zeitlichen und modalen Bereich angehören kann (2):

(2)	*Elle est allée en ville.*	*Sie ist in die Stadt gegangen.*
	Il reviendra en décembre.	*Er wird im Dezember zurückkommen.*
	Cette maison est construite en brique.	*Dieses Haus ist in Ziegelbauweise errichtet.*
	Je me suis habillé en hâte.	*Ich habe mich in aller Eile angezogen.*

Die wichtigsten französischen Präpositionen bzw. präpositionalen Ausdrücke und ihre jeweilige Grundbedeutung sind:

à	*zu, in, nach*
à cause de	*wegen*
à côté de	*neben*
à défaut de	*in Ermangelung von*
à partir de	*von ... an*
après	*nach (örtlich, zeitlich)*
à travers	*quer durch*
au-dessous de	*unterhalb, unter*

au-dessus de	*oberhalb, über*
au lieu de	*anstatt*
au milieu de	*inmitten*
auprès de	*bei (Sachen, Personen)*
autour de	*um ... herum*
avant	*vor (zeitlich, Reihenfolge)*
avec	*mit*
chez	*bei, zu (Personen)*
contre	*gegen*
dans	*in*
d'après	*gemäß, nach*
de	*von, aus*
depuis	*seit*
derrière	*hinter*
dès	*schon, seit, von ... an*
devant	*vor (örtlich)*
durant	*während*
en	*in*
en dépit de	*trotz*
en face de	*gegenüber*
entre	*zwischen*
envers	*gegen (moralische Haltung)*
excepté	*außer, aus Mangel an,*
faute de	*mangels*
grâce à	*dank, vermöge*
hors	*außer*
hors de	*außerhalb*
jusque	*bis*
le long de	*entlang, längs*
malgré	*trotz*

outre	*jenseits, außer*
par	*durch*
par-dessus	*über etwas weg*
parmi	*unter, zwischen*
pendant	*während*
pour	*für*
près de	*nahe bei*
quant à	*was anbelangt*
sans	*ohne*
sauf	*außer*
selon	*gemäß, entsprechend*
sous	*unter*
suivant	*gemäß, nach*
sur	*auf*
vers	*gegen (annähernd)*
vis-à-vis	*gegenüber*

Im Folgenden sollen die wichtigsten Bedeutungen der häufigsten französischen Präpositionen und ihre syntaktischen Funktionen behandelt werden.

7.1. Präpositionen, die örtliche Beziehungen ausdrücken

7.1.1. Lage in einem Ort - Eintreten in einen Ort: à - en - dans

A drückt in ganz allgemeiner Weise Lage oder Richtung jeglicher Art ohne genauere Angaben aus, d.h. es wird nicht unterschieden, ob „in", „an", „bei", „auf" oder „nach" gemeint ist (3). Zum Teil muss der Sinnzusammenhang klären, was wirklich ausgedrückt werden soll.

(3)	*Mettez-vous à l'ombre; au soleil il fait trop chaud.*	*Geht in den Schatten, in der Sonne ist es zu heiß.*
	Il a toujours une cigarette aux lèvres.	*Er hat ständig eine Zigarette zwischen den Lippen.*

Elle arriva, une valise à la main.	*Sie kam an mit einem Koffer in der Hand.*

En gibt die örtliche Lage oder die Richtung sehr allgemein an. Auch hier muss bisweilen der Zusammenhang die eigentliche Bedeutung klären (4,5). *En* steht fast nur vor unbestimmten, also artikellos gebrauchten Substantiven (6):

(4)	*Cette semaine, nous voyageons en France, mais la semaine prochaine nous irons en Grande-Bretagne.*	*Diese Woche reisen wir in Frankreich umher, aber nächste Woche werden wir nach Großbritannien reisen.*
(5)	*On les a mis en prison.*	*Man hat sie ins Gefängnis gesteckt.*
(6)	*Nous irons en voiture.*	*Wir werden mit dem Wagen fahren.*
aber:		
	Nous irons dans la voiture de mon père.	*Wir werden mit dem Wagen meines Vaters fahren.*

Dans betont sehr genau die Vorstellung, dass sich etwas „darinnen" befindet, bzw. eine Bewegung „in etwas hinein" verläuft (7):

(7)	*Il est allé dans sa chambre. Elle cachait une pièce de monnaie dans sa main.*	*Er ist in sein Zimmer gegangen. Sie verbarg ein Geldstück in ihrer Hand.*

7.1.2. Richtung auf einen Ort zu - Erreichen, Berührung: à - pour - vers - jusque - contre

A drückt ganz allgemein die Richtung auf einen Ort zu sowie das Erreichen eines Ortes aus (8):

(8)	*Quand est-il allé à Londres?*	*Wann ist er nach London gefahren?*

Pour steht nach *partir* (abreisen), *s'embarquer* (sich einschiffen) und ähnlichen Verben des Abreisens zum Ausdruck einer Zielangabe. Wird allerdings kein genauer Ort angegeben, so kann auch *en* stehen (9):

(9)	*Elle est partie pour Lyon.*	*Sie ist nach Lyon abgereist.*
	Les voyageurs pour Paris montent ici.	*Die Reisenden nach Paris steigen hier zu.*
	Les troupes se sont embarquées pour l'Afrique.	*Die Truppen haben sich nach Afrika eingeschifft.*
	En août, beaucoup de gens partent en vacances.	*Im August fahren viele Leute in Urlaub.*

Soll nur die Richtung, ohne Erreichen des Ziels, ausgedrückt werden (im Deutschen „nach", „gegen", „auf ... zu"), so verwendet man die Präposition *vers* (10):

(10)	*Il fit deux pas vers moi.*	*Er machte zwei Schritte auf mich zu.*
	La façade de notre maison est tournée vers le nord.	*Die Vorderfront unseres Hauses zeigt nach Norden.*

Die Präposition *jusque* (bis) - in der Regel in Verbindung mit einer anderen Präposition gebraucht - bezeichnet dagegen das genaue Erreichen des Ziels:

	Je t'accompagnerai jusqu'à la gare.	*Ich werde dich bis zum Bahnhof begleiten.*

Die Präposition *contre* (gegen, an) drückt die enge bzw. heftige Berührung aus oder auch die (heftige) Bewegung gegen etwas (11). Im übertragenen Sinne kann sie auch einen Widerstand oder scharfen Gegensatz bezeichnen (12):

(11)	*Il appuya l'échelle contre le mur.*	*Er lehnte die Leiter an die Mauer.*
	La voiture s'est écrasée contre un arbre.	*Der Wagen ist gegen einen Baum gefahren.*
(12)	*Les troupes ont protégé la patrie contre l'attaque des ennemis.*	*Die Truppen haben die Heimat gegen den Angriff der Feinde geschützt.*
	Es-tu toujours fâché contre moi?	*Bist du immer noch böse auf mich?*

7.1.3. Nähe: près de - auprès de - chez

Die Präposition *près de* (nahe bei, in der Nähe von) gibt ganz allgemein die örtliche Nähe an (13):

(13)	*Près de la gare, il y a toujours des taxis.*	*In der Nähe des Bahnhofs stehen immer Taxis.*

Auprès de (dicht bei) drückt, rein örtlich gebraucht, in die nächste Nähe (14). Meist wird diese Präposition aber in Beziehung auf Personen gebraucht (bei), und zwar immer dann, wenn diese Personen selbst gemeint sind und nicht z. B. ihre Wohnung (15):

(14)	*Ma tante s'est assise auprès de moi.*	*Meine Tante hat sich neben mich gesetzt.*
	Il cherche à me nuire auprès de vous.	*Er versucht, mir bei euch zu schaden.*

Auch die Präposition *chez* (bei, zu) wird mit Bezug auf Personen - im übertragenen Sinne auch bei Völkern und Personengruppen - gebraucht, und zwar in der Bedeutung „bei jemandem zu Hause" oder „zu = nach jemandes Haus" (16):

(16)	*Il a passé la nuit chez son ami.*	*Er hat bei seinem Freund übernachtet.*
	Quand iras-tu chez le dentiste?	*Wann gehst du zum Zahnarzt?*
	Chez les anciens Romains, les esclaves étaient en général bien traités.	*Bei den alten Römern wurden die Sklaven im Allgemeinen gut behandelt.*

7.1.4. Herkommen von oder aus einem Ort: de

Die Grundbedeutung der Präposition *de* ist die des Ausgangspunkts oder der Trennung („von", „von ... weg", „aus"), und in diesem Sinne wird sie auch am häufigsten verwendet (17).

De kann auch mit einer Reihe anderer Präpositionen verbunden werden. Die Grundbedeutung des Ausgangspunktes bleibt aber auch hier erhalten (18):

(17)	*J'arrive justement de Berlin.*	*Ich komme eben aus Berlin.*
	Elle sortit de la maison.	*Sie kam aus dem Haus.*
	Le bateau s'éloignait de la côte.	*Das Schiff entfernte sich von der Küste.*

Je viens de chez le dentiste.	*Ich komme vom Zahnarzt.*
Le chien sortit de sous la table.	*Der Hund kam unter dem Tisch hervor.*

7.1.5. Unterschiedliche Richtungslagen zu einem Ort

7.1.5.1. *devant - derrière; avant - après*

Devant (vor) und *derrière* (hinter) bringen zum Ausdruck, dass sich etwas auf der Vorder- bzw. Rückseite von etwas befindet (19):

(19)	*Un arbre se dressait devant la maison.*	*Ein Baum stand vor dem Haus.*
	Derrière la maison il y avait une grande cour.	*Hinter dem Haus war ein großer Hof.*

Avant (vor) und *après* (nach, hinter) bezeichnen die Reihenfolge, in der sich Dinge zueinander befinden (20):

(20)	*Il habite la dernière maison avant l'église.*	*Er wohnt im letzten Haus vor der Kirche.*
	Après le vestibule, on entre dans un salon.	*Nach der Diele kommt man in ein Wohnzimmer.*

7.1.5.2. *sur - sous; au-dessus de - au-dessous de*

Sur (auf, über) und *sous* (unter) bringen eine unmittelbare Nähe oder auch Berührung zum Ausdruck, *au-dessus de* (über, oberhalb) und *au-dessous de* (unter, unterhalb) dagegen bezeichnen generell den höheren bzw. tieferen Lagepunkt (21):

(21)	*Mettez le livre sur mon bureau.*	*Legt das Buch auf meinen Schreibtisch.*
	Le chien s'était caché sous le lit.	*Der Hund hatte sich unter dem Bett versteckt.*
	Le soleil était déjà au-dessus de l'horizon.	*Die Sonne stand bereits über dem Horizont.*
	La famille Durand habite au-dessous de la familie Lenoir.	*Familie Durand wohnt unterhalb der Familie Lenoir.*

7.1.6. Durchqueren eines Ortes: par - à travers

Par (durch, über) bezeichnet ganz allgemein ein Durchqueren (bei Fahrplänen häufig durch *via* ersetzt), während *à travers* (durch, quer durch, mitten durch) speziell das Durchdringen ausdrückt (oft wird dabei ein Widerstand vorausgesetzt) (22):

(22)	*Regardez par la fenêtre: le train passe par Cologne.*	*Schaut aus dem Fenster: der Zug fährt durch Köln.*
	Le train va à Paris par/via Strasbourg.	*Der Zug fährt über Straßburg nach Paris.*
	Nous marchions à travers une épaisse forêt.	*Wir durchquerten einen dichten Wald.*

7.1.7. Lage zwischen mehreren Orten, Gegenständen oder Personen: entre - parmi

Entre (zwischen, unter) bezieht sich auf zwei oder mehr Örtlichkeiten, Gegenstände oder Personen, *parmi* (unter, zwischen, inmitten) dagegen bezieht sich immer auf mehr als zwei, steht also nur vor Substantiven im Plural (23):

(23)	*L'école se trouve entre la mairie et l'église.*	*Die Schule liegt zwischen dem Rathaus und der Kirche.*
	Parmi ces livres, vous trouverez un dictionnaire bilingue.	*Unter diesen Büchern werdet ihr ein zweisprachiges Wörterbuch finden.*

Übungen

Übersetzen Sie:

a. Er lief auf mich zu, einen Stock in der Hand.
b. Sie ist in den ersten Stock hinaufgegangen.
c. Ich lebe gern in der Provinz.
d. Er hat seine Handschuhe im Wagen gelassen.
e. Am Sonntag gehen viele Leute in die Kirche.
f. In der Schule lernen die Kinder Schreiben und Lesen.
g. Dieses Buch langweilt mich, ich werde es nicht bis zum Schluss lesen.
h. Sein Onkel wohnt in der Nähe des Parks.
i. Die Schüler holen ihre Hefte beim Lehrer.

j. Die Kinder kommen von der Schule nach Hause.
k. In den Ferien werde ich verreisen: ich werde mit dem Wagen quer durch die Provence fahren.
l. Unter all diesen Leuten habe ich ihn zwischen seiner Mutter und seiner Schwester sitzen sehen.

Lösungen

a. Il courut vers moi, un bâton à la main.
b. Elle est montée au premier étage.
c. J'aime vivre en province.
d. Il a laissé ses gants dans la voiture.
e. Le dimanche, beaucoup de gens vont à l'église.
f. A L'école, les enfants apprennent à écrire et à lire.
g. Ce livre m'ennuie, je ne le lirai pas jusqu'au bout.
h. Son oncle habite près du parc.
i. Les élèves vont chercher leurs cahiers auprès du professeur. (chez le professeur = bei ihm in der Wohnung!)
j. Les enfants rentrent de l'école.
k. Pendant les vacances, je partirai en voyage: j'irai en voiture à travers la Provence.
l. Parmi tous ces gens, je l'ai vu assis entre sa mère et sa soeur.

7.2. Präpositionen, die zeitliche Beziehungen ausdrücken

7.2.1. Zeitpunkt und Zeitdauer: à - en - dans - pendant - durant

A bezeichnet den genauen Zeitpunkt (24), *en* (in) dagegen die Zeitdauer von Anfang bis Ende, insbesondere die Zeit, die man zur Erreichung eines Ziels benötigt (25).

(24)	*Elle est arrivée à la tombée de la nuit.*	*Sie ist bei Einbruch der Nacht angekommen.*
	Juste à ce moment, le grand arbre tomba par terre.	*Genau in diesem Augenblick stürzte der große Baum zu Boden.*
(25)	*En été, j'ai lu un livre en deux jours.*	*Im Sommer habe ich ein Buch innerhalb von zwei Tagen gelesen.*
	En ce moment, je n'ai pas le temps de lire un livre.	*Gegenwärtig habe ich keine Zeit, ein Buch zu lesen.*

Dans (in) bezeichnet einen Zeitpunkt innerhalb eines Zeitablaufes (in, innerhalb von), aber auch den Endpunkt des Zeitablaufes von der Gegenwart aus gesehen (in, nach Ablauf von) (26):

(26)	*Il arrivera dans l'après-midi.*	*Er wird im Laufe des Nachmittags ankommen.*
	Il reviendra dans huit jours.	*Er wird nach (Ablauf von) acht Tagen wiederkommen*

Pendant (während) bezeichnet eine Dauer, die sich aber nicht unbdingt über den gesamten Zeitraum erstreckt (27). *Durant* (während) ist seltener als *pendant*, betont aber stärker die gesamte Dauer von Anfang bis Ende. Im Unterschied zu *pendant* kann es nachgestellt werden (28):

(27)	*Nous avons beaucoup souffert pendant la guerre.*	*Wir haben während des Krieges viel gelitten.*
(28)	*Elle a été pauvre durant toute sa vie.*	*Sie ist während ihres ganzen Lebens arm gewesen.*
oder:	*Elle a été pauvre toute sa vie durant.*	

7.2.2. Anfang und Ende: de - à - depuis - dès - à partir de

Ganz allgemein werden Anfang und Ende durch *de* (von) und *à* (bis) wiedergegeben (29). Sollen Anfang und Ende genau angegeben werden, verwendet man *depuis* (seit) und *jusque* (bis) (30):

(29)	*Je travaille du matin au soir.*	*Ich arbeite von morgens bis abends.*
(30)	*Je travaille depuis deux heures et je travaillerai encore jusque tard dans la nuit.*	*Ich arbeite seit zwei Stunden, und ich werde noch bis spät in die Nacht arbeiten.*

Dès (schon seit, gleich bei) betont die Frühzeitigkeit des Anfangs, *à partir de* (von ... an, von ... ab) dagegen hebt den Ausgangspunkt hervor (31):

(31)	*Dès demain, je me mettrai à l'ouvrage.*	*Gleich morgen werde ich mich ans Werk machen.*
	A partir d 'aujourd'hui, tout changera.	*Von heute an wird alles anders.*

7.2.3. Zeitlicher Abstand: avant - après; il y a - au bout de

Avant (vor) und *après* (nach) bezeichnen eine zeitliche Reihenfolge (32):

(32)	*En 50 avant Jésus-Christ, la Gaule fut envahie par les Romains, aujourd'hui on en trouve encore des vestiges.*	*Im Jahre 50 v. Chr. wurde Gallien von den Römern erobert; heute findet man noch Spuren von ihnen.*
	Avant le déjeuner, je n'aime pas les boissons chaudes, mais après le déjeuner je prends toujours un café.	*Vor dem Mittagessen mag ich keine heißen Getränke, aber nach dem Mittagessen trinke ich immer einen Kaffee.*

Il y a/il y avait (vor) bezeichnet, vom Standpunkt des Sprechenden aus, einen bereits zurückliegenden Zeitpunkt (33).
Mit *au bout de* (nach, nach Ablauf von) dagegen gibt man, von der Gegenwart oder der Vergangenheit aus gesehen, das Ende eines Zeitraumes an (34):

(33)	*Il était encore riche il y a trois ans.*	*Noch vor drei Jahren war er reich.*
(34)	*Au bout de trois ans, il ne possédait plus un sou de toutes ses richesses.*	*Nach (Ablauf von) drei Jahren besaß er keinen Pfennig mehr von seinem Reichtum.*

Übungen

Übersetzen Sie:

a. Der Zug läuft um sieben Uhr im Bahnhof ein.
b. Niemand kann diese Arbeit in so kurzer Zeit machen.
c. Das geschah in seiner Kindheit.
d. Ich werde die Arbeit in 14 Tagen abschließen.
e. Was werdet ihr während der Ferien machen?
f. Zeit seines Lebens hat er Schmerzen gelitten.
g. Ludwig XIV. regierte von 1643 bis 1715.
h. Ich warte hier seit einer Stunde auf dich.
i. Seit seinem zehnten Lebensjahr war er krank.
j. Er wird nicht vor Ablauf von acht Tagen wiederkommen.
k. Er hat uns vor zwei Monaten verlassen, aber er wird in einer Woche zurückkommen.

Lösungen

a. Le train entrera en gare à sept heures.
b. Personne ne peut faire ce travail en si peu de temps.
c. Cela se passa dans son enfance. (= à un moment de son enfance)
d. Je terminerai le travail en quinze jours oder dans quinze jours.
e. Que ferez-vous pendant les vacances?
f. Il a souffert toute sa vie durant.
g. Louis XIV régna de 1643 à 1715.
h. Je t'attends ici depuis une heure.
i. Dès sa dixième année, il a été malade.
j. Il ne reviendra pas avant huit jours.
k. Il nous a quittés il y a deux mois, mais il reviendra dans une semaine.

7.3. Weitere Bedeutungsfelder von Präpositionen

7.3.1. Art und Weise: à - en - de - avec

Die Art und Weise wird in den meisten Fällen durch *à, en* und *de* ausgedrückt, wobei *de* meist vor dem unbestimmten Artikel steht, *à* dagegen meist vor artikellosem Substantiv, vor allem im Plural.

Wann die einzelnen Präpositionen eingesetzt werden, entscheidet der Sprachgebrauch. Es ist daher ratsam, sich feste Wendungen einzuprägen, z. B.:

	aller au pas	*(im) Schritt fahren*
	avancer à pas de géant	*mit Riesenschritten gehen*
	marcher à pas lents	*langsam gehen*
aber:	*marcher d'un pas lent*	*langsamen Schrittes gehen*
	Parler à haute voix	*laut sprechen*
	Parler à voix basse	*leise sprechen*
aber:	*d'une voix suppliante*	*mit flehender Stimme*
	pleurer à chaudes larmes	*bitterlich weinen*
	rire aux éclats	*schallend lachen*
	faire quelque chose à la hâte	*in aller Eile, auf die Schnelle*
aber:	*en toute hâte*	*eilends, schleunigst*
	manger de bon appétit	*mit gutem Appetit essen*
	vider son verre d'un trait	*sein Glas in einem Zug leeren*

	dire quelque chose en secret à quelqu'un	*heimlich jemandem etwas sagen*

7.3.2. Mittel und Werkzeug: avec - par - à - de

Avec (mit) gibt das verwendete Mittel oder Werkzeug genau an (35). *Par* (mit, durch) drückt das Mittel aus, durch das etwas zustande kommt (36):

(35)	*Avec cette méthode, on arrive à de bons résultats.*	*Mit dieser Methode werden gute Ergebnisse erzielt.*
(36)	*J'ai reçu les deux lettres par le même courrier.*	*Ich habe die beiden Briefe mit gleicher Post erhalten.*

Außerdem können *à* und *de* zur Angabe des Mittels oder Werkzeuges verwendet werden. *A* steht hierbei nur vor Substantiven mit bestimmtem Artikel (37). Es betont weniger das Mittel als vielmehr die Art und Weise, wie etwas zustande kommt. *De* steht oft bei Handlungen, die mit einem Körperteil ausgeführt werden (38):

(37)	*J'ai marqué les fautes à l'encre rouge.*	*Ich habe die Fehler rot angestrichen.*
	On le chassa à coups de bâton.	*Man jagte ihn mit Stockhieben davon.*
(38)	*D'un geste, elle m'invita à la suivre.*	*Mit einer Geste forderte sie mich auf, ihr zu folgen.*
	Il ne faut pas montrerlfes gens du doigt.	*Man zeigt nicht mit dem Finger auf die Leute.*

7.3.3. Grund: à cause de - pour - de

A cause de (wegen) bezeichnet den Grund in der allgemeinsten Form (39). *Pour* (wegen) steht vor allem zum Ausdruck von subjektiven Begründungen und Werturteilen (40). Vor einem Infinitiv entspricht ihm ein deutsches „weil". *De* (über, vor, wegen) steht nach Adjektiven und Verben, insbesondere nach solchen, die eine Gemütsbewegung ausdrücken (41):

(39)	*Je n'entends rien à cause du bruit.*	*Wegen des Lärms verstehe ich nichts.*

(40) *Pour quelle raison ne veux-tu pas venir?* — *Weswegen möchtest du nicht kommen?*

(41) *L'enfant tremble de peur.* — *Das Kind zittert vor Angst.*

7.3.4. Zweck und Bestimmung: pour - à

Pour (für) betont den Zweck und die Bestimmung (42). *A* (zu, für) steht vielfach in festen Wendungen und nach den meisten Verben, die eine Zweckbestimmung verlangen (6.10.2.1) (43):

(42) *C'est un livre pour enfants.* — *Das ist ein Buch für Kinder.*

(43) *Mon professeur m'a appris à prononcer correctement.* — *Mein Lehrer hat mich die richtige Aussprache gelehrt.*

7.3.5. Einschränkung und Hinzufügung: excepté - sauf -outre - en dehors de - à côté de

Excepté (→ 6.11.2) und *sauf* (außer, ausgenommen) werden in ausschließendem Sinne verwendet (44). *Outre* (außer, neben) fügt hinzu, ist jedoch vorwiegend schriftsprachlich und wird daher meist durch *en dehors de* oder *à côté de* ersetzt (45):

(44) *Tous étaient venus à la gare, excepté ma mère, qui était malade.* — *Außer meiner Mutter, die krank war, waren alte zum Bahnhof gekommen.*
Il a tout vendu, sauf sa maison. — *Außer seinem Haus hat er alles verkauft.*

(45) *Outre/en dehors de/à côté de ses romans, Diderot a composé quelques contes.* — *Neben seinen Romanen hat Diderot einige Erzählungen verfasst.*

Übungen

Übersetzen Sie:

a. Lasst uns langsam gehen, wir haben noch genug Zeit.
b. Dieser Text ist in aller Eile übersetzt worden.

c. Ein Nagel wird mit einem Hammer eingeschlagen.
d. Er versucht, sie durch Schmeicheleien zu überreden.
e. Er gab mir den Brief mit zitternden Händen.
f. Der Brief ist mit Bleistift geschrieben.
g. Die Kinder weinten bitterlich, und die Erwachsenen beklagten ihr Schicksal.
h. Die jungen Leute hatten sich zu einem abendlichen Tanzvergnügen (une soirée dansante) versammelt.
i. Ich kenne sie, weil ich sie einmal auf einem Ball getroffen habe.
j. Wegen meiner Krankheit kann ich die Arbeit nicht rechtzeitig abschließen.
k. Ich lade euch zum Abendessen ein, kommt mit mir in den Speisesaal.
l. Außer Monika, die krank war, kamen alle meine Freundinnen, und außer den Freundinnen kamen auch noch deren Kinder.

Lösungen

a. Marchons lentement, nous avons encore assez de temps.
b. Ce texte a été traduit à la hâte.
c. On enfonce un clou avec un marteau.
d. Il cherche la persuader par des flatteries.
e. Il me donna la lettre d'une main tremblante.
f. La lettre est écrite au crayon.
g. Les enfants pleuraient à chaudes larmes et les adultes se plaignaient de leur sort.
h. Les jeunes gens s'étaient réunis pour une soirée dansante.
i. Je la connais pour l'avoir rencontrée à un bal.
j. A cause de ma maladie, je ne peux pas terminer ce travail à temps.
k. Je vous invite à dîner, venez avec moi dans la salle à manger.
1. Excepté Monique, qui était malade, toutes mes amies sont venues, et outre mes amies, leurs enfants sont aussi venus.

7.4. Besonderheiten

Ganz allgemein ist es anzuraten, die Präpositionen in festen Wendungen zu erlernen, da ihr richtiger Einsatz weitgehend vom Sprachgebrauch bestimmt wird. Darüber hinaus muss man beachten, dass ein Vorgang (46) im Französischen und im Deutschen unterschiedlich betrachtet werden kann und manche Raumvorstellungen in den beiden Sprachen voneinander abweichen (47):

(46)	*boire dans une tasse*	*aus einer Tasse trinken*
	prendre quelque chose dans un tiroir	*etwas aus einer Schublade nehmen*
	J'ai pris ce livre sur ton bureau/sur le rayon.	*Ich habe dieses Buch von deinem Schreibtisch/aus dem Regal genommen.*
	Dans quel joumal as-tu découpé cet article?	*Aus weicher Zeitung hast du diesen Artikel ausgeschnitten?*
(47)	*rencontrer qn dans l'escalier*	*jemanden auf der Treppe treffen*
	se trouver dans la rue	*sich auf der Straße befinden*

Weitere wichtige präpositionale Ausdrücke:

avoir quelque chose à la main	*etwas in der Hand haben*
cacher quelque chose dans la main	*etwas in der Hand verbergen*
quelque chose est en bonnes mains	*etwas ist in guten Händen*
à l'air	*an die/an der (frischen) Luft (setzen/sein)*
dans l'air	*in der/in die Luft (sein/werfen)*
en l'air (des menaces en l'air)	*leer (leere Drohungen)*
du temps de mes parents	*zu Zeiten meiner Eltern*
par une belle journée d'été	*an einem schönen Sommertag*
à l'aide de quelque chose	*mit Hilfe von etwas*
avec l'aide de quelqu'un	*mit jemandes Hilfe*
venir de Paris	*aus Paris kommen*
être originaire de Paris	*aus Paris kommen = gebürtig sein*
hors de la ville	*außerhalb der Stadt*
hors de danger	*außer Gefahr*
hors concours	*außer Konkurrenz*

8. Konjunktionen

Grundwissen: Konjunktionen (Bindewörter) dienen dazu, Wörter miteinander (1), Hauptsätze untereinander (2) und Nebensätze mit Hauptsätzen (3) zu verknüpfen:

(1)	*Tom* ***et*** *Jerry* *toi* ***et*** *moi*	*Tom und Jerry* *du und ich*
(2)	*Michel est facteur* ***et*** *moi, je suis vendeuse.*	*Michael ist Briefträger und* *ich bin Verkäuferin.*
(3)	*Viens me voir* ***avant que*** *tu partes en vacances.*	*Komme bei mir vorbei, bevor* *du in den Urlaub fährst.*

Man unterscheidet zwei Hauptklassen von Konjunktionen, nämlich koordinierende und subordinierende Konjunktionen.

8.1. Koordinierende Konjunktionen

Koordinierende (beiordnende) Konjunktionen verbinden Wörter (1), Satzteile oder Sätze (2), die die gleiche Rangordnung haben, d.h. die innerhalb eines Hauptsatzes stehen:

(1)	*Je suis grande et belle.*	*Ich bin groß und schön.*
(2)	*Il parle et mange en* *même temps.*	*Er spricht und isst* *gleichzeitig.*

Welche koordinierende Konjunktion man auswählt, hängt von der Art des Verhältnisses ab, das man ausdrücken möchte. Dementsprechend lassen sich die koordinierenden Konjunktionen in sechs Klassen unterteilen.

Die erste Klasse bilden die kopulativen Konjunktionen (die reihenden Bindewörter). Kopulative Konjunktionen verbinden bejahende Sätze oder zwei gleichwertige Satzteile miteinander. Zu dieser Klasse gehören z. B. *et* (und) (3), *et ... et* (sowohl ... als auch) (4), *d'une part ... d'autre part* (einerseits ... andererseits) (5):

(3)	*une forêt de chênes* *et de hêtres*	*ein Wald voller Eichen* *und Buchen*

(4)	*Je sortirai et le vendredi et le dimanche.*	*Ich werde sowohl am Freitag als auch am Sonntag ausgehen.*
(5)	*D'une part il pleut, d'autre part je n'ai pas envie de sortir.*	*Einerseits regnet es, andererseits habe ich keine Lust auszugehen.*

Zur zweiten Klasse von koordinierenden Konjunktiven gehören die disjunktiven Konjunktionen (ausschließenden Bindewörter). Disjunktive Konjunktionen signalisieren zwei Möglichkeiten. Konjunktionen dieser Art sind *ou* (oder) (6), *soit ... soit* (entweder ... oder) (7), *ni ... ni* (weder noch) (8), *tantôt... tantôt* (bald ... bald) (9):

(6)	*Je partirai ce soir ou demain matin.*	*Ich fahre heute abend oder morgen früh ab.*
(7)	*Je partirai soit à Paris, soit à Marseille.*	*Ich fahre entweder nach Paris oder nach Marseille.*
(8)	*Elle ne viendra ni aujourd'hui ni demain.*	*Sie wird weder heute noch morgen kommen.*
(9)	*Tantôt il rit, tantôt il crie.*	*Bald lacht er, bald schreit er.*

Die dritte Klasse von koordinierenden Konjunktionen bilden die adversativen Konjunktionen (entgegensetzenden Bindewörter). Adversative Konjunktionen leiten einen Gegensatz ein. Beispiele dieser Art sind *mais* (aber) (10), *contre* (dagegen) (11) und *en revanche* (dafür) (12):

(10)	*Le temps était beau mais pas trop chaud.*	*Das Wetter war sonnig, aber nicht zu heiß.*
(11)	*S'il ne boit pas d'alcool, par contre, il boit beaucoup de café.*	*Er trinkt zwar keinen Alkohol, hingegen trinkt er viel Kaffee.*
(12)	*Il est laid, en revanche très charmant.*	*Er ist zwar hässlich, dafür aber sehr charmant.*

Als vierte Klasse von koordinierenden Konjunktionen sind die kausalen (begründenden) Konjunktionen zu nennen. Kausale Konjunktionen leiten einen Satz ein, der den Grund für die vorher genannte Aussage gibt. Zu dieser Klasse von Konjunktionen gehört z. B. *car* (denn) (13):

(13)	*Je veux rentrer chez moi, car j'ai très faim.*	*Ich möchte heim, denn ich habe großen Hunger.*

Zur fünften Klasse gehören die konzessiven (einräumenden) Konjunktionen. Konzessive Konjunktionen drücken ein Zugeständnis aus. Zu dieser Art von Konjunktionen gehören z. B. *cependant* (dennoch) (14), *pourtant* (obgleich) (15), *néanmoins* (trotzdem) (16):

(14)	*Le soleil ne brille pas, cependant il fait très chaud.*	*Die Sonne scheint nicht, dennoch ist es sehr heiß.*
(15)	*J'ai froid, pourtant je porte un gros pull.*	*Mir ist kalt, obgleich ich einen dicken Pulli anhabe.*
(16)	*Je sais que tu ne l'aimes pas; tu devrais néanmoins lui dire bonjour.*	*Ich weiß, dass du ihn nicht magst. Trotzdem solltest du ihn grüßen.*

Zur sechsten Klasse gehören die konsekutiven Konjunktionen. Konsekutive Konjunktionen geben die Folge einer vorher erwähnten Aussage an. Konsekutive Konjunktionen sind z. B. a*ussi* (18), *donc* (19), *c'est pourquoi* (20), *par conséquent* (21) und *or* (22):

(18)	*Il est méchant, aussi chacun le déteste.*	*Er ist böse, deshalb mag ihn keiner.*
(19)	*Je pense, donc je suis.*	*Ich denke, also bin ich.*
(20)	*Il est en vacances; c'est pourquoi il ne repond pas au téléphone.*	*Er ist im Urlaub; deshalb geht er nicht ans Telefon.*
(21)	*J'ai rate mon examen; je serai par conséquent obligé de le repasser l'année prochaine.*	*Ich bin durch die Prüfung gefallen; infolgedessen muss ich sie nächstes Jahr wiederholen.*
(22)	*Elle voulait continuer à jouer, or il était l'heure de rentrer.*	*Sie wollte weiterspielen, nun war es aber Zeit, heimzugehen.*

8.2. Subordinierende Konjunktionen

Subordinierende (unterordnende) Konjunktionen verbinden Neben- mit Hauptsätzen. Sie dienen dazu, die Art des Verhältnisses zwischen den Satzteilen auszudrücken (1):

(1)	*Il ne sort pas parce qu'il est fatigué.*	*Er geht nicht aus, weil er müde ist.*

Man unterscheidet z. B. temporale (als), konditionale (wenn), kausale (weil), konzessive (obwohl), finale (damit), modale (wie), konsekutive (so dass) und komparative (wie) Konjunktionen.

8.2.1. Temporale Konjunktionen (Zeit)

Avant que (1), *en attendant que* (2) und *jusqu'à ce que* (3) leiten einen Nebensatz ein, der zeitlich dem Hauptsatz nachgestellt ist. Diese Konjunktionen erfordern den *Subjonctif* (→ 6.6.2.):

(1)	*J'irai le voir avant qu'il parte.*	*Ich werde ihn besuchen, bevor er abreist.*
(2)	*Je ne bougerai pas d'un pouce en attendant que tu reviennes.*	*Ich werde mich nicht von der Stelle rühren, bis du wiederkommst.*
(3)	*Je resterai ici jusqu'à ce que vous reveniez.*	*Ich bleibe hier bis ihr wieder zurück seid.*

Hinweis: *Avant que* wird zu *avant de* + Infinitiv bei Subjektgleichheit im Haupt- und Nebensatz (4):

(4)	*J'irai le voir avant de partir.*	*Ich werde ihn besuchen, bevor ich abreise.*

Alors que (5), *comme* (6), chaque fois que (7), *lorsque* (8,9), *pendant que (10), quand* (11), *tandis que* (12), und *tant que* (13) leiten einen Nebensatz ein, der zeitlich mit dem Hauptsatz gleichgestellt ist. Sie entspreche Konjunktionen „während" und „als" im Deutschen und stehen mit Indikativ (→ 6.6.1.):

(5)	*Il dort alors qu'il devrait travailler.*	*Er schläft, während er arbeiten sollte.*

Hinweis: *Comme* im Sinne von „gerade als“ betont die Gleichzeitigkeit und steht daher mit dem Imperfekt (→ 6.5.2.).

(6)	*Comme Isabelle entrait, les cloches se mirent à sonner.*	*Als Isabelle hereinkam, schlugen die Glocken.*
(7)	*Je suis contente chaque fois que je te vois.*	*Ich freue mich jedes Mal, wenn ich dich sehe.*

Hinweis: *Lorsque* bezieht sich meist auf eine abgeschlossene Handlung in der Vergangenheit und steht deshalb entweder mit dem *Passé Composé* (→ 6.5.5.) (8) oder dem *Passé Simple* (→ 6.5.3.) (9).

(8)	*Chacun s'est levé, lorsqu'il est arrivé.*	*Jeder erhob sich, als er ankam.*
(9)	*Tout le monde dormait, lorsqu'il entra dans la pièce.*	*Alle schliefen, als er das Zimmer betrat.*
(10)	*Pendant que tu tricotes, je vais faire mes devoirs.*	*Während du strickst, werde ich meine Aufgaben machen.*

Hinweis: *Quand* im Sinne von wenn, *jedes Mal wenn* steht mit dem Präsens, dem Imperfekt oder dem Futur. *Quand* im Sinne von *als* steht mit dem *Passé Composé* oder dem *Passé Simple*.

(11)	*Quand il fait beau, il faut aller se promener.*	*Wenn das Wetter schön ist, muss man spazieren gehen.*
	J'étais déjà couché quand il arriva.	*Ich war bereits im Bett, als er kam.*
(12)	*Je dépense tout mon argent en boîte, tandis que mon frère fait des économies.*	*Ich gebe mein ganzes Geld in der Disco aus, während mein Bruder spart.*
(13)	*Tant que je suis chez moi, je me sens bien.*	*Solange ich zu Hause bin, fühle ich mich wohl.*

Après que (14), *aussitôt que* (15), *dès que (16), depuis que* (17) und *une fois que* (18) leiten einen Nebensatz ein, der zeitlich dem Hauptsatz vorangestellt ist. Diese Konjunktionen stehen ebenfalls mit dem Indikativ:

(14)	*On entra en classe après que les cloches eurent sonné.*	*Wir betraten das Klassenzimmer, nachdem die Glocke geläutet hatten.*
(15)	*Appelez-moi aussitôt qu'elle sera arrivée.*	*Rufen Sie mich an, sobald sie da ist.*
(16)	*J'irai au Pérou dès que j'aurai un peu d'argent.*	*Sobald ich etwas Geld habe, werde ich nach Peru fahren.*
(17)	*Depuis que vous êtes ici, je me sens rassurée.*	*Seitdem Sie hier sind, fühle ich mich sicher.*
(18)	*Une fois que nous aurons fini, nous partirons.*	*Sobald wir fertig sind, werden wir gehen.*

8.2.2. Konditionale Konjunktionen (Annahme, Bedingung)

***Au** cas où* (19) und *si* (20) stehen mit Konditional bzw. Indikativ:

(19)	*Au cas où son état s'aggraverait, appelez-moi tout de suite.*	*Falls sich sein Zustand verschlechtern sollte, ruft Sie mich sofort an.*
(20)	*Tu as tort, si tu acceptes cette opinion.*	*Du hast unrecht, wenn du diese Meinung annimmst.*

A condition que (21), *à moins que* (22), *pourvu que* (23) und *supposé que* (24) erfordern den *Subjonctif.*

(21)	*Je vous donne cet argent à condition que vous partiez demain.*	*Ich gebe Ihnen dieses Geld unter der Bedingung, dass Sie morgen abreisen.*
(22)	*Nous irons nous promener, à moins qu'il ne pleuve.*	*Wir werden spazieren gehen, es sei denn, es regnet.*
(23)	*On te pardonnera, pourvu que tu fasses des excuses.*	*Wir werden dir verzeihen, vorausgesetzt, dass du dich entschuldigst.*
(24)	*Supposé que je trouve l'homme de ma vie, je finirai par me marier.*	*Angenommen, dass ich den Mann fürs Leben finde, werde endlich doch noch heiraten.*

8.2.3. Kausale Konjunktionen (Grund)

Comme (25), *parce que* (26), *puisque* (27), *étant donné que* (28), *vu que* (29), *d'autant plus que* (30) und *surtout que* (31) stehen mit dem Indikativ:

(25)	*Comme je n'avais pas encore fait mes devoirs, je décidai de rester à la maison.*	*Da ich meine Aufgaben noch nicht gemacht hatte, entschloss ich mich, daheim zu bleiben.*
(26)	*Il a vendu sa maison, parce qu'elle était trop grande pour lui.*	*Er hat sein Haus verkauft, weit es zu groß für ihn war.*
(27)	*Je te crois puisque tu l'as vu.*	*Ich glaube dir, denn du hast ihn ja gesehen.*
(28)	*Etant donné qu'il pleut, je ne peux pas sortir mon linge.*	*Da es regnet, kann ich meine Wäsche nicht nach draußen hängen.*
(29)	*Vu qu'il n'y a pas beaucoup de neige, on n'ira pas faire de ski.*	*Da es nicht viel Schnee gibt, werden wir nicht zum Skifahren gehen.*
(30)	*Je n'irai pas manger au restaurant, et ce d'autant plus que je n'ai pas très faim.*	*Ich werde nicht ins Restaurant zum Essen gehen, zumal ich keinen grossen Hunger habe.*
(31)	*L'eau ne va pas chauffer tout de suite, surtout qu'il n'y a pas de couvercle.*	*Das Wasser wird nicht sofort heiß, zumal kein Deckel drauf ist.*

8.2.4. Konzessive Konjunktionen (Einräumung)

Die Konjunktionen *bien que* (30), *encore que* (31), *quel que* (32), und *malgré que* (33) erfordern den *Subjonctif* (→ 6.6.2.):

(30)	*Bien que le train ait du retard, nous ne manquerons pas le bus.*	*Obwohl der Zug Verspätung hat, werden wir den Bus schon noch erwischen.*

(31)	*Je n'ose pas porter de mini-jupe, encore que je ne sois pas grosse.*	*Ich traue mich nicht, Miniröcke zu tragen, obgleich ich nicht dick bin.*
(32)	*J'achèterai cette voiture, quel qu'en soit le prix.*	*Ich werde dieses Auto kaufen, egal wie hoch der Preis ist.*
(33)	*Malgré qu'il fasse mauvais temps, nous allons manger dehors.*	*Obgleich schlechtes Wetter ist, werden wir draußen essen.*

Die Konjunktionen *quand bien même* (34), *même si* (35) stehen mit Konditional bzw. Indikativ:

(34)	*Quand bien même on me forcerait à parler, je ne dirai rien.*	*Selbst wenn man mich zum Reden zwingen sollte, würde ich nichts sagen.*
(35)	*Même si je m'ennuyais, je n'irais pas danser avec lui.*	*Selbst wenn ich Langeweile hätte, würde ich nicht mit ihm zum Tanzen gehen.*

8.2.5. Finale Konjunktionen (Zweck)

Die Konjunktionen *afin que* (36), *pour que* (37) *de peur que* (38), *de façon à que* (39), *de manière que* (40) und *de sorte que* (41) erfordern den *Subjonctif.*

(36)	*Cours, afin que les autres ne te rattrapent pas.*	*Lauf, damit dich die anderen nicht einholen.*
(37)	*Elle lui a donné un bonbon pour qu'il se tienne tranquille.*	*Sie gab ihm ein Bonbon, damit er sich still verhielt.*
(38)	*Il l'enfermait de peur qu'elle le trahisse.*	*Er sperrte sie ein, damit sie ihn nicht verrate.*
(39)	*Il travaille de façon à ce qu'on n'ait rien à lui reprocher.*	*Er arbeitet so, dass man ihm nichts vorzuwerfen hat.*

(40)	*Il partage le gâteau de manière à ce que tout le monde soit content.*	*Er teilt den Kuchen so auf, dass jeder zufrieden ist.*
(41)	*Marchez de sorte que vous ne dérangiez pas les autres.*	*Laufen Sie so, dass Sie die anderen nicht stören.*

Sonderfall: Haben Haupt- und Nebensatz das gleiche Subjekt, so werden die oben genannten Konjunktionen (36-38) zu *afin de, pour* und *de peur de* + Infinitiv (42-44):

(42)	*Je rentre afin de pouvoir regarder la télévision.*	*Ich gehe heim, damit ich fernsehen kann.*
(43)	*Je me dépêche pour finir le plus tôt possible.*	*Ich beeile mich, damit ich so bald wie möglich fertig bin.*
(44)	*Je me cache de peur d'être reconnu.*	*Ich verstecke mich, damit ich nicht erkannt werde.*

8.2.6. Modale Konjunktionen (Art und Weise)

Die Konjunktion *sans que* (45) steht immer mit dem *Subjonctif:*

(45)	*Elle s'est fait arracher une dent sans que le dentiste lui fasse une piqûre.*	*Sie ließ sich einen Zahn ziehen, ohne dass ihr der Zahnarzt eine Spritze gab.*

Sonderfall: Haben Haupt- und Nebensatz das gleiche Subjekt, dann steht nur *sans* mit dem Infinitiv (46):

(46)	*Elle s'est fait arracher une dent sans avoir eu de piqûre.*	*Sie ließ sich einen Zahn ziehen, ohne dass sie eine Spritze bekommen hätte.*

8.2.7. Konsekutive Konjunktionen (Folge)

Konjunktionen wie *de façon que* (47), *de manière que* (48), *de sorte que* (49), *si que* (50) und *à tel point que* (51) stehen mit dem Indikativ, wenn sie eine tatsächliche Folge ausdrücken:

(47)	*Il écrit de telle façon que tout le monde arrive à le lire.*	*Er schreibt so, dass es jeder lesen kann.*
(48)	*Il se comporte de telle manière que tout le monde l'apprécie.*	*Er beträgt sich so, dass ihn jeder mag.*
(49)	*Je cours de telle sorte que mes jambes me font mal.*	*Ich laufe so, dass mir die Beine wehtun.*
(50)	*Il fait si chaud que le goudron fond sur la route.*	*Es ist so heiß, dass der Teer auf der Straße schmilzt.*
(51)	*J'ai mal à la tête, à tel point qu'il me semble qu'elle va exploser.*	*Ich habe so Kopfweh, dass mein Kopf zu explodieren scheint.*

Hinweis: *De façon que, de manière que* und *de sorte que* können entweder final oder konsekutiv sein, je nachdem ob sie eine tatsächliche (Indikativ) oder eine gewünschte *(Subjonctif)* Folge ausdrücken (→ 8.2.5).

Die Konjunktion *pour que* steht nach *assez* (52) und *trop* (53) ebenfalls mit dem *Subjonctif*:

(52)	*La voiture est assez grande pour qu'on puisse la conduire avec huit personnes dedans.*	*Das Auto ist groß genug, um zu acht darin zu fahren.*
(53)	*Il fait trop froid pour qu'on éteigne le chauffage.*	*Es ist zu kalt, um die Heizung auszuschalten.*

8.2.8. Komparative Konjunktionen (Vergleich)

Die Konjunktionen *comme* (54), *de même que* (55), *ainsi que* (56) und *selon que* (57) stehen mit dem Indikativ:

(54)	*Fais comme tu voudras.*	*Mach, wie du willst.*
(55)	*J'ai parlé à mon frère de même qu'à mes parents.*	*Ich habe mit meinem Bruder wie auch mit meinen Eltern gesprochen.*

(56)	*Nous avons rangé la maison ainsi que le garage.*	*Wir haben das Haus sowie auch die Garage aufgeräumt.*
(57)	*J'irai me baigner ou marcher selon qu'il fera chaud ou froid.*	*Ich gehe entweder baden oder wandern, je nachdem ob es heiß oder kalt ist.*

8.2.9. Die Konjunktion que

Die Konjunktion *que* hat sehr verschiedene Funktionen. So dient *que* z. B. dazu, folgende Sätze einzuleiten:

Haupt- und Nebensätze (59):

(59)	*J'espère qu'il me trouvera.*	*Ich hoffe, dass er mich finden wird.*

Ausrufesätze (60):

(60)	*Que c'est beau!* *Qu'il est bête!*	*Wie schön das ist!* *Wie dumm er doch ist!*

Relativsätze (61):

(61)	*Le jour que tu as choisi ne me convient pas.*	*Der Tag, den du ausgesucht hast, ist mir nicht recht.*

Konsekutivsätze (62):

(62)	*Je planterai ces arbres de telle sorte qu'ils seront toujours à l'ombre.*	*Ich werde diese Bäume so pflanzen, dass sie immer im Schatten stehen.*

Temporalsätze (63):

(63)	*Il venait à peine de passer son permis de conduire qu'il avait un accident de voiture.*	*Er hatte seinen Führerschein gerade gemacht, da hatte er auch schon einen Unfall.*

Konditionalsätze (64):

(64)	*Pourvu qu'il n'ait pas manqué son train, il sera bientôt là.*	*Wenn er nicht seinen Zug verpasst hat, müsste er bald hier sein.*

Finalsätze (65):

(65)	*Recule que je ne te mouille pas.*	*Geh zurück, damit ich dich nicht nass mache.*

Modalsätze (66):

(66)	*Elle ne fait rien sans que son père s'en mêle.*	*Sie macht nichts, ohne dass sich ihr Vater einmischt.*

Konzessivsätze (67):

(67)	*Que tu le veuilles ou non, je ne t'accompagnerai pas en Afrique.*	*Ob du willst oder nicht, ich werde dich nach Afrika nicht begleiten.*

Übungen

1. Setzen Sie die passenden Konjunktionen in die Lücken ein:

a. Je ne sais ... lire ... (weder ... noch) écrire.
b. Mon frère est grand ... (und) blond.
c. Je vais allumer la lumière ... (denn) la nuit vient de tomber.
d. ... (obwohl) il fasse mauvais, j'irai me promener dehors.
e. Je chante ... (wenn) je suis heureuse.
f. Nous étions au grenier ... (als) quelqu'un sonna à la porte.
g. Mon père dormait ... (während) ma mère préparait le dîner.
h. Rentrons ... (bevor) il ne soit trop tard.
i. Paul avait mal au ventre ... (weil) il avait mangé trop de cerises.
j. ... (Da) vous êtes très belle, je vous donnerai l'adresse d'une école de mannequins.
k. Je quittais la maison très tôt ... (damit nicht) les voisins ne me voient pas.
l. Il s'est absenté ... (ohne dass) les autres ne l'aient remarqué.
m. Tu peux porter mon blouson ... (unter der Bedingung dass) tu me le ramènes en bon état.
n. ... (Je nach dem) il fera beau ou mauvais, je porterai ma nouvelle jupe.

2. Setzen Sie das Verb in die richtige Zeit:

a. Pendant que tu (choisir) un pantalon, je vais regarder les cravates.
b. En attendant que ma petite fille (faire) ses devoirs, je rangerai la maison.
c. Dès que le boulanger (sortir) le pain du four, une odeur appétissante remplit le magasin.
d. Dis-lui vite une parole gentille avant qu'il (être) en rage.
e. Avant que vous (téléphoner) au directeur, j'aimerais vous dire ce qui s'est passé en réalité.
f. Il déplaçait sa voiture afin que son fils (pouvoir) reculer sans être gêné.
g. Je vous prie d'écrire cette lettre de façon à ce que tout le monde (pouvoir) la lire.
h. Au cas où il (m'arriver) quelque chose, j'ai laissé la clef chez mon amie.
i. Je partirai sans que ma famille (s'en apercevoir).
j. Il est trop jeune pour qu'on le (prendre) au sérieux.

Lösungen

1. a. ni ... ni
   b. et
   c. car
   d. quoiqu'/ bien qu'
   e. quand
   f. lorsque
   g. pendant que
   h. avant qu'
   i. parce qu'
   j. comme
   k. afin que
   l. sans que
   m. à condition que
   n. selon qu'

2. a. choisis
   b. fasse
   c. sort / sortit
   d. soit
   e. téléphoniez
   f. puisse
   g. puisse
   h. m'arriverait
   i. s'en aperçoive
   j. prenne

9. Interjektionen

Grundwissen: Interjektionen (Empfindungswörter) sind lautmalende Wörter, die dazu dienen, einer Willensäußerung oder einem starken Gefühl wie Überraschung, Aufregung oder Ablehnung Ausdruck zu verleihen; ihnen folgt in der Regel ein Ausrufezeichen. Den Interjektionen stehen viele Kurzsätze in Ausrufeform nahe, die deshalb an dieser Stelle mitbehandelt werden sollen.

9.1. Äußerungen körperlicher und seelischer Empfindungen

Es gibt im Französischen mehrere Interjektionen bzw. Kurzsätze, die **Bestürzung** ausdrücken (1):

(1)	*Ah! Mon Dieu!*	*0 Gott!*
	Mon Dieu!	*Ach du meine Güte!*
	Grand Dieu!	*Großer Gott!*
	Pour l'amour de Dieu!	*Um Gottes willen!*
	Juste ciel!	*Gütiger Himmel!*
	Au nom du ciel!	*Um Himmels willen!*

Folgende Interjektionen bzw. Kurzsätze drücken **Entrüstung** oder **Protest** aus (2):

(2)	*Allons, bon!*	*Da haben wir die Bescherung!*
	Mon Dieu!	*Ach du liebe Zeit!*
	Tu es tombé sur la tête!	*Du bist wohl nicht recht gescheit!*
	Ah ça alors!	*Also so etwas!*
	Quel culot!	*So eine Unverschämtheit!*
	Ce n'est pas vrai!	*Das gibt es doch nicht!*
	Je vous en prie!	*Also bitte!*
	Enfin!	*Also wirklich!*
	Permettez!	*Erlauben Sie mal!*
	Excusez-moi!	*Erlauben Sie mal!*

Hinweis:
Interjektionen wie *culot!* und *maman!* werden nur in der Umgangssprache gebraucht.

Folgende Interjektionen bzw. Kurzsätze drücken **Anerkennung** oder **Zustimmung** aus (3):

Super!	*Super!*
Chouette!	*Toll!*
Ouais!	*Ja!*
Très bien!	*Na schön!*
Impeccable!	*Einwandfrei!*
A la bonne heure!	*Recht so!*
Dame!	*Freilich!*
Eh bien voilà!	*Na also!*
Bien sûr!	*Natürlich!*
Mais oui!	*Klar!*
D'accord!	*Einverstanden!*
Okay!	*Okay!*
Avec plaisir!	*Mit Vergnügen!*
Exact!	*Richtig!*
Bravo!	*Bravo!*

Folgende Interjektionen bzw. Kurzsätze drücken **Freude** oder **Überraschung** aus (4):

(4)	*Pardieu!*	*Bei Gott!*
	Pardi!	*Und ob!*
	Dieu merci!	*Dem Himmel sei Dank!*
	Grâce à Dieu!	*Gott sei Dank!*
	Hourra!	*Hurra!*
	Enfin!	*Na endlich!*
	Quel bonheur!	*So ein Glück!*
	Chic!	*Klasse!*
	C'est fantastique!	*Phantastisch!*
	Sans blague!	*Nein, so was!*
	Bon sang!	*Ach du liebe Zeit!*
	Ce n'est pas vrai!	*Ehrlich?*
	Tiens!	*Ah!*
	Mais dis donc!	*Menschenskind!*
	Ça alors!	*Nein, so was!*

Folgende Interjektionen drücken **Ärger**, starke **Uneinigkeit** und **Abwertung** aus (5):

(5)	*Voilà* ce *que c'est!*	*Das kommt davon!*
	Tu auras de mes nouvelles!	*Du wirst noch von mir hören!*
	Je m'en garderai bien!	*Davor werde ich mich hüten!*
	Tu devrais avoir honte!	*Schäme dich!*

	Quelles bêtises!	*So ein Quatsch!*
	Ne fais pas de sottise!	*Mach keinen Unsinn!*
	Ça n'a ni queue ni tête!	*So ein Unsinn!*
	Mince!	*Verflixt!*
	Tonnerre!	*Donnerwetter!*
	Morbleu!	*Zum Kuckuck noch mal!*
	Zut!	*Mensch!*
	Flûte!	*Ach was! Verflixt!*
	Jamais!	*Nie im Leben!*
	Dieu nous en garde!	*Gott bewahre uns!*
	Dieu vous soit en aide!	*Gnade euch Gott!*

Folgende Interjektionen bzw. Schallwörter drücken **Ekel, Erleichterung** und **Resignation** aus (6):

(6)	*Pouah!*	*Pfui Teufel!*
	Bah!	*Bäh!*
	Berk!	*Igitt!*
	Fi!	*Pfui!*
	Bouh!	*Puh!*
	Restons-en là!	*Lassen wir es gut sein!*
	Eh bien, soit!	*Nun gut!*
	Hélas!	*Oh weh! Ach!*

Die Interjektionen bzw. Schallwörter, die **Schmerz** ausdrücken, lauten (7):

(7)	*Aie!*	*Autsch! Au!*
	Ah!	*Ah!*

Folgende Interjektionen drücken **Bedauern, Mitleid** und **Besorgnis** aus (8):

(8)	*Dommage!*	*Schade!*
	Hélas!	*Leider Gottes!*
	Malheureusement!	*Bedauerlicherweise!*
	Je suis désolé!	*Es tut mir leid!*
	Je suis navre!	*Es tut mir leid!*
	Je le regrette!	*Ich bedauere!*
	Dieu soit avec nous!	*Gott stehe uns bei!*
	Quel malheur!	*So ein Pech!*

Folgende Interjektionen dienen dem **Nachdruck** (9):

(9)	*Vraiment!*	*Wirklich!*
	Une fois pour toutes!	*Ein für allemal!*
	Cela suffit!	*Basta!*
	Assez!	*Genug!*
	Honnêtement!	*Ehrlich!*
	C'est évident!	*Das ist doch klar!*
	Tout à fait!	*Genau!*

Um **Ablehnung** oder **Gleichgültigkeit** auszudrücken, verwendet man folgende Interjektionen (10):

(10)	*En aucun cas!*	*Auf keinen Fall!*
	C'est impossible!	*Ausgeschlossen!*
	Jamais!	*Niemals!*
	Eh alors!	*Na und?*
	Je m'en fous!	*Das ist mir ganz egal!*
	Je m'en fiche!	*Ich pfeife drauf!*
	Ça m'est égal!	*Das ist mir egal!*

9.2. Anrufe, Aufforderungen und Ermunterungen

Eine Reihe von Interjektionen bzw. Kurzsätze werden als **Anruf** oder **Befehl** verwendet (1):

(1)	*Hé!*	*He (Sie/Du)!*
	Eh, toi là-bas!	*He, Du da!*
	Eh oh!	*Hallo!*
	Allô!	*Hallo!*
	Attention!	*Achtung!*
	Viens voir!	*Schau mal!*
	Gare!	*Vorsicht!*
	Chut!	*Ruhe!*
	Attendez!	*Moment!*
	Au secours!	*Hilfe!*
	Dépêchez-vous!	*Beeilen Sie sich!*
	Calmez-vous!	*Beruhigen sie sich!*
	C'est mon affaire!	*Das ist meine Sache!*
	Cela ne te regarde pas!	*Das geht dich gar nichts an!*
	Ne nous énervez pas!	*Regen Sie sich doch nicht auf!*

Interjektionen des **Trostes** und der **Ermunterung** sind (2):

(2)	*Ce n'est pas grave!*	*Das ist nicht schlimm!*
	Pas de problème!	*Kein Problem!*
	Cela ne fait rien!	*Das macht doch nichts!*
	Essaie, si tu veux!	*Na, versuch's doch!*
	Allez!	*Na, komm schon!*
	Va!	*Es gilt!*
	Voyons!	*Na, so etwas!*

9.3. Höflichkeits- und Begrüßungsformeln

Eine Reihe von Interjektionen und Kurzsätzen drücken **Verbindlichkeit** und **Höflichkeit** aus (1):

(1)	*Il n'y a pas de quoi!*	*Keine Ursache!*
	Au plaisir!	*Es war mir ein Vergnügen!*
	Je vous en prie!	*Gern geschehen!*
	Merci beaucoup!	*Vielen Dank!*
	De rien!	*Danke!*
	Non merci!	*Nein danke!*
	Pardon!	*Entschuldigung!*
	Excusez-moi!	*Verzeihen Sie!*
	Je suis désolé!	*Es tut mir Leid!*
	Comment?	*Wie bitte?*
	A votre santé!	*Prost!*
	A vos souhaits!	*Gesundheit!*

Folgende Kurzsätze zählen zu den **Begrüßungsformeln** (2):

(2)	*Bonjour!*	*Guten Tag!*
	Bonsoir!	*Guten Abend!*
	Bonne nuit!	*Gute Nacht!*
	Salut!	*Hallo!*
	Au revoir!	*Auf Wiedersehen!*
	Salut!	*Tschüs!*
	A bientôt!	*Bis bald!*
	A la prochaine!	*Bis zum nächsten Mal!*
	A demain!	*Bis morgen!*
	Ça va?	*Wie geht's?*
	Ça va!	*Es geht!*

10. Zahlwörter

10.1. Die Grundzahlen

Die Grundzahlen von 1 bis 50 (1):

(1)	*0 zéro*	*10 dix*	*20 vingt*
	1 un, une	*11 onze*	*21 vingt et un*
	2 deux	*12 douze*	*22 vingt-deux*
	3 trois	*13 treize*	*23 vingt-trois, usw.*
	4 quatre	*14 quatorze*	*30 trente*
	5 cinq	*15 quinze*	*31 trente et un*
	6 six	*16 seize*	*40 quarante*
	7 sept	*17 dix-sept*	*41 quarante et un*
	8 huit	*18 dix-huit*	*50 cinquante*
	9 neuf	*19 dix-neuf*	*51 cinquante et un*

Hinweis: *Zéro* wird als Substantiv gebraucht und erhält daher im Plural ein *-s* (2):

(2)	*deux zéros*	*zwei Nullen*

Hinweis: Im Gegensatz zu allen anderen Ordnungszahlen passt sich *un* (eins) dem Geschlecht des nachfolgenden Substantivs an. Aus *un* wird vor einem Femininum *une* (3):

(3)	*vingt et un hommes*	*21 Männer*
	vingt et une femmes	*21 Frauen*

Sonderfall: *Un* wird nicht angeglichen bei Ausdrücken wie (4):

(4)	*paragraphe un*	*Paragraph eins*
	page un	*Seite eins*

Die Grundzahlen von 60 aufwärts (5):

(5)	*60 soixante*	*100 cent*
	61 soixante et un	*101 cent un*
	70 soixante-dix	*102 cent deux*
	71 soixante et onze	*110 cent dix*
	72 soixante-douze	*111 cent onze*
	73 soixante-treize	*120 cent vingt*
	77 soixante-dix-sept	*200 deux cents*
	78 soixante-dix-huit	*300 trois cents*

80 quatre-vingts	*1.000 mille*
81 quatre-vingt-un	*1.001 mille un*
82 quatre-vingt-deux	*1.010 mille dix*
90 quatre-vingt-dix	*1.100 mille cent*
91 quatre-vingt-onze	*2.000 deux mille*
92 quatre-vingt-douze	*10.000 dix mille*
97 quatre-vingt-dix-sept	

Hinweis: Zehner und Einer werden durch einen Bindestrich verbunden. Alle anderen Ordnungszahlen stehen ohne Bindestrich (6):

(6)	*vingt-deux*	*22*
	trente-trois	*33*
	cent un	*101*
	cent deux	*102*
	mille un	*1001*
	mille deux	*1002*

Hinweis: *Quatre-vingts* steht ohne *-s*, wenn eine weitere Zahl auf vingt folgt (7). Das gleiche gilt für *cent* (8). *Mille* hingegen steht immer ohne *-s* (9)

(7)	*quatre-vingts*	*80*
	quatre-vingt-un	*81*
(8)	*deux cents*	*200*
	deux cent dix	*210*
(9)	*deux mille*	*2000*

Hinweis: Ab *million* aufwärts werden Ordnungszahlen als Substantive behandelt. Sie stehen dann immer mit Artikel und erhalten im Plural *-s* (10). Folgt ein Substantiv auf *million, milliard* usw., steht de (11):

(10)	*un million*	*eine Million*
	deux milliards	*zwei Milliarden*
	un trillion	*eine Billion*
(11)	*deux millions de chinois*	*2 Millionen Chinesen*
	cinq milliards de francs	*5 Milliarden Francs*
aber:	*un million deux cent mille habitants*	*1.200.000 Einwohner*

Hinweis: Grundzahlen über 1.000 werden im Französischen durch Punkt gegliedert (z. B. 10.300).

10.2. Ordnungszahlen

Grundwissen: Ordnungszahlen stellen eine Ordnung bzw. Rangfolge her (der/die/das erste, zweite, usw.). Im Französischen erhält man - von zwei Ausnahmen (*le premier* und *le second*) abgesehen - die Ordnungszahl, indem man ein *-ième* an den Stamm der Grundzahl hängt (1):

le premier, la première	*der (die, das) erste*
le, la deuxième	*der (die, das) zweite*
le second, la seconde	*der (die, das) zweite*
le, la troisième	*der (die, das) dritte*
le, la dixième	*der (die, das) zehnte*
le, la onzième	*der (die, das) elfte*
le, la dix-septième	*der (die, das) 17.*
le, la vingtième	*der (die, das) 20.*
le, la vingt et unième	*der (die, das) 2 1.*
le, la vingt-deuxième	*der (die, das) 22.*
le, la trentième	*der (die, das) 30.*
le, la soixante-dixième	*der (die, das) 70.*
le, la quatre-vingtième	*der (die, das) 80.*
le, la quatre-vingt-dixième	*der (die, das) 90.*
le, la centième	*der (die, das) Hundertste*
le, la deux-centième	*der (die, das) Zweihundertste*
le, la millième	*der (die, das) Tausendste*

Hinweis: *Le second* wird vor allem im gehobenen Sprachgebrauch und bei einigen feststehenden Redewendungen verwendet (2). *Le deuxième* findet bei zusammengesetzten Ordnungszahlen Anwendung (3):

(2)	*les seconds jours du mois*	*am zweiten Tag jeden Monats*
	Il habite au second étage.	*Er wohnt im zweiten Stock.*
	le Second Empire	*das zweite Kaiserreich*
	en second lieu	*an zweiter Stelle*
(3)	*la deuxième partie de l'année*	*der zweite Teil des Jahres*
	Il habite au deuxième étage.	*Er wohnt im zweiten Stock.*
	le vingt-deuxième petit-fils	*der 22. Enkel*

Wenn römische Ziffern einem Personennamen folgen, steht nur für 1 die Ordnungszahl. Bei allen anderen Ziffern steht die Grundzahl. Die Ziffern stehen immer ohne Punkt (4):

(4)	*François I (premier)*	*Friedrich I.*
	François III (trois)	*Friedrich III.*

Ordnungszahlen werden folgendermaßen abgekürzt (5):

(5)	*le premier*	*1er*
	la première	*1ère*
	le, la deuxième	*2ème*
	le second	*2nd*
	la seconde	*2nde*
	le, la troisième	*3ème*
	le, la quatrième	*4ème*

Aus Ordnungszahlen können Adverbien (→ 5.1.2.) gebildet werden, indem man ein *-ment* an die Ordnungszahl hängt (6):

(6)	*premièrement*	*erstens*
	deuxièmement	*zweitens*
	troisièmement	*drittens usw.*

Im normalen Sprachgebrauch verwendet man anstelle dieser drei Adverbien eher (7):

(7)	*d'abord*	*erstens*
	en premier lieu	*erstens*
	ensuite	*zweitens*
	en second lieu	*zweitens*
	enfin	*drittens*

10.3. Jahreszahlen und Daten

Jahreszahlen werden bis zum 16. Jahrhundert mit Hilfe von Grundzahlen (1) und ab dem 17. Jahrhundert mit Grund- oder Ordnungszahlen gebildet (2):

(1)	*treize cent quatorze*	*1314*
	quatorze cent cinq	*1405*
(2)	*mil sept cents*	*1700*
	dix-sept cents	*1700*
	mil neuf cent quatre-vingt-quatorze	*1994*
	dix-neuf cent quatre-vingt-quatorze	*1994*

Hinweis: Bei Jahreszahlen steht *mil* statt *mille.*

Jahrhundertangaben stehen immer mit der Ordnungszahl (3):

(3)	*au treizième siècle*	*im 13. Jh.*
	au dix-huitième siècle	*im 18. Jh.*
	au vingtième siècle	*im 20. Jh.*

Bei Daten steht nur bei 1 die Ordnungszahl, ansonsten steht immer die Grundzahl (4):

(4)	*le 1er mars*	*der 1. März*
	le 1 er du mois	*der Erste des Monats*
	le deux mars	*der 2. März*
	le trois mars	*der 3. März*

Hinweis: Im Französischen steht das Datum immer ohne Punkt.

10.4. Uhrzeiten

Grundwissen: Der französische Tagesablauf unterteilt sich in zwei Mal 12 Stunden. Will man betonen, dass es sich um die Stunden von Mitternacht (*minuit*) bis Mittag (*midi*) handelt, ergänzt man die Stundenangabe *du matin*. Betrifft es die Stunden von Mittag bis Mitternacht, ergänzt die Stundenangabe durch *de l'après-midi*, *du soir* (1)*:*

(1)	*Mon train arrivera à une heure du matin.*	*Mein Zug kommt um 1 Uhr früh an.*
	J'ai cours à cinq heures de l'après-midi.	*Ich habe um 17 Uhr Vorlesung.*

Stundeneinteilung erfolgt durch Addition *(et)* bzw. durch Substraktion (*moins*) (2):

(2)	*1 h 00*	*une heure*
	1 h 05	*une heure cinq*
	1 h 15	*une heure et quart*
	1 h 20	*une heure vingt*
	1 h 30	*une heure et demie*
	1 h 35	*une heure trente-cinq*
	1 h 40	*deux heures moins vingt*
	1 h 45	*deux heures moins le quart*
	1 h 55	*deux heures moins cinq*

12 Uhr mittags und 12 Uhr nachts werden folgendermaßen ausdrückt (3):

(3)	*Midi moins le quart*	*11.45 Uhr*
	Midi	*12.00 Uhr*
	Midi et quart	*12.15 Uhr*
	Midi et demi	*12.30 Uhr*
	Une heure moins le quart	*12.45 Uhr*
	Minuit moins le quart	*23.45 Uhr*
	Minuit	*24.00 Uhr*
	Minuit et quart	*0. 15 Uhr*
	Minuit et demi	*0.30 Uhr*
	Une heure moins le quart	*0.45 Uhr*

Hinweis: Bei Fahrplänen und in der Verwaltungssprache werden die Stunden bisweilen von 0 bis 24 Uhr gezählt (4):

(4)	*Départ quinze heures dix*	*Abfahrt 15. 10 Uhr*
	Arrivée vingt-trois heures	*Ankunft 23.00 Uhr*

10.5. Wiederholungszahlen

Wiederholungszahlen antworten auf die Frage „wie oft?“. Wiederholungszahlen werden gebildet, indem man *fois* an die Grundzahl anschließt:

une fois	*ein Mal*
deux fois	*zwei Mal usw.*

10.6. Vervielfältigungszahlen

Vervielfältigungszahlen lauten im Französischen folgendermaßen (1)

(1)	*simple*	*einfach*
	double	*doppelt*
	triple	*dreifach*
	quadruple	*vierfach*
	quintuple	*fünffach*
	centuple	*hundertfach*
	multiple	*mehrfach*

	Un whisky double, s'il vous plait.	*Einen doppelten Whisky bitte!*
	J'ai payé le triple du prix réel.	*Ich habe das Dreifache des eigentlichen Preises bezahlt.*

Doppelt so groß wie wird im Französischen durch *deux fois plus grand que* ausgedrückt (2):

(2)	*Une Mercedes est presque deux fois plus grande qu'une Coccinelle.*	*Ein Mercedes ist fast doppelt so groß wie ein Käfer.*

Ab vierfach aufwärts verwendet man im normalen Sprachgebrauch eher q*uatre fois autant* (vierfach), *cinq fois autant* (fünffach) usw. (3):

(3)	*Ce comprimé a quatre fois autant d'effets.*	*Diese Tablette hat die vierfache Wirkung.*

10.7. Sammelzahlen

Sammelzahlen sind Substantive, die eine grobe Zahlenangabe darstellen (1):

1)	*une paire*	*ein Paar*
	une dizaine	*etwa zehn*
	une douzaine	*ein Dutzend*
	une vingtaine	*etwa zwanzig*
	une trentaine	*etwa dreißig*
	une quarantaine	*etwa vierzig*
	une centaine	*etwa hundert*
	un millier	*etwa tausend*

werden durch *de* mit dem zahlenmäßig zu bestimmenden Substantiv verbunden (2):

(2)	*une paire de chaussettes*	*ein Paar Strümpfe*
	une dizaine d'invités	*etwa zehn Gäste*
	un millier de soldats	*etwa tausend Soldaten*

10.8. Gemeine Brüche

Bis zu einem Viertel werden Bruchzahlen folgendermaßen gebildet (1):

(1)	*un entier*	*ein Ganzes*
	trois quarts	*drei Viertel*
	un demi	*einhalb / eine Hälfte*
	un tiers	*ein Drittel*
	un quart	*ein Viertel*

Ab dem Fünftel werden Ordnungszahlen eingesetzt (2):

(2)	*un cinquième*	*ein Fünftel*
	un sixième	*ein Sechstel*
	un huitième	*ein Achtel*
	une unité cinq septièmes	*1 5/7*

Man bildet den Plural, indem man ein -s an den Nenner hängt (3):

(3)	*deux cinquièmes*	*2/5*
	trois quarts	*3/4*

Maßeinheiten werden folgendermaßen gebildet (4):

(4)	*trois kilomètres et demi*	*3 1/2 km*
	cinq ans et demi	*5 1/2 Jahre*
	trois mois	*ein Vierteljahr*
	six mois	*ein halbes Jahr*
	neuf mois	*ein dreiviertel Jahr*
	dix heures un quart	*10 1/4 Stunden*

10.9. Dezimalbrüche

Wie im Deutschen steht vor dem Dezimalbruch ein Komma (1):

(1)	geschrieben	gesprochen
	0,3	*zéro virgule trois*
	3,63	*trois virgule soixante-trois*
	8,105	*huit virgule cent cinq*

II. Satzbau

11. Der einfache Satz

Grundwissen: Der einfache Satz setzt sich in seiner einfachsten Form aus einem Subjekt und einem Prädikat (Verb) zusammen (1):

(1)	*Hélène rougit.* *Nous partirons.*	*Hélène wird rot.* *Wir werden gehen.*

Die ergänzte Form ist die Subjekt-Prädikat-Objekt-Verbindung. Dabei kann unterschieden werden zwischen direktem (2) und indirektem Objekt (3), wobei diese auch gleichzeitig auftreten können (4):

(2)	*Jean écrit une lettre.*	*Jean schreibt einen Brief.*
(3)	*Jean écrit à sa mère.*	*Jean schreibt seiner Mutter.*
(4)	*Jean écrit une lettre à sa mère.*	*Jean schreibt seiner Mutter einen Brief.*

Eine weitere Form des einfachen Satzes ist die Verbindung von Subjekt, Prädikat und Subjektergänzung (5):

(5)	*Il est intelligent.* *Mireille est une belle fille.*	*Er ist intelligent.* *Mireille ist ein schönes Mädchen.*

Die letzte Form ist die Verbindung aus Subjekt, Prädikat, direktem Objekt und Objektergänzung (6):

(6)	*La musique me rend très nerveux.* *Mon mari m'appelle chérie.*	*Die Musik macht mich ganz nervös.* *Mein Mann nennt mich Liebling.*

11.1. Subjekt

Grundwissen: Das Subjekt sagt, wer oder was etwas tut oder ist. Das Subjekt ist entweder ein Substantiv (1) oder ein substantivisch gebrauchtes Wort. Als substantivisch gebrauchte Wörter können Pronomen (2), Infinitive (3), Adjektive (4, 5) und Adverbien (6) gelten:

(1)	*Valérie est partie.* *La maison est grande.*	*Valérie ist weggegangen.* *Das Haus ist groß.*
(2)	*Je m'appelle Daniel.* *Personne ne m'aime autant que lui.*	*Ich heiße Daniel.* *Keiner liebt mich so sehr wie er.*
(3)	*Regarder la télévision m'ennuie énormément.* *Courir me fait du bien.*	*Fernsehen ödet mich sehr an.* *Laufen tut mir gut.*
(4)	*Heureux au jeu, malheureux en amour!*	*Glück im Spiel, Pech in der Liebe!*
(5)	*Mieux vaut tard que jamais.*	*Besser zu spät als nie.*
(6)	*Trop c'est trop.* *Tout nouveau tout beau.*	*Was zuviel ist, ist zuviel.* *Neue Besen kehren gut.*

Das Subjekt hat seinen Platz im Französischen im allgemeinen vor dem Verb. In folgenden Ausnahmefällen erscheint es jedoch auch hinter dem Verb:
Bei der Wiederaufnahme des Subjekts durch ein Pronomen aus Gründen der Betonung (7):

(7)	*Le président ira-t-il à New York?*	*Wird der Präsident wirklich nach New York fahren?*

Im Fragesatz (8):

(8)	*Veux-tu m'épouser?*	*Willst du mich heiraten?*

In eingeschobenen Hauptsätzen (9):

(9)	*Viens, cria-t-elle, il faut partir.*	*Komm, rief sie, wir müssen gehen.*

11.1.1. Das unpersönliche Subjekt il

Grundwissen: Im Französischen unterscheidet man zwischen persönlichen Verben (*manger, courir, penser,* usw.) und unpersönlichen Verben (*faire, être, pleuvoir,* usw.). Während erstere mit einem persönlichen Subjekt (*le médecin, nous, la maison,* usw.) stehen, werden letztere mit dem unpersönlichen Subjekt *il* verbunden (10):

(10)	*Il fait beau.*	*Es ist schönes Wetter.*
	Il fait nuit.	*Es ist Nacht.*
	Il est midi.	*Es ist Mittag.*
	Il est temps.	*Es ist Zeit.*
	Il neige.	*Es schneit.*
	Il pleut.	*Es regnet.*

Hinweis: Unpersönliche Verben drücken meist eine Naturerscheinung oder eine Zeitangabe aus. Das unpersönliche *il* wird im Deutschen meist durch *es* übersetzt.

Zu den unpersönlichen Verben gehört auch *falloir*, das ebenfalls mit dem unpersönlichen *il* gebraucht wird (11):

(11)	*Il faut que tu viennes.*	*Du musst kommen.*
	Il me faut une maison.	*Ich brauche ein Haus.*
	Il lui faut travailler.	*Er muss arbeiten.*

Persönliche Verben können aber auch zu unpersönlichen Verben werden, indem man das unpersönliche *il* an den Satzanfang und das eigentliche Subjekt an das Satzende stellt (12):

(12)	*Il souffle un vent terrible.*	*Es weht ein schrecklicher Wind.*
	Il venait des milliers de gens.	*Es kamen Tausende von Leuten.*

Hinweis: Nach dem unpersönlichen *il* bleibt das Verb stets im Singular. Im nachfolgenden Nebensatz allerdings richtet sich das Verb nach dem eigentlichen Subjekt (13):

(13)	*Il arriva des enfants.*	*Kinder kamen an.*
	Il y a des hommes qui ne m'aiment pas.	*Es gibt Männer, die mich nicht mögen.*

11.1.2. Das unpersönliche Subjekt ce

Grundwissen: Ähnlich wie das unpersönliche *il* kann auch das neutrale Pronomen *ce* als Subjekt verwendet werden. Es steht in Verbindung mit dem Verb *être* und dient der Hervorhebung des Subjekts (14):

4)	*C'est moi qui ai écrit ce livre.*	*Ich habe dieses Buch geschrieben.*
	Ce sont mes oncles qui ont acheté cette maison.	*Meine Onkel haben dieses Haus gekauft.*

11.2. Subjektergänzung

Grundwissen: Die Subjektergänzung (oder Attribut) ist eine prädikative Ergänzung, die sich auf ein Bezugswort, in diesem Fall das Subjekt, bezieht. Die Subjektergänzung ist entweder ein Substantiv, welches das Subjekt umbenennt (1), oder ein Adjektiv, welches das Subjekt beschreibt (2):

(1)	*Sa vie fut un désastre.*	*Sein Leben war eine einzige Katastrophe.*
	Il finira professeur	*Er wird als Lehrer enden.*

Hier benennen die Substantive *désastre* bzw. *professeur* die Subjekte *vie* bzw. *il* um.

(2)	*Il peut s'estimer heureux.*	*Er kann sich glücklich schätzen.*
	Le rôti sentait mauvais.	*Der Braten roch schlecht.*

Hier beschreiben die Adjektive *heureux* bzw. *mauvais* die Subjekte *il* bzw. *rôti*.

Hinweis: Das Adjektiv richtet sich in Zahl und Geschlecht nach dem Subjekt, auf das es sich bezieht.

Subjektergänzungen treten immer in Zusammenhang mit bestimmten Verben auf. Einige davon sind (3):

(3)	*être*	*sein*
	se montrer	*sich erweisen*
	devenir	*werden*
	passer pour	*gelten als*
	rester	*bleiben*
	s'estimer	*sich schätzen*
	paraître	*erscheinen*
	agir en	*handeln als, usw.*

11.3. Das direkte Objekt

Grundwissen: Das direkte Objekt oder Akkusativ – Objekt erscheint nur in Zusammenhang mit transitiven Verben (→ 6.7.), d.h. es verlangt keine Präposition. Das direkte Objekt bezeichnet eine Person oder einen Gegenstand, auf den sich eine Handlung bezieht (1):

(1)	*Je connais mon frère.*	*Ich kenne meinen Bruder.*
	Nous avons regardé des diapositives.	*Wir haben Dias angeschaut.*

Einige Verben leiten im Französischen das Akkusativ-Objekt ein, während sie im Deutschen ein Dativ-Objekt einleiten (2):

(2)	*aider quelqu'un*	*jemandem helfen*
	écouter quelqu'un	*jemandem zuhören*
	menacer quelqu'un	*jemandem drohen*

11.4. Das indirekte Objekt

Grundwissen: Man spricht im Französischen von einem indirekten oder präpositionalen Objekt, wenn das Objekt in Verbindung mit den Präpositionen *à* oder *de* steht (1):

(1)	*J'ai parlé à mon frère.*	*Ich habe mit meinem Bruder gesprochen.*
	Je ne m'attends pas à sa réussite.	*Ich rechne nicht mit seinem Erfolg.*
	Je doute de son honnêteté.	*Ich bezweifle seine Ehrlichkeit.*
	Il s'occupera de cette affaire.	*Er wird sich um diese Sache kümmern.*

Nachfolgend einige Verben, die das indirekte Objekt einleiten:

Verben mit *à* (2):

(2)	*s'attendre à*	*rechnen mit*
	répondre à	*antworten auf*
	parler à	*sprechen mit*
	s'intéresser à	*sich interessieren für*

Verben mit *de* (3):

(3)	*s'agir de*	*sich handeln um*
	se méfier de	*sich in Acht nehmen vor*
	profiter de	*profitieren von*
	remercier de	*danken für*

11.5. Stellung des direkten und indirekten Objekts

Das direkte Objekt steht im Französischen meist direkt nach dem Verb. Allerdings kann es durch Adverbien vom Verb getrennt werden (1):

(1)	*J'aime mes parents.* *Il connait la France.*	*Ich liebe meine Eltern.* *Er kennt Frankreich.*
	J'aime bien mon frère. *Il doit d'abord faire ses devoirs.*	*Ich mag meinen Bruder.* *Er muss erst seine Hausaufgaben machen.*

Das direkte Objekt steht vor dem indirekten Objekt (2), vor prädikativen Ergänzungen (3) sowie vor Umstandsbestimmungen, die die Funktion eines Objekts haben (4):

(2)	*J'ai offert un disque à mon frère.* *Je remercie mon père pour son aide financière.*	*Ich habe meinem Bruder eine Schallplatte geschenkt.* *Ich danke meinem Vater für seine finanzielle Hilfe.*
(3)	*Elle a les yeux bleus.* *Le beau temps rendait notre séjour agréable.*	*Sie hat blaue Augen.* *Das schöne Wetter verschönte unseren Aufenthalt.*
(4)	*J'ai posé les livres sur la table.* *Nous devons chercher les invités à la gare.*	*Ich habe die Bücher auf den Tisch gelegt.* *Wir müssen die Gäste am Bahnhof abholen.*

Hinweis: Zu den wichtigsten Umstandsbestimmungen zählen die der näheren Bestimmung der Zeit (*demain, la semaine prochaine*), des Ortes (*partout, chez moi*), der Art und Weise (*d'un pas lent, d'un oeil vif*) sowie des Grundes (*de joie, de peur*), der Bedingung (*si possible, en cas de besoin*), des Ziels (*afin de, pour*) und der Einräumung (*sauf, malgré*) (5).

(5)	*Je te rendrai tes cours demain.*	*Ich gebe dir deine Unterlagen morgen wieder zurück.*
(6)	*Il a cherché son chien partout.*	*Er hat seinen Hund überall gesucht.*
(7)	*Il me regarde d'un oeil vif.*	*Er sieht mich mit scharfem Blick an.*

(8)	*J'ai tremblé de peur.*	*Ich zitterte vor Angst.*
(9)	*Appelez-moi en cas de besoin.*	*Rufen Sie mich im Notfall an.*
(10)	*Il s'écarta pour le laisser passer.*	*Er ging zur Seite, um ihn vorbeizulassen.*
(11)	*Je l'ai reconnu malgré l'obscurité.*	*Ich habe ihn trotz Dunkelheit wieder erkannt.*

11.6. Objektergänzung

Grundwissen: Die Objektergänzung ist eine prädikative Ergänzung, die sich auf ein Bezugswort, in diesem Fall das Objekt, richtet. Die Objektergänzung ist entweder ein Substantiv, welches das Objekt umbenennt (1), oder ein Adjektiv, welches das Objekt beschreibt (2):

(1)	*Je considère mes parents comme mes meilleurs amis.*	*Ich betrachte meine Eltern als meine besten Freunde.*
	On a choisi Berlin comme capitale de l'Allemagne.	*Man hat Berlin zur Hauptstadt Deutschlands gewählt.*
(2)	*Elle a les yeux bleus.*	*Sie hat blaue Augen.*
	Il me rend fou.	*Er macht mich verrückt.*

Hinweis: Die Objektergänzung steht im Französischen meist ohne Präposition. Im Deutschen hingegen wird sie oft durch *als*, *zu* oder *für* eingeleitet.

Ohne Präposition stehen zum Beispiel:

connaître	*kennen als*
croire	*halten für*
déclarer	*erklären für*
faire	*machen zu (mit Substantiv)*
se montrer	*sich erweisen als*
nommer	*ernennen zu*
rendre	*machen (mit Adjektiv)*

Mit Präposition hingegen stehen:

agir en	*handeln als*
choisir pour	*wählen zu*

considérer comme	*ansehen als*
passer pour	*gelten für*
prendre pour	*halten für*
traiter de	*bezeichnen als*

Übungen

1. Geben Sie bei folgenden Sätzen das Subjekt an:

   a. Monique est une jolie fille.
   b. On n'aime pas le mauvais temps.
   c. Faire du sport est bien pour la santé.
   d. Qui veut la fin veut les moyens.
   e. Ça va de mieux en mieux.
   f. Trop c'est trop.
   g. Il n'y a rien à craindre.
   h. C'est mon frère qui a gagné ce concours.

2. Identifizieren Sie bei folgenden Sätzen das direkte bzw. indirekte Objekt:

   a. J'ai acheté un disque.
   b. Je crois en Dieu.
   c. On m'a menacé.
   d. On a remercié notre grand-père pour tout ce qu'il a fait.
   e. J'ai caché mon cadeau dans le débarras.
   f. Il s'agit d'une affaire de famille.
   g. Je me moque de sa belle voiture.
   h. Il doutait de sa sincérité.

3. Bestimmen sie, ob es sich bei folgenden Attributen um eine Subjekt- oder Objektergänzung handelt:

   a. Sa voiture marche à la perfection.
   b. Je le considère comme un véritable fou.
   c. Nous pouvons nous estimer heureux.
   d. Ils se sont montrés assez patients.
   e. Elle a agi en vraie amie.
   f. Il m'a traité d'idiot.
   g. Il m'a prise pour une imbécile.
   h. Tout le monde était gentil.

Lösungen

1. a. Monique
   b. On
   c. Faire du sport
   d. Qui
   e. Ça
   f. Ce
   g. Il
   h. Ce

2. a. direktes Objekt: disque
   b. indirektes Objekt: Dieu
   c. direktes Objekt: me
   d. direktes Objekt: grand-père
      indirektes Objekt: tout ce
   e. direktes Objekt: cadeau
      indirektes Objekt: débarras
   f. indirektes Objekt: affaire de famille
   g. indirektes Objekt: belle voiture
   h. indirektes Objekt: sincérité

3. a. Subjektergänzung
   b. Objektergänzung
   c. Subjektergänzung
   d. Objektergänzung
   e. Subjektergänzung
   f. Objektergänzung
   g. Objektergänzung
   h. Subjektergänzung

12. Nebensätze

Grundwissen: Nebensätze bilden zusammen mit den Hauptsätzen ein Satzgefüge. Beide werden innerhalb dieses Satzgefüges als Satzteil bezeichnet. Nebensätze können als Subjekt-, Objekt-, Prädikativ-, Attribut- und Adverbialsätze agieren.

12.1. Subjektsatz

Grundwissen: Ein Subjektsatz ist ein Nebensatz, der ein Subjekt (→ 11.1.) vertritt. Subjektsätze werden meist durch *qui* oder *que* eingeleitet (1):

(1)	*Qui vivra verra.*	*Was nicht ist, kann noch werden.*
	Que celui qui n'a jamais péché se lève.	*Derjenige, der nie gesündigt hat, soll aufstehen.*
	Qu'il soit fort est une chose, quant à savoir s'il est intelligent, c'est une autre affaire.	*Dass er stark ist, ist eine Sache, ob er klug ist, ist eine andere.*

12.2. Objektsatz

Grundwissen: Ein Objektsatz ist ein Nebensatz, der das Objekt (→ 11.3., 11.4.) näher bestimmt (1):

(1)	*Je pense qu'il sera en retard.*	*Ich denke, dass er Verspätung haben wird.*
	Je sais pourquoi il ne me parle plus.	*Ich weiß, warum er nicht mehr mit mir spricht.*
	Je voudrais que tu m'accompagnes.	*Ich möchte, dass du mich begleitest.*

12.3. Prädikativsatz

Grundwissen: Ein Prädikativsatz ist ein Nebensatz, der das Prädikat (Verb) näher bestimmt (1):

(1)	*Il aura ce qu'il mérite.*	*Er wird bekommen, was er verdient.*
	Je ne mange que ce que je connais.	*Ich esse nur was ich kenne.*

12.4. Attributsatz

Grundwissen: Ein Attributsatz ist ein Nebensatz, der als Attribut fungiert, der also ein Substantiv näher bestimmt (1):

(1)	*C'est la rue dans laquelle j'ai appris à faire du vélo.*	*Dies ist die Straße, in der ich das Fahrradfahren gelernt habe.*
	La seule personne à qui j'ai parlé de mes projets est ma soeur.	*Die einzige Person, mit der ich über meine Pläne gesprochen habe, ist meine Schwester.*
	Elle a exprimé le souhait que vous l'accompagniez.	*Sie hat den Wunsch geäußert, dass Sie sie begleiten.*

12.5. Die Zeiten bei Subjekt-, Objekt-, Prädikativ- und Attributsätzen

12.5. 1. Anwendung des Indikativs

Der Indikativ steht nach Verben und Adjektiven, die eine Gewissheit oder eine Wahrscheinlichkeit ausdrücken (1):

(1)	*Il est certain que vous vous trompez.*	*Es ist sicher, dass Sie sich täuschen.*
	Il est probable que nous partirons demain.	*Es ist wahrscheinlich, dass wir morgen fahren.*

Nach Verben oder Substantiven, die eine Meinung (*croire, espérer*), eine Aussage (*dire*) oder eine Wahrnehmung *(entendre, voir,* usw.) ausdrücken, steht ebenfalls der Indikativ (2):

(2)	*Je crois que nous nous sommes trompés.*	*Ich glaube, dass wir uns getäuscht haben.*
	J'ai dit qu'il faut partir.	*Ich habe gesagt, dass wir gehen müssen.*
	Elle lui a fait entendre qu'il faut partir.	*Sie hat ihm zu verstehen gegeben, dass sie gehen müssen.*

12.5.2. Anwendung des Subjonctif

Der *Subjonctif* steht:

Nach Verben, Substantiven oder Adjektiven, die eine Notwendigkeit, einen Wunsch, eine Möglichkeit, einen Zweifel, eine Verneinung oder ein Gefühl ausdrücken (3):

(3)	*Il est nécessaire que nous partions demain.*	*Es ist notwendig, dass wir morgen abfahren.*
	Je veux que tu me répondes.	*Ich möchte, dass du mir antwortest.*
	Il est possible que je sois un peu en retard.	*Es ist möglich, dass ich ein wenig Verspätung habe.*
	Je doute qu'elle vienne encore ce soir.	*Ich bezweifle, dass sie heute Abend noch kommt.*
	Il nie que les choses se soient passées ainsi.	*Er bestreitet, dass sich die Dinge so ereignet haben.*
	Je crains qu'il fasse trop chaud.	*Ich fürchte, dass es zu heiß ist.*

Nach Verben, Substantiven oder Adjektiven, die eine Gewissheit, eine Wahrscheinlichkeit, eine Meinung, eine Aussage oder eine Wahrnehmung ausdrücken und diese in einer Negation, in einem Fragesatz oder in einem Bedingungssatz einbinden (4):

(4)	*Il n'est pas certain qu'il vienne ce soir.*	*Es ist nicht sicher, ob er heute Abend kommt.*
	Est-il certain qu'il vienne ce soir?	*Ist es sicher, dass er heute Abend kommt?*
	S'il est certain qu'il vienne ce soir je te contacterai.	*Wenn es sicher ist, dass er heute Abend kommt, werde ich Kontakt mit dir aufnehmen.*

Nach Subjekt- oder Objektsätzen, die am Satzanfang stehen (5):

(5)	*Que tu prennes une telle décision, cela me surprend.*	*Dass du eine solche Entscheidung triffst, erstaunt mich.*
	Qu'il se soit trompé ou non, il est responsable.	*Ob er sich getäuscht hat oder nicht, er ist verantwortlich.*

12.6. Adverbialsätze

Grundwissen: Ein Adverbialsatz ist ein Satz, der als Adverb fungiert und somit normalerweise ein Verb näher bestimmt. Der Adverbialsatz sagt aus, *wann, wo, wie, warum* und *wozu* etwas geschieht. Adverbialsätze können also in Temporal-, Kausal-, Modal-, Konditional-, Final-, Konzessiv- und Konsekutivsätze unterteilt werden.

Hinweis: Nachgestellte Adverbialsätze werden nie durch Komma getrennt.

12.6.1. Temporalsatz

Temporalsätze werden durch Konjunktionen wie *avant que, quand, lorsque, depuis que, pendant que* usw. eingeleitet. Je nach eingesetzter Konjunktion steht der *Subjonctif* oder der Indikativ (1):

(1)	*Je pars avant qu'il fasse nuit.*	*Ich gehe, bevor es dunkel ist.*
	Je rentrerai dès que j'aurai fini mon travail.	*Ich werde nach Hause gehen, sobald ich mit meiner Arbeit fertig bin.*

Der Indikativ steht:

Bei Nachzeitigkeit und Gleichzeitigkeit (2):

(2)	*Quand nous aurons fini, nous partirons.*	*Wenn wir fertig sind, werden wir gehen.*
	Quand je rentrais, les cloches sonnèrent.	*Als ich zurückkam, läuteten die Glocken.*

Der *Subjonctif* steht:

Bei Vorzeitigkeit (3):

(3)	*J'irai le voir avant qu'il parte.*	*Ich werde ihn besuchen, bevor er geht.*

Eine weitere Möglichkeit, eine temporale Beziehung zwischen Haupt- und Nebensatz herzustellen, ist das Gerundium.

Das Gerundium steht:

Bei Gleichzeitigkeit, wenn sich diese auf das konjugierte Verb bezieht (4):

(4)	*Il a raconté cet histoire en mangeant.*	*Er erzählte diese Geschichte, als er gerade beim Essen war.*
	Je l'ai vu en sortant du magasin.	*Ich sah ihn, als ich den Laden verließ.*

Hinweis: Das Subjekt des Hauptsatzes muss mit dem des Nebensatzes identisch sein.

12.6.2. Kausalsatz

Kausalsätze werden durch Konjunktionen wie *comme, parce que, étant donné que* und *vu que* usw. eingeleitet (5):

(5)	*Etant donné qu'il ne fait, pas beau, la course sera annulée.*	*Da das Wetter schlecht ist, wird das Rennen abgesagt.*
	Comme il pleuvait, on décida d'aller au cinéma.	*Da es regnete, beschlossen wir ins Kino zu gehen.*

Hinweis: Im Kausalsatz steht immer der Indikativ.

12.6.3. Modalsatz

Modalsätze, die durch die Konjunktion *sans que* eingeleitet werden, stehen im *Subjonctif (6)*:

(6)	*Je ne peux pas sortir, sans qu'il me demande où je vais.*	*Ich kann nicht ausgehen, ohne dass er mich fragt, wohin ich gehe.*
	Il est parti sans que je m'en sois aperçue.	*Er ist gegangen, ohne dass ich es bemerkt habe.*

Hinweis: Bei gleichem Subjekt in Haupt- und Nebensatz wird *sans* mit Infinitiv verwendet (7):

(7)	*Je suis sortie sans emmener un parapluie.*	*Ich bin hinausgegangen, ohne einen Regenschirm mitzunehmen.*

Alle anderen modalen Konjunktionen wie *à mesure que, comme, au fur et à mesure que,* usw. stehen mit dem Indikativ (8):

(8)	*Elle reculait au fur et à mesure que j'avançais.*	*Sie trat zurück, je mehr ich hervortrat.*
	Il m'a traité comme il aurait traité son ennemi.	*Er behandelte mich so, wie er seinen Feind behandelt hätte.*

Die Art und Weise kann auch durch das Gerundium (→ 6.12.) ausgedrückt werden. Allerdings nur bei Gleichzeitigkeit und wenn das Subjekt des Hauptsatzes mit dem des Nebensatzes identisch ist (9):

0)	*Elle tricote en regardant la télévision.*	*Sie strickt beim Fernsehen.*
	En faisant des économies, je peux m'acheter une télé.	*Durchs Sparen kann ich mir einen Fernseher kaufen.*

12.6.4. Konditionalsatz

Konditionalsätze können durch Konjunktionen wie *à condition que, à moins que, pourvu que, en admettant que, supposé que* usw. eingeleitet werden. Diese Konjunktionen stehen mit dem *Subjonctif (10)*:

(10)	*On ira faire un pique-nique, à condition qu'il ne pleuve pas.*	*Wir werden ein Picknick machen, vorausgesetzt, dass es nicht regnet.*
	Je viendrai te voir, à moins que tu aies autre chose à faire.	*Ich komme dich besuchen, es sei denn, du hast etwas anderes zu tun.*

Konditionalsätze können außerdem durch Konjunktionen wie *au cas où* und *si* (→ 12.7.) eingeleitet werden, die ihrerseits mit dem Konditional bzw. Indikativ stehen (11):

(11)	*Au cas où tu voudrais que je vienne, il faut que tu m'appelles.*	*Falls du möchtest, dass ich komme, musst du mich anrufen.*

Bei Gleichzeitigkeit kann eine Bedingung auch durch das Gerundium ausgedrückt werden, vorausgesetzt, das Subjekt des Hauptsatzes ist mit dem des Nebensatzes identisch (12):

(12)	*En prenant l'avion, nous serons plus rapide.*	*Wenn wir das Flugzeug nehmen, sind wir schneller.*
	En travaillant beaucoup, j'arriverai à réussir cet examen.	*Wenn ich hart arbeite, werde ich diese Prüfung bestehen.*

12.6.5. Finalsatz

Finalsätze werden durch Konjunktionen wie *pour que, afin que, de façon que* und *de manière que* usw. eingeleitet (13):

(13)	*Je me dépêche pour qu'on puisse partir plus tôt.*	*Ich beeile mich, damit wir eher gehen können.*
	Parlez de manière à ce que l'on puisse vous comprendre.	*Sprechen Sie so, dass man Sie verstehen kann.*

Hinweis: Finalsätze, die eine Absicht ausdrücken, stehen immer im *Subjonctif.*

12.6.6. Konzessivsatz

Konzessivsätze werden durch Konjunktionen wie *bien que, malgré que, quel que,* usw. eingeleitet (14):

(14)	*Je payerai quel que soit le prix.*	*Ich werde bezahlen, egal wie hoch der Preis ist.*
	Je mange bien que je n'aie pas faim.	*Ich esse, obwohl ich keinen Hunger habe.*

Hinweis: Konzessivsätze stehen immer mit dem *Subjonctif.*

12.6.7. Konsekutivsatz

Konsekutivsätze werden durch die finalen Konjunktionen *de sorte que, bien que, de telle manière que*, usw. eingeleitet (15):

(15)	*Elle chanta de sorte que tout le monde l'admirait.*	*Sie sang so, dass jeder sie bewunderte.*
	Il parlait de telle manière qu'on arrivait à le comprendre.	*Er sprach so, dass man ihn auch verstand.*

Hinweis: Konsekutivsätze, in denen eine Folge ausgedrückt wird, stehen immer im Indikativ.

de manière que (+Subjonctif) entspricht *pour que* oder *afin que*
de telle manière (+Indikativ) entspricht *de telle sorte que*

12.6.8. Vergleichssatz

Vergleichssätze sind Nebensätze, die einen Vergleich ausdrücken. Vergleichssätze werden stets durch *que* eingeleitet (16):

(16)	*Elle est plus malade que je ne le pensais.*	*Sie ist kränker als ich dachte.*
	Il a tellement parlé qu'il est enroué.	*Er hat so viel gesprochen, dass er ganz heiser ist.*

Bezugswörter können Vergleichsadverbien wie *plus, davantage, moins, autant, mieux,* und *pis* sowie vergleichende Adjektive wie *meilleur, moindre* und *pire* sein.

Der Indikativ steht:

Wenn das Bezugswort eine Steigerung mit Vergleich ausdrückt (17):

(17)	*Cette chambre est moins grande que je ne le croyais.*	*Dieses Zimmer ist kleiner als ich dachte.*
	La mer est plus violente que je ne me l'imaginais.	*Das Meer ist gewaltiger als ich es mir vorstellte.*

Wenn das Bezugswort eine Steigerung ohne Vergleich ausdrückt. Dies ist der Fall nach *tellement, si, tant* und *tel.* Der Nebensatz drückt dann eine Folge aus (18):

(18)	*Il est si grand qu'il touche au plafond.*	*Er ist so groß, dass er die Decke berührt.*
	Il a une telle faim qu'il mangerait n'importe quoi.	*Er hat so großen Hunger, dass er alles Mögliche essen würde.*

Der *Subjonctif* steht:

Nach *assez ... pour que, trop ... pour que, suffisamment ... pour que* (19):

(19)	*Il faisait assez beau pour qu'il se sente à l'aise.*	*Es war so schönes Wetter, dass er sich wohl fühlte.*
	Son état est trop grave pour qu'on puisse le prendre à la légère.	*Sein Zustand ist zu schlecht, als dass man ihn auf die leichte Schulter nehmen könnte.*

12.7. Bedingungssätze mit si

Hinweis: Die Konjunktion *si* ist eine der am häufigsten gebrauchten konditionalen Konjunktionen. Allerdings unterliegt der *si*-Satz strengen grammatikalischen Regeln, was den Gebrauch der Zeiten anbelangt.

Zunächst muss betont werden, dass im Bedingungssatz, der durch *si* geleitet wird, nie das Futur oder Konditional stehen darf.

Handelt es sich um eine einfache Bedingung, die nicht in Frage gestellt wird, so steht der *si*-Satz im Indikativ (1):

(1)	*Si tu admets cette opinion, tu as tort.*	*Wenn du diesen Standpunkt vertrittst, bist du im Unrecht.*
	Si tu pars demain, tu auras du beau temps.	*Wenn du morgen fährst, wirst du schönes Wetter haben.*

Handelt es sich um eine imaginäre oder irreale Bedingung, so wird im *si*-Satz entweder das Imperfekt oder Plusquamperfekt verwendet, während im Hauptsatz das Konditional I oder Konditional II stehen (2):

(2)	*Si tu admettais cette opinion, tu aurais tort.*	*Wenn du diesen Standpunkt vertreten würdest, wärst du im Unrecht.*
	Si tu avais admis cette opinion, tu aurais eu tort.	*Wenn du diesen Standpunkt vertreten hättest, wärst du im Unrecht gewesen.*

Hinweis: Werden mehrere *si*-Sätze (Bedingungssätze) aneinander gereiht, so kann *si* in den folgenden Bedingungssätzen durch *que* ersetzt werden. Allerdings muss das durch *que* eingeleitete Verb im Indikativ stehen (3):

(3)	*Si un livre est intéressant et qu'on le lit avec attention, on n'entend plus ce qui se passe autour.*	*Wenn ein Buch interessant ist und man es aufmerksam liest, hört man nicht mehr, was drum herum geschieht.*

Si je suis en train de faire la cuisine et qu'on me dérange, je peux devenir très désagréable.	*Wenn ich am Kochen bin und gestört werde, kann ich sehr unangenehm werden.*

12.8. Relativsatz

Grundwissen: Ein Relativsatz ist ein Nebensatz, der durch ein Relativpronomen oder ein den Relativsatz einleitendes Adverb mit dem Hauptsatz verbunden ist.

12.8.1. Die verschiedenen Funktionen des Relativsatzes

Wird das Relativpronomen (→ 3.4.) im nominalen Sinn, d.h. ohne Bezugswort gebraucht, so hat der Relativsatz die Funktion eines Subjekts, eines direkten Objekts oder eines präpositionalen Objekts (1):

(1)	*Qui veut la fin, veut les moyens.*	*Der Zweck heiligt die Mittel.*
	Choisis qui tu voudras.	*Wähle, wen du willst.*
	Il est craint de quiconque l'approche.	*Er wird von jedem, der ihm nahe kommt, gefürchtet.*

Hat das Relativpronomen ein Bezugswort, so hat der Relativsatz die Funktion eines Attributs. Man unterscheidet dabei zwischen dem restriktiven (unentbehrlichen) Relativsatz (2) und dem nicht restriktiven (entbehrlichen) Relativsatz (3):

(2)	*L'homme qui a été tué lors d'un accident d'avion est mon oncle.*	*Der Mann, der bei einem Flugzeugunglück ums Leben kam, ist mein Onkel.*
	La fille à qui j'ai parlé hier soir m'a appelé.	*Das Mädchen, mit dem ich gestern abend gesprochen habe, hat mich angerufen.*

Hinweis: Wird das Bezugswort durch den Relativsatz näher bestimmt, so steht kein Komma.

(3)	*Mon oncle, qui a été tué lors d'un accident d'avion, a passé sa jeunesse en Afrique.*	*Mein Onkel, der bei einem Flugzeugabsturz ums Leben kam, hat seine Jugend in Afrika verbracht.*
	La fille aux yeux bleus, à	*Das Mädchen mit den blauen*

	qui j'ai parlé plusieurs fois déjà, est la femme de mes rêves.	*Augen, mit dem ich bereits mehrmals gesprochen habe, ist die Frau meiner Träume.*

Hinweis: Hat der Relativsatz die Funktion einer Apposition, d.h. er ist entbehrlich, da die Bedeutung des Bezugswortes auch ohne den Relativsatz die gleiche bleibt, dann muss ein Komma stehen.

12.8.2. Die Stellung des Relativsatzes

Im gewöhnlichen Sprachgebrauch steht der Relativsatz direkt hinter dem Bezugswort, auf das er sich bezieht (4):

(4)	*J'ai regardé un film qui était très beau.*	*Ich habe einen Film gesehen der sehr schön war.*
	Nous avons fini par acheter la maison dans laquelle j'ai passé ma jeunesse.	*Wir haben letztendlich das Haus gekauft, in dem ich meine Jugend verbrachte.*

Ist das Bezugswort ein Personalpronomen, so kann der Relativsatz direkt hinter dem Bezugswort stehen (5):

(5)	*Je l'ai vu qui sortait.*	*Ich habe ihn beim Hinausgehen gesehen.*
	Je l'entends qui chante.	*Ich höre sie singen.*

12.8.3. Die Zeiten im Relativsatz

Kommt der Relativsatz einer Aussage gleich, so steht der Indikativ (6):

(6)	*J'admire les femmes qui se débrouillent toutes seules.*	*Ich bewundere die Frauen, die alleine zurecht kommen.*
	Je n'aime pas les hommes qui pensent qu'ils savent tout.	*Ich mag keine Männer, die meinen, alles zu wissen.*
	Y a-t-il quelqu'un qui part avant midi?	*Gibt es jemanden, der vor 12 Uhr abfährt?*

Drückt der Relativsatz einen Wunsch oder eine Forderung aus, so steht der *Subjonctif* (7):

(7)	*Je voudrais des fleurs qui sentent bon.*	*Ich hätte gern Blumen, die gut riechen.*
	Nous cherchons une voiture qui ne rouille jamais.	*Wir suchen ein Auto, das nie rostet.*

Ist die Form der Aussage eine Frage oder eine Negation, so steht der Relativsatz im Indikativ (8):

(8)	*Il n'y a pas beaucoup de gens qui ne savent pas lire et écrire.*	*Es gibt nicht viele Leute, die weder lesen noch schreiben können.*
	Y a-t-il quelqu'un qui ne sait pas comment réparer une voiture ?	*Gibt es jemanden, der nicht weiß, wie man ein Auto repariert?*

Wird das Bezugswort von einem Superlativ oder einem als Superlativ gebrauchten Adjektiv (*seul, premier, dernier*) begleitet, so steht der Relativsatz im *Subjonctif (9)*:

(9)	*C'est le plus petit modèle qui puisse exister.*	*Dies ist das kleinste Modell, das es gibt.*
	Le meilleur ami que puisse avoir l'homme, c'est le chien.	*Der beste Freund, den der Mensch haben kann, ist der Hund.*
	Cette pharmacie est la seule que je connaisse.	*Diese Apotheke ist die einzige, die ich kenne.*

12.9. Partizipialsatz

Grundwissen: Das französische Partizip Präsens kann anstelle eines Relativsatzes, eines Nebensatzes, als absolute oder verkürzte Partizipialkonstruktion verwendet werden.

12.9.1. Das Partizip Präsens anstelle eines Relativsatzes

Grundwissen: Mit dem Partizip Präsens können Relativsätze ersetzt werden, die sonst mit einem *qui* eingeleitet werden (1):

(1)	*Je veux regarder un film parlant de la guerre.*	*Ich möchte einen Film sehen, der vom Krieg berichtet.*

Ein Relativsatz kann nur dann durch eine Partizipialkonstruktion ersetzt werden, wenn das Verb nicht allein steht (2):

(2)	*Ce sont des enfants très désagréables, pleurant tout le temps.*	*Kinder, die immer weinen, sind sehr unangenehm.*
	Les touristes arrivant de l'aéroport ont été amenés à l'hôtel.	*Die Touristen, die frisch vom Flughafen kamen, wurden zum Hotel gebracht.*

12.9.2. Das Partizip Präsens anstelle weiterer Nebensätze

Grundwissen: Das Partizip Präsens anstelle eines Nebensatzes kann nur dann stehen, wenn das Subjekt des Hauptsatzes und das Subjekt des Nebensatzes identisch sind. Der Nebensatz kann temporale, kausale, konzessive und modale Bedeutung haben:

(3)	*En faisant la vaisselle, j'ai entendu une explosion.*	*Als ich gerade das Geschirr spülte, hörte ich eine Explosion.*
	En travaillant jour et nuit, il a réussi aux examens.	*Er bestand seine Prüfungen, indem er Tag und Nacht arbeitete.*
	Bien qu'ayant beaucoup de patience, je n'ai vu aucun animal.	*Obwohl ich viel Geduld hatte, habe ich keine Tiere gesehen.*
	Ouvrant soudain la porte, il entra dans ma chambre.	*Er öffnete plötzlich die Tür und betrat mein Zimmer.*

12.9.3. Die absolute Partizipialkonstruktion

Grundwissen: Die absolute Partizipialkonstruktion wird mit *étant bzw. ayant* und einem Partizip Perfekt oder Adjektiv gebildet und kann einen kausalen oder temporalen Nebensatz ersetzen, bei dem das Subjekt nicht mit dem des Hauptsatzes identisch ist (4):

(4)	*Notre professeur étant malade, nous avons pu rester à la maison.*	*Da unser Lehrer krank war, konnten wir zu Hause bleiben.*

12.9.4. Die verkürzte Partizipialkonstruktion

Grundwissen: Ein verkürzter Partizipialsatz entspricht einer absoluten Partizipialkonstruktion ohne *étant*. Allerdings muss bei dieser Konstruktion das Subjekt des Hauptsatzes mit dem des Nebensatzes identisch sein (5):

(5)	*(Etant) arrivé en retard, je n'ai pas pu participer au match.*	*Da ich Verspätung hatte, konnte ich nicht am Spiel teilnehmen.*
	(Etant) malade, il n'a pas pu venir.	*Da er krank war, konnte er nicht kommen.*
	(Etant) maire depuis trois ans, il connaît tous les habitants de la commune.	*Da er seit drei Jahren Bürgermeister ist, kennt er sämtliche Bürger der Gemeinde.*

Sind die Subjekte nicht identisch, dann ist die Verkürzung nur beim Partizip Perfekt möglich (6):

(6)	*Le match (étant) terminé, nous sommes allés boire une bière.*	*Als das Spiel zu Ende war, sind wir ein Bier trinken gegangen.*
	L'orage (étant) passé, nous sommes allés chercher des champignons.	*Als das Gewitter vorbei war, gingen wir Pilze suchen.*

12.10. Infinitivsatz

Grundwissen: Der deutsche Nebensatz kann im Französischen auch durch eine Infinitivkonstruktion wiedergegeben werden. Allerdings müssen die Subjekte von Haupt- und Nebensatz identisch sein (1):

(1)	*Après avoir été en vacances, j'ai du mal à reprendre le travail.*	*Nachdem ich in Urlaub war, fällt es mir schwer, wieder zu arbeiten.*
	Je suis contente de pouvoir dormir chez toi ce soir.	*Ich freue mich, heute abend bei dir schlafen zu können.*

In Nebensätzen mit Verben, die ein Gefühl ausdrücken, muss sogar die Infinitivkonstruktion verwendet werden (2):

(2)	*Je suis content d'avoir passé la soirée avec toi.*	*Ich bin froh, dass ich den Abend mit dir verbracht habe.*
	Il regrette d'être sorti avec cette fille.	*Er bedauert, dass er mit diesem Mädchen ausgegangen ist.*

Übungen

1. Bestimmen Sie bei folgenden Sätzen, ob es sich um einen Subjekt-, Objekt-, Prädikativ-, Attribut- oder Adverbialsatz handelt:

   a. Je veux que tu m'accompagnes.
   b. La seule personne qui connaît mes projets secrets est ma mère.
   c. Je n'aime pas sortir sans que mes parents sachent où je vais.
   d. On oublie vite ce qui est négatif.
   e. Qui vivra verra.
   f. Je l'ai vu en sortant de ma voiture.

2. Ergänzen Sie folgende *si*-Sätze mit der passenden Zeitform:

   a. Si l'avion n'a pas de retard, mon ami (arriver) à 4 heures.
   b. Si vous me donniez une photo de votre soeur, je la (reconnaître) plus facilement.
   c. Si j'étais riche, je (voyager) beaucoup.
   d. Si votre soeur n'avait pas été en retard, j' (faire) sa connaissance.
   e. S'ils ne (venir) pas, je prendrai un taxi.
   f. Si mon amie (arriver) plus tôt, je ne vous aurais pas rencontré.
   g. Si je le (trouver), je l'amènerai ici.
   h. Si je ne le (trouver) pas, je m'en irais.

3. Ergänzen Sie folgende Sätze mit dem passenden Relativpronomen:

   a. Voici le portrait de ma cousine pour (...) j'ai une grande affection.
   b. Peux-tu me rappeler le nom de la personne à (...) tu parlais tout à l'heure?
   c. Ce n'est pas la première fois (...) Henri échoue aux examens.
   d. La rue dans (...) j'habite, est très bruyante.
   e. C'est une chanson (...) je n'ai jamais pu retenir les paroles.
   f. Parle-moi du pays (...) tu as passé ton enfance.
   g. Ne laisse pas traîner les objets (...) tu tiens.
   h. Le professeur à (...) j'ai demandé des leçons particulières m'a convoqué pour demain.

Lösungen

1. a. Objektsatz
   b. Attributsatz
   c. Adverbialsatz
   d. Prädikativsatz
   e. Subjektsatz
   f. Adverbialsatz

2. a. arrivera
   b. reconnaîtrais
   c. voyagerais
   d. aurais fait
   e. viennent
   f. était arrivée
   g. trouve
   h. trouvais

3. a. laquelle
   b. qui
   c. que oder qu'
   d. Iaquelle
   e. dont
   f. où
   g. auxquels
   h. qui

13. Fragesatz

Grundwissen: Man unterscheidet im Allgemeinen zwischen der direkten und der indirekten Frage (→ 14.6.).

Die direkte Frage kann im Französischen verschiedene Formen haben. Man unterscheidet grundsätzlich zwischen Inversionsfrage, *est-ce que*-Frage und Intonationsfrage.

13.1. Die Inversionsfrage

Grundwissen: In der Inversionsfrage gibt es zwei Arten von Inversion: die einfache und die absolute Inversion.

13.1.1. Die einfache Inversionsfrage

Bei der einfachen Inversionsfrage stehen das pronominale Subjekt, *ce* oder *en* direkt hinter dem Verb bzw. hinter der konjugierten Verbform bei zusammengesetzten Formen (1):

(1)	*Es-tu heureux?*	*Bist du glücklich?*
	As-tu été heureux?	*Bist du glücklich gewesen?*
	Quand part-on?	*Wann fahren wir?*
	Où est-ce?	*Wo ist das?*

Das Personalpronomen, *ce* und *on* müssen durch einen Bindestrich mit dem Verb verbunden werden (2):

(2)	*Quand revient-elle?*	*Wann kommt sie zurück?*
	Que fait-on demain?	*Was machen wir morgen?*
	Où vas-tu?	*Wohin gehst du?*

Endet das Verb auf einen Vokal, so muss ein *t* eingeschoben werden (3):

(3)	*Où va-t-elle?*	*Wohin geht sie?*
	De quoi parle-t-elle?	*Wovon spricht sie?*
	A quoi pense-t-il?	*Woran denkt er?*

Hinweis: Ist das Subjekt ein Pronomen, so ist nur die einfache Inversion möglich.

13.1.2. Die absolute Inversionsfrage

Bei der absoluten Inversion steht das Subjekt vor dem Verb und wird hinter dem Verb durch ein Personalpronomen wiederholt (4):

(4)	*Ton frère est-il vraiment venu?*	*Ist dein Bruder wirklich gekommen?*
	Quand ton frère viendra-t-il?	*Wann wird dein Bruder kommen?*
	Où ton frère est-il allé?	*Wohin ist dein Bruder gegangen?*

Hinweis: Diese Art der Frageform ist nur möglich, wenn das Subjekt ein Substantiv ist.

Die absolute Inversion ist in der Schriftsprache und zur Betonung des Subjekts in folgenden Fällen vorzuziehen.

Bei Entscheidungsfragen, d.h. Fragen ohne Fragewort (Fragepronomen oder Frageadverbien), auf die nur mit ja oder nein geantwortet werden kann (5):

(5)	*Le bus est-il déjà passé?*	*Ist der Bus schon vorbeigekommen?*
	Cette femme n'est-elle pas belle?	*Ist diese Frau nicht schön?*
	Ta voiture a-t-elle cinq portes?	*Hat dein Auto fünf Türen?*

Wenn die Frage ein direktes Objekt enthält (6):

(6)	*Comment ton professeur a-t-il pu découvrir tes cahiers?*	*Wie konnte dein Lehrer deine Hefte entdecken?*
	Où ta mère a-t-elle acheté sa voiture?	*Wo hat deine Mutter ihren Wagen gekauft?*
	Quand ton frère a-t-il vendu ses disques?	*Wann hat dein Bruder seine Schallplatten verkauft?*

Wenn das direkte Objekt *qui* ist (7), sowie nach *pourquoi* (8), ist die absolute Inversion obligatorisch:

(7)	*Qui la police a-t-elle arrêté?*	*Wen hat die Polizei verhaftet?*

	Qui ton père a-t-il rencontré dans le bus?	*Wen hat dein Vater im Bus getroffen?*
	Qui ta copine a-t-elle appelé ce matin?	*Wen hat deine Freundin heute morgen angerufen?*
(8)	*Pourquoi ta soeur ne m'a-t-elle pas appelé?*	*Warum hat mich deine Schwester nicht angerufen?*
	Pourquoi la maison est-elle à vendre?	*Warum ist das Haus zu verkaufen?*
	Pourquoi la bière fait-elle dormir?	*Warum macht Bier müde?*

13.1.3. Die Inversionsfrage mit Fragewort

Grundwissen: Inversionsfragen mit Fragewort werden auch Ergänzungsfragen genannt. Man unterscheidet prinzipiell zwischen substantivisch gebrauchten Fragepronomen wie *qui, que, quoi* und *lequel* (→ 3.5.),dem adjektivisch gebrauchten Fragepronomen *quel* (→ 3.5.) sowie Frageadverbien wie *pourquoi, où, quand, combien* und *comment.*

Auch hier gilt: Ist das Subjekt ein Substantiv, dann ist die absolute Inversion vor allem in der Schriftsprache zu bevorzugen, in allen anderen Fällen kann die einfache Inversion angewendet werden.

13.2. Die *est-ce que*-Frage

Grundwissen: Die *est-ce que*-Frage ist eine Frageform, die es ermöglicht, die Wortstellung des Aussagesatzes beizubehalten; sie wird vor allem in der Umgangssprache verwendet.

13.2.1. Die est-ce que-Frage ohne Fragewort

Die *est-ce que*-Frage ohne Fragewort kann in Verbindung mit Personen und Sachen eingesetzt werden (1):

(1)	*Est-ce que ton frère viendra me voir?*	*Wird mich dein Bruder besuchen kommen?*
	Est-ce que la maison a déjà été vendue?	*Wurde das Haus bereits verkauft?*
	Est-que vous croyez qu'il fera beau demain?	*Glauben Sie, dass morgen schönes Wetter ist?*

13.2.2. Die est-ce que-Frage mit Fragewort

Das Fragepronomen *qui*

Das Fragepronomen *qui* wird in der *est-ce que*-Frage nach Personen gebraucht (→ 3.5.1.).

Das Fragepronomen *que*

Das Fragepronomen *que* wird in der *est-ce que*-Frage nach Sachen gebraucht (→ 3.5.1.).

Ist das Subjekt ein Substantiv oder Infinitiv, so fällt das zweite *est* weg (2):

(2)	*Qu'est-ce que la vie?*	*Was ist Leben?*
	Qu'est-ce qu'un misanthrope?	*Was ist ein Misanthrop?*
	Qu'est-ce qu'élever un enfant?	*Was heißt es, ein Kind zu erziehen?*

In der Umgangssprache wird diese Frageform oft durch das Einfügen von *c'est que* erweitert (3):

(3)	*Qu'est-ce que c'est que l'amour?*	*Was ist Liebe?*
	Qu'est-ce que c'est qu'un adverbe?	*Was ist ein Adverb?*

Das Fragepronomen *quoi*

Das Fragepronomen *quoi* wird in der *est-ce que*-Frage nach Sachen als Präpositionalobjekt verwendet (→ 3.5.1.).

Das adjektivisch gebrauchte Fragepronomen *quel*

Das Fragepronomen *quel* kann in der Frage nach Personen und Sachen verwendet werden (4):

(4)	*Quel genre de filles est-ce que tu préfères?*	*Welche Art von Mädchen bevorzugst du?*

	Quel style de musique est-ce que tu écoutes?	*Welchen Musikstil hörst du?*
	Quelle sorte de voiture est-ce que ton père conduit?	*Welche Automarke fährt dein Vater?*

Das substantivisch gebrauchte Fragepronomen *lequel*

Das Fragepronomen *lequel* kann ebenfalls in der Frage nach Personen und Sachen gebraucht werden (5):

(5)	*Je sais que tu fréquentes un de ces garçons. Lequel est-ce qui t'aime?*	*Ich weiß, dass du mit einem dieser Jungen ausgehst. Welcher liebt dich?*
	Nous avons acheté deux voitures. Laquelle est-ce que tu préfères ?	*Wir haben zwei Autos gekauft. Welches bevorzugst du?*

Hinweis: Sämtliche Frageadverbien können in einer *est-ce que*-Frage eingebunden werden.

13.2.3. Die Wortstellung in der est-ce que-Frage

Est-ce que ohne Fragewort steht immer am Satzanfang, egal ob das Subjekt ein Personalpronomen oder ein Substantiv ist. Die Frage steht in diesem Fall in der Aussageform (6):

(6)	*Est-ce que tu viens?*	*Kommst du?*
	Est-ce que les enfants sont tous là?	*Sind alle Kinder da?*
	Est-ce que la maison est toujours à vendre?	*Ist das Haus immer noch zu verkaufen?*

Ist das Subjekt des Satzes ein Fragewort, dann steht dieses vor *est-ce que* (7):

(7)	*Qu'est-ce qui est préférable ?*	*Was ist besser?*
	Qu'est-ce qui vous intéresse?	*Was interessiert euch?*
	Qui est-ce qui est malade?	*Wer ist krank?*
	Qui est-ce qui vous a appelé?	*Wer hat euch angerufen?*

Ist das Subjekt des Satzes ein Personalpronomen, *ce* oder *on*, dann steht das Subjekt vor dem Verb, d.h. der Fragesatz bleibt in der Aussageform (8):

(8)	*Qu'est-ce que tu as vu?*	*Was hast du gesehen?*
	Qu'est-ce que c'est?	*Was ist das?*
	Où est-ce qu'on va?	*Wohin gehen wir?*

Ist das Subjekt ein Substantiv, dann kann dieses vor oder hinter dem Verb stehen (9):

(9)	*Qu'est-ce que cet homme porte?*	*Was trägt dieser Mann?*
	(Qu'est-ce que porte cet homme?)	
	Où est-ce que la sortie se trouve?	*Wo befindet sich der Ausgang?*
	(Où est-ce que se trouve la sortie?)	

Hinweis: Steht das Subjekt vor dem Verb, so wird es nicht, wie bei der absoluten Inversion ohne *est-ce que*, durch ein Personalpronomen wieder aufgenommen.

13.3. Die Frage in Verbindung mit Hilfsverben

Grundwissen: Enthält ein Fragesatz ein Hilfsverb wie *avoir, être, faire, laisser, vouloir, pouvoir* oder *devoir*, so wird das Subjekt direkt mit dem Hilfsverb verbunden.

Ist das Subjekt ein Personalpronomen, *on* oder *ce*, dann muss die einfache Inversion oder die *est-ce que*-Form verwendet werden (1). Steht das Hilfsverb *pouvoir* in der ersten Person Singular, so wird *peux* in der Inversion zu *puis*:

(1)	*Veux-tu m'épouser?*	*Möchtest du mich heiraten?*
	(Est-ce que tu veux m'épouser?)	
	Que puis-je faire pour toi?	*Was kann ich für dich tun?*
	(Qu'est-ce que je peux faire pour toi?)	

Ist das Subjekt ein Substantiv, dann muss die absolute Inversion oder *est-ce que*-Form verwendet werden (2):

(2)	*Ta mère veut-elle venir avec nous? (Est-ce que ta mère veut venir avec nous?)*	*Möchte deine Mutter mit uns kommen?*
	Votre maison doit-elle être vendue? (Est-ce que votre maison doit être vendue?)	*Muss euer Haus verkauft werden?*

Hinweis: Prinzipiell gelten bei Hilfsverben die gleichen Regeln wie bei transitiven oder intransitiven Verben.

13.4. Die verneinte Frage

Grundwissen: Bei der verneinten Frage gelten die gleichen Regeln wie bei der normalen Frage. Sowohl bei der Inversionsfrage als auch bei der *est-ce que*-Frage beziehen sich die Verneinungsadverbien auf das Verb bzw. Hilfsverb (1):

(1)	*Que ne ferais-je pas pour t'aider? (Qu'est-ce que je ne ferais pas pour t'aider?)*	*Was würde ich nicht alles tun, um dir zu helfen?*
	Qui n'a pas fait ses devoirs? (Qui est-ce qui n'a pas fait ses devoirs?)	*Wer hat seine Hausaufgaben nicht gemacht?*
	Quelle voiture ton père ne voudrait-il jamais conduire? (Quelle voiture est-ce que ton père ne voudrait jamais conduire?)	*Welches Auto würde dein Vater nie fahren wollen?*

13.5. Die Intonationsfrage

Grundwissen: Bei der Intonationsfrage wird die Aussageform des Satzes beibehalten. Nur die Betonung kennzeichnet den Satz als Frage. Das Fragewort, wenn vorhanden, steht entweder am Satzanfang oder am Satzende (1):

(1)	*Tu viens avec moi?*	*Kommst du mit mir?*
	Tu as vu qui?	*Wen hast du gesehen?*
	Où tu vas?	*Wohin gehst du?*
	Ils sont arrivés quand?	*Wann sind sie angekommen?*
	Combien tu veux?	*Wieviel willst du?*
	Il arrivera à quelle heure?	*Um wieviel Uhr wird er ankommen?*

In der Intonationsfrage muss *que* durch *quoi* ersetzt werden, welches dann immer am Satzende steht (2):

(2)	*Tu veux quoi?*	*Was willst du?*
	C'est quoi?	*Was ist das?*
	Ton frère fait quoi?	*Was macht dein Bruder?*

Steht diese Art der Intonationsfrage mit einer Präposition, dann kann *quoi* entweder am Satzanfang oder am Satzende stehen (3):

(3)	*De quoi tu parles?*	*Wovon redest du?*
	(Tu parles de quoi)?	
	A quoi tu penses?	*Woran denkst du?*
	(Tu penses à quoi?)	

Hinweis: Diese Art der Fragestellung wird allerdings nur in der Umgangssprache verwendet.

13.6. Die Kurzfrage und das Frageanhängsel

13.6.1. Die Kurzfrage

Enthält eine Frage die Verben *pouvoir* oder *devoir* + Infinitiv, so können diese weggelassen werden und das Fragewort direkt mit dem Infinitiv verbunden werden. Man spricht in diesem Fall vom modalen Infinitiv (1):

(0)	*Où (devons-nous) aller?*	*Wohin sollen wir gehen?*
	Quelle voiture (puis-je) prendre?	*Welchen Wagen kann ich nehmen?*

Das Fragepronomen *que* kann in der gesprochenen Sprache auch durch *quoi* ersetzt werden (2):

(2)	*Quoi faire?* *Quoi prendre?*	*Was soll ich tun?* *Was soll ich nehmen?*

Fragesätze, die mit *pourquoi* oder *comment* eingeleitet werden, können ohne Pronomen stehen (3):

(3)	*Pourquoi partir si tôt?* *Comment faire?*	*Warum so früh fahren?* *Wie sollen wir es machen?*

13.6.2. Das Frageanhängsel

Im Französischen gibt es die Möglichkeit, aus einem Aussagesatz einen Fragesatz zu machen, indem man den Ausdruck *n'est-ce pas* (dt.: nicht wahr?) an das Satzende hängt (4):

(4)	*Tu l'aimes bien, n'est-ce pas?*	*Du magst ihn, nicht wahr?*
	Il t'a vu, n'est-ce pas?	*Er hat dich gesehen, nicht wahr?*
	Cette maison te plaît, n'est-ce pas?	*Dieses Haus gefällt dir, nicht wahr?*

Übungen

1. Ergänzen Sie folgende Sätze mit der passenden Inversions-Form:

a. Quand (ils ont commencé) à étudier le français?
b. Combien de temps (vous avez mis) pour apprendre à nager?
c. Jusqu'à quand (tu penses) rester en France?
d. Le bus (passer) déjà?
e. Qui la police (avoir arrêté)?
f. Depuis quand (vous tousser)?
g. Pourquoi (tu ne veux pas) aller au cinéma avec moi ce soir?

2. Stellen Sie die Inversionsfrage zu folgenden Antworten:

a. Oui, je veux sortir ce soir.
b. Non, il n'a jamais été en France.
c. Paris est la capitale de la France.

d. Il fait beau temps.
e. Il est deux heures.
f. J'ai un ami depuis deux ans.
g. Oui, nous connaissons Mitterand.
h. Non, je n'ai pas entendu la sonnette.
i. Paul est sorti avec ses amis.
j. Il loge chez sa soeur.
k. Il est mort d'épuisement.

3. Bilden Sie aus folgenden Sätzen einen Inversions-Fragesatz:

a. Jérôme est malade.
b. Sophie ne veut pas sortir.
c. Elle a ouvert les fenêtres.
d. Les enfants aiment jouer.
e. Il veut épouser cette fille.
f. Nous allons au cinéma.
g. Ils ont discuté du dernier film de Kevin Costner.
h. Elle a appelé ma soeur hier.

2. Setzen Sie folgende Fragesätze in die *est-ce* que-Form:

a. Comment ton professeur a-t-il pu trouver tes cahiers?
b. Qu'as-tu fait hier soir?
c. Lequel de tes oncles ta mère aime-t-elle le plus?
d. Quand voulez-vous venir manger?
e. A quoi pensent-elles?
f. Que devient ton ami?
g. Que se passe-t-il?
h. Qui m'a appelé avant-hier?

Lösungen

1. a. ont-ils commencé
b. avez-vous mis
c. penses-tu
d. est-il déjà passé
e. a-t-elle arrêté
f. toussez-vous
g. ne veux-tu pas

2. a. Voulez-vous sortir ce soir?
b. A-t-il déjà été en France?
c. Quelle est la capitale de la France?
d. Quel temps fait-il?

e. Quelle heure est-il?
f. Depuis quand avez-vous un ami?
g. Connaissez-vous Mitterand?
h. Avez-vous entendu la sonnette?
i. Avec qui Paul est-il sorti?
j. Chez qui loge-t-il?
k. De quoi est-il mort?

3. a. Jérôme est-il malade?
b. Sophie ne veut-elle pas sortir?
c. A-t-elle ouvert les fenêtres?
d. Les enfants aiment-ils jouer?
e. Veut-il épouser cette fille?
f. Où allez-vous?
g. De quoi ont-ils discuté?
h. Quand a-t-elle appelé ta soeur?

4. a. Comment est-ce que ton professeur a pu trouver tes cahiers?
b. Qu'est-ce que tu as fait hier soir?
c. Lequel de tes oncles est-ce que ta mère aime le plus?
d. Quand est-ce que vous voulez venir manger?
e. A quoi est-ce qu'elles pensent?
f. Qu'est-ce que ton ami devient?
g. Qu'est-ce qu'il se passe?
h. Qui est-ce qui m'a appelé avant-hier?

14. Indirekte Rede

Grundwissen: Die indirekte Rede dient dazu, die Aussage eines Dritten wiederzugeben (1):

(1)	*Il dit qu'il n'a pas fait ses devoirs.*	*Er sagt, er habe seine Hausaufgaben nicht gemacht.*
	Il déclara qu'il n'avait pas fait ses devoirs.	*Er erklärte, er hätte seine Hausaufgaben nicht gemacht.*

Hinweis: Der Nebensatz, der in der indirekten Rede durch ein *que* eingeleitet wird, steht im Französischen immer ohne Komma.

Das Verb, das die indirekte Rede einleitet, ist sehr oft eine Form von *dire* bzw. ein sinnverwandtes Wort (2):

(2)	*affirmer*	*versichern*
	penser	*denken*
	demander	*fragen*
	répondre	*antworten*
	savoir	*wissen*
	mentionner	*erwähnen*
	raconter	*erzählen*
	promettre	*versprechen*
	remarquer	*bemerken*
	suggérer	*vorschlagen*
	annoncer	*verkünden*
	prétendre	*behaupten*
	admettre	*zugeben*
	expliquer	*erklären*
	insister	*bestehen auf*
	se demander	*sich fragen, usw*

Hinweis: In der indirekten Rede müssen strenge Regeln eingehalten werden, was die Zeitform der Verben anbelangt (→ 14. 1. und 14.2.). Auch andere Satzteile, wie zum Beispiel Pronomen oder Adverbien, müssen bei der Wiedergabe sinngemäß geändert werden (→ 14.3.).

14.1. Die indirekte Rede ohne Zeitverschiebung

Regel: Steht das einleitende Verb im Präsens, Futur I oder Futur II, dann behält das Verb des Nebensatzes in der indirekten Rede die Zeit bei, in der es auch in der direkten Rede steht (1):

	Il dit. «Je t'aide.» *Il dit qu'il l'aide.*	*Er sagt, er helfe ihr.*
	Il dira: «Je t'aiderai.» *Il dira qu'il l'aidera.*	*Er wird sagen, er werde ihr helfen.*
	Il aura dit: Je t'ai aidé.» *Il aura dit qu'il l'a aidée.*	*Er wird gesagt haben, er habe ihr geholfen.*

Regel: Alle Imperfekt-Formen (d.h. alle auf *-ais* endenden Zeitformen) behalten in der indirekten Rede die Zeit bei, in der sie auch in der direkten Rede stehen, egal ob das einleitende Verb in einer Zeit der Gegenwart oder der Vergangenheit steht (2):

(2)	*Il a dit: «Je t'avais aidé. »* *Il a dit qu'il l'avait aidé.*	*Er sagte, er hätte ihr geholfen.*
	Il a dit: «Je t'aiderais.« *Il a dit qu'il l'aiderait.*	*Er sagte, er würde ihr helfen.*
	Il a dit. «Je t'aurais aidé. » *Il a dit qu'il l'aurait aidé.*	*Er sagte, er hätte ihr geholfen.*

Regel: Alle Konjunktiv-Formen der direkten Rede bleiben in der indirekten Rede unverändert, egal ob das einleitende Verb in einer Zeit der Gegenwart oder der Vergangenheit steht (3):

(3)	*Il annonce: «J'irai avant que tu viennes.»* *Il annonce qu'il ira avant que tu viennes.*	*Er verkündet, er werde gehen, bevor du kommst.*
	Il annonce: «J'irai avant que tu sois revenu.» *Il annonce qu'il irait avant que tu sois revenu.*	*Er verkündet, er werde gehen, bevor du zurückgekommen bist.*

14.2. Die indirekte Rede mit Zeitverschiebung

Regel: Steht das einleitende Verb in einer Form der Vergangenheit (Passé Composé, Plusquamperfekt, Konditional I oder Konditional II), ...
... dann wird das Präsens der direkten Rede in der indirekten Rede zum Imperfekt (1):

(1) *Il a dit: «Je te vois.»*
Il a dit qu'il te voyait. *Er sagte, er sehe dich.*

... dann wird das *Passé Composé* der direkten Rede in der indirekten Rede zum Plusquamperfekt (2):

(2) *Il a dit: «Je t'ai vu.»*
Il a dit qu'il t'avait vu. *Er sagte, er habe dich gesehen.*

... dann wird das Futur I der direkten Rede in der indirekten Rede zum Konditional I (3):

(3) *Il a dit: «Je te verrai.»*
Il a dit qu'il te verrait. *Er sagte, er werde dich sehen.*

... dann wird das Futur IIder direkten Rede in der indirekten Rede zum Konditional II (4):

(4) *Il a dit. «Je t'aurai vu.»*
Il a dit qu'il t'aurait vu. *Er sagte, er hätte dich gesehen.*

... dann wird das *Passé Simple* der direkten Rede in der indirekten Rede zum Plusquamperfekt (5):

(5) *Il a dit: «Je te vis.»*
Il a dit qu'il t'avait vu. *Er sagte, er habe dich gesehen.*

14.3.Umstellung anderer Satzteile in der indirekten Rede

Ähnlich wie im Deutschen unterscheidet sich der Standpunkt dessen, der die Aussage wiedergibt, vom Standpunkt des ursprünglichen Sprechers. Dies hat zur Folge, dass sich manche Wörter bei der Wiedergabe in der Aussage ändern.

14.3.1. Das Personalpronomen in der indirekten Rede

Wie im Deutschen müssen in der indirekten Rede auch die Personalpronomen umgestellt werden.

Bezieht sich die Aussage der direkten Rede auf den Sprecher selbst, dann wird das Pronomen in die erste Person gesetzt (1):

(1)	*Il m'a dit. «Je te rejoindrai.»*	
	Il ma dit qu'il me rejoindrait.	*Er sagte mir, dass er mich treffen würde.*

Bezieht sich die Aussage der direkten Rede auf den Gesprächspartner, dann wird das Pronomen in die zweite Person gesetzt (2):

(2)	*Tu lui as dit: «Je te rejoindrai.»*	
	Tu lui as dit que tu le rejoindrais.	*Du sagtest ihm, dass du ihn treffen würdest.*

Bezieht sich die Aussage der direkten Rede weder auf den Sprecher noch auf den Gesprächspartner, so wird das Pronomen in die dritte Person gesetzt (3):

(3)	*Il lui a dit: « Je te rejoindrai.»*	
	Il lui a dit qu'il le rejoindrait.	*Er sagte ihm, dass er ihn treffen würde.*

14.3.2. Orts- und Zeitangaben in der indirekten Rede

Grundwissen: Orts- und Zeitangaben werden stets aus der Sicht des Sprechers betrachtet.

Sind Ort und Zeit der indirekten Rede dieselben wie in der direkten Rede, dann bleiben Orts- und Zeitangaben unverändert (4):

(4)	*Il m'a dit tout à l'heure: «Je partirai demain.»*	
	Il m'a dit tout à l'heure qu'il partirait demain.	*Er sagte mir vorhin, dass er morgen abfahren würde.*

Wenn sich Ort und Zeit zwischen direkter und indirekter Rede verändern, dann kommt es zu folgenden Umstellungen (5):

(5)	in der direkten Rede:	in der indirekten Rede:
	ici	*là*
	maintenant	*alors*
	aujourd'hui	*ce jour-là*
	in der direkten Rede:	in der indirekten Rede:
	hier	*la veille*
	avant-hier	*l'avant-veille*
	demain	*le lendemain*
	après-demain	*le surlendemain*
	il y a deux jours	*deux jours avant*
	dans deux jours	*deux jours après*
	dernier	*précédent*
	passé	*précédent*
	prochain	*suivant*
	venir	*aller*

Anwendungsbeispiele:

Il m'a dit: «Je partirai demain.»
Il m'a dit qu'il partirait le lendemain. — *Er sagte mir, er würde am Tag darauf abfahren.*

Il m'a dit: «Je suis parti hier.»
Il m'a dit qu'il était parti la veille. — *Er sagte mir, er sei am Tag zuvor abgefahren.*

Il m'a dit:- «Je travaille ici.»
Il m'a dit qu'il travaillait là. — *Er sagte mir, dass er dort arbeite.*

14.3.3. Appositionen in der indirekten Rede

Wird die Aussage der direkten Rede durch eine Apposition eingeleitet, dann wird diese in der indirekten Rede durch eine Präposition an das einleitende Verb geknüpft (6):

(6) *J'ai dit: «Paul, je suis fatiguée.»*
J'ai dit à Paul que j'étais fatiguée. — *Ich sagte zu Paul, dass ich müde sei.*

14.4. Die Infinitivkonstruktion in der indirekten Rede

Grundwissen: Bezieht sich die Aussage der direkten Rede auf den Sprecher selbst, dann kann die indirekte Rede auch durch eine Infinitivkonstruktion wiedergegeben werden (1):

(1)	*Il prétendit: « Je suis malade.»*	
	Il prétendit être malade.	*Er behauptete, krank zu sein.*
	Il prétendit: «J'ai été malade.»	
	Il prétendit avoir été malade.	*Er behauptete, krank gewesen zu sein.*
	Il prétendit: «J'étais malade hier.»	
	Il prétendit avoir été malade la veille.	*Er behauptete, am Tag zuvor krank gewesen zu sein.*

14.5. Befehle und Ausrufe in der indirekten Rede

Regel: Ist die direkte Rede ein Imperativ, dann wird das Verb in der indirekten Rede zu einem mit *que* eingeleiteten Subjonctif oder einem durch *de* eingeleiteten Infinitiv (1):

(1)	*Mon père demande: «Passez me prendre à midi!»*	
	Mon père demande qu'on passe le prendre à midi.	*Mein Vater bittet, man solle ihn gegen Mittag abholen.*
	Mon père demande de passer le prendre à midi.	*Mein Vater bittet, ihn gegen Mittag abzuholen.*
	Il ordonna: «Achetez des pommes.»	
	Il ordonna qu'on achète des pommes.	*Er befahl, man solle Äpfel kaufen.*
	Il ordonna d'acheter des pommes.	*Er befahl, Äpfel zu kaufen.*

Regel: Ist die direkte Rede ein Ausruf, dann wird dieser in der indirekten Rede durch *que* mit dem einleitenden Verb verbunden (2):

(2)	*Elle cria: «Bravo!»*	
	Elle cria que bravo.	*Sie schrie bravo.*
	Il a dit:- «Oui!»	
	Il a dit que oui.	*Er sagte ja.*

Regel: Ausrufe, die bereits in der direkten Rede durch *que* eingeleitet werden, werden in der indirekten Rede durch *combien* ersetzt (3):

(3)	*Elle m'a dit: «Que tu es beau!»*	
	Elle m'a dit combien j'étais beau.	*Er sagte, wie schön ich sei.*
	Je lui ai dit: «Qu'est-ce que tu es méchant!»	
	Je lui ai dit combien il était méchant.	*Ich sagte ihm, wie böse er sei.*

14.6. Fragen in der indirekten Rede

Grundwissen: Ein Fragesatz kann indirekt wiedergegeben werden, indem man die eigentliche Frage durch ein Fragewort oder ein *si* mit dem einleitenden Verb oder Satzteil verbindet.

14.6.1. Die indirekte Frage bei Ergänzungsfragen

Bei Ergänzungsfragen, d.h.. Fragen mit Fragewort, wird die indirekte Frage durch das entsprechende Fragepronomen oder Frageadverb eingeleitet. Im Gegensatz zur direkten Frage bleibt der Nebensatz allerdings in der Aussageform. Was die Zeitformen betrifft, so gelten dieselben Regeln wie in der direkten Frage (→ 13.).

Das Fragepronomen *qui* in der indirekten Frage nach Personen

Grundwissen: In der indirekten Frage nach Personen sind die Fragepronomen die gleichen wie in der direkten Rede. In der gesprochenen Frage kann in der indirekten Frage auch die *est-ce que*-Form verwendet werden.

Der persönliche Nominativ (1), Akkusativ (2), das Prädikatsnomen (3) und Präpositionalobjekt (4) werden folgendermaßen gebildet:

(1)	*Il me demande: «Qui vient?»* *Il me demande qui vient.* *Il me demande qui est-ce qui vient.*	*Er fragt mich, wer komme.*
(2)	*Il me demanda: »Qui as-tu regardé?»* *Il me demanda qui j'avais regardé.* *Il me demanda qui est-ce que j'avais regardé.*	*Er fragte mich, wen ich angeschaut habe.*
(3)	*Il m'a demandé: «Qui était le propriétaire?»* *Il m'a demandé qui était le propriétaire.* *Il m'a demandé qui est-ce qui était le propriétaire.*	*Er fragte mich, wer der Besitzer sei.*
(4)	*Dis-moi: «De qui parlez vous?»* *Dis-moi de qui vous parlez.* *Dis-moi de qui est-ce que vous parlez.*	*Sag mir, von wem ihr sprecht.*

Das Fragepronomen *que* in der indirekten Frage nach Sachen

Grundwissen: In der indirekten Frage nach Sachen wird das Fragepronomen *que* durch ein *ce* + Relativpronomen ersetzt. Wie bei der indirekten Frage nach Personen kann auch hier die *est-ce que*-Form verwendt werden.

Persönlicher (5) und unpersönlicher (6) Nominativ, Akkusativ (7), Prädikatsnomen (8) und Präpositionalobjekt (9) werden folgendermaßen gebildet:

(5)	*Dis-moi: «Que te souhaites-tu?»* *Dis-moi ce que tu te souhaites.*	

	Dis-moi qu'est-ce que tu te souhaites.	*Sage mir, was du dir wünschst.*
(6)	*Dis-moi: «Que te faut-il? »* *Dis-moi ce qu'il te faut.* *Dis-moi qu'est-ce qu'il te faut.*	*Sage mir, was du brauchst.*
(7)	*Dis-moi: «Que fais-tu?»* *Dis-moi ce que tu fais.* *Dis-moi qu'est-ce que tu fais.*	*Sage mir, was du machst.*
(8)	*Dis-moi: «Que deviens-tu?»* *Dis-mois ce que tu deviens.* *Dis-moi qu'est-ce que tu deviens.*	*Sage mir, was du momentan machst.*
(9)	*Dis-mois: «A quoi penses-tu?»* *Dis-moi à quoi tu penses.* *Dis-moi à quoi est-ce que tu penses.*	*Sage mir, woran du denkst.*

Frageadverbien und die Fragepronomen *quel* und *lequel* in der indirekten Frage

Grundwissen: Hier gelten dieselben Regeln wie bei *qui* und *que* (10):

(10)	*Dis-moi: «Quelle est la porte de sortie?»* *Dis-moi quelle est la porte de sortie.* *Dis-moi, la porte de sortie, quelle est-ce?*	*Sage mir, welche die Ausgangstüre ist.*
	Dis-moi: «Laquelle de ces deux chemises préfères-tu?» *Dis-moi laquelle de ces deux chemises tu préfères.* *Dis-moi laquelle de ces deux chemises est-ce que tu préfères.*	*Sage mir, welches dieser beiden Hemden du bevorzugst.*

Dis-moi: «Où vas-tu?»	
Dis-moi où tu vas.	
Dis-moi où est-ce que tu vas.	*Sage mir wohin du gehst.*
Dis-moi: «Comment as-tu trouvé ce film?»	
Dis-moi comment tu as trouvé ce film.	
Dis-moi comment est-ce que tu as trouvé ce film.	*Sage mir, wie du diesen Film gefunden hast.*

14.6.2. Die indirekte Frage bei Entscheidungsfragen

Grundwissen: Bei Entscheidungsfragen bzw. Fragen ohne Fragewort wird die indirekte Frage durch *si* (ob) eingeleitet. Im Gegensatz zum konditionalen *si* können dann sowohl das Futur als auch das Konditional stehen (11):

(11)	*Il me demande: «Connais-tu la France?»*	
	Il me demande si je connais la France.	*Er fragt mich, ob ich Frankreich kenne.*
	Il me demanda: «Viendras-tu demain?»	
	Il me demanda si je viendrais le lendemain.	*Er fragte mich, ob ich am nächsten Tag käme.*
	Il me demanda: «Voudrais-tu sortir avec moi?»	
	Il me demanda si je voudrais sortir avec lui.	*Er fragte mich, ob ich mit ihm ausgehen wollte.*
	Il me demanda: «Es-tu content de ton séjour?»	
	Il me demanda si j'étais content de mon séjour.	*Er fragte mich, ob ich mit meine Aufenthalt zufrieden wäre.*

Das nicht-konditionale *si* wird in der gesprochenen Sprache häufig verwendet, um einen Vorschlag auszudrücken (12):

(12)	*Si on allait au cinéma?*	*Wie wär's, wenn wir ins Kino gingen?*

Si on jouait aux cartes?	*Wie wär's, wenn wir Karten spielen würden?*

Einschränkungen im Gebrauch der Entscheidungsfrage in der indirekten Rede

Hinweis: Im Gegensatz zum Deutschen kann eine indirekte *si*-Frage weder an ein Substantiv noch an irgendein anderes Verb angeschlossen werden. Nur Verben, die ein direktes Objekt haben (transitive Verben), können eine indirekte *si*-Frage einleiten.

Will man einen deutschen Satz übersetzen, in dem eine indirekte Frage an ein Substantiv oder an ein intransitives Verb angeschlossen ist, so fügt man ein Verb ein, das eine indirekte Frage einleiten kann (13):

(13)	*Er überlegte, ob er schießen sollte.*	*Il se demanda s'il devait tirer.*
	Er zögerte, ob er es ihr sagen sollte.	*Il hésita, se demandant s'il devait le lui dire.*

Übungen

1. Setzen Sie folgende Aussagesätze in die indirekte Rede:

a. «Je ne serai pas à la maison ce soir.»
Mon fiancé m'a dit (...).
b. «Ne me parlez pas de cette fille.»
Mon frère nous a prié (...).
c. «On pourrait aller au cinéma demain.»
Mon amie m'a proposé (...).
d. «Je suis allé à Munich la semaine dernière.»
Paul m'a raconté (...).
e. «Il ne voulait plus faire ses devoirs.»
Mon fils déclara (...).
f. «J'ai trouvé des belles chaussures.»

2. Setzen Sie folgende Sätze in die direkte Rede:

a. Il écrira à ses parents qu'ils viennent le chercher à l'aéroport.
Il écrira à ses parents: (« ... »)
b. Elle disait à ses collègues qu'elle n'avait plus envie de

travailler.
Elle disait à ses collègues: (« ... »)

c. Elle conseilla à son amie de lui confier tous ses secrets.
Elle conseilla à son amie: (« ... »)
d. Elle avait avoué à son copain qu'elle attendait un bébé.
Elle avait avoué à son copain: (« ... »)
e. Il lui a dit qu'il ne voudrait plus sortir avec elle.
Il lui a dit: (« ... »)
f. Il lui dit qu'il avait réussi ses examens.
Il lui dit (« ... »)

3. Setzen Sie folgende Fragen in die indirekte Rede:

a. Michel demande à ses collègues: «Qu'allez-vous faire cet après midi? »
b. Michel me demandait: «Es-tu contente de ta voiture?»
c. Michel demanda: «Quelle heure est-il?»
d. Michel m'avait demandé: «Pourquoi n'allons-nous pas au cinéma? »
e. Michel demanda à Christine: «Puis-je avoir quelques biscuits? »
f. Michel me demanda: «Voudrais-tu partir en vacances avec moi? »
g. Michel me demanda: «Qui est cette fille? »
h. Michel demanda: «Y-a-t-il quelqu'un qui a envie de faire une randonnée demain?»
i. Michel demanda: «Qu'est-ce que vous faites ici? »
j. Ta mère te questionnait: «As-tu lavé tes mains?»
k. Ma mère demanda à Michel: «As-tu réussi tes examens?»

Lösungen

1. a. qu'il ne serait pas à la maison ce soir.
b. de ne pas lui parler de cette fille.
c. qu'on pourrait aller au cinéma le lendemain.
d. qu'il était allé à Munich la semaine précédente.
e. qu'il ne voulait plus faire ses devoirs.
f. qu'il avait trouvé des belles chaussures.

2. a. «Venez me chercher à l'aéroport. »
b. «Je n'ai plus envie de travailler.»
c. «Confie-moi tous tes secrets.»
d. «J'attends un bébé. »
e. «Je ne voudrai plus sortir avec toi. »
f. «J'ai réussi mes examens.»

3. a. Michel demande à ses collègues ce qu'ils vont faire cet après-midi.
   b. Michel me demandait si j'étais contente de ma voiture.
   c. Michel demanda quelle heure il était.
   d. Michel m'avait demandé pourquoi nous n'allions pas au cinéma.
   e. Michel demanda à Christine s'il pouvait avoir quelques biscuits.
   f. Michel me demanda si je voudrais partir en vacances avec lui.
   g. Michel me demanda qui était cette fille.
   h. Michel demanda s'il y avait quelqu'un qui avait envie de faire une randonnée le lendemain.
   i. Michel demanda qu'est-ce qu'on faisait là.
   j. Ta mère te questionnait pour savoir si tu avais lavé tes mains.
   k. Ma mère demanda à Michel s'il avait réussi ses examens.

15. Besonderheiten der Wortstellung

Grundwissen: Die französische Wortstellung folgt allgemein festen Regeln, die nur dann aufgehoben werden können, wenn ein Satzteil besonders betont werden soll. Man unterscheidet allgemein zwischen der neutralen, der harmonischen und der expressiven Wortstellung,

15.1. Die neutrale Wortstellung

In neutralen Aussagesätzen gilt die Wortstellung Subjekt-Verb-Objekt. Das direkte Objekt steht dabei meist direkt hinter dem Verb, gefolgt vom indirekten Objekt und allen weiteren Ergänzungen (1):

(1)	*J'adore mes parents.*	*Ich liebe meine Eltern.*
	Pierre offre un disque des Bee Gees à sa petite amie.	*Pierre schenkt seiner Freundin eine Schallplatte von den Bee Gees.*

Sonderfall: Ist das direkte oder indirekte Objekt ein Personalpronomen, so steht dieses vor dem Verb (2):

(2)	*Je l'aime bien.*	*Ich mag ihn.*
	Je ne lui ai pas encore rendu ses livres.	*Ich habe ihm seine Bücher noch nicht zurückgegeben.*

Die Wortstellung Subjekt-Verb bleibt auch dann bestehen, wenn ein anderer Satzteil an den Satzanfang tritt (3):

(3)	*Les filles de nos voisins jouent au piano.*	*Die Töchter unserer Nachbarn spielen Klavier.*
	Les voitures d'occasion sont beaucoup moins chères.	*Gebrauchtwagen sind viel billiger.*

Prädikative Ergänzungen stehen ebenfalls hinter dem Verb. Beziehen sich diese auf das Subjekt, so stehen sie direkt hinter dem Verb (4); beziehen sie sich auf das direkte Objekt, so stehen sie nach dem Objekt (5):

(4)	*Mon frère court vite.*	*Mein Bruder läuft schnell.*
	La ville paraît déserte.	*Die Stadt wirkt verlassen.*
(5)	*L'alcool les a rendu agressifs.*	*Der Alkohol hat sie aggressiv gemacht.*

	Je trouve ce film violent.	*Ich halte diesen Film für gewalttätig.*

15.2. Die harmonische Wortstellung

Grundwissen: Man spricht von harmonischer Wortstellung, wenn der normale Satzbau aus Gründen der Klangharmonie verändert wird.

Die Normalstellung (direktes Objekt-indirektes Objekt) kann aufgehoben werden, wenn das direkte Objekt das indirekte Objekt an Umfang übertrifft. Das umfangreichere Objekt tritt dann immer ans Satzende (1):

(1)	*J'ai acheté à mon père un livre sur les Mayas.*	*Ich habe meinem Vater ein Buch über die Mayas gekauft.*
	J'ai vu au cinéma la mère d'un vieux copain.	*Ich habe im Kino die Mutter eines alten Freundes gesehen.*

15.3. Die expressive Wortstellung

Grundwissen: Ziel der expressiven Wortstellung ist es, einen bestimmten Satzteil besonders hervorzuheben.

15.3.1. Betonung durch Verlagerung des Schwerpunktes

Man kann einen Satzteil betonen, indem man ihn ans Satzende setzt (1):

(1)	*J'ai vu ta mère au cinéma.*	*Ich habe deine Mutter im Kino gesehen.*
	J'y ai vu ta mère.	*Ich habe dort deine Mutter gesehen.*
	Je l'ai vu ce soir.	*Ich habe sie heute Abend gesehen.*
	Ce soir je la verrai.	*Heute Abend werde ich sie sehen.*

Soll der Schwerpunkt der Aussage auf das Subjekt gelegt werden, so muss dieses ans Satzende gestellt werden. Allerdings muss dem Verb ein anderer Satzteil vorausgehen (2):

(2)	*Ici est né Albert Einstein.*	*Hier ist Albert Einstein geboren.*
	Enfin arrive l'été.	*Endlich ist der Sommer da.*

Die Verb-Subjekt-Stellung kann in einigen wenigen Fällen auch ohne vorhergehenden Satzteil realisiert werden (3):

(3)	*Entre Oedipe.*	*Oedipus betritt die Bühne.*
	Rares sont les Américains qui n'aiment pas les Hamburgers.	*Amerikaner, die keine Hamburger mögen, sind rar.*

Die Hervorhebung des Subjekts kann auch durch das unpersönliche *il* erreicht werden (4):

(4)	*Il est arrivé un grand malheur.*	*Ein großes Unglück ist geschehen.*
	Il est sorti un nouveau disque des Négresses Vertes.	*Von den Négresses Vertes ist eine neue Platte erschienen.*
	Il est venu beaucoup de touristes.	*Es waren viele Touristen da.*

Hinweis: Im Gegensatz zum Deutschen steht das Verb nach dem unpersönlichen *il* immer im Singular.

Die Konstruktion mit *il* est kann auch durch eine *il y a*-Konstruktion ersetzt werden (5):

(5)	*Hier, il y a eu un grand malheur.*	*Gestern ist ein großes Unglück geschehen.*
	Il y a eu beaucoup de touristes.	*Es waren viele Touristen da.*

15.3.2. Die Betonung von Modaladverbien

Sollen Modaladverbien besonders hervorgehoben werden, so müssen sie entweder am Satzanfang oder am Satzende stehen (6):

(6)	*Malheureusement, je ne sais pas faire du cheval.*	*Leider kann ich nicht reiten.*
	Evidemment, il n'a toujours pas rendu ses livres.	*Offensichtlich hat er seine Bücher immer noch nicht zurückgegeben.*
	Il ne m'a pas encore appelé, bien sûr.	*Natürlich hat er mich immer noch nicht angerufen.*

Regel: Modaladverbien, die am Satzanfang oder Satzende stehen, werden durch ein Komma vom restlichen Satz abgetrennt.

Eine Reihe von Modaladverbien wie *peut-être, sans doute* und *probablement* erfordern, wenn sie am Satzanfang stehen, die komplexe Inversion (7):

(7)	*Peut-être reviendra-t-il demain.*	*Vielleicht kommt er morgen wieder.*
	Sans doute ira-t-elle à l'étranger.	*Wahrscheinlich wird sie ins Ausland gehen.*

15.3.3. Die Betonung von Umstandsadverbien

Umstandsbestimmungen, die sich auf den gesamten Satz beziehen, können entweder am Satzanfang oder am Satzende stehen (8):

(8)	*Hier je suis alle au cinéma.*	*Gestern bin ich ins Kino gegangen.*
	Je suis allé au cinéma hier.	
	Ici, il ne se passe jamais rien.	*Hier ist nie etwas los.*
	Il ne se passe jamais rien ici.	

15.4. Betonung durch Satzsegmentierung

Grundwissen: Die Satzsegmentierung dient dazu, ein Satzglied durch Abspaltung besonders hervorzuheben. Das zu betonende Satzglied kann entweder an den Satzanfang oder an das Satzende gestellt werden, wobei es im eigentlichen Satz durch ein Pronomen wieder aufgenommen wird. Der betonte Satzteil muss dabei durch ein Komma vom eigentlichen Satz getrennt werden.

Handelt es sich bei dem zu betonenden Satzteil um ein Subjekt, so muss dieses durch ein Personalpronomen wieder aufgenommen werden (1):

(1)	*Ce dîner était exquis.*	*Dieses Essen war ausgezeichnet.*
	Ce dîner, il était exquis.	
	Il était exquis, ce dîner.	

	Je reste au lit. *Moi, je reste au lit.* *Je reste au lit, moi.*	*Ich bleibe im Bett.*

Handelt es sich bei dem zu betonenden Satzteil um ein direktes Objekt, so wird dieses durch ein Akkusativpronomen (*le, la, les*) wieder aufgenommen (2):

(2)	*J'ai déjà lu ce livre.*	*Dieses Buch habe ich bereits gelesen.*
	Ce livre, je l'ai déjà lu. *Je l'ai déjà lu, ce livre.*	
	J'aime beaucoup Suzanne. *Suzanne, je l'aime beaucoup.* *Je l'aime beaucoup, Suzanne.*	*Susanne mag ich sehr.*

Handelt es sich bei dem zu betonenden Satzteil um ein indirektes Objekt, so muss dieses durch ein Dativpronomen oder *y* und *en* wieder aufgenommen werden. Das indirekte Objekt kann dann jedoch nur am Satzanfang stehen (3):

(3)	*Elle n'a rien dit à ses parents.* *Ses parents, elle ne leur a rien dit.*	*Ihren Eltern hat sie nichts gesagt.*
	Je renoncerai à mon héritage.	*Ich werde auf mein Erbe verzichten.*
	Mon héritage, j'y renoncerai.	
	On se souviendra toujours de ces vacances. *Ces vacances, on s'en souviendra toujours.*	*An diese Ferien werden wir uns immer erinnern.*

Es ist ebenfalls möglich, mehrere Satzglieder desselben Satzes abzuspalten und somit hervorzuheben (4):

(4)	*Je connais bien la France.* *Moi, la France, je la connais bien.* *Je la connais bien, moi, la France.* *La France, je la connais bien, moi.* *Moi, je la connais bien, la France.*	*Frankreich kenne ich gut.*

Hinweis: Die Satzsegmentierung ist nur in der gesprochenen Sprache üblich.

15.5. Hervorhebung durch c'est ... qui (que)

Grundwissen: Soll ein Element der Aussage besonders stark hervorgehoben werden, so setzt man dieses Element mit der Umschreibung *c'est ... qui* (wenn das hervorzuhebende Element ein Subjekt ist) oder *c'est... que* (in allen anderen Fällen) an den Satzanfang.

15.5.1. Betonung des Subjekts

(1)	*C'est ta mère qui me l'a dit.*	*Deine Mutter hat es mir gesagt.*
	Ce sont les enfants qui boivent le plus de lait.	*Kinder trinken am meisten Milch.*

Steht das Subjekt im Plural, so steht *ce sont.*

C'est lui qui me l'a dit.	*Er hat es mir gesagt.*
C'est moi qui suis allé faire les courses.	*Ich bin einkaufen gegangen.*
C'est vous qui avez raison.	*Sie haben recht.*

Hinweis: Das Verb des Nebensatzes richtet sich immer nach dem hervorgehobenen Subjekt.

15.5.2. Betonung des direkten Objekts

(2)	*C'est ta mère que nous attendons.*	*Auf deine Mutter warten wir.*
	Ce sont ses chaussures que je n'aime pas.	*Seine Schuhe mag ich nicht.*
	C'est moi qu'il attendait.	*Auf mich hat er gewartet.*

15.5.3. Betonung des indirekten Objekts

(3)	*C'est à ta mère qu'il l'a dit.*	*Deiner Mutter hat er es gesagt.*
	C'est de lui qu'on parle.	*Von ihm sprechen wir.*

Hinweis: Präpositionen werden in die Umschreibung mit aufgenommen.

15.5.4. Betonung von adverbialen Wendungen oder Umstandsbestimmungen

C'est hier que l'accident s'est produit.	*Gestern hat sich der Unfall ereignet.*
Ce fut en 1945 que la bombe atomique est tombée sur Hiroshima.	*1945 fiel die Atombombe auf Hiroshima.*
C'est avec beaucoup d'intérêt que j'ai lu ce livre.	*Mit großem Interesse habe ich dieses Buch gelesen.*
C'est à Paris que je vais demain.	*Nach Paris fahre ich morgen.*
C'est en prenant le bus que j'ai fait sa connaissance.	*Beim Bus fahren habe ich ihn kennengelernt.*
C'est pendant que nous mangions que la pluie a commencé à tomber.	*Beim Essen fing es an zu regnen.*

15.5.5. Einschränkungen im Gebrauch von c'est ... qui (que)

Eine Reihe von Satzgliedern können nicht durch *c'est... qui (que)* hervorgehoben werden. Dazu zählen Modaladverbien, Adverbien des Grades und der Menge sowie Adverbien der Art und Weise, es sei denn, sie werden durch *assez, très, bien* usw. ergänzt (5):

(5)	*C'est très poliment qu'il s'est excusé.*	*Sehr höflich hat er sich entschuldigt.*
	C'est assez lentement que nous avons descendu la piste.	*Ziemlich langsam fuhren wir die Piste hinunter.*

Auch prädikative Adjektive und *que*-Sätze können nicht durch *c'est ... qui (que)* hervorgehoben werden, es sei denn, sie hängen von einem Substantiv ab (6):

(6)	*C'est le fait qu'il n'ait pas appelé qui m'énerve le plus.*	*Die Tatsache, dass er nicht angerufen hat, nervt mich am meisten.*

Hinweis: In dieser Konstruktion muss das Verb des *que*-Satzes im Konjunktiv stehen.

15.6. Hervorhebung durch eine Passiv-Konstruktion

Grundwissen: Um einen Satzteil hervorzuheben, kann auch die Passiv-Konstruktion verwendet werden, da das betonte Satzglied dadurch ans Satzende gestellt wird (1):

(1)	*Cette maison a été construite par un architecte très célèbre.*	*Dieses Haus wurde von einem sehr berühmten Architekten erbaut.*
	J'ai été appelée par le père de ma copine.	*Ich wurde vom Vater meiner Freundin angerufen.*

15.7. Besonderheiten der Inversion

Grundwissen: Wie beim Fragesatz (→ 13.) unterscheidet man auch hier zwischen der einfachen (1) und der komplexen Inversion (2):

(1)	*Au même moment arriva mon père.*	*Im selben Augenblick kam mein Vater.*
	Dans la salle d'attente sont trois personnes.	*Drei Personen sind im Wartesaal.*
	Sans doute mon frère est-il déjà passé.	*Sicher ist mein Bruder bereits vorbeigekommen.*
	Peut-être ma mère vous l'a-t-elle déjà dit.	*Vielleicht hat es Ihnen meine Mutter bereits gesagt.*

Die Inversion kommt meistens vor bei Ausrufen (3) sowie bei Wendungen, die einen Wunsch oder eine Möglichkeit ausdrücken (4), bei Sätzen, die in einen anderen Satz eingeschoben werden (5), und bei Relativsätzen (6):

(3)	*Etes-vous paresseux aujourd'hui!*	*Seid ihr aber faul heute!*
	Es-tu bête!	
	Was bist du doch dumm!	
(4)	*Vive la France!*	*Es lebe Frankreich!*
	Puissiez-vous gagner!	*Auf dass ihr gewinnt!*
5)	*Tu es magnifique! lui dis-je.*	*Du bist wunderbar! sagte ich ihm.*
	C'était, semble-t-il, une voiture de sport.	*Dies war, so scheint mir, ein Sportwagen.*

(6)	*La fonction qu'occupe mon père.*	*Die Funktion, die mein Vater innehat.*
	Le choléra qu'avait provoqué la pollution.	*Die Cholera, die durch die Verschmutzung ausgelöst wurde.*

15.8. Die Wortstellung bei der Verneinung

Ne steht immer vor dem Verb und vor dem Personalpronomen, auch bei zusammengesetzten Zeiten (1):

(1)	*Je ne l'entends pas.*	*Ich höre ihn nicht.*
	Je ne l'ai pas entendu.	*Ich habe ihn nicht gehört.*

In der einfachen Zeit stehen *pas, plus, jamais* usw. hinter dem Verb (2), bei zusammengesetzten Zeiten zwischen Hilfsverb und Partizip Perfekt (3):

(2)	*Je ne rentrerai pas ce soir.*	*Heute Abend werde ich nicht nach Hause kommen.*
	Je ne danserai plus jamais.	*Ich werde nie mehr tanzen.*
(3)	*Je n'ai pas voulu lui répondre.*	*Ich wollte ihm nicht antworten.*
	Ne le lui as-tu pas rendu son livre?	*Hast du ihm sein Buch nicht zurückgegeben?*

Beim Infinitiv stehen *ne pas, ne plus, ne jamais* usw. geschlossen vor dem Infinitiv und dem Personalpronomen (4):

(4)	*J'espère ne plus jamais te revoir.*	*Ich hoffe, dass ich dich nie mehr wiedersehe.*
	Je n'en ai rien dit pour ne pas vous faire peur.	*Ich habe nichts davon gesagt, um Ihnen keine Angst einzujagen.*

Ist das Hilfsverb ein Infinitiv, dann stehen *pas, plus, jamais* usw. entweder vor oder hinter dem Hilfsverb (5):

(5)	*Je souhaite de ne jamais t'avoir déçue.*	*Ich hoffe, dich nicht enttäuscht zu haben.*
	Je souhaite de ne t'avoir jamais déçue.	

	J'ai peur de ne pas être aimé. *J'ai peur de n'être pas aimé.*	*Ich habe Angst, nicht geliebt zu werden.*

Rien, personne, aucun und *jamais* usw. können am Satzanfang stehen, wenn sie als Subjekt fungieren (6):

(6)	*Personne ne te croira.*	*Niemand wird dir glauben.*
	Rien ne me fait peur.	*Nichts macht mir Angst.*
	Jamais il ne t'appelera.	*Er wird dich nie anrufen.*

Personne und *aucun* als direktes oder indirektes Objekt sowie *rien* als indirektes Objekt stehen immer hinter dem Verb oder hinter dem Partizip Perfekt (7):

(7)	*Je ne connais personne ici.*	*Ich kenne niemanden hier.*
	Je n'en ai parlé à personne.	*Ich habe mit niemandem darüber gesprochen.*
	Il n'en a trouvé aucun.	*Er hat keinen gefunden.*
	Je ne pense à rien.	*Ich denke an nichts.*

Übungen

1 . Heben Sie durch Satzsegmentierung das Subjekt folgender Sätze hervor:

a. Je n'ai pas envie d'aller me baigner aujourd'hui.
b. Mon père a l'intention de s'acheter une nouvelle voiture.
c. Les enfants aiment jouer au ballon.
d. Mes copains et moi irons au cinéma demain.
e. La maison de mes grand-parents est à vendre.
f. Ce repas était merveilleux.

2. Heben Sie durch Satzsegmentierung das direkte Objekt folgender Sätze hervor:

a. Je connais bien les Etats-Unis.
b. J'adore mon frère Pierrot.
c. On ne m'a toujours pas rendu mes livres.
d. J'aurais très envie de passer mes vacances au Brésil.
e. Nous n'avons pas encore fait nos devoirs.
f. Je serai obligé de vendre la maison de mes parents.

3. Integrieren Sie folgende Sätze in *eine c'est ... qui (que)*-Konstruktion:

a. Hier, je suis allé acheter une nouvelle voiture.
b. J'ai écouté ce disque avec beaucoup d'intérêt.
c. Il aime bien Suzanne.
d. Mes parents me l'ont dit.
e. Ce bateau fut construit en 1937.
f. Vous avez tort.
g. La Porsche est une des voitures les plus chères.
h. Il aime ses enfants plus qu'autre chose au monde.

Lösungen

1. a. Moi, je n'ai pas envie d'aller me baigner aujourd'hui.
b. Mon père, il a l'intention de s'acheter une nouvelle voiture.
c. Les enfants, ils aiment jouer au ballon.
d. Mes copains et moi, nous irons au cinéma demain.
e. La maison de mes grand-parents, elle est à vendre.
f. Ce repas, il était merveilleux.

2. a. Les Etats-Unis, je les connais bien.
   b. Mon frère Pierrot, je l'adore.
   c. Mes livres, on ne me les a toujours pas rendu.
   d. Mes vacances, j'aurais très envie de les passer au Brésil.
   e. Nos devoirs, nous ne les avons pas encore fait.
   f. La maison de mes parents, je serai obligé de la vendre.

3. a. C'est hier que je suis allé acheter une nouvelle voiture.
   b. C'est avec beaucoup d'intérêt que j'ai écouté ce disque.
   c. C'est Suzanne qu'il aime bien.
   d. Ce sont mes parents qui me l'ont dit.
   e. C'est en 1939 que ce bateau fut construit.
   f. C'est vous qui avez tort.
   g. C'est la Porsche qui est une des voitures les plus chères.
   h. Ce sont ses enfants qu'il aime plus qu'autre chose au monde.

16. Groß- und Kleinschreibung

Grundwissen: Ein großer Unterschied zum Deutschen besteht darin, dass Substantive im Französischen in der Regel klein geschrieben werden. Allerdings gibt es eine ganze Reihe von Ausnahmen:

Groß schreibt man immer zu Beginn eines Satzes (1), in der direkten Rede nach dem Doppelpunkt (2) und zu Beginn eines jeden Verses (3).

(1) *Une belle journée venait de commencer.*

(2) *Il me demandait d'un air soucieux:*
« A quoi penses-tu? »

(3) *Maître corbeau sur un arbre perché,*
Tenait dans son bec un fromage.

Hinweis: Abgesehen von der direkten Rede, wird nach dem Doppelpunkt klein geschrieben (4):

(4) *Les amis de mes parents m'encourageaient: ils me flattaient, me remontaient le moral.*

Nach Auslassungspunkten, Ausrufezeichen und Fragezeichen wird groß geschrieben, wenn der folgende Satz den Schlusssatz bildet (5, 6):

(5) *J'ai un tas de problèmes ... J'espère que tu m'aideras à les résoudre.*
(6) *Est-il possible que Napoléon gagne cette bataille? Je pense que non.*

Groß geschrieben werden:

Vor- und Nachnamen (7):

(7) *Yannick Noah*
Paul et Charlotte Dubois

Städte sowie deren Einwohner (8):

(8)	*Paris*	*Munich*
	Parisien	*Munichois*

Ländernamen sowie substantivisch gebrauchte Nationalitätsbezeichnungen (9):

(9)	*France*	*Frankreich*
	Allemagne	*Deutschland*
	Mon fiancé est Français.	*Mein Verlobter ist Franzose.*
	Je suis Allemande.	*Ich bin Deutsche.*

Hinweis: Adjektivisch gebrauchte Nationalitätsbezeichnungen werden jedoch klein geschrieben (10):

(10)	*l'hymne national allemand*	*die deutsche Nationalhymne*
	la langue française	*die französische Sprache*

Kontinente, Meere, Berge und Flüsse (11):

(11)	*l'Asie*	*Asien*
	la Méditerranée	*Mittelmeer*
	les Alpes	*Alpen*
	le Rhin	*Rhein*

Hinweis: Bei geographischen Namen, die durch ein Adjektiv gekennzeichnet sind, wird nur letzteres groß geschrieben (12):

(12)	*la mer Baltique*	*die Ostsee*
	l'océan Indien	*der Indische Ozean*
	le mont Blanc	*der Mont Blanc*

Himmelsrichtungen, wenn diese eine Region als solche bezeichnen (13):

(13)	*J'habite dans le Midi.*	*Ich lebe im Süden Frankreichs.*
	un voyage dans le Nord	*eine Reise in den Norden*
aber:	*Je visiterai le nord de la France.*	*Ich werde den Norden Frankreichs besichtigen.*

Kirchliche Feste sowie religiöse Titel (14):

(14)	*Pâques*	*Ostern*
	la Pentecôte	*Pfingsten*
	Noël	*Weihnachten*
	le Saint-Esprit	*der Heilige Geist*
	le Christ	*Christus*
	Dieu	*Gott*

Kirchliche und öffentliche Einrichtungen (15):

(15)	*l'Eglise catholique*	*die katholische Kirche*
	l'Académie française	*die französische Akademie*
	l'Assemblée nationale	*das Parlament*
	l'Etat	*der Staat*

Hinweis: Ist das Adjektiv durch einen Bindestrich mit dem Substantiv verbunden, wird es groß geschrieben (16).

(16)	*les Nations-Unies*	*die Vereinten Nationen*
	la Comédie-Française	*die Französische Komödie*

Titel in der Anrede (17):

(17)	*Madame la Directrice*	*Frau Direktorin*
	Monsieur le Président	*Herr Präsident*

Titel von Büchern, Kunstwerken, Denkmälern, Schiffen, usw. (18):

(18)	*l'Ancien Testament*	*das alte Testament*
	La Vénus de Milo	*die Venus von Milo*

Hinweis: Adjektive in Verbindung mit Titeln werden nur groß geschrieben, wenn sie vor dem Substantiv stehen (19):

(19)	*l'Invincible Armada*	*die Unbesiegbare Armada*
aber:	*Le Code civil*	*das Bürgerliche Gesetzbuch*
	l'hôtel du Boeuf rouge	*das Hotel zum roten Ochsen*

Klein geschrieben werden:

Adelstitel (20):

(20)	*le roi Gustave*	*König Gustav*
	le duc de Bercy	*der Herzog von Bercy*
	la comtesse de Montségur	*die Gräfin von Montségur*

Anredepronomen (21):

(21)	*Je vous prie de m'excuser.*	*Entschuldigen Sie mich bitte.*

Bezeichnungen religiöser und politischer Gemeinschaften (22):

(22)	*les catholiques*	*die Katholiken*
	les protestants	*die Protestanten*
	les socialistes	*die Sozialisten*
	les libéraux	*die Liberalen*

Saint wird klein geschrieben, wenn es als Adjektiv gebraucht wird (23):

(23)	*saint Nicolas*	*der heilige Nikolaus*
	l'Ecriture sainte	*die heilige Schrift*

Saint wird groß geschrieben in Verbindung mit Städte-, Straßen- und Kirchennamen sowie Feiertagen, oder wenn es durch einen Bindestrich mit dem Titel verbunden ist (24):

(24)	*Saint-Etienne*	
	rue Saint-Etienne	*Saint-Etienne-Strasse*
	l'église Saint-Roch	*die Saint-Roch-Kirche*
	la Saint-Nicolas	*Nikolaustag*
	le Saint-Empire	*das Heilige Reich*

Wochentage, Monatsangaben und Jahreszeiten (25):

(25)	*Il ne reviendra pas avant dimanche.*	*Er wird nicht vor Sonntag zurückkommen.*
	Le soleil de mars est très fort.	*Die Märzsonne ist sehr intensiv.*
	Je préfère le printemps.	*Ich bevorzuge den Frühling.*

Rue, place, avenue usw. (26):

(26)	*J'habite la rue Paul Dubourg.*	*Ich wohne in der Paul-Dubourg-Straße.*
	Rendez-vous place Cassin.	*Treffpunkt Cassin-Platz.*

Hinweis: Auf Großbuchstaben müssen keine Akzente gesetzt werden.

Übungen

Bestimmen Sie, welche Wörter in den folgenden Sätzen groß, welche klein geschrieben werden müssen:

a. le président de l'ouganda a gracié les deux condamnés.
b. les deux ministres des affaires étrangères se sont entretenus sur le proche-orient.
c. vous avez lu „madame bovary". de quoi s'agit-il dans ce roman?
d. la norvège a choisi d'entrer dans le marché commun.
e. la comédie-française jouera „le malade imaginaire" de Molière.
f. rendez-vous place gustave courbet dimanche prochain.
g. les élections vont montrer qui est le plus fort: les socialistes ou les libéraux.
h. mon professeur est russe. il enseigne la langue russe et parle couramment polonais et hongrois.
i. l'été prochain, nous allons faire une croisiére sur la mer baltique.

Lösungen

a. Le président de l'Ouganda a gracié les deux condamnés.
b. Les deux ministres des Affaires étrangères se sont entretenus sur le Proche-Orient.
c. Vous avez lu „Madame Bovary". De quoi s'agit-il dans ce roman?
d. La Norvège a choisi d'entrer dans le Marché commun.
e. La Comédie-Française jouera „Le Malade imaginaire" de Molière.
f. Rendez-vous place Gustave Courbet dimanche prochain.
g. Les élections vont montrer qui est le plus fort: les socialistes ou les libéraux.
h. Mon professeur est Russe. Il enseigne la langue russe et parle couramment polonais et hongrois.
1. L'été prochain, nous allons faire une croisière sur la mer Baltique.

17. Silbentrennung

Grundwissen: Eine Silbe ist die kleinste lautliche Einheit einer Sprache. Sie kann aus einem einzigen (*a-mi*) oder mehreren Lauten (*ca-ma-ra-de*) bestehen.

Folgende Regeln kennzeichnen die französische Silbentrennung:

Bei der Trennung von Wörtern, bei denen ein einziger Konsonant zwischen zwei Vokalen liegt, wird vor dem Konsonanten getrennt (1):

(1) *cha-peau*
cou-teau
jeu-di
me-su-rer

Sonderfall: Vor *x* oder *y* kann nicht getrennt werden (2):

(2) *taxer*
tuyau
noyau
broyer

Bei der Trennung von Wörtern, bei denen zwei Konsonanten zwischen zwei Vokalen liegen, wird zwischen den beiden Konsonanten getrennt (3):

(3) *fer-mer*
es-tomac
mes-sage
ar-gent

Zwischen doppelten Konsonanten wird getrennt, auch wenn es sich nur um einen einzigen Laut handelt (4):

(4) *ap-peler*
mes-sage
al-ler
er-rer

Bei drei oder vier aufeinander folgenden Konsonanten wird nach dem zweiten Konsonanten getrennt (5), es sei denn, sie stellen eine Lauteinheit dar:

(5) *comp-ter*
mon-strueux
ins-truit
trans-plantation

Trennungen können sich auch nach dem etymologischen Ursprung des Wortes richten. Dann kann nach den Silben oder Präfixen getrennt werden, die an sich schon eine Bedeutung haben (*in-*, *re-*, *atmo-*, *trans-*, *hémis-*, *intro-* usw.). Ansonsten gelten Regeln 1-5. (6):

(6) *in-stable*
re-tourner
atmo-sphère
trans-pirer
hémis-phère
intro-duction

Trennung erfolgt stets nach den Vorsilben *dé-* und *pré-* (7):

(7) *dé-former*
pré-scolaire

Nicht getrennt werden können:

Einsilbige Wörter (8):

(8) *main*
vin
chien

Zwei aufeinander folgende Vokale (9):

(9) *oa-sis*
théâ-tre
sia-mois
féo-dal

Konsonantengruppen, bei denen l oder *r* auf einen anderen Konsonanten folgt *(bl, cl, fl, gl, pl, br, cr, dr, fr, gr, pr, tr, vr)* (10):

(10) *sa-ble* *crain-dre*
gi-cler *goin-frer*

gon-fler	*mai-grir*
san-gloter	*em-prunter*
em-ployer	*ren-trer*
so-bre	*pau-vre*
vain-cre	

Zwei Konsonanten, wenn sie eine Lauteinheit darstellen *(ch, th, ph, gn)* (11):

(11) *mar-cher*
ma-thématique
géogra-phie
mi-gnon

Keine Trennung nach *dem Apostroph (d' und l') (12):*

(12) *au-jour-d'hui*
l'af-faire

Hinweis: Keine Trennung bei Namen oder Titeln.

Übungen

Trennen Sie folgende Wörter:

a. camarade
b. randonnée
c. professeur
d. obscurité
e. reconstruction
f. viaduc
g. convaincre
h. orthographie
i. physiquement
j. aujourd'hui

Lösungen

a. ca-ma-ra-de
b. ran-don-nèe
c. pro-fes-seur
d. obs-cu-ri-té
e. re-cons-truc-tion
f. via-duc
g. con-vain-cre
h. or-tho-gra-phie
i. phy-si-que-ment
j. au-jour-d'hui

18. Zeichensetzung

Grundwissen: Die Satzzeichen im Französischen dienen in erster Linie dazu, Pausen beim Lesen oder Sprechen anzuzeigen oder aber auf Veränderungen der Stimme oder der Satzmelodie hinzuweisen. Sie sind also im Unterschied zum Deutschen vor allem zur *lautlichen* Gliederung notwendig. Daher ist die Zeichensetzung im Französischen auch wesentlich freier als im Deutschen.

18.1. Der Punkt *(le point)*

Der Punkt markiert das Ende eines Satzes. Er steht gleichfalls nach Abkürzungen. Ist der letzte Buchstabe der Abkürzung identisch mit dem letzten Buchstaben des Wortes, so steht kein Punkt bei der Abkürzung: *Mme (Madame), Mlle (Mademoiselle), Dr (Docteur), Me (Maître, Anrede des Rechtsanwalts),* usw.

Sonderfall: *M. (Monsieur)* sowie der Plural hiervon *MM.* (Messieurs) muss aber mit Punkt geschrieben werden.

Bei Abkürzungen, die selbst schon wieder ein Wort geworden sind, einem so genannten *sigle*, kann nach jedem Buchstaben zur besonderen Hervorhebung ein Punkt stehen; man kann aber diese Kurzwörter auch ohne Punkt schreiben:

R.F.A.. (République Fédérale d'Allemagne), 0.N.U. (Organisation des Nations Unies), O.T.A.N. (Organisation du traité de l'Atlantique Nord) oder *RFA, ONU, OTAN.*

18.2. Das Komma *(la virgule)*

Grundwissen: Das Komma dient im Französischen hauptsächlich als Pausenzeichen, kennzeichnet also Satzmelodie und Sprechrhythmus. Seine Verwendung weicht folglich von der im Deutschen ab, wo es eine grammatische Gliederungsfunktion hat.

18.2.1. Das Komma innerhalb eines Satzes

Innerhalb eines Satzes wird ein Komma gesetzt, wenn gleiche Elemente (Subjekte, Objekte, Verben, Adjektive) aufgezählt werden, die **nicht** durch eine Konjunktion verbunden sind:

L'argent, l'or, les richesses seules ne suffisent pas à nous rendre heureux.	*Silber, Gold und bloße Reichtümer genügen nicht, uns glücklich zu machen.*
C'est un autodidacte. Il a appris seul le français, l'italien, l'espagnol.	*Es ist ein Autodidakt. Er hat sich selbst Französisch, Italienisch und Spanisch beigebracht.*
Mon frère adore le sport et pratique lui-même le vélo, la course, la natation, ainsi que le triathlon.	*Mein Bruder liebt Sport und fährt selbst Rad, läuft, schwimmt und macht auch noch Triathlon.*
Il est beau, intelligent, tolerant, gentil, bref, il a toutes les qualités.	*Er ist schön, intelligent, tolerant und nett. Kurz und gut, er hat alle Qualitäten.*

Wird das letzte Element der Aufzählung mit *et* oder *ou* angeschlossen, so entfällt das Komma davor.

J'adore me promener, marcher en montagne, faire des randonnées et aller à la chasse.	*Ich liebe es spazieren zu gehen, in die Berge zu gehen, Ausflüge zu machen und auf die Jagd zu gehen.*

Steht die Aufzählung **vor** dem Verb, so wird das letzte Element der Aufzählung nicht durch Kommas vom Verb getrennt.

Un rayon de soleil, une étoile, la lune, tout élément de la nature suffit pour l'émerveiller.	*Ein Sonnenstrahl, ein Stern, der Mond - jeder Bestandteil der Natur reicht aus, sie zu entzücken.*

Besteht allerdings eine Aufzählung aus mit *et, ou* oder *ni* verbundenen Elementen aus **mehr** als zwei Teilen, so werden die einzelnen Teile durch Kommas getrennt.

Et les fleurs, et les herbes, et les plantes vertes, et les arbres lui servent de modéle pour ses merveilleuses peintures.	*Sowohl Blumen als auch Gräser, Grünpflanzen und Bäume dienen ihm als Modell für seine wunderbaren Zeichnungen.*

Regel: Alle erklärenden und erläuternden Elemente werden innerhalb eines Satzes durch Komma abgetrennt. Ein Objekt, egal ob direktes oder indirektes, wird aber **nie** durch Komma vom Verb getrennt.

Il vit le panorama céleste du crépuscule, ce moment divin où le temps semble suspendu, et ne voulait plus jamais quitter les montagnes.	*Er sah das Himmelspanorama in der Dämmerung, diesen göttlichen Moment, in dem die Zeit stillzustehen scheint, und wollte nie mehr die Berge verlassen.*

Adverbiale Bestimmungen am Satzanfang werden, wenn sie nicht ganz kurz sind oder nur aus einem Wort bestehen, durch Komma abgetrennt.

Devant la grande porte d'entrée, le père attendait son fils avec impatience.	*Vor der großen Eingangstür erwartete der Vater seinen Sohn mit Ungeduld.*
Le 14 juillet 1789, la bastille fut prise par le peuple de Paris.	*Am 14. Juli 1789 wurde die Bastille von der Bevölkerung von Paris eingenommen.*
Ici tout est paisible.	*Hier ist alles friedlich.*
Bientôt il saura marcher.	*Bald wird er laufen können.*

18.2.2. Das Komma im größeren Satzgefüge

In einem größeren Satzgefüge wird das Komma bei einer Aufzählung gleicher Satzarten verwandt, soweit diese nicht durch die Konjunktionen *et, ou* oder *ni* verbunden sind.

Je voyais des gens qui mangeaient, qui buvaient, qui riaient, qui s'amusaient comme des fous.	*Ich sah Leute, die aßen, tranken, lachten und sich wahnsinnig amüsierten.*
On allait, on venait, on repartait, on revenait, tout le monde s'agitait et faisait un vacarme inimaginable.	*Ein ewiges Kommen und Gehen - jedermann war in Bewegung und machte einen unvorstellbaren Lärm.*

Das Komma steht vor nebenordnenden Konjunktionen wie *mais, car, donc, or.*

C'est un homme correct, honnête, plein de bonnes tentions, mais un peu brutal.	*Er ist ein korrekter, ehrlicher Mann voller guter Absichten, in- aber ein bisschen brutal.*

Aujourd'hui nous sommes en retard, car il y a grève dans toute la région parisienne.	*Heute haben wir Verspätung, weil in der ganzen Region von Paris gestreikt wird.*
Je pense, donc je suis.	*Ich denke, also bin ich.*

Das Komma steht bei Umstandssätzen, die lediglich erklärenden und keinen notwendigen Charakter haben.

Je vais le faire, puisque vous insistez tellement.	*Ich werde es machen, da Sie so sehr darauf bestehen.*

Hinweis: Im Gegensatz zum Deutschen stehen vor Objektsätzen (1), Infinitivsätzen (2) und indirekten Fragesätzen (3) grundsätzlich keine Kommas.

(1)	*Je crois qu'il viendra demain.*	*Ich glaube, dass er morgen kommen wird.*
(2)	*Il compte faire un voyage avant de commencer son nouveau travail.*	*Er hat vor, eine Reise zu machen, bevor er seine neue Arbeit anfängt.*
(3)	*Je me demande s'il sera content.*	*Ich frage mich, ob er zufrieden sein wird.*

18.3. Das Semikolon *(le point-virgule)*

Das Semikolon zeigt eine Pause mittlerer Länge an. Es steht innerhalb eines Satzes und trennt Satzteile, von denen mindestens einer bereits durch ein Komma unterteilt ist.

Il n'est pas toujours sûr, par exemple, que nous ne nous trompions pas; de là il vaut mieux vérifier deux fois, avant d'être trop sûr.	*Es ist z. B. nicht immer sicher, dass wir uns nicht irren; von daher ist es besser, etwas zwei Mal zu überprüfen, ehe man sich zu sicher ist.*

Das Semikolon steht auch nach Aufzählungen, die schon durch Komma unterteilt sind, um den Unterschied zum Komma zu verdeutlichen und Doppeldeutigkeiten zu vermeiden:

Nous avons une drôle de ménagerie à la maison: Minou, un petit chat, orphelin, récupéré; Sultan, un gros matou majestueux, mais malheureusement borgne; enfin Minuscule, comme indique son nom, une créature exceptionnellement petite, adorable et chouchoutée par toute la famille.	*Wir haben eine lustige Menagerie zu Hause: Minou, einen kleinen, verwaisten Kater, den wir gefunden haben, Sultan, einen großen majestätischen Kater, der leider einäugig ist, und schließlich Minuscule, ein, wie sein Name schon sagt, außergewöhnlich kleines, reizendes und von der ganzen Familie verhätscheltes Geschöpf.*

18.4. Der Doppelpunkt *(les deux points)*

Der Doppelpunkt wird zwischen zwei Satzteilen gesetzt, von denen die zweite Hälfte die logische Weiterführung der ersten darstellt. Es kann sich hierbei um ein Zitat oder eine direkte Rede (1), eine Aufzählung (2) oder eine Erklärung, Analyse oder Folge des vorhergehenden Satzes (3) handeln.

(1) *Il m'a menacé des paroles suivantes: „Si vous ne payez pas, ces informations seront publiées dans la presse dans quelques jours. “*

(2) *Nous avons trois animaux à la maison: Minou, Sultan et Minuscule.*

(3) *La catastrophe fut plus grande encore: 2500 morts et quelques centaines de milliers de sans-abri.*

Im Unterschied zum Deutschen wird - soweit es sich nicht um ein Zitat oder eine direkte Rede handelt - nach dem Doppelpunkt **klein** weiter geschrieben, auch bei unabhängigen Sätzen:

Le succès de cette action fut stupéfiant: on comptait plus de 2000 personnes prêtes à aider le petit Alexandre.

18.5. Das Ausrufezeichen *(le point d'exclamation)*

Das Ausrufezeichen steht nach Ausrufen und Imperativen, die stark affektischen Charakter haben müssen. Nach normalen Imperativen steht – im Gegensatz zum Deutschen – kein Ausrufezeichen:

Ferme la fenêtre et tiens-toi tranquille.	*Schließe das Fenster und halte dich still!*
0 mon Dieu! Quelles souffrances nous enverras-tu encore!	*Oh, mein Gott! Welche Leiden wirst du uns noch schicken!*
Hélas! Je n'ai pu arriver à temps pour la revoir une dernière fois.	*Ach! Ich konnte nicht rechtzeitig ankommen, um sie ein letztes Mal wiederzusehen.*

Nach Anreden im Brief steht im Französischen generell kein Ausrufezeichen, sondern immer ein Komma:

Chère Madame, *J'ai l'honneur de ...*	*Monsieur le Directeur,* *Suite à notre entretien téléphonique d'hier...*

18.6. Das Fragezeichen *(le point d'interrogation)*

Das Fragezeichen steht nach jeder direkten Frage. Nach indirekten Fragen steht kein Fragezeichen.

Quand vient-il? Qui est-ce? Pourquoi?

Folgt dem Fragesatz ein kurzer Einschub, so steht das Fragezeichen direkt nach der Frage, und der Satz verläuft dann normal weiter.

Comment va mon fils? me demanda-t-elle d'une voix presque éteinte par l'inquiétude.	*„Wie geht es meinem Sohn?", fragte sie mich mit einer durch die Beunruhigung fast erstickten Stimme.*

18.7. Runde Klammern *(les parenthèses)*

Die runden Klammern geben wie im Deutschen innerhalb eines Satzes eine zusätzliche Information an, die aber nicht so wichtig ist, als dass man dafür einen eigenen Satz konstruieren müsste.

Quand on s'adresse à des auditeurs (à la radio ou à la télévision par exemple) le texte a un autre style: les phrases ne doivent pas être trop longues.

Man kann auch ein zusätzliches Detail durch eine Klammer hervorheben und stärker akzentuieren, als es zwischen eingeschobenen Kommas der Fall wäre.

Cette vieille dame (elle a 93 ans) va toujours aux champignons et ne craint pas de marcher des heures et des heures seule en montagne.

18.8. Der Gedankenstrich *(le tiret)*

Der Gedankenstrich steht in Dialogen, um den Wechsel der Gesprächspartner anzuzeigen. Er kann hierbei am Zeilenanfang stehen, manchmal aber auch mitten in einer Linie, so dass er in diesem Fall einziges Anzeichen für den Redewechsel ist.

– Dis-moi. Quand veux-tu venir?
– Demain, si cela te convient.
– Bon, je t'attends à partir de 16 h.

Der Gedankenstrich kann auch innerhalb eines Satzes die Funktion der runden Klammer übernehmen und dazu dienen, ein Satzteil, einen Ausdruck oder ein Wort zu isolieren.

Mon invité voudrait - il s'en excuse - ajouter une dernière remarque par laquelle it clôturera le débat.

18.9. Die Anführungszeichen *(les guillemets)*

Die Anführungszeichen stehen am Anfang und Ende eines Zitates, einer direkten Rede oder eines nicht französischen Ausdrucks oder Einschubs. Bei der direkten Rede werden im Gegensatz zum Deutschen kurze Einschübe (*dit-il, répondit-il, ajouta-t-il,* etc.) **nicht** besonders abgesetzt, sondern lediglich durch Komma getrennt.

„Mon séjour à la mer m'a fait le plus grand bien, dit-il, mes poumons se sont refait une santé. "	*„Mein Aufenthalt am Meer hat mir äußerst gut getan", sagte er, „die Gesundheit meiner Lungen ist wiederhergestellt. "*

Außerdem dienen die Anführungszeichen wie im Deutschen der Hervorhebung eines Wortes, die auch auf Ironie hinweisen kann und sich durch stärkere Betonung beim Sprechen ausdrückt.

Le voleur me raconte d'un air très serieux qu'il „travaille" toutes les nuits. Il me parle sans cesse de „sa" voiture, sans penser que j'en ai payé la moitié.

19. Aussprache

Grundwissen: Das Französische hat eine im Großen und Ganzen regelmäßige Aussprache, die sich an gewisse Gesetzmäßigkeiten hält. Es gibt zwar einige Ausnahmen, doch sind diese sehr selten. Die im Folgenden behandelten Ausspracheregeln richten sich nach dem Sprachgebrauch des Pariser Beckens, das als normgebend betrachtet wird. (Regionale Abweichungen sind daher möglich.)

19.1. Die verschiedenen Laute

Es werden im Folgenden Vokale, Nasalvokale, Halbvokale und Konsonanten unterschieden.

19.1.1. Vokale

Zeichen	Schreibung	Beispiele
[i]	i, î, ï, y	lit, île, naïf, style (geschlossenes i, wie im Deutschen *mieten*)
[e]	é, ai, er, es, ez	été, j'ai, aller, les, fermez (geschlossenes e, wie im Deutschen lesen)
[ɛ]	è, ê, e, ais, ait, aî, ë, ei	très, être, sel, j'avais, il valait, faîte, noël, neige (offenes e, wie das ä im Deutschen *quäken*)
[a]	a, à	valise, patte, à (helles a, wie im Deutschen *heran)*
[ɑ]	a, â	bas, pâte (dunkles a, wie im Deutschen *Haar)*
[ɔ]	o, au	poche, Laure (offenes o, wie im Deutschen *doch)*
[o]	o, ô, au, eau	pot, tôt, saut, beau (geschlossenes o, wie im Deutschen *Boot, Tod)*
[u]	ou, où, oû, aou	vous,où, goût, saoul (geschlossenes u, wie im Deutschen *Buch, gut)*
[y]	u, û, eu	tu, sûr, il a eu (geschlossenes ü, wie im Deutschen *über)*
[ø]	eu, eux, eû, oeu	peu, heureux, jeûner, noeud (geschlossenes ö, wie im Deutschen *schön)*

[œ]	eu, eur, oe	neuf, coeur, oeuf, oeil (offenes ö)
[ə]	e	le, melon, secours (sogenanntes e muet (stummes e))

19.1.2. Nasalvokale

Die Nasalvokale liegen von der Aussprache her sehr nahe bei den entsprechenden Vokalen, man könnte sie durchaus aufeinander beziehen.

[ɑ̃]	[ɑ]
[ɔ̃]	[o]
[ɛ̃]	[ɛ]
[œ̃]	[œ]

Zeichen	Schreibung	Beispiele
[ɑ̃]	an, am, en, ein, aon	blanc, lampe, mentir, embêter, faon
[ɔ̃]	on, om	bon, ombre
[œ̃]	un, um, eun	brun, parfum
[ɛ̃]	in, im, ain, aim, ein, yn, ym	vin, impossible, vain, faim, sein, synthétique, thym

Regel: Im Allgemeinen wird ein Vokal nasaliert, wenn ihm ein n oder m folgt.

Nicht nasaliert wird in den folgenden Fällen:
1. Folgt auf den Nasal ein anderer Vokal, so wird die Nasalierung hierdurch aufgehoben: *inégal, inhumain, anarchique, anormal, aucunement, chacune*.
2. Folgt auf das n oder m (was den Nasal hervorruft) nochmal ein n oder m, so wird nicht nasaliert: *immaculé, immobile, condamner, annuel, ennemi, automne*. **Sonderfall:** emmener [ɑ̃], ennui [ɑ̃], ennuyer [ɑ̃].

19.1.3. Halbvokale

Die Halbvokale werden in manchen Darstellungen auch als Diphthong oder Halbkonsonant bezeichnet. Es handelt sich um Laute, die zwischen Vokal und Konsonant stehen und sich schnell zu Vokalen wandeln können: [j] zu [i], [ɥ] zu [y] und [w] zu [u].

Zeichen	Schreibung	Beispiele
[j]	i/y + Vokal	dieu, yeux, grille, bouteille
	il(l) + Vokal	bouillon, chandail, vermeil
	Vokal + il	(entspricht dem deutschen j)
[ɥ]	u + Vokal	nuit, lui, il suit, suer
[w]	oi, ou/h + Vokal	trois, moi, loin, oui, Louis, souhaiter

19.1.4. Konsonanten

Zeichen	Schreibung	Beispiele
[p]	p, pp	pain, nappe
[b]	b, bb	banque, abbé
[t]	t, tt, th	temps, attention, thym
[d]	d,dd	dans, addition
[k]	c, cc, q, qu, ch, k	car, occuper, cinq, qui, choléra, kilo
[g]	ga, go, gu	galant, goût, langue
[f]	f, ff, ph	fier, offrir, photo
[v]	v, w	vin, wagon
[s]	s, ss, sc, ce, ci,	son, essuyer, scier, ceci, leçon,
	ç, t	démocratie
[z]	z, s	magazine, magasin
[ʃ]	ch, sch, sh	bouche, schisme, shampooing
[ʒ]	j, ge, gi	jardin, neige, girafe
[m]	m, mm	mère, femme
[n]	n, nn	banane,donner
[ɲ]	gn	campagne, montagne
[l]	l, ll	lire, ville
[R]	r, rr	rose, erreur

19.1.5. Einige Hinweise zur Aussprache

1. S wird immer scharf [s] gesprochen; nur, wenn es zwischen zwei Vokalen steht, wird es weich [z]: *base, rose, doser, usage.*

2. Konsonanten am Wortende werden normalerweise nicht ausgesprochen: *toit, temps, dessus, bas, hasard,* etc. Folgt allerdings ein Vokal (oft bei Bildung der femininen Form der Adjektive oder Partizipien), so wird der Konsonant dann ausgesprochen: *vert - verte, bavard - bavarde, permis - permise, fait - faite, courtois -courtoise, heureux - heureuse.*

3. Bindung
Im Französischen werden die Worte soweit möglich zu einer Wortkette gebunden. Endet ein Wort auf Konsonant und beginnt das nächste mit einem Vokal, so wird der Endkonsonant so gesprochen, als wäre er der erste Buchstabe des nächsten Wortes. Endet das Wort auf einen stummen Konsonanten und beginnt das nächste mit Vokal oder stummem h, so wird der Endkonsonant in diesem Falle hörbar.
les hommes vont en ville [lesɔmvɔ̃tɑ̃vil]
ils ouvrent un hôtel [ilzuvʀœnotɛl]

Regel: Die Bindung ist obligatorisch zwischen Personalpronomen und Verb, Determinanten und Substantiven und meistens zwischen Adjektiven und Substantiven sowie nach Adverbien und Präpositionen.

Nicht gebunden wird nach *et* und vor einem *h aspiré.*

mes_enfants_arrivent-à la maison
les trois_avions_atterrissent_avec du retard
ce bon_accueil que vous nous_avez préparé
nous sommes_heureux de dormir_enfin sous_un_arbre
il n'en_a plus
aber: ils *heurtent un* arbre et ils cassent la voiture
[ilœʀtœnaʀbreilkaslalatyʀ]

19.2. Orthographische Zeichen, die der Aussprache dienen

Grundwissen: Es gibt im Französischen graphische Zeichen, wie z. B. die Akzente, deren Kenntnis für eine korrekte Aussprache notwendig ist.

19.2.1. Die Akzente

19.2.1.1. Der *accent aigu*

Der *accent aigu* steht beim Buchstaben e und macht aus ihm ein geschlossenes e [e]: *une école, un été, une église, égal, la télé, fermé,* etc.

19.2.1.2. Der *accent grave*

Der *accent grave* kann auf den Buchstaben a, e, u stehen. Das e wird durch ihn zu einem offenen e [ɛ]: *le père, la mère, le frère, il achète, la règle, très,* etc.

Auf a und u verändert er die Aussprache nicht, sondern dient auch der Unterscheidung von anderen Wörtern: *a – à, ou – où, la – là, voilà, déjà.*

19.2.1.3. Der *accent circonflexe*

Der *accent circonflexe* kann auf den Vokalen a, e, i, o, u stehen.
Ein e mit *accent circonflexe* wird als offenes e [ɛ] gesprochen: *bête, fenêtre, être,* etc. Ein o mit *accent circonflexe* wird geschlossen [o] gesprochen: *diplôme, hôpital, ôter, cône,* etc. Bei a, i und u ändert sich die Aussprache nicht: *blâmer, boîte, gîte, mûr, sûr.*

Der *accent circonflexe* kann ein im Lauf der Jahrhunderte verschwundenes s anzeigen, so z. B. in den folgenden Worten, in denen es im Deutschen manchmal noch erhalten ist: *hôpital* (Hospital), *fenêtre* (Fenster), *août* (August), *bête* (Bestie), *forêt* (Forst), *fête* (Fest).

Außerdem steht der *accent circonflexe* generell bei einigen Formen im *Passé simple* und *subjonctif: nous fîmes, vous allâtes, qu'il fît, qu'il fût,* etc.

19.2.2. Die Cedille *(la cédille)*

Die Cedille zeigt an, dass ein *c* vor *a, o* und *u* als *s* [s] ausgesprochen wird: *ça, leçon, aperçu.*

Hinweis: Dieselbe Funktion, die die Cedille beim c hat, spielt das eingeschobene e beim g. Die Regel ist einfach:
Vor a, o , u werden c und g „hart" ausgesprochen, d.h. [k] und [g]: *café, cou, culture, garage, gorille, lugubre.*
Vor e und i sind sie „weich", d. h. [s] und [ʒ]: *cela, ciment, géant, girafe.*
Um nun vor den Vokalen a, o, u trotzdem eine „weiche" Aussprache zu haben, wird an das c eine Cedille angehängt, und beim g wird ein e eingeschoben:

café – ça	*galant – il mangeait*
concert – garçon	*goût – nous mangeons*
culture – aperçu	

Im Umkehrschluss gilt, dass man dann ein u dazwischenschiebt, wenn ein g vor e und i „hart" bleiben soll: *guitare, guépard, gueule, lonque, fatigue.*

19.2.3. Das Trema (le tréma)

Das Trema zeigt an, dass zwei aufeinander folgende Vokale nicht zusammengezogen, sondern getrennt gesprochen werden:
un égoïste, naïf, le noël, le canoë, haïr.

Um am Wortausgang ein eingeschobenes u (→ 19.2.2.) mit nachfolgendem e von einem auszusprechenden u unterscheiden zu können, wird im zweiten Fall das e mit Trema geschrieben:

aiguë [gy]	**aber:**	*tongue* [g]
ambiguë [gy]		*fatigue* [g]
contiguë [gy]		*digue* [g]